U0147168

宗 教 學 導 論

Religion : What is it?

作者——崔　默 William Calloley Tremmel
譯者——賴妙淨

桂冠圖書

Religion : What is it?   third edition
William Calloley Tremmel
ISBN : 0-15-503040-X
Copyright © 1997 by **Holt, Rinehart and Winston, Inc.**   All Rights Reserved.

Authorized translation from English language edition published by Harcourt Brace
& Company
ISBN : 981-4020-64-8
Copyright © 2000 by **Harcourt Aasia Pte Ltd.**   All Rights Reserved.

Harcourt Asia pte Lid
583 Orchard Road
#09-01 Forum
Singapore 238884
Tel : (65) 7373593
Fax : (65) 7341874

First Publish 2000
2000 年初版

All rights reserved.No part of this publication may be reproduced,stored in a
retrieval system,or transmitted in any form or by any
means,electronic,mechanical,photocopying,recording,or otherwise,without the
prior written permission of the publisher.

本書任何部分知文字及圖片，如未獲得本公司之書面同意，不得用任何方式抄
襲、節錄或翻印。

原　序

　　本書《宗教學導論》第三版旨在現象主義的範圍內，檢視宗教：
一個和所有人的生活息息相關的現象。本書探討以下幾個基本問
題：(1)人們為何信奉宗教？人何以成為「宗教性的動物」？(2)引
導宗教信仰與宗教行為的中心思想是什麼？(3)信奉宗教時，所採取
的程序和技巧有哪些？(4)從宗教的生活和體驗中，人們可以獲得什
麼好處？

　　本書採用功能分析法（包括對神聖經驗的分析），我自己在教學
過程中，發現這種方法非常具有解釋性的價值。這種功能性質的程
序，同時促使我們以所有宗教體系和宗教經驗的宏觀，來看待宗教。
這樣的觀點，使我們能領會所有宗教的多樣性、複雜性和豐富性背
後的基本成因；使我們在理智上，從自己的宗教傳統中抽離，進而
幫助我們了解其他宗教傳統，同時又使我們以新的觀點，來看自己
宗教傳統中的多樣性、複雜性，以及豐富性。

　　本書共分為四部，非常具有彈性，教師們儘可把時間和精神集
中在任何一個部份。第一部(1)為宗教提出一個功能性的、適用的定
義；(2)檢視人類的宗教天性；(3)概觀宗教之原始起源；(4)把宗教
看成社會起因、心理起因和神起因的現象。第二部陳述(1)上帝的概
念——出現在古伊朗、巴勒斯坦、印度、中國的「上帝」這個字眼；
(2)西方宗教傳統中的撒旦理念；(3)西方宗教傳統中的神正論。

　　第三部陳述宗教的技巧——啟示、經典、神學、神話、禮儀、
道德。最後在第四部，把宗教描述為一種特殊的經驗——外在的經
驗，包括感官性、性、愛和神聖之愛這些層面；以及神祕難懂的經
驗，包括知、附身、敬神的心境和神祕主義這些層面。

　　《宗教學導論》第三版，特意爲有心研究宗教的初學者而作。
同時，本書不僅止於對一個實際上是高度嚴謹的主題（也是深具意
義的人類現象），作粗略的瀏覽。希望本書能提供研究者，可以理解
而有意義的引導，使他們了解宗教現在是什麼、過去是什麼，當然
還有以後永遠是什麼。

　　在準備第三版出書時，承蒙斯巴達堡衛理教會學院
（Spartanburg Methodist College）的包爾思（Mike Bowers）、印
第安那州富蘭克林學院（Franklin College of Indiana）的郝華德
（Tom Howald），以及依立福神學院（Iliff School of Theology）
的米樂耕（Charles Milligan），提供寶貴意見，特申謝忱。另向布
雷思學院出版社（Harcourt Brace College Publishers）同仁：邰
騰（David Tatom）、阮尼恩（Laurie Runion）、湯梅克（Michele
Tomiak）、郝瑟爾（Carlyn Hauser）、那可思（Lora Knox）以及杜
拉蒙（Steve Drummond），一併致上謝忱。

崔　默

William Calloley Tremmel

譯　　序

　　二十世紀的科技以幾何級數迅速發展，而人類的疏離感相對的也以幾何級數迅速地擴張。儘管科技文明不斷在開發人類知識的領域，然而已知的範圍愈增，愈發現未知的範圍在加倍擴大。科學昌明無法解除人類能力有限的困境，只是徒增其無力感而已。雖然人類的平均壽命，比起遠古時代，已經延長了幾十年，人類仍必須面對死亡的問題。除了死，還有生的問題，必須應付挫折、沮喪，以及面對「懾人的、具威脅性的，和無法操縱的事」。這些在人類文明產生以前就已經存在的古老問題，促成了宗教的產生，而今日的科學不但無法加以解決，反倒加深了它們的嚴重性，這也就是為什麼在人類的歷史上，宗教一直扮演著舉足輕重的角色。雖然傳統宗教的地位至今仍然屹立不搖，近百年來新興宗教卻如雨後春筍般陸續出現，這種現象證明了一個事實，那就是邁向二十一世紀的人類，對於宗教的需求，更加顯得迫切了！

　　水能載舟，也能覆舟，宗教給人帶來寧靜平和與勇氣，卻也能造成混亂與戰爭，君不見人類歷史上多的是假宗教之名，行迫害之實的例子。在歐洲，始於十四世紀的宗教迫害，到了十六、十七世紀最為猛烈，這兩百年間，估計死亡人數大約在五萬到一百萬之間，其他不管是在肉體上，或精神上遭受迫害者，數量更是難以估計。宗教之對於人類的迫切需要性，還有這些可怕的統計數字，沒人有逃避的權利。對於宗教必須有宏觀、正確的態度，才能使宗教發揮它偉大的力量，才能避免不幸事件一再發生，最有效的辦法，恐怕就是要去了解宗教了，而了解宗教就是在了解人類，了解人心、人性，了解自己。

　　崔默（William Calloley Tremmel）教授這本《宗教學導論》（Religion: What Is It？）脈絡清晰，結構頗富彈性，內容包含世界各宗教（甚至巫教與新興宗教），引述了各家學說（包括哲學、神學、心理學、社會學、物理學、考古學等），並舉出日常生活的例子，或文學作品，增添生動活潑與趣味性，其中的用字遣詞平易近人，不像一般宗教哲學書籍，叫人望之卻步。

　　本書從生物學的觀點出發，解釋人類何以是宗教性的動物，綜合了人類學和人種學的資料，說明宗教的原始起源，歸納出社會、心理，和神學的現象，來解釋宗教的成因，並以現象學的觀點，就功能與經驗兩個方向來了解宗教，鼓勵讀者著眼於人們以宗教之名，所相信和所做的事，不談其是否為真，在不損及判斷結果的情況下，「去聆聽一些神聖經驗的描述，並試著融入情感，想像這樣的經驗對那些『深信不疑』的敘述者，有什麼意義。」

　　每一種悟道經驗都是神聖的，不管悟道者信仰的神是什麼，不管他的神是否真的存在（甚或不管其信仰的導師是不是一個騙子），這些都不是重點，悟道經驗所產生的影響，所造成的結果，才是宗教的核心意義所在。了解宗教，了解人心，培養寬容、尊重與體諒的態度，人與人之間才不會因歧見而形成紛爭，有心人士無由利用信仰問題來剷除異己，任何性質的宗教迫害都可以避免，宗教力量才能發揮到極至。在這樣一個不完美的世界，這樣一個急需宗教來填補缺陷的世界，宗教研究者的企圖心，以及所付出的精神和體力是令人佩服，並且是功德無量的。僅以此序對所有努力要讓世人了解宗教，了解人心的工作者，致上個人最高的敬意。

賴妙淨

目　　錄

第四部　　　以經驗論宗教

第一部
宗教來源的思辯

別以為任何人都能全盤洞悉這些大謎團。
　　　　　　　　——麥蒙尼德（Maimonides）

I. 宗教是一種人類行為的複雜形式，藉此個人（或團體）能在理智上和情緒上有所準備，以應付人類生存中那些可怕而無法掌控的事［見第 10 頁］。

第一章

定　義

一個詞語的真正涵義，得自於觀察人針對它怎麼做，而非怎
麼說。

　　　　　　　　　　　——布里吉門（P. W. Bridgman）[1]

　　在研究宗教是什麼的過程中，一個適用的定義，將會有所助益。
但是談到宗教，一個適當的定義，卻很難求。原因泰半在於它必須
涵蓋眾多的信仰與活動，從巫術一直到神祕主義，從私人的祈禱，
到團體宗教信仰。宗教的定義其實並不缺乏，不少赫赫有名，或者
其他各式各樣的人，已經給宗教下了許多很好的定義。例如，十九
世紀到二十世紀初，一位重要的人類學家，泰勒（Edward Taylor）
便將宗教定義爲「對神靈存在的信仰」[2]；近代哲學家懷海德（Alfred
North Whitehead）在其《宗教的創生》一書中，宣稱：宗教是「個人
獨處時的行爲活動」[3]；十八世紀的哲學巨擘康德（Immanuel Kant）
宣稱宗教就是「承認責任乃神的旨意」[4]；而康德之後的德國神學

---

[1] 布里吉門（P. W. Bridgman），《現代物理邏輯》（*The Logic of Modern Physics*，
　New York: Gordon Press, 1958），p. 7。

[2] 泰勒（Edward B. Taylor），《原始文化》（*Primitive Culture*, New York: Gordon
　Press, 1974），vol. 1，p. 383。

[3] 懷海德（Alfred North Whitehead），《宗教的創生》（*Religion in the Making*,
　Cleveland: World, Meridian Book, 1969）p. 16。編按：本書中譯本已由桂冠
　圖書公司出版，並列入《當代思潮系列叢書》。

[4] 見康德（Immanuel Kant）之《理性言宗教》（*Religion within the Limits of
　Reason Alone*），葛林（T. M. Greene）與哈德森（H. H. Hudson）合譯，第二版
　（La Salle, Ill.: Open Court Publishing, 1960），pp. 142-151。

家施萊馬赫（Friedrich Schleiermacher）則認定「宗教的共同要素」就是「絕對依恃的自我意識」[5]；已故的田立克（Paul Tillich）把宗教看成「人類的終極關懷」[6]；不若前述幾位在學術界出類拔萃的某位人士，一樣有權利回答這個問題，他說：「宗教又不會傷人，至少它不是故意的，反正這也不常發生。」

　　顯然這許多針對「宗教是什麼？」所作的回答，聽起來都不錯，卻也都明顯地需要很多的解釋，來賦予宗教充足的範疇和準確性，這樣才能成為宗教的定義。不論在定義的包裹裡裝的是什麼，都只有部份能從其包裝的外觀看出來。因此，差不多任何一個定義，都需要作更多的說明。如果有太多的答案，實際上就等於沒有答案。如果一個複雜的問題，太容易獲得答案，我們就會懷疑這些答案的可靠性，而我們的懷疑，往往都是正確的。為了達到目的，我們需要的是更寬廣，同時又更準確的陳述與解釋，而非任意一個簡略的短評，不管它的洞見有多深。

第一節　朝功能的與經驗的宗教向度前進

　　為宗教擬定一個適當的定義，的確很困難，但我們還是要努力去嘗試——從巫術到團體宗教信仰的探索過程中，它都會指引我們，我們將使用此一可行的定義作為研究大綱。它必須說明兩個層面的宗教現象：(1)在功能層面，探討人為何要信仰宗教？信教時，

---

[5] 見施萊馬赫（Freidrich Schleiermacher）之《基督教信仰》（*The Christian Faith*），馬金塔許（H. R. Mackintosh）與史都華（J. S. Steward）編著（Edingburgh: T. & T. Clark, 1928, ），pp. 5-18。

[6] 以「終極關懷」作為宗教的定義與雛形，在田立克（Paul Tillich）所有著作中均有出現，特別是在三冊名為《系統神學論》（*Systematic Theology*）的書中。在該書第一冊，田立克說：「神學的目標即是我們最終的關懷。唯有以終極關懷為目標者，才是神學的論述。」（Chicago: University of Chicago Press, 1951, pp. 11, 12. ）

做些什麼？還有獲益如何？(2)在神聖的層面，探討有關人們在信教時，甚或尚未信教以前，所發生的一些神祕、宏大的經驗。我們可以把宗教看成人類生活的現象，並且朝下列的兩個方向之一，或兩者同時來觀察，就可以了解宗教：把它看成人為了獲益所做的特殊事情——亦即在功能的層面；也可以把它看成人在信仰的過程中，所發生的事——也就是在經驗的（experiential）層面。

一、功能（原因）向度

舉個例來說明：一位年輕的新任牧師，被派到一個小鎮的教堂司職，該鎮位於雄偉的科羅拉多州落磯山脈（Colorado Rockies）的山麓小丘，往東二十英哩處。雖然他新來乍到，一切還算順利，每個禮拜日按時講道，言行舉止也合乎牧師的身份，這些都難不倒他。但是有一天，事情發生了！教會裡，有一家庭的女兒和女婿度假回來，就在離鎮東邊幾英哩的地方，發生車禍，女兒死了。年輕的牧師一接到電話，得知事情的始末，就明白身為牧師，他必須前往喪家。只是到了那裡，該說些什麼呢？在此之前，他可以說是在扮演教會的角色——主持星期日的禮拜式，講講啟發人心的道理，親切地拜訪教友。但現在他能說什麼呢？

不久，牧師鼓起勇氣前往喪家，敲敲門，女孩的母親來開門，她說：「很高興你來，請進。」他踏進門，然後勉強說出：「我聽說了事情的經過，我非常難過。」

女孩的母親注視著他，眼框充滿淚水，然後抬起頭說：「真令人難以置信，現在我還沒真正受到打擊，但是，早晚會的。所以我祈求上帝給我勇氣，好讓我相信，根據祂的旨意，這個不幸，就某種層面來說，是有意義的。」

不論我們是否同意她這種神學上的［約伯式的（Jobian）[7]］解釋，但我們都可以清楚地看見她的信仰產生了功能，而它的作用正

---

[7] 見第八章，第189頁。

是宗教的基本精神：在人生的旅程中，當遇到可怕的，會摧毀價值
觀的事件時，給予我們精神上的支柱。現在，我們可以開始就宗教
的功能，提出線索：為什麼人會有宗教行為——為什麼要蓋教堂、
廟宇、參與祈禱、表明信仰？為什麼要將葬禮儀式化？為什麼有時
還會被神明附身，精神恍惚地狂亂舞蹈，或者說些別人聽不懂的話？

　　研究宗教是什麼，必須探索為什麼人要信仰宗教？信教時，人
們做些什麼？還有能從中獲得什麼？這就是我們所要的宗教定義，
以及我們在為宗教下定義的探索過程中，大致上的一個範圍。

二、經驗的（美感的）向度

　　在佛羅里達州的大澎史賓斯（Tarpon Springs，Florida）這個
希臘社區，每年的一月六日，居民都會慶祝古老的宗教節日主顯節[8]
（Epithany）同時也舉行年代沒那麼久遠的「擲十字架」慶典。首
先，南、北美洲希臘正教大主教，在大澎史賓斯的聖尼古拉斯教堂
（the Church of St. Nicholas）主持一個莊嚴的大彌撒，冗長而
詞藻華麗的彌撒結束後，遊行隊伍在教堂外結集，由一團高音量的
樂隊做前導，男女老幼穿著傳統希臘服飾，從教堂出發，經過主要
幹道，一直走到河邊，那兒事先分派了一組年輕人，在離岸幾碼的
船上等著。跟著遊行隊伍前來的群眾，聚集在岸邊，另一個莊嚴的
儀式就開始了。儀式包括一個銀色十字架的祝福，大主教將銀色十
字架，浸入水中三次，象徵耶穌基督三次在約旦河受洗。然後大主
教將十字架投進河裡，於是船上的年輕人一躍而起，潛入水中找尋
十字架[9]，他們潛入水中，又浮出水面，潛入水中，又浮出水面，直
到最後有人出來，高舉手臂，展示他尋回的十字架，眾人興高采烈
地拍手歡呼，最後大主教舉起手，再次祈求神的賜福。接著，歡樂

---

[8]　希臘正教的主顯節（Epithany）慶典，主要是紀念耶穌在約旦河（the Jordan
　　River）受洗，但是在許多不同的基督教教派中，它也象徵著耶穌即為外邦人
　　的救世主，這點經由外邦人[東方來的三賢人（the Magi）]，在耶穌誕生時，
　　前來探訪這個神聖的家庭而顯示出來。

[9]　尋回十字架者將獲得特別的祝福。

的節慶活動開始，有傳統的希臘美食和舞蹈，活動進行一整天，據說，還一直持續到深夜。

　　這個慶祝活動真的非常有趣，同時也帶著濃厚的宗教色彩，不只是爲了好玩，同時也在紀念基督教的主顯節，並且爲社區祈福，帶來好運。

　　在這裡，我們看到宗教除了有其功能外，它還兼備美感──是一種神聖的（sacred）經驗。

　　奧圖（Rudolf Otto）的《論神聖》（*The Idea of the Holy*）[10] 一書中，主張人類可以有一種神祕超凡（numinous）的心靈狀態：也就是人類能體驗到一種神聖的意識，能感悟到一種神聖的力量，在他們的體內翻騰，或由外向他們席捲而來（有時挺嚇人，有時令人愉快，有時神聖溫和）。這是一種神祕的經驗（不知還有著什麼），詹姆士（William James）稱之爲「有某物存在」[11]。根據艾五德（Robert Ellwood）（和許多其他人）的說法，這是一種「神祕的經驗」，艾氏把它定義成「一種處於宗教情境中的經驗，在當下或事後，由當事人詮釋爲以直接、非理性的方式，與終極的神聖存在事實[12]相遇，使其在此非比尋常的經驗中，產生深刻的生命力及天人合一的感覺。」

　　泰勒（John Taylor）在他《穿梭於人神之間的上帝》（*The Go-Between God*）一書中，認爲神祕超凡的經驗純粹就是「與上帝相遇」，是靈魂的意識運用很多方式，甚至於很普通的方式，向生命呼喊。泰勒寫道：「我所想的不是所謂狹隘的『與上帝相遇』，而是一種相當普通、非宗教的經驗……眼裡看到的山嶺樹木，不再只是

---

[10] 奧圖（Rudolf Otto），《論神聖》（*The Idea of the Holy*），海費（J. W. Harvey）譯（London: Oxford University Press，1923）。

[11] 詹姆士（William James），《宗教經驗種種》（*Varieties of Religious Experience*, New York: Modern American Library, 1902），p. 58，本書由詹姆士 1901-1902 年間在愛丁堡（Edinburgh）的吉福德講座（The Gifford Lectures）編纂而成。

[12] 艾五德（Robert Ellwood, Jr），《宗教與神祕主義》（*Mysticism and Religion*, Englewood Cliffs, N. J.: Prentice-Hall, 1980），p. 29。

我所觀察的客體，而是一個主體，在它自己的生命中存在，並且正
在對我說話——幾乎可說是在對我私下點頭（nodding）謀合。」泰
勒指出，這個點頭謀合的目標接近「神祕超凡」一字的含意，按照
泰勒的說法，該字源於拉丁文的 nuo，意思是點頭或招手。「真正神
祕超凡的經驗，其特徵不僅在於面對不可知的，或懾人的事物時，
油然而生的原始敬畏心，它並且也發生在像睡著的孩童那麼普通，
像一朵花那麼單純實在的事物，都能突然引起注意的時候。」[13]

　　泰勒將其神祕超凡的經驗稱爲一般的謀合，詹姆士則將別人自
認絕非普通而是非比尋常的神祕超凡經驗報導爲——神的親臨。詹
姆士引述一位不具名的人士：

　　　　我記得那晚，幾乎也記得山坡上的那個定點，我的靈
　　魂在那兒向外開啟，彷彿進入無窮的境地，同時內在和外
　　在的兩個世界碰撞在一起，那是深處對無窮的呼喚——我
　　努力掙扎而開啟的內心深處，因為得到外在深不可測的無
　　窮的回應，而超越了星空……平常對週遭事物的感官知覺
　　逐漸消失，在那一刻，只有難以形容的快樂與狂喜……正
　　因為我們看不見黑暗，而更加能感覺到它的存在。我再也
　　無法懷疑當時祂在場，就像我無法懷疑自己也在場一樣。
　　我甚至覺得自己是兩者之中較不真實的一個，如果有這種
　　可能的話。[14]

　　不管神祕超凡的經驗是普通的點頭謀合，或不尋常的神明親臨
的經驗，它都是宗教範圍內，發生在人們身上的事，因此對我們所
要的定義和研究很重要。

　　功能性和神聖的經驗這兩個層面，有時被認爲是分開、不相關
的，有些權威人士就是單單根據其中之一，來下定義的。譬如宗教

---

[13] 泰勒（John V. Taylor），《穿梭於人神之間的上帝》（*The Go-Between God*, New York: Oxford University Press, 1979），pp. 11-12。

[14] 詹姆士（Wulliam James），《宗教經驗種種》（*Varieties of Religious Experience*, New York: Random House, Modern Library, 1902），p. 66。

社會學家殷格（J. Milton Yinger）為宗教下的定義，就是著重在功能層面。

> 宗教……可以被定義為一種有系統的信仰和修習，一群人用它來和人類生命的終極問題搏鬥。此一終極問題就是拒絕向死亡投降，拒絕面臨挫折就放棄，拒絕讓敵意把人孤立。[15]

顯然這是功能性的定義：宗教是人用來處理生存中，一些可怕而無法控制的層面──諸如死亡、痛苦、罪惡、人生無意義這類問題。

還有一些學者走的卻是另外一條路，他們集中精神朝「神聖的經驗」來定義，認為宗教的要素在於對神聖力量的感悟。宗教學者伊萊德（Mircea Eliadé）反對功能主義者的定義，他強調把宗教看成是用來應付人類需求的方法，就是在忽視「宗教那一個特殊並且不可省略的質素──也就是神聖的質素。」[16]

事實上，這些定義宗教的原則，並沒有相互排斥，因為宗教是人用來應付人本身某些有限的質性，同時也是發生在人身上一種神祕的、驚人的事情，它並且奇妙地使人有重生振奮的感覺。其實，宗教的「神聖經驗」這方面本身就是一種功能。它是人們信仰宗教時，努力想獲得，甚或最想獲得的東西。宗教的功能和經驗雙方和諧共存，因此想要了解宗教是什麼，必須兩者兼顧。

確定宗教的定義須包含「功能性」和「神聖經驗」這兩個層面後，我們先從以下幾個可行的定義著手，其餘章節再以更詳細的檢視和分析來建構我們所要的定義。

---

[15] 殷格（J. Milton Yinger），《個人與宗教、社會》（*Religion, Society and the Individual*, New York: Macmillan, 1957），p. 9。

[16] 伊萊德（Mircea Eliadé），《比較宗教學的型式》（*Patterns in Comparitive Religion*, New York: World Press, 1963），p. xiii。

第二節 定義：功能與經驗的向度

Ⅰ. 宗教是人類行爲的一種複雜形式，藉此，個人（或團體）在理
   智上和情緒上能有所準備，以便處理生存中那些懾人的、具高
   度威脅性的，以及無法控制的事物。

Ⅱ. 信仰宗教是因爲相信在人類經驗，甚或在所有萬事萬物的中心
   點，有一個或數個存在實體，或是一種過程（一種神聖的存在
   事實），個人（或團體）藉以超脫生存中一些否定生命意義的創
   傷，並克服那種人的力量有限的感覺。

Ⅲ. 用不同的宗教技巧來信仰宗教：

   (a) 信仰體系（各種神話、教義，和神學理論）。

   (b) 儀式化的系統（虔誠的舉止和戲劇化的表現）。

   (c) 道德體系（倫理規範）。

Ⅳ. 儘管這些（尤其相信生命基本上有其神聖的秩序在），宗教終究
   不只是人們處理宗教問題的方法而已。宗教本身也是一種宏大
   的滿足經驗，以及無限的個人價值，它不僅可以「從事」又能
   「使用」，並且還是發生在人們身上的事。它是一種經驗───一
   種十分珍貴的經驗，有時甚至完全是一種恍惚神迷的經驗。[17]

---

[17] Ⅰ和Ⅲ的定義由貴哈特（William H. Bernhardt）在其《宗教的功能哲學》
    (*Functional Philosophy of Religion*) 一書中的功能性定義改造而成，他
    說：「宗教行爲是一種個人和團體 行爲的複雜形式，藉此得以在理智上和
    情緒上有所準備，以便能重新詮釋整個狀況，並且用各種不同的方法，樂觀
    地面對生存中無法操縱（nonmanipulable）的事。」（Denver, Colorado:
    Criterion Press, 1958, p. 157）

第三節 宗教研究的類別

　　福音佈道（kerygma）一字原為希臘文(kērugma)，是「宣告」、「講道」，或「訊息」的意思。現象（phenomenon）一字原為拉丁文（phaenomenon 源於希臘文的 phainomenon），意指「可經由感官察知的事件或事實」。這兩個概念（講道和觀察）將宗教研究歸類為二──即研究宗教的兩個理由：一是得到訊息，另一是體會宗教現象就是一種人類的經驗。

一、福音佈道法

　　福音佈道法（the Kerygmatic Method）是要把宗教的研究或呈現，拿來當作救世的訊息；其功能是為當代人揭示真正的神學理論以及適當的宗教修習；其目的在使人真正的信仰宗教，無論他們屬於哪個世代。福音佈道法視宗教為「救世的訊息」（saving message），亦即對「當今」有意義的訓示，不管「當今」為何時。它會順應時代，來修改訊息。例如潛心鑽研希臘哲學的聖奧古斯丁（St. Augustine, AD 354-430），想成為基督徒，同時又要忠於當時流行的希臘哲學 [新柏拉圖主義(Neo-Platonism)]，於是他把柏拉圖（Plato）基督教化，或者說把基督教柏拉圖化，也就是用柏拉圖哲學的術語來詮釋基督教。他將第五世紀的基督教「現代化」，使其對當代人產生意義。十三世紀時，聖阿奎納（St. Thomas Aquinas）以亞里士多德的（Aristotelian）哲學如法泡製。後來，馬丁路德(Martin Luther) 和喀爾文（John Calvin）也為他們的時代把基督教「現代化」（重新陳述佈道福音）。每個世代，甚至每個世代中的每個文化，都在用當時的語言來重新詮釋當時的救世訊息。講道者、猶太教牧師、神父和各地聖賢都是用福音佈道法，來呈現他們的宗

保羅（Paul）在其致羅馬人的信 1:17 中寫到：「因為福音啟示了上帝所施行的正義，其正義始於信德，也止於信德。」就像聖經所說：『義人因信德而生活。』」這裡保羅用的是福音佈道法，而我們不帶價值判斷，僅單純報導保羅在其致羅馬人的信中寫道：「因為福音．．．．．」，則是現象主義的方法。我們並沒有宣揚保羅的救世訊息，只是在觀察這件事。一類型是教派兼神學理論的，另一類型則是學術兼歷史性的。

以上〈羅馬書〉（The Romans）引述自《新約聖經》（*The New Testament*），美國新譯本聖經 ［*New American Bible*（NAB）］。

教真理和修習。佈道福音當代化的呈現（亦即為救世而宣揚某一套宗教理論）是適當可行的，所以才會有基督教教堂、猶太教會堂、回教清真寺、佛教寺廟，和日本的禪堂（zendos）。牧師、神父、主日學老師，和各地的宗教專業人員，他們的職責是要藉著傳道並鼓吹他們所認定的救世訊息，去說服，去宣揚，去使人相信，去救世。這雖然合乎常理，卻不是本書所採用的方法。我們選擇另一類型——較有學術性、據實以報的方法，我們稱之為現象主義的方法（the phenomenistic method）[18]。

二、現象主義的方法

想要儘可能公平、客觀地研究宗教資料的學者，都採用現象主義的（或歷史的）方法（the Phenomenistic Method）。但要注意的

---

[18] 所謂的「現象主義的方法」，或可稱為現象學（phenomenology），但因現象學不僅代表一種方法學，同時（先不管反對的意見）也代表當代的哲學體系，所以我選擇色彩較不鮮明，且較不具爭議性的「現象主義的」這個詞語。

是，不僅要冷靜客觀地觀察、描述並分析宗教的現象，同時還要融入情感，也就是說要觀察並領會宗教的經驗與生活中，深奧的情感層面（喜樂與恐懼兩者均含）。

現象主義的方法，不談價值與真理這方面的問題。它著重在人們以宗教的名義，所真誠相信和所做的事物，而不在他們所相信或所做的是否為「真」，觀察到他們信以為「真」的現象也就夠了。其目的就是要去領會信仰者所認定的宗教的有效性，而不論它是哪一種形式。

觀察並談論宗教經驗，當然和親身經歷有所不同，但這並不表示我們就不能去理解、領會一個行為舉止顯示有過這種經驗的人。既然宗教現象在心理上、社會上和精神上滿足了人類的需求，在不損及判斷結果的情況下，我們可以就其功能來加以觀察。在不損及判斷結果的情況下，我們也可以去聆聽一些神聖經驗的描述，並試著融入情感，想像這樣的經驗對那些「深信不疑」的描述者有什麼意義。

現象主義的方法著重於描述與界定，不像福音佈道法，一味地宣傳與說服，它的目的不是要救世，而是為了要理解。

名詞解釋

◆ Asethetic **美感的**‧有關品味的標準，對美的感受。

◆ Epiphany **主顯節**‧一月六日舉行的基督教慶典，頌揚耶穌即為外邦人救世主的神聖天性，此由三賢人（可能是祆教祭司）來到耶路撒冷（Jerusalem）和伯利恆（Bethlehem）獲得證實。

◆ Experiential **經驗的**‧在此單指在宗教的興奮和喜悅中，體驗到神的存在。

◆ Kerygmatic **福音佈道法的**‧（希臘文為 kerygma，即「宣揚」之意）一種演說或講道的方法，目的在宣揚福音，或神聖的訊息。

◆ Neo-Platonism **新柏拉圖主義**‧西元三世紀在埃及的亞歷山大（Alexandria），以雅典的柏拉圖（427?-347 BC）早期哲學為基礎，發展而成的一種哲學性的神學理論。新柏拉圖主義還包含其他希臘哲學家和東方神祕主義者的學說，以及一些猶太教和基督教的質素。

◆ Nonmanipulable **無法操縱的**‧指無法立即操縱控制。

◆ Numinous **神祕超凡的**‧奧圖（Rudolf Otto）按拉丁文的 "numen" 所造的字，意指「神聖的力量」、「神性」、「神」。神祕超凡的經驗是一種有神明的力量存在，或者有神明親臨的經驗。

◆ Phenomenon／Phenomenistic **現象／現象主義的**‧純粹指直接經由人類感官察覺的事件或事實。（源於希臘文 "Phainomenon"「顯現」或「顯示」。）

◆ Sacred **神聖的**‧值得崇敬的。

◆ Satori **開悟**‧禪宗追求的一種心靈開啟的境界，是北印度語 "bodhi"（他醒悟了）的日文代稱。

◆ Zendo **禪堂**‧禪宗佛教用來打坐冥想的廳堂，在此信徒藉著受過訓練的冥想，尋求並等待他們稱之為開悟（satori）的「神聖經驗」。

第二章

宗教性的動物

每個小孩出生時，都帶來了上帝對人類尚未感到灰心的信息。
——泰戈爾（Rabindranoth Tagore）

　　人類顯然是唯一有宗教信仰的動物[1]，這使我們顯得較為獨特。當然，我們也是唯一做很多事情（哲學、科學、零售交易、水管工程）的動物，不過就我們的目的而言，對宗教的專門研究就足夠了。首先要知道為什麼人信仰宗教？是什麼動機促成這樣的思想和行為？答案可能就在下列的陳述中——人類信仰宗教，因為人類有特殊的心智。但究竟是怎樣的心智呢？根據亞里斯多德（Aristotle）所言，我們或許會說：「理性的心智。」這當然是其中一個答案，但絕非全部。我們的確會對宗教加以思考，並且儘量在信仰當中保持理智，只不過，還有一份比理性更發自內心深處的什麼力量，驅使我們信仰宗教。這點從我們的心智能立即生動地感悟到自我的事實當中，就可以窺出端倪。我們不但有冷靜解決問題的（理性的）心智，還有擾人的（自我意識的）心智在告訴我們自我的存在，以及身在何處。知道自己存在並且身在何處是很惱人，甚至是可怕的，因為這明確地指出，我們生存在一個**自我**破壞的世界裡。自我（亦

---

[1] 說人類是宗教性的「動物」，並不表示人類不是很獨特的生物。這種說法並未抵觸人只比完美少一些，比天使差一點（這是猶太教並基督教的主張），同時擁有無上榮耀這樣的論點。其實，所有的宗教，不論它們如何譴責當今的人類，終究認定人類有無限的價值，並且能直接與神聖力量溝通。當我們說人類是宗教性的動物，我們指的是人類不只是動物而已， 他們還是具備特殊性質與資格的動物。

即任何人）覺得困擾，因爲一旦年紀夠大，更有見識的時候，就能
領會自己被生下來的真實情況。所有的人都被扯進，甚至陷入這個
世界，一個遲早會破壞並且毀滅所有人格的世界。簡言之，也就是
沒人能活著擺脫生命，也沒人能在擺脫生命時，達成一半的願望，
而人是真正了解這一點的動物。我們知道事情應該更好，甚或可以
更好才對。我們爲自己著想，這使我們快樂不起來，或者不講快樂
的話，也會使我們不得安寧。而我們之所以爲自己著想，並不全然
因爲我們要這麼做，實在是情非得已。人必須要思考才能生存，因
爲人在某一特定去氧核醣核酸（DNA）知識上，是最具缺陷的動物。
其他動物在遺傳基因上就有的本能反應，便足以形成維繫生命的必
要行爲，而人類在這方面卻有缺陷。唯一能代替遺傳基因所建構的
保命反應的變通方法就是思考。人類比其他動物更有必要學習如何
保住性命，我們必須爲自己著想，否則就無法生存。所有的人類生
來就缺乏本能反應的「技術」（know-how）。

第一節　非遺傳密碼所控制的動物

說人是一種在 DNA 知識上有缺陷的動物，缺乏本能反應的「技
術」，也就是在說人是一種非遺傳密碼所控制的動物：對人來說，生
命與意義並不在於單純的成熟，而是在於教導式的成熟。我們不能
光是長大就可完成自己——成爲**智人**（Homo sapiens，有智力的人），
我們必須在成長的過程中接受教導與接受教育。存在主義
（existentialism）哲學家［據沙特（Satre）所述］[2]指出人類是
唯一存在先於本質的動物，這真是一語中的。其他動物的基本天性

2　沙特（Jean-Paul Sartre），〈存在主義即人道主義〉（Existentialism Is
　Humanism），見考夫曼（Walter Kaufmann）所編著《從杜思妥也夫斯基到沙特
　之存在主義》（*Existentialism from Dostoevsky to Sartre*，Cleveland:
　World, Meridian Books, 1965），pp. 287-311。

都是被灌輸、被設定建立在基因結構裡，人類就不同了。野鴨永遠都是野鴨，生來就如此，並且是特定的那種野鴨，永遠也不會變成別的。所有的指示，顯然甚至於遷徙的路線，在野鴨生命一開始的時候，就已經記錄下來，而人卻不是這樣。誠然，在出生時，甚至於在胚胎期，就有一些指示儲存於人體內：也就是人的物質存在。肉體開始形成，將來發育完成的樣子的指令就已經確立，但人性、心智、語言、態度、愛、憎、悲傷、宗教則否。所有這些以及其他構成一個人，一個人格，一個人類者都有待學習、有待發掘。因此，人之所以不同，是由於在基因配備上，缺乏某些指示規則的緣故。如弗洛姆（Erich Fromm）所言：

　　　　將人與動物的存在區隔開來的第一要素是屬於負向性的：即相較之下，人類在適應環境的過程中，缺乏本能的調節……。動物的本能配備愈不完整，愈不固定，腦力愈能擴展，因而學習能力也就愈強。人的出現可以被解釋為進化過程中，本能的適應到達最小限的時候。[3]

此一既定程序上的缺陷，一點也不可悲。正因為有這個缺陷，人的自我意識、記憶力、洞察力、語言能力、推理能力、還有想像力，便如雨後春筍一般蓬勃發展。或如弗洛姆所言：

　　　　他帶著新的性質出現，這使他有別於其他動物：能感悟自我是一個個別的存在實體，能記得過去，並設想未來，能用符號來代表物體與行為，以理智來設想並了解世界，還擁有超越感官知覺的想像力。[4]

　　所有構成人類之人性者，對宗教的信仰都很重要，但就我們的

---

[3] 弗洛姆（Erich Fromm），《為自己而活》（*Man for Himself*, New York: Fawcett World Library, 1973），p. 48。

[4] 前揭書。

目的而言，只須注意兩個特別屬於人類的質性：即自我意識與想像力。

第二節　自我意識與想像力

指稱一個人有自我意識，表示他看得見自己，大致上透過產生語言和遊戲功能的組織結構[5]，看見自己的過去、現在和未來。而語言和遊戲則要藉著特殊的生理機能與神經組織上的遺傳，才有可能。正如鍾先生知道自己是鍾先生時，他同時是自己的客體和主體。鍾先生所看見的自己，也許和別人眼中的不盡相同，但他一定看得到自己，用立即的感知能力看見自己，用想像力看見自己，也就是說，他是個有自我意識的生物，一個看得見自己在此時此地（目前的活動），看得見自己在彼時彼處（過去的活動），看得見自己可能的處境（未來的活動）的生物。

或許其他動物也有某種程度的自我意識，想像自己在別的地方做別的事，但即使有，也沒有用，因爲一代接著一代，牠們還是以同樣的方式生活。如果牠們的想像有別於此，其運作的模式和生活的方式就會有所改變，但是這在非人類的動物中，是難得一見的。顯然地，存活於當今世界的其他動物，有著一些過去的記憶，但是對自己未來生活（或死亡）的考量與想像卻微乎其微。就這點而言，人類當然與衆不同。人對未來有高度的警覺性——明天、明年、退休、永恆。事實上，人們爲未來生活所做的或盡力想做的，往往比爲現在的還多。尤其是現代人，老是纏著明天不放，明天永遠都不夠，看著眼前的世界，想像它可能會有什麼不同，想像明天的世界實際上會是什麼樣子。因爲人具備自我意識和想像力，想得到目前沒有的東西，又害怕未來可能的狀況，既積極又消極地活在真實的

---

[5] 米德（George Herbert Mead）指其爲形成人類心智的基本組織結構。

世界裡，同時也活在「想要」的世界，以及「所害怕的」世界裡。在積極方面，想像自己所沒有的，渴望要得到它，有時渴望得非常激烈。在消極方面，想像未來可能的狀況，恐懼它，有時恐懼到絕望的地步。這使人陷入陌生的境地，不論身在何處（其實就是在這個世界上），都彷彿覺得不對勁。人經常覺得事情不如所願，現實生活永遠也不可能合乎自己的期待，因爲一個有自我意識以及想像力的人，其憧憬之特性正是如此。不管我們是誰，不管我們是什麼樣的人，不管我們擁有什麼，都是不夠的。我們想優於現狀，我們嚮往更好的去處，我們想擁有更多的東西。如果我是十一歲（這是有些人得到第一輛三輪腳踏車的年紀），我就會很快樂，別的東西都不需要……要是我已經二十一歲，讀完大學，有個不錯的工作，和蘇西結了婚，名利雙收，錢越賺越多。慾望永遠沒個止境，即使你背叛了「這個充滿商業競爭的社會」，情形還是一樣，唯一改變且重要的是自我意識與想像的形態，那種想像自己在不同地方、不同樣子的形態。

第三節　新的世界

事情往往不如所願，而我們又會把它想像成不同的風貌，並且希望事情就像那樣子，於是我們努力去改變生活。大家都非常賣力，不斷爲自己打造新的世界。想要過更好生活（這樣的慾求，在每個人會自尋煩惱的心智中，自然而然地產生）的動機，促使人類用想像力去工作，並且創造出奇異的人工世界——中央空調系統、水管工程，快速運輸系統、$E = mc^2$（、羅馬教廷、論題簡化原則（the law of parsimony）、共和黨、聖母慟子圖（the Pieta）、醫院、信仰療法、立體音效的雜音，加上電視廣告來提醒大家所沒有的東西，使大家一直想要得到。這裡所說的是，人類所有的經營企劃，特別是那些有重大意義的——科學、哲學、宗教——皆因人類的需求而產

生，因人感受到自身與世界的缺陷，而努力去造就人類福祉，或大家所相信的人類福祉，或至少是較接近我們內心所渴望的事物。

由於這個世界不符合所願與期待，而我們的心智又能體會到這點，所以我們就運用科技努力去改造世界；用哲學與神學來解釋這個世界，將它合理化，使它不再那麼神祕可怕；我們努力把自己和這個世界適當地聯繫起來，或用宗教的信仰、熱誠與實踐，成功地超脫出來。宗教被認爲是一個人信仰並遵循之道，用以克服並超越存在的疏離感——人類生存中可怕的、無法操縱的層面、那種人類力量有限的感覺——亦即**人類的處境**。

第四節 人類的處境

在此「人類的處境」一詞，必須特別加以考慮，因爲它就在宗教動機的基點上。人類的處境就是處於疏離感之中，在鎮靜劑與其他膚淺的娛樂表象之下，正是人類的處境，覺得與身處的世界疏離，與自己的生活不協調。人類是大自然的一份子，同時卻又與大自然分離。就像我們注意到的，因爲人類有別於其他動物，瞭解自己在大自然中的命運，才會產生這樣的二分法。人類陷入了一個不可能的夾縫之中：隸屬大自然，卻又企圖超越大自然。有了個想要繼續存活的軀體，卻又有個會說軀體的願望註定要成泡影的理智。身爲大自然天真的一份子，心臟跳動著，彷彿永不歇止，可是理智知道根本不是那麼一回事。其他動物只要重覆著同類的行爲模式，就會感到滿足，可是人類就不同了。被逐出了懵懂天真的國度（遠離了直覺，一種近乎沒有思考的存在，甚至就像在出生前的經驗一般），人類註定永遠要爲一個無人能解的問題忙碌。誠如弗洛姆所言：「失去了樂園，不再與大自然合一，人便成了永遠的浪人〔奧狄賽（Odysseus）、伊底帕斯（Oedipus）、亞伯拉罕（Abraham）、浮士德

（Fraust）〕」[6]。不斷地追尋，想再度和大自然結合，那是在人出生當天就已經破裂而無可挽回了。弗洛姆告訴我們，人類在企圖修補裂痕時，首先建構出所有對世界的可能假想，也就是世界觀，據此，人得以解答自己站在生命之旅的哪一點？還有自己該做什麼？但弗洛姆又解釋道，這樣的思考體系是不夠的，如果人只是思考的動物，那麼有理智就夠了，可是每個人天生還有一個軀體，因此，人除了用思考來反應以外，還必須用感覺和行動。根據弗洛姆的說法，一個人「必須努力在其存在的各個領域，求得合一的經驗，才會找到新的平衡。因此，任何一個令人滿意的引導體系，除了理智的質素外，還必須包含感官知覺的質素。人類在各個領域努力所付出的行動中，就能體會這些感覺。獻身致力於一個目標、一個理念或一個有超能量的人，像是上帝，便是一種需求生命過程之完整性的表白。」[7]

信仰宗教

　　弗洛姆還指出，這些引導體系與這些世界觀，因其所產生的文化背景而異，然而人們所關心的卻是同樣的事：為人類提出一個有意義的架構，從中找到屬於自己的意義。事實上，它們就是對世界的再詮釋（各種神學理論），其所以會形成，是為了要緩和，甚或抗拒生命中可怕的事。舉個例子，印度教徒會說：這只是個虛幻世界（maya）而已，我們要追尋的是其表象後的真實世界。而基督徒則說：這只是個預備世界，一個為永恆作試驗的場所，過了這關，就是天堂，如果你不小心，就會是地獄。弗洛姆承認自己想把這類引導體系稱為宗教，但因某些體系並非有神論〔以一個人格主義（personalistic）的上帝為中心〕，於是他改口說：「因為沒有更好的字眼，所以我稱之為『引導架構與獻身投入』。」[8] 我們並不打算

---

[6] 弗洛姆（Erich Fromm），《為自己而活》（*Man for Himself*, New York: Fawcett World Library, 1973），p. 50。

[7] 前揭書，p. 55。

[8] 前揭書，p. 55。

改口，因為人們信仰宗教時所做的，正是建立這種引導與投入的架構，不管是否提及有神論的／人格化的上帝。

第五節　掌控之外的事

一、死

　　根據第 10 頁（第一條）宗教定義，宗教之所以在人類歷史和個人生命中出現，是為了要應付那些懾人的、具威脅性的、且無法控制的事。其中最佳範例就是死亡。死亡（也許在賦予宗教詮釋及／或精神力量時除外）是具威脅性、懾人的、甚至是恐怖的，其無法改變的真實性令人心生畏懼──朋友亡故，摯愛辭世，還有想到自己也會死，不管是事實、或冥想，都讓人害怕，同時也會激發出宗教性的迴響。

　　奧哈拉（John O'Hara）的小說《在薩馬拉的約會》（*Appointment in Samarra*）取自毛姆（W. Somerset Maugham）的寓言，其中死亡不懷好意的(恐怖的)且無法避免的 [無法操縱的(nonmanipulable)]特性，令人吃驚而清楚地表現出來。

　　　　死亡說：在巴格達（Baghdad）有個商人，叫他的僕人去市集買日用品，一會兒，僕人回來，臉色發白，顫抖著說：「主人，剛才我在市集的時候，在人群中被一個女人推了一下，一回頭，看見是死亡在推我，她盯著我，還作了個恐嚇的手勢，請快把你的馬借我騎，我要遠離這個城市，避開命運，我要去薩馬拉，在那裡，死亡就找不到我了。」商人把馬借給他，他快馬加鞭火速離去。然後，商人前往市集，看見我站在人群中，於是走過來說：「今天早上，你看見我的僕人時，為什麼要對他作出恐嚇的手

勢？」「那才不是恐嚇的手勢呢！」我說，「我只是嚇一跳
而已，怎麼會在巴格達看到他！今晚和他約好在薩馬拉見
呀！」[9]

對我們來說，這個故事的重點不在於宿命論的寓意，也不在於
約會的準確性，而是所有人都無法避免這樣一個在某時某處的約
會，如果不是今天，就是明天，如果不在薩馬拉，就是在巴格達。
還有，當死亡對你招手時，無可否認的，我們覺得遭到恐嚇。死亡
是個敵人，我們終究鬥不過它，它是懾人的、具威脅性的、且是掌
控之外、無法操縱的。

用**無法操縱的**（nonmanipulable）這個形容詞，我們指的是人
無法直接控制的情況，而具**宗教意涵又無法操縱的事**（religiously
significant nonmanipulables）則是無法操縱，同時又具威脅性、
懾人的情況。月之圓缺、潮起潮落、銀河系朝仙女座（Andromeda）
的運行，都是無法操縱的事，但這些並不會引發宗教性的反應，因
為不會威脅到人的生命或基本生活方式。我們無法操縱海洋，但它
並不會變成宗教性的問題，除非是在暴風雨中，它可能會淹沒船隻，
威脅到船上的生命。此時，這種無法操縱的事，就會變得可怕並且
具有宗教性的意涵。

二、生

人生中懾人的、具威脅性的、可怕的情況中，死亡自是最佳範
例，但可不是唯一的課題。事實上，對很多人來說，死亡並不是所
要面對的事情當中，最可怕的一樁。對某些人來說，生比死更難面
對，自殺就顯示出這點，對自殺者來說，至少在那一刻，死是兩者
當中，為害較輕的一個。甚至在那些沒有自殺，或想過要自殺的人
當中，也有很多人覺得真正的難題不是如何好好的死，而是如何好

---

[9] 毛姆（W. Somerset Maugham）劇作《雪琵》（*Sheppey*, Garden City, N.Y.:
Doubleday, 1934）。

主日學的老師，問一位童生晚上有沒有祈禱。

男孩回答：「有。」

她又問男孩早晨醒來有沒有祈禱。

男孩答：「沒有。」

於是她問：「如果你睡前有祈禱，怎麼醒來就不祈禱呢？」

男孩答：「醒來，我就不害怕了。」

譯自一九八三年七月十三日《華爾街日報》（*The Wall Street Journal*），費爾肯（T. H. Falcan）的＜童言稚語＞（"From the Mouths of Babes"）。

好的活下去。許多人發覺梭羅（Thoreau）那種沉靜的絕望，真是令人洩氣。

　　對於那些要步入成年的人來說，人生主要的悲劇可能不是死亡，而是幻滅──發現生命必須以瑣碎的方式度過，這和年輕時所憧憬的夢想與抱負差距甚遠。對許多敏感的人來說，生命的創傷和恐怖的事情，在於生命中的美感消失，生活中的狂喜不再。真正令人沮喪的，不是生命一定會結束，而是它必須在瑣碎中度過。其宗教性的問題，不在於是否要用一把「出鞘的短劍」（bare bodkin）求得「解脫」，而是要決定生命是否真會被「投石器與弓箭般殘忍的命運」，被耽憂的「嗔怒與汗水」，被懦弱的良心（令人臉色發白的想法使它「病懨懨的」，惡夢連連的睡眠嚇得它魂不守舍），弄得支

離破碎，或者非如此不可。死亡只不過是一般人對於會引發宗教性反應的挫折，所舉出的一個方便的實例而已。

三、挫折—沮喪—更高層力量的需求

死亡與人生無意義的毀滅性，確實會威脅生命，但是需要宗教力量鼓舞的，並不僅限於此。宗教力量的鼓舞是支持內在精神的每日所需。每天幾乎源源不斷都有一些惱人的、令人沮喪的，並且持續惡化的情況，有時會使生命變得幾乎令人難以忍受。

內外在糾纏不休的挫折感，使我們飽受痛苦的煎熬，使我們去尋求某種精神上的慰藉與昇華。我的同事米樂耕（Charles Milligan）在一封私人來信中，將重點放在二十世紀外在挫折感的原由之一。首先，他提到在原始社會，問題可能是「知識與力量尚不足以掌控日常的生活課題」，可是，對大多數處於工業社會中的我們，問題卻出在過剩而用不著的力量。他舉例說明一個坐在豪華轎車裡的人，碰到高速公路大塞車，眼看著重要約會就要遲到，走走停停，原來時速可達 150 英哩的車，現在最快也不過 10 英哩。自用轎車剩餘的能量，非但沒有幫助，反倒在挪揄車主，徒增她的惱怒。在當時的挫折下，她可能不會藉用宗教，或真正需要宗教的力量，但宗教也許會有幫助。

更需要精神支柱和解決之道的，不是外在如大塞車之類的挫折，而是屬於內在生命的挫折。舉例來說，試想一個不斷遭受輕度沮喪折磨的人，其病情只能緩和，無法根除，還好他的宗教信仰和方式，幫助他解決困難，繼續支撐下去。有些人持續不斷地處於憂慮、沮喪、罪惡、厭倦或其它日積月累的挫折中，會竭力尋求一種更高能量的境界來渡過難關，在這些人身上，我們可以看到同樣的例子。

基本上且就歷史觀而言，宗教源於人生中那些可怕的層面，卻還要應付各種挫折和沮喪，提供額外的精神力量，使人打起精神撐過去，不論是現在、今天，或明天—當挫折沮喪來臨時。

四、生存的勇氣

　　田立克（Paul Tillich）在他那本觀察入微的小書《生存的勇氣》（*The Courage to Be*）中，道出人類生活中常見的三大威脅：命運與死亡、空虛與人生無意義、罪惡與譴責。我們在某時、某地、某種情況下出生，並且已具備一定成就的能力。人生難免有徒勞無功，達不到預期目標的時候，於是失敗、空虛，有時甚至於人生無意義的感覺都會威脅我們。潛伏在所有個人活動的表象之下，是空虛/人生無意義的焦慮。因為，就像我們先前提到的，疏離感是人類自然有的情形，而焦慮則是其持續的症狀。假使空虛感達到極限，就會變成人生無意義的可怕經驗——人生沒有目標或價值，便生不如死。

　　隨著虛無的焦慮而來的，是持續性的罪惡/譴責的焦慮，不久，我們便覺得無法繼續將自己的過錯和失敗歸咎於他人。我們也許會說，自己有「罪」，因為有一個「功能不健全的家庭」，或者說家教不良。但骨子裡，我們清楚的很，不是別人的錯，是**我的錯**，**我有罪**，**我讓人失望**，讓自己失望，**我的一生是失敗的**，**我讓上帝失望**，都是**我的錯**，與別人無關，上帝幫助我吧！當罪惡感的焦慮開始擴散，並且瀰漫整個生命時，譴責就會被強化起來。我不止有罪，還必須接受譴責，上帝原諒我吧！

　　當然，在整個生存過程中，我們逐漸在死亡，至少有部分時候，我們知道這個事實。「命運」的支配條件加速到極至時，死亡便發生了！精神上的不存在（nonbeing）和道德上的不存在，又加上了最終的不存在——亦即**本體的**（ontic）、自我的不存在。

　　田立克提出的生存三大威脅（命運/死亡、空虛/人生無意義、罪惡/譴責），都是人無法控制的情況，沒有任何技術可以改變它們。宗教是唯一的答案，因為宗教能接納最糟的情況，同時又是勇氣的立足點。在不存在的威脅來臨以前，宗教給人**生存的勇氣**。

五、未知的外在力量

米樂耕（Charles Milligan）在私人來信中，指出人類尋求意義和支柱這個既有趣又可怕的事實或無知的行為。他寫道：

> 未知固然有趣，並使人想一探究竟，但可能在其它方面會是一種威脅，好比黑暗圍繞著營火的四周。察覺到知識有其範疇的事實，本身就是無法操縱的事。這適用於所有人類知識的總和，以及包含在內的個人知識。
>
> 假使一個人的知識範圍擴大，其遭受無知所侵犯的點（他自己也很清楚範圍在哪裡）便成幾何級數增加。鄉下老粗不比飽學之士明白未知範圍有多廣。圖書館之大，加上體會到自己所能學的，實在十分有限，就常使大學生感到震懾。因而知識的範圍一擴大，無知的範疇便急遽增加。無知的事實無法被操縱，我們不但永遠也無法克服，事實上還會更刻骨銘心地感到痛楚，尤其在這知識爆炸的時代。
>
> 另一方面，無知還會滲透未來。我們無法事先得知兩條路該走哪一條，會有較好的結果，因為前面有未知的發展情況，說不定其中一條，還會演變成意外不幸的結局。由於在實際生活中作決定時，對未來不可知的發展情形無法掌握，的確我們學得越多，就越受折磨。這使我想起福斯特（Robert Frost）「棄之不選的那條路（The Road Not Taken）」這首詩[10]。這裡，宗教的功能在於提供了信任的基本立足點。

---

[10] 在〈棄之不選的那條路〉（The Road Not Taken）一詩中，福斯特描述有一天在林中碰到兩條路，他想要兩條路都走，卻不可能，只能選擇其中之一，他選擇看起來較少人走的那條，他想，如果選另一條，其結果將截然不同，但他永遠也無法得知不同在哪裡。

人 生 的 焦 慮

明鏡閃亮，
群馬奔騰，一圈一圈
迴旋不停蹄。

　群馬起又落，
　鏡面圓又圓，為何
　看來悲戚戚？

　　凍疆的唇，半啟
　　半閉。哀傷盤據著
　　旋轉木馬。

人 生 的 反 面

原來不打算出門
可是一出去，哇！
看哪！——一顆流星。

　一隻蝴蝶直飛
　而過。直如
　蝴蝶所能一般飛。

　　向上衝！向下
　　沉！蜻蜓啊，你失落了
　　什麼？抑或尚未尋獲什麼？

誰能忘卻？你
來像一首快樂的歌，在一個
追求春天的日子。

引自本人所著《跑在偏見的路上》（*Running on the Bias*）

　　米樂耕的評論有一種令人震驚的圓形軌跡。在此刻，並且在每一個此刻的營火外圍，是謎上加謎，黑夜加上黑夜，威脅加上威脅，恐懼加上恐懼。原本就無知的範圍，「又多了一層的無知」。

　　米樂耕又說，無知支配了我們以後的經歷。我們可以計劃未來，為它作準備，為它工作，卻不能預知或掌握它。一個人可以因為明天會死，於是今天盡情地吃、喝、玩樂──可是明天他也可能不會死；或者他也可以在工作或讀書中，犧牲今日贏得明天──然後在下一個日出前死去。

　　這類無法操控的形式，其嚴重性，足以引發宗教性的反應。的確，我們可以矇著頭，假裝沒有解不開的謎，也不需要擔心未來，可是智慧勸我們要站在較具宗教性的立足點，請「上帝來裁決」──是要靠運氣？或相信上帝？或其它方式？藉某種方式解決某些解不開的謎，讓未來不但是有可能的，而且是有希望的。

第六節　人生的另一面

　　然而人類不只是有自我意識及想像力的動物，除了不斷在情緒上、知識上和工業技術上作調整，以適應環境外，他們還喜好玩樂、喜歡有美感的和新奇的事物、熱愛自我刺激、同時也多才多藝，使刺激能產生結果。我們畫畫、興建城堡、愛好音樂、或哭、或笑、用詩、戲劇和故事的方式寫下恐怖的、詼諧的、道德啓發的故事，還有一些會激發我們的「準直覺」的故事，暗示我們**還有著什麼**（something more）在。

　　回教蘇非派信徒（the Sufis）就說過類似的故事。故事大致是這樣的：

　　從前有一個「虔誠的信徒」名叫哈吉（Hajj），他已朝過聖，而且是個托鉢僧（dervish），《可蘭經》（Qur'an）背得很勤，可是大

家都知道他有點瘋——腦筋有些問題。鎮上的人看見他臉朝驢尾巴，倒騎著驢，這種「怪異的舉動」被大家引為趣談。一方面因為他是虔誠的信徒，但更可能因為他是大家熟悉的「笑柄」，於是就被推舉為鎮上元老會的一員，和那些元老坐在一起，討論並處理鎮上的問題。不過，他多半還是倒騎著驢子思考問題。直到有一天，所有其他的元老都出遠門去了，正好市集逮到一個小偷，必須有人來審判並加以懲處，可是元老們除了哈吉以外，都不在鎮上，所以哈吉必須要當法官。

這裡所牽涉的並不是一個嚴重的司法問題，有足夠的律法和判例可供參考，可蘭經明文規定，小偷犯了法的那隻手要被砍掉。哈吉是位虔誠的信徒，每天認真地背誦可蘭經，懂得可蘭經，就讓他來宣判吧！於是他就宣判了！他說大家應該讓那個小偷騎他的驢，於是大家照辦，小偷就騎著驢離開鎮上了。

雖然我們懷疑故事應該不止耳朵聽到的（meets the ear）[11]這些而已，但故事到此就結束了。

另一個同樣稀奇古怪的故事，它的結論也許比較明確。這是關於一個名叫包蒙特修士的故事，他住在比利時的一個修道院。包修士生性溫和，喜愛所有上帝創造的溫馴的動物——鳥類、松鼠、牛、羊——鄉下那些溫順的動物。

有一天包修士走過田野，聽見一隻雲雀在唱歌，於是修士就駐足聆聽，沉醉其中，直到鳥兒飛去。

包修士後來回到修道院，但奇怪的是，他不認得守門人，守門人也不認得他。甚至於修道院裡，沒有一個人認得他，他也不認得任何人！

最後，院長解開了這個謎。搜遍了記錄，他發現一百年前，有一個名叫包蒙特的修士曾住在修道院裡。懂了吧！對包蒙特來說，當他聽雲雀唱歌時，時間靜止了。在神聖的一刻，任何事情都會發生，甚至於在雲雀的歌聲中陶醉一百年。

---

[11] 首先——也許普通的「書本方式」並不是唯一讓人心悅誠服的方法。

奶奶的故事

很多人都相信，有更多眼睛看不見的事正在進行（這要追溯到人們記憶之外）。

幾年前母親去世後，我繼承了老家那棟房子，那是我生長的地方。房子需要整修，我說服兒子邁可去做一些內部裝璜，他照辦了。後來，因為女兒蘇珊要去科羅拉多住，我就高興地把房子交給她管理，並且讓她住進去。最近探訪蘇珊時，她平鋪直敘地告訴我這個故事。

「搬進來以後，」她說，「有好長一段時間，奶奶一直都在這裡，總覺得有人在房子裡，和我一起在室內，然而一回頭，卻只瞥見奶奶輕悄地消失在穿堂那邊。」

蘇珊說一位年輕的女室友也見過奶奶，還有一位年輕人，有一天獨自留在屋裡，也說他看到奶奶。

大家都同意奶奶的「現身」，一點也沒有威脅的意思，反而是她自己似乎猶豫不決，有點困惑的樣子。

蘇珊又說，有一次她告訴哥哥邁可（就是幫我裝璜的那個，他從山上搬到海邊去了。）她的經驗，邁可回答：「我本來不打算告訴任何人的，我在那裡裝璜的時候，也看見她了。」

我問蘇珊奶奶最後一次「出現」是什麼時候？蘇珊答：「你來的那晚，我們有一個聚會，你高興地說：『這真是個快樂的家。』之後，就沒有再看到她了。我想奶奶當時很滿意一切都安好吧！」

好了！親愛的讀者，要認清的是，說這些並不是因為我相信「奶奶」真的存在，或者我不相信這些，只不過要說明至少有四位聰明，並且凡事存疑的現代年輕人，都有一種非比尋常的經驗。

我們偶爾會有一種懷疑「**還有著什麼在**」的能力（只要我們把它釋放出來），有時覺得震憾，有時會顫慄。所有這些當然都是使人類成為宗教動物的因素之一。

　　記得我第一次有這種經驗（神聖的高峰經驗），不是發生在田野，而是在山中的小路。當時我還是個孩子，突然間，我「體驗到」一種懾人的，還有著什麼在的感覺。環繞在我身邊的整個世界，唱著和諧悅耳的和聲，彷彿整個世界靜止於永恆的完美之中。我每年都會回「家」，到那些山上走走，為的就是要確定那種還有著什麼在的經驗仍然會重現。

　　最近，我對我的兒子邁可說出每年到山上朝聖的意義，他心領神會地點點頭說：「像我的就發生在海邊的沙灘上。」

　　生物學家赫胥黎（Julian Huxley）堅決主張人類有一種體驗神聖的本能：「一般人不但有這種體驗神聖的能力，還要確定這是真的。」[12] 最近，心理學家馬斯洛（Abraham Maslow）也說類似的事情，他主張對人類而言，神聖經驗是很正常的事。他認為「高峰經驗」不單是很平常的宗教經驗，在藝術、愛、和音樂的領域裡也會發生。事實上，他相信那些沒有類似經驗的人，其實是因為怕這種經驗會壓迫他們[13]。

　　湯普森（Francis Thompson）的〈天堂獵犬〉（Hound of Heaven），詩中開頭的幾個字，彷彿就是在確認馬斯洛所謂「有些人怕太多宗教經驗」的說法，其中還提出了理由：

> 我逃避祂，奔向夜，奔向日，
> 　我逃避祂，奔向歲月的拱門，
> 我逃避祂，奔向迷宮一般的路，
> 　那是我自己的心智：在淚水中
> 我躲開祂，在奔跑的笑聲下，

---

[12] 赫胥黎（Julian S. Huxley），《沒有啟示的宗教》（*Religion without Revelation*, New York: Harper & Brothers, 1957），p. 110。

[13] 馬斯洛（Abraham Maslow），《宗教價值與高峰經驗》（*Religious Values and Peak Experiences*, Columbus: Ohio State University Press, 1964），pp. 19-29。同時參閱《人本主義心理學期刊》（*Journal of Humanistic Psychology*），2(1962): 9-18。馬斯洛的〈高峰經驗的訓示〉（Lessons from Peak Experiences）。

我加速成串的希望，

擊落，下墜

陷入巨大間歇性恐懼的陰暗，

那雙強健的腳不斷在後跟蹤，

不慌不忙地追逐，

不急不徐的步伐，

從容的速度，莊嚴的瞬息間

拍擊著──擊出了說話的聲音，

速度比那雙強健的腳還快──

「萬物將背叛你，因你背叛了我。」

強烈宗教經驗之類別

近年來，許多民意測驗已著手調查多少人曾有過「強烈的宗教經驗」。葛立禮（Andrew Greeley）在他《出神：求知的一條路》（*Ecstacy: A Way of Knowing*）[14] 一書中說，接受他抽樣調查的美國人當中，十個有三個（33%）表示曾有過強烈的宗教經驗。英國的海依（D. Hay）與莫若曦（A. Morisy）也有類似的調查結果：被抽樣調查的英國人當中，有 36%陳述強烈的宗教經驗[15]。

這類問卷調查通常提供量的報導，而不是質的報導。當有人說曾經有過「強烈的宗教經驗」、「高峰經驗」或「神祕的經驗」時，其意為何？湯馬士（Eugene Thomas）和古柏（Pamela Cooper）兩位教授，努力研究過這個問題，並且設計出一種無限制性的抽樣問

---

[14] 葛立禮（Andrew M. Greeley），《出神：求知的一條路》（*Ecstasy: A Way of Knowing*, Englewood Cliffs, N.J.: Prentice-Hall, 1974）。

[15] 海依（D. Hay）與莫若曦（A. Morisy），<英美兩國出神、超自然，或宗教經驗的報導：趨向之比較>（"Reports of Ecstatic, Paranormal, or Religious Experience in Great Britain and the United States: A Comparison of Trends"），見《宗教之科學研究期刊》（*Journal for the Scientific Study of Religion*）17(1978): 255-268。

卷，其中答卷者被問道：「你是否接近過強大的神靈力量？彷彿使你
覺得超脫了自我？」[16]如果答「是」，就請答卷者將經驗描述出來。
這樣的問題和解析，爲湯馬士與古柏提供了「神靈經驗分類法」的
詳細資料[17]。他們也指出了三種可辨識的類型：

神祕類：這類陳述的措辭中，充滿了敬畏的情感，一種難以言
喻，說不出的與上帝、自然或宇宙合而爲一的感覺。這種經驗在各
種不同的情況下，都可能發生——在禮拜儀式中、在禱告中、在唱
聖詩時、在日落黃昏、在星空下，甚至在狂風侵襲之際，還有發生
在其他各種不同時間和地點。就像一個「獲得重生的基督徒」曾經
這麼說：「爲喜樂而感到驚異。」或者像拉科達蘇族（Lakota Sioux）
印地安部落的「黑麋鹿」（Black Elk）所說：「我站在那兒，看見許
多言語無法表達，領悟許多眼睛看不見的事，因爲我看見的是，在
神聖狀態下萬物的形狀，所有的形狀，它們彷彿必須合一共存。」[18]
換言之，神靈經驗可以並且也曾在喜悅的狀況下發生。即使有些人
像湯普森（Francis Thompson）一樣，寧可避免它。

靈魂類：這類答卷者描述一種「另一個世界」的經驗，包含一
種不尋常的，或超自然的質素在內，諸如超感知覺（ESP）、心電感
應、靈魂出竅、與靈魂接觸，或靈魂轉世似曾相識的幻覺（deja vu）。

信仰與慰藉：這類答卷者描述宗教上或心靈上的事，並未提
及不尋常或超自然的經驗。這些經驗通常反映出傳統的，與教堂有
關的昇華的感覺。

湯馬士與古柏發現 1%的答卷者，有過他們所認可的「真正的神
祕經驗」，8%的答卷者屬於「通靈類的」經驗，其餘是那些從宗教信

---

[16] 葛立禮（Andrew Greeley）在他1974年的全國抽樣調查中，有相同的問題。

[17] 湯馬士（L. Eugene Thomas）與古柏（Pamela E. Cooper），＜強烈的神靈力
量之發生率與心理學上的關聯性＞（ "Incidence and Psychological
Correlates of Intense Spiritual Experiences" ），見《超個人心理學期
刊》（*Journal of Transpersonal Psychology*）12 No.1(1980): 78。

[18] 倪哈德（John G. Neihardt），《黑麋鹿開講》（*Black Elk Speaks*, New York:
Pocket Books, 1972），p. 36。

仰和修習中找到內在力量，並且在需要的時候，從中找到慰藉的人，
可以說是「那些固定禮拜日上教堂聚會」的人[19]。

---

[19]　湯馬士和古柏注意到「他們所作的研究幾乎和葛立禮（1974）的調查結果如
出一轍，在全國性的抽樣調查中，超過三分之一（35%）的人相信他們有過強
烈的神靈經驗。」

名詞解釋

◆ Andromeda **仙女座**・在天文學上，是位於雙魚座（Pisces）與仙后座（Cassiopeia）之間的北方星座。在古老的希臘神話中，這位被鎖囚的女士（The Chained Lady）是凱西娥比亞（Cassiopeia）之女，英雄波修斯（Perseus）之妻，波修斯把她從海怪手中救出來。

◆ Bodkin **短劍**・如莎士比亞（Shakespear）之《哈姆雷特》（*Hamlet*）中，用以代表短劍或小劍。

◆ Deja vu **似曾相識的幻覺**・指一種以前曾經來過這裡的感覺。更確切地說，是指對實際上初次遭遇的事物，有一種再度經驗的幻覺。

◆ Dervish **托缽僧**・（波斯文為 darvish，「托缽僧」或「乞丐」之意）回教各種不同等級的苦行者之一。有些托缽僧以表演迴旋舞及誦讀宗教文句的方式，作為要達到出神境界的練習。

◆ DNA **去氧核醣核酸**・（Deoxyribonucleic acid 之縮寫）為生命的基本分子結構。它是活細胞核的複合形染色體的組構成分，能決定個人的遺傳特徵。DNA 只有在細胞核的染色體中，才找得到，它有一個基因「板模」，其組合之複雜足以包含所有形成一個有機生物所需要的指令。在沃森——克里克（Watson- Crick）的分子結構模型中，DNA 被想成是有相互聯繫的雙螺旋體，包含著許多密碼式的遺傳訊息。換言之，DNA 是生物形成時，所需的遺傳訊息。

◆ $E = mc^2$・（能量等於質量乘以光速的平方）根據愛因斯坦（Albert Einstein），質量（m）與能量（E）有一種關係，意思是說，如果有足夠的能量來補充一個粒子，或一群粒子的質量，就有可能將該能量轉化成質量，反之亦然。

◆ Existentialism **存在主義**‧在此指人類的經驗與存在。存在主義是十九~二十世紀的哲學思想，主要是說，在冷漠甚或充滿敵意的宇宙間，個人的獨特性與孤立感。它強調人有選擇的自由，並且要對自己的選擇負責。

◆ Haji **哈吉**‧（又爲 Hadj）回教徒於神聖的齋月（Ramadam，回曆的九月）期間，前往麥加（Mecca）朝聖之旅稱爲哈吉。每位虔誠的回教徒都渴望一生中至少能朝聖一次。

◆ Nonmanipulable **無法操縱的**‧指無法立即操縱與控制。

◆ Parsimony，Law of **論題簡化原則**‧有時被稱爲奧卡姆剃刀（Occam's Razor），是一種在理念上講求精練簡潔的原則。對於一個現象的詮釋，應儘量使用最少的理念（假設），才是適當的。

◆ Personalistic **人格主義的**‧指相信上帝是一個人，就像人類也是人一般。

◆ Pieta **聖母慟子圖**‧聖母瑪麗亞抱著耶穌屍體的一幅畫或雕像，尤指梵蒂岡（Vatican）西斯廷教堂（Sistine Chapel）內，米開朗基羅（Michelangelo，1475-1564）所作的雕像。

◆ Qur'an **可蘭經**‧回教聖經，也寫成 Koran。

◆ Sufi（Soofe）**蘇非教派信徒**‧回教一支神祕教派的信徒。名爲蘇非，可能是因蘇非派信徒所穿的羊毛長袍。阿拉伯文中，"suf"是羊毛的意思。

◆ Theistic **有神論的**‧相信有一個創造並統治宇宙的上帝，反對無神論。

第三章

原始時代的宗教起源

……如果牛和馬……有手，並且能畫畫，還能像人一樣創作藝
術品，那麼馬就會把神明畫得像馬，而牛則畫得像牛……

　　　　　　　　　　　　　　　　　　　──瑟諾芬尼[1]

　　探討什麼是宗教的有效方法之一，也許就是先了解各家學者如
何看待原始人類[2]的宗教起源，再來（在下一章）便是要了解其他學
者，就一般社會結構，或人類心理之特異性而言，如何來看待宗教
的起源，或者是把它當成「上帝本身」所引起的事──亦即當成是
社會起因的（sociogenetic）現象，或心理起因的（pschogenetic）
現象，或者是神起因的（theogenetic）現象。

---

[1] 引自＜瑟諾芬尼殘存遺作＞（"Fragments of Xenophanes"），收錄於瓊斯（W.
　T. Jones）之《西洋哲學史》（*A History of Western Philosophy*, New York:
　Harcourt Brace, 1952），p. 41.

[2] 本書用「原始的」一詞，並無貶損之意。原始的宗教並非「壞的宗教」，甚或
　錯誤的宗教，而是早期的宗教，原始的宗教，是尚未使用文字的人類所信仰的
　宗教，只在形式上，而非功能上，有別於「高等」宗教（往後我們稱之為「圓
　滿的」宗教）。換言之，原始的（primitive 或 primordial）宗教之於未使用
　文字的民族，與高等的，或先進的，或者是圓滿的宗教之於有文字的民族，是
　毫無二致的，甚至常常是更直接，更有效的。

第一節　原始起源之思辨

一、泛靈論（Animism）─自然現象之詮釋

　　十九世紀下半期，一些對人類學及社會學有興趣的學者，不僅將注意力集中在古代原始民族的手工藝品上，同時也集中在現存原始族群的社會上[3]。他們隨即發現原始民族同時也是十分宗教性的民族，他們的世界真的是充滿了神祇。古希臘西方哲學之父泰利斯（Thalles, 約 624-546 BC）曾說：「萬物皆有神明。」 但是根據十九~二十世紀初，繆勒（F. Max Müller）與泰勒（Edward B. Taylor）兩位學者的發現，這種概念早在人類歷史之初，就有了。

　　繆勒教授漸漸相信，宗教始於對自然的崇拜──亦即最初的人類，從觀察自然界的力量當中，發展出宗教。他們注意到自然界的規律性──黑夜連著白晝、四季循環、潮汐的漲落、月之盈虧，還有天體的運行。他們的反應是把這些現象（phenomena）神聖化（sacralizing）並擬人化（personalizing）。他們為太陽、月亮、星星、日、夜、四季、年取名，並且開始說和這些現象有關的故事。這些故事便成了解釋人類與世界兩者的起源、意義和命運的神話，同時也解釋事情為何如此這般地發生。舉例來說，繆勒「發現」阿波羅（Apollo）和黛芬妮（Daphne）的希臘故事（故事中黛芬妮逃離想成為她情人的阿波羅）是關於太陽（阿波羅）和黎明（黛芬妮）的神話。他推斷故事的原始雛形（這個希臘神話由此形成），純粹是一個有關太陽如何在每天早晨，追逐黎明使它離去的故事。有了這類的神話線索，繆勒相信他找到了宗教來源的祕密。原始人類觀察

---

[3] 據估計，現今約有二億原始民族，主要分布在中非洲、南美洲、北亞洲和太平洋群島。

　　故事是這樣的，阿波羅像他的父親宙斯（Zeus，眾神之王）一樣高傲，並且也像他的父親一樣，偏好和許多不同女子談戀愛，有一次，艾佛若黛緹（Aphrodite）之子厄洛斯（Eros）經過時，阿波羅注意到河神培紐斯（Peneus）的女兒黛芬妮。或許是不喜歡艾佛若黛緹的天使兒子介入（意指厄洛斯的弓和箭），阿波羅因此惱怒而語帶諷刺地說：「你帶著大人的武器作什麼？難道就找不到更適合小孩玩的東西嗎？」厄洛斯很生氣，於是以阿波羅所詆毀的武器來回應，只不過這回他從箭筒拔出的，除了一支愛的金箭之外，還有一支恨的鉛箭。那支金箭射中了阿波羅，剎那間，偉大的太陽神對培紐斯的女兒不只有單純的慾望，同時還有了真正的愛。可是，厄洛斯卻把恨的箭，射向年輕貌美的黛芬妮，就這樣，阿波羅有愛，而黛分芬妮卻有恨。阿波羅追逐著他的新歡，但是她跑得太快，在林中消失了。第二天，阿波羅回來，卻又讓黛芬妮跑了！日復一日，都是如此。可是有一天，黛芬妮沒逃脫。這天，她又逃跑，秀髮向後飛揚，裸露的腿在陽光下閃現，可是阿波羅正逼近她，他愈跑愈快，眼看就要追上，這時，黛芬妮大聲向父親求救。河神對女兒作出回應，把她變成一棵月桂樹。即使如此，阿波羅對黛芬妮的愛始終不渝，而月桂樹也就成了他永恆的標幟。

譯註：愛佛若黛緹即羅馬神話中的維納斯，是愛與美的女神。厄洛斯即羅馬神話中的愛神丘比特。

自然界的力量，將其擬人化，編成故事，最後再繞著這些故事來建立宗教。

　　這種想法使繆勒躋身於視泛靈論（animism, 源於拉丁文 anima，為氣息或靈魂之意）為宗教起源的陣營中，認定宗教在原始人類把世界填滿靈魂與神祇的時候開始，這要一直追溯到尼安德塔人（Nean-derthal man）。根據繆勒的說法，原始人類將世界填滿靈魂與神祇，然後再編成故事。在古文明時代，這些就成了更精緻的宗教所賴以形成的神話了。

　　泰勒和繆勒一樣，提倡泛靈論就是宗教的來源。他認為宗教源於原始人類把自然界的事物，看成「行動主體」，然後又給它們冠上人類的特性和名字。例如，史前人類可能會把風看成活的，甚至像活人一般，風有時「歡喜」，有時「憤怒」，正如人有喜怒一般[4]。像繆勒一樣，泰勒主張宗教源於原始人類將自然界的力量理性化，並賦予感覺、情緒、熱情、思想和名字的時候，也就是在人的特性被錯誤地用來解讀大自然的時候。泰勒進一步提出[5]，原始人類不太能分辨夢境與實境，這樣的難題與困惑，衍生出靈魂與轉世的概念。原始人類漸漸相信，生物具有某種東西，在死亡時，會離開，它不像棍子或石頭那樣，摸得著，握得到，而是像煙或氣息一般。當那東西，那股氣息，那個靈魂永遠地離開了身體，身體就不再活起來。但那東西也可能只是暫時離開而已，就像它去夢中神遊，早上還會回來一樣。甚至即使靈魂永久離開身體，它偶爾還是會回來，出現在夢中或視覺之內。靈魂可以被看見、聽見，並且看起來像，或幾乎就像原來所棲息的身體，它是縹緲的複製品──即鬼魂。

　　泰勒正確地觀察到，人一旦抓住人的生命包含兩部分（身體和

---

[4] 現在的人有時仍會將非人類的事物人格化。每年我們都把過去的一年描繪成一個老人，新的一年則是包著尿布的嬰兒。春天的生物環境就是一個母親。而依照詩人桑德堡（Carl Sanburg）的說法，「霧來了，踩著小貓的腳步。」每年土撥鼠菲爾（Punxsutawney Phil）都會從牠的洞穴裡出來，預測今年的冬季有多長。

[5] 泰勒（Edward B. Taylor），《原始文化的宗教》（*Religion in Primitive Culture*, New York: Harper & Row, 1958; 1871 年初版。）

靈魂）這樣的觀念，很快地就會把所有的生物，連同無生物都靈魂化。人類與非人類的生命皆因靈魂而生，世界充滿了靈魂——充滿了神。

　　繆勒和泰勒都認為，宗教確實源於史前人類將自然現象賦予人類的特性和名字，不管他們的看法是否正確，都不能改變一個事實，即信仰宗教的人，仍常常把世界「理性化」，並且賦予它有生命的、靈魂性質的媒介——有靈、魂、魔、聖、天使、神明和/或上帝，以及其他的超自然體。

　　很多學者已不再視泛靈論（animism）為最早的宗教形式，即宗教的起源（像泰勒和繆勒的想法），然而不論是古老或新興的宗教，原始或現代的宗教，仍一致認為人類是物質和靈魂兩者的合成，而靈魂賦予人生命，並且不死。如果不是永久在自然界中的話，那麼在自然界背後，也有某種靈體叫做梵（Brahman）、或天（Heaven）、或道（Tao）、或上帝，使靈魂產生，並且使它有生命。

　　　　對許多北美洲印地安人來說，雷鳥就是掌管暴風雨的烏雲、閃電、打雷、還有雨的大神（Great Spirit）。閃電是它閃爍的眼光，打雷是它的翅膀發出的聲音。

　　祂有其它鳥類的輔佐，特別是鷹鷲。值得一提的是露鷹（Dew Eagle）奧薜弟菊（Oshadages），它會在森林和草原中放火，待火勢猛烈，才又出現，背上的羽毛沾滿了水，就像草兒沾滿露珠一般，它拍著翅膀，水落下來，火才被熄滅，於是森林和草原又重新開始。

　　雷鳥本身在自然界的生命中，扮演更重要的角色，如果沒有雷鳥帶來雨水，地球會變得乾燥，林木將枯萎，草也會死去。

二、馬那（Mana）──一種對力量的反應

　　在繆勒和泰勒的論述中，宗教始於原始人類把自己的一些經驗
「理性化」之時，它是一種從經驗中得到的「邏輯推論」。其他一些
原始人類學研究者則相信，宗教在神學和合理化的解釋產生以前，
就有了。宗教先於邏輯，宗教比邏輯推論要來的早些，它純粹是在
史前人類面對所處世界的「力量」，而感到敬畏之時產生的。那時候
的人並不是活在「宇宙」之中，一個有章法的世界，或者說一個有
規律的自然界。他們居住在一個「外面」充斥著荒野、破壞力、混
亂和永遠險惡的世界裡。他們居住在一個自相殘殺，適者生存的世
界裡，甚至適者也終究會被食腐性動物吞食並且腐化。他們活在種
種力量之中，並作出反應，想盡辦法來討好、避開，並運用這些力
量。

　　一八九一年，卡靈頓主教（Bishop Codrington）[6]針對宗教源
於有關人與自然界特性的邏輯推論，這樣的觀念提出反駁。從接觸
美拉尼西亞群島（Melanesian Archipelago）上，現存原始居民的
宗教表現方法，卡靈頓推斷宗教在人面對其所處世界中非人的力
量，有邏輯反應以前，就開始了。美拉尼西亞人有一個字來代表這
種力量──即馬那（Mana[7]）。

---

[6] 卡靈頓（R. H. Codrington），《美拉尼西亞人》（*The Melanesians*, New York: Dover, 1972）。

[7] 後來有人發現許多其他地方的原始民族，也有同等名稱來代表這種力量，根據
亞歷山大（Hartley B. Alexander）之《北美洲各族神話大全》（*The Mythology of All Races: North American*, New York: Cooper Square, 1964, P. 8 ）：
北美洲的伊努伊特人（Inuits，北美愛斯基摩人）稱之為伊努瓦（Inua），易
洛魁人（Iroquois，北美印地安人）稱好的為奧瑞達（Orenda），壞的為奧特
剛（Otagon），休倫人（Hurons，易洛魁人的一支）稱之為奧奇（Oki），蘇人
（Siouans,印地安支族）稱之為瓦勘達（Wakanda），阿爾貢金人（Algonquins，
北美印地安人）稱之為曼尼圖（Manitou 或 Manitu）。馬勒加什人（Malagasy，
即馬達加斯加人）稱之為安那瑞曼尼綽（Anadriamanitra），馬賽人（Masai，
肯尼亞和坦桑尼亞的游牧民族）稱之為恩蓋（Ngai），斐濟人（the Fijians）
稱之為卡祿（Kalou）。以上諸字均指力量、神祕、魔法，或更普遍的巫術之靈。

　　馬那和其他文化中那些有同等功能的名稱，都代表力量，或是能使事物變得特殊的力量：力量之於狂風暴雨，之於有魅力的男人、具誘惑力的女人，之於藝術家和戰士，之於巫醫與預言家──也就是在所有神奇而令人敬畏的事物上。馬那不是個活的靈魂，沒有好壞之分，也無敵友之別，純粹就是力量──全然特殊的力量。卡靈頓說馬那不是人從自然「推論」出來的東西，而是他們在特殊情況下遇到的東西。

　　與卡靈頓看法一致的馬瑞特（R. R. Marett）教授，在一九○○年寫了一篇被廣泛閱讀，並且具影響力的論文，題目是＜先泛靈論之宗教＞（"Pre-Animistic Religion"）[8]。在這篇論文中，他極力主張，宗教先於有關人類與自然的理性推測。早期人類，經歷所處世界中，四處可見的非人為力量，產生了敬畏之心，而開始有宗教。那些力量使得事物時而引人入勝，時而令人恐懼，普遍具危險性，常令人渴望，而總是令人心生敬畏。馬瑞特認為（卡靈頓也一樣），不是推論出來的靈魂，或者取些名字，而是體驗到力量的存在，才是宗教的起源。

　　馬那是否為宗教的起源和眾神之「父」，可能會引起爭論，但有著不同名稱，並且被極度神學化的馬那，仍然是宗教的主要動力[9]，這點卻是事實。當奧圖（Rudolf Otto）提到神祕超凡的（numinous）經驗時，他當然也是在講各種不同原始民族所稱的馬那（mana）、奧瑞達（orenda）、瓦勘達（wakanda）、恩蓋（ngai）、卡祿（kalou），還有其它的同等名稱[10]。而當田立克（Paul Tillich）提到存在力量（the Power of Being）或自體存在（Being Itself），或存在基地（the Ground of Being）時，還有在印度教哲學家提及梵（Brahman）

---

[8] 見馬瑞特(R. R. Marett)《宗教的門檻》(The Threshold of Religion, London: Methuen and Co., 1909; Ann Arbor, Mich., anda London: University Film International, 1979.) 這本書包括馬瑞特在不同場合的演講，＜先泛靈論之宗教＞ ("Pre-Animistic Religion", 1900) 即其中之一。

[9] 馬那論（manaism）又稱動力論（dynamism）。

[10] 德國神學家奧圖（Rudolf Otto）將馬那的觀念，引入神學理論中，並且主張宗教經驗傾向於證明看不見的力量的存在──即人們望之心生敬畏，並且與之相互作用的神祕超凡的力量〔the numinous（mana）〕。

時，或許你會很嚴肅地問，除了複雜程度之外，在眾神背後的上帝，與馬那有何不同？

三、先於邏輯之特性

特別去注意宗教現象之先於邏輯、先於理性的觀點是很重要的。人先有行動，然後才思考，在還沒有理性以前，人就已經活著。就像存在主義者沙特（Sartre）告訴我們的，人在本質（人性）尚未確立以前，就已經存在。思考和推理能力在有了經驗以後才發生，或至少與經驗同步進行——個人情況如此，人類的出現諒必也是一樣。

讓我們進入虛構的時空轉換器，載我們到約五十萬年以前，歐洲大陸的某一原始森林，也許就是現在的法國或西班牙。我們看見一個人，或者近似一個人，正逃離他的敵人，他摔倒了，摔倒的地方，碰巧有根斷落的樹枝，直徑有手掌寬，三呎長，他一把抓住樹枝，轉過來猛打攻擊者的頭部。打死敵人以後，他注視那根棍子，心想：「這真是個打頭用的好東西。」

此一簡短的虛構敘述，不單是為武器的起源，同時也為宗教的起源，提出了基本論據。請注意：那個人並沒有想：「這根樹枝會是很好的武器。」然後才撿起來使用。他先把樹枝撿起來用，然後才想到這些的。他是先處於使用武器的狀況，然後才領悟到使用武器的道理。

又另外一天，他手握那根可靠的棍子，要去攻擊一隻熊，或任何其它可以找到的東西，來當晚餐。他猜熊可能在岩石堆的洞穴裡，而岩石堆就在沼澤的另一邊，他不喜歡沼澤，那兒充斥著各種力量——充滿了可怕而險惡的「東西」。不像熊或狼那樣的東西，而是你無法真正看見的東西，會突然張開嘴，把你吸進去，會進入你的體內，在腸胃放火——盡是些妖魔鬼怪，看不見的東西。他寧可避開沼澤，但是要繞一大段路，而穿過沼澤卻只有一小段路程，猶豫不決中，他發現自己已經來到沼澤邊，一個不曾來過的定點，那兒有一棵非常神奇的樹，十分年老，隨風彎曲又多節瘤，但十分強壯有

力，氣勢非凡。他覺得是一棵特別的樹，一棵什麼也不怕的樹，強
過沼澤裡的東西。他並沒有確切地想這些事，只是有一種沿著脊椎
骨掠過去的感覺。走近那棵樹，他看見樹幹上有一處樹皮被磨平，
或許是路過動物磨的吧！他摸摸那個平滑的地方，摸起來，滑過他
的手，挺舒服的。不知怎的，這使他覺得自己像那棵樹一樣強壯。
花了一點時間，凝視那棵樹，摸著它，接著他繼續穿越沼澤，到達
另外一邊，沒有發生不幸的事，沒有被那些東西襲擊。在那邊，運
氣不錯，甚至於不必和熊搏鬥，就找到一隻公羊並且猛擊牠。之後，
他越過沼澤許多次，但是一定要先去那棵「樹」的所在地，摸摸那
個平滑的地方。起初，他並沒有想過爲什麼要找那棵「樹」，只是這
麼做而已，後來，他也許開始想這個問題，但這棵樹事實上，早就
成了「宗教」的東西，而他的行爲也早就是「宗教行爲」了。

　　「符合這種說法」。有一天晚上，那個獵人坐在營火旁，夏季走
了，正逢秋季，而多天就要來臨，他想：「年復一年都是這樣，發生

　　雷丁（Paul Radin）提出兩種在美洲印地安族群，所
發現的上帝的形象，其一為至高無上的神的形象，公正明
理，卻很遙遠。其二為一惡作劇的精靈，並非一貫地公正、
公平，離我們不遠，而且常常干涉人類的生活。例如，就
蒙大拿州（Montana）的克勞族（Crow）印地安人而言，
太陽是至高無上的神，而土狼也是個神，其所從事的活
動，雖然反覆無常，卻是重要的。[11]

---

[11] 見雷丁（Paul Radin），＜美洲印地安人的一神教＞（"Monotheism among
Americam Indians"），收錄於泰德拉克（D. Tedlock）與泰德拉克（B. Tedlock）
編著《美洲大地之教導》（*Teachings from the American Earth*, New York:
Liveright, 1975），pp. 244ff.

在人身上，發生在動物身上，並且也會發生在整個地球上。而那棵老樹呢？這正好可以套用前述的說法，老樹一樣知道『春－夏－秋－冬』。而在其『出世－生命－死亡』的再生過程中，它從大地獲得精神力量，而大地也在整個自然界中，不斷地再生。因此如果心存敬意，並待之以儀式化之禮，那麼獵人同樣可以從那棵老樹，獲得特殊的力量，幫助他渡過沼澤。」

獵人如此這般地在一個夜裡沉思著，不久，有人問他爲什麼每次前往那裡，總要先去找那棵樹，摸摸它呢？他就有答案好說了。

天地間有一個崇高的神（世界）和一個崇高的女神（大地），而鄰近也有神性存在──也許在一棵樹，或一隻特殊的動物，又甚或在一個特殊的人身上。

四、巫術──將自然以外的／超自然的力量導入自然的程序

漸漸的，原始的神學理論有了崇高的神和鄰近的神，同時也有了某些人──像巫師、巫醫、或法師，具備自然以外／超自然力量的概念。

以前（和現在）的原始民族用來應付所處世界種種「力量」的一個方法就是巫術。巫術是用自然以外的／超自然的力量，對自然進行直接控制。它普遍存在於原始宗教中，在「文明的」宗教，甚或在現代科學昌明的文化中也看得到。宗教與巫術之間，顯然有某種密切的關係，所以提出兩者有何異同，相互關係如何，這樣的問題，頗爲合理。

蘇格蘭古典文藝研究者兼人類學家弗雷澤爵士（Sir James George Frazer, 1851-1941），在其卷帙浩繁的《金枝》（*The Golden Bough*）[12]一書中，對於巫術與宗教的本質，提供了開創性的研究調查。他推斷巫術（爲兩者之中形式較單純的一個）是宗教的先驅，

---

[12] 編按：《金枝》（*The Golden Bough*）原著中文節譯本已由桂冠圖書公司出版，並列入《當代思潮系列叢書》。

　　當人類的欲求超出其能力範圍時，巫術就派上用場了。如果自然界的技能不夠用，那麼自然以外／超自然的技能可行嗎？巫術企圖要作出肯定的答覆。原始人類這麼想，現在有很多人，不屬於原始民族，也還是這麼想，想要用巫術來控制馬那（mana，意為神力），有時甚或控制神靈。例如，古老的印度教祭司逐漸認為，正確的儀式舉行，會產生驅使人與神的力量〔祈禱主（Brahmana－spati）〕。

　　那麼，巫術稱得上是一種知識和技能，只要懂得法則，並且使用得當，就會產生超自然的支配力量。這類的巫術有很多種形式，諸如模擬巫術、巫邪術，物神巫術皆是。

　　模擬巫術（imatative magic）以外觀相似、動作相仿的原則來運作。假設你畫一張牡鹿被箭射倒的圖，或許再做個特殊的儀式化表演，模擬打獵有所斬獲的英勇行徑，那麼森林中一隻活生生的牡鹿將會、或許會、希望會同時遭到獵人和超自然力量的攻擊。如此，便能保證出外打獵必將有所斬獲。如果打獵成績不好代表會挨餓，那麼，有效的巫術就顯得格外重要了。

　　其它模擬巫術的例子，像是到田間直直地往上跳，跳，跳，以便能神奇地使穀物長高──像人所能跳的一般高。此外，有一些原始民族把鵝卵石往山坡下扔，同時喊著「轟隆！轟隆！」，模仿打雷下雨的聲音，以此來結束乾旱。如果這樣持續進行夠長的時間，保證一定會成功。給了足夠的時間，雨水總會來的，至少，向來都是如此。

　　再來當然就是巫邪術（black magic）──是一種用來毀滅敵人，或使之傷殘的邪術。巫毒教的針刺玩偶，時有聽說，偶爾仍會被使用，就像「會害人的毒眼」仍有人使用一般。針刺玩偶即巫邪術的模擬，還有一種接觸性的

巫邪術，用偷來的一小撮頭髮，或剪下來的指甲，或衣服，使特定的受害者發生不幸。在倫敦的大英博物館，展示著一根「神奇的骨杖」，一根細長的骨頭，上面用細皮帶繫著毛髮。如果由法師拿著它，指向一個人，唸個死亡咒語，那個人據說會死。相信神奇骨杖有魔力的人，看見或聽見魔法施行在自己身上，那大概只有死路一條。

還有物神巫術（fetish magic），「物神」這個名稱，嚴格來說是指任何無生物的力量。物神體可以是自然界的物體，像是一顆特殊的石頭，或一根骨頭，或兔子的一隻腳，也可以是製造出來的東西，像是護身符、春藥、幸運幣。

其中要注意的是，巫術由人來控制，法師（薩滿巫師）靠自己施法，操縱超自然的力量，不需神靈的幫助。跨越巫術，向神靈求助，或兩者皆有的，就不屬於巫術了。

主張巫術與宗教的基本差異，在於使用者的態度與期望的不同。就巫術而言，人們相信並期望透過直接使用超自然，或自然以外的方法，直接操控環境，以獲得想要的結果。通曉超自然技術者（通常為特殊人士，如法師，或薩滿巫師），能控制或驅使自然的力量，達成人類想要的結果。因此，按照弗雷澤的推測，巫術不僅是原始人類的宗教先驅，並且還是一種科技的形式。像科技一樣，巫術懂得大自然的律法，並能直接操縱它，以謀求人類福祉，所以，弗雷澤認為巫術與宗教不同。宗教並不企圖直接控制自然界的力量，而是請求那些力量，或更確切的說，請求控制那些力量的超自然代理人。弗雷澤相信，宗教是在原始人類（1）逐漸不滿意巫術所能做的（2）思想提升到泛靈論的觀點，開始領會所處的世界，被自然界的靈支配（泛靈論），並且在某種程度上，被死去人類（祖先）的靈魂支配。他們開始舉行儀式，想要討好眾神，而非強迫祂們，他們開始有接

近崇拜，並接近真正的宗教行爲。巫術繼續存在，但宗教移進到人類舞台中心位置時，便成了險惡世界生與死的舞台劇中，舉足輕重的角色。

五、再談弗雷澤的假設

弗雷澤正確地辨識出，任何直接把自然以外的/超自然力量，引入自然界的程序，所作的努力，皆爲巫術。弗氏的其他某些評論，則容易受到質疑。試想他的一些論述，譬如(1)巫術和宗教是兩回事，並且在人類歷史上，先有巫術，還有(2)巫術是一種原始的科技。

首先，並沒有證據顯示在原始世界中，巫術先於宗教。原始宗教有可能包括直接的作法儀式，和向神明求助的儀式。巫術在人類歷史上並沒有先於宗教，更確切地說，巫術曾經是，且仍然是宗教行爲的一種方式[13]。

再者，馬林諾夫斯基（Bronislaw Malinowsky）有關特洛布里安群島島上居民（Trobriand Islanders）的巫術與科技的研究報告，反駁了弗雷澤以巫術爲人類第一種科技形式的假設。在他的《巫術、科學與宗教》（*Magic, Science and Religion*）[14]一書中，馬氏報導特洛布里安群島上的居民，在求取食物與健康的規劃中，同時使用巫術與自然科學技術，而他們永遠也不會把兩者混淆。要造深海捕魚用的獨木舟，或栽植菜園，或爲簡單的疾病開藥方時，他們就做得非常合乎科學方法，亦即按照自然法則和科學技術的規定和程序。然而，要把超自然力量注入船隻與農地，或對付嚴重的疾病時，他們就不使用科學技術，代之以巫術的施行（並／或如後面章節所稱的超科技[15]）。對於海上暴風雨的防範，對於乾旱、病蟲害的防範，對於不治之症的防治（以上均非其正常科技所能理解或直接控制者），都需要不同的，更有效形式的信仰與措施。這類信仰與措

---

[13] 第五章我們會再討論這個視巫術為一種宗教行為的概念。

[14] 見馬林諾夫斯基（Bronislaw Malinowski），《巫術、科學與宗教》（*Magic, Science and Religion*, Glencoe, Illinois: Free Press, 1948），pp. 1-18。

[15] 參閱第五章「針對人類處境的宗教性反應」。

施被認為是超自然的（有關自然及其背後的超自然規律），而不是自
然的（有關自然法則）。科技與自然的規律有關，而巫術則與超自然
的規律有關，兩者各別存在，而馬林諾夫斯基所提到的特洛布里安
群島居民，從來不會把它們錯認或混淆。

　　弗雷澤所提出的，巫術先於科技的說法，固然值得懷疑，但他
把巫術和祈求儀式[16] 區隔開來，指明了一項事實，亦即藉著人類，
直接運用特殊「法」力的巫術，在以前和現在，都是被用來改變自
然情況的。這麼說來，巫術和科技確實有著密切的關係。科學的法
則被看成是自然的，而巫術則屬超自然，但在兩種情況下，人都是
操縱改變的直接代理人。宗教和祈求儀式一樣，均非直接運作，而
是請求上帝改變事情，不能自己運用法力來改變，這與巫術和科技
不同。

　　然而要注意，這裡所產生的重要的「人的」因素，並非方法學
上那種精密的區別，而是渴望要的改變已經完成，或相信已經完成，
這樣的事實。這才是巫術與祈求儀式之間，真正基本的親密關係所
在。用自然的方式不能改變的事，用超自然的方式就可以改變。

---

[16]　祈求儀式（源於拉丁文的 rogare）在此指非直接運用巫術來改變自然的規
　　　律，而是人企圖說服上帝來改變自然的規律。

名詞解釋

- Animism **泛靈論**‧指相信自然界萬物，甚至宇宙本身皆由靈魂賦予生命。
- Brahman **梵**‧指萬事萬物難以言喻之主要來源。
- Heaven **天**‧指中國人用以代表上帝的那個字。在中國周朝（1122 -255 BC）古文中，「天」是最高上帝的名稱。
- Mana **馬那**‧泛指存在於人與物中的超自然力量。
- Neanderthal Man **尼安德塔人**‧一種已絕跡的人類，尼安德塔智人（Homo neanderthalensis），存活於古代第一更新世，屬於舊石器時代中期人類，其遺骸於一八三六年在德國近杜塞多夫市（Dusseldorf）的尼安德塔山谷被發現而辨識出來。
- Numinous **神秘超凡的**‧奧圖（Rudolf Otto, 1869-1937）依據拉丁文 numen 所造的字，其原意包括神聖力量、神性、神。它是一種對神靈存在的感悟，一種超乎尋常的經驗，一種超卓的感覺。
- Personalizing **擬人化**‧將人的特性加諸於自然界的物體。
- Phenomenon **現象**‧任何感官可以覺察到的事件。
- Sacralizing **神聖化**‧使之神聖。
- Tao **道**‧在稱爲道家（或道教）的中國宗教中，道乃形成宇宙主宰之氣。
- Trobriand Islands **特洛布里安群島**‧位於新幾內亞（New Guinea）東北端的群島。新幾內亞爲澳洲北方的大島。

第四章

其他的思辨

……以科學的角度加以檢驗，宗教便成了自然界的一份子，受因果律與邏輯規則的支配。

——殷格（F. Milton Yinger[1]）

宗教絕非無聊的習慣，而是一種極度的狂熱。

——詹姆士（William James[2]）

第一節　社會起因的現象

到目前為止我們所說的，有許多似乎是把宗教的基礎，建立在令人質疑的原始思考上。譬如繆勒（Fredrick Müller）主張，宗教的產生，是由於人類以自己的情緒來解讀自然。而泰勒（Edward Taylor）則主張，原始人類因認定夢中人為死者之靈，而開始相信死後仍有生命。這些推想，把宗教的基礎，建立在錯誤的原始思考上，所以說，宗教始於幻象與不實，它來自於人類的幻想。

但是法國社會學家涂爾幹（Émile Durkheim, 1858-1917）完全反對這種看法。他說，宗教是以社會經驗這一個鐵的事實為基礎，它來自於社交生活，雖有各種不同的形式，卻是「社會意識」的產

---

[1] 殷格（J. Milton Yinger），《從社會學看宗教》（*Sociology Looks on Religion*, New York: Macmillan, 1963），p. 12。
[2] 詹姆士（William James），《宗教經驗種種》（*The Varieties of Religious Experience*, New York: Mentor, 1958），p. 24。

物。爲了生存，社會對人有許多要求，例如，要求尊重當局、服膺
律法、遵循道德規範、維護家鄉的榮耀。還有一種神祕力量的感召，
將團體（不管是部落，或國家）結合起來，使其變得非常特殊，甚
至於非常神聖。所有這些，還有更多，都只是被「擴大」而成爲超
凡入聖的團體，成爲宗教信仰和宗教修習的基地，成爲信仰與儀式
的團體——這就是宗教。

　　各地的人（這點對宗教來說很重要）都會把某些事物當作是神
聖的，某些事物當作是世俗的——前者是在社會上求生存的必要行
爲，後者則是個人爲了適應環境的普通行爲。涂爾幹這麼說：「聖物
乃社會本身所形成的代表物……相反的，俗物是我們每一個人，從
自己的感知與經驗，建構而來的。」[3]

　　有了這些，才能創造出以社會結構爲準的宗教性答案，來回應：
我們從哪裡來？爲什麼我們會在這裡？事情何以如此？這類的問
題。舉例來說，如果有人（特別是小孩）問：「爲什麼有的人當酋長，
而有的人就只是普通的印地安人呢？」他得到的回答，很可能就是
那種社會基本結構下的一個宗教詮釋：「因爲在古老的黃金時代，天
父創造了天地和我們族人，當時他就規定那樣——有的人統治，有
的人服從。」

　　涂爾幹當然會強調：這樣的解釋是把車放在馬前面——即倒果
爲因。先出現必要的社會情況（在社會上求生存所需的事項與態
度），然後這些情況（部分原因在於其神祕性）才被賦予神聖的地位。
它們之所以神祕，是因爲不像一般事物，從直接、關鍵性的經驗中
學得，而是被當作知識傳承的一部份——不論在原始的、或是文明
的文化。

　　因爲這類學習都是以這種形式，所以關於酋長和普通印地安人
的問題（或者關於「從哪裡來？」「爲什麼在這裡？」和「事情何以
如此？」），也許永遠也不會被提起。在孩童期與青春期的學習過程

---

[3] 皮克林（W. S. F. Pickering），《涂爾幹論宗教》（*Durkheim on Religions*,
London: Routledge & Kegan Paul, 1975），p. 95。涂爾幹的言論於一八九九
年首次在《年度社會學論文》（*L'Annee sociologique*）發表，題爲＜宗教現
象之定義＞（"De la Definition des phenomenes religieux"）。

中，年輕人就已被告知事情如何如何，誠如眾所皆知者，正是因為神的緣故。

一、銅板的反面

從研究澳州土著 [阿蘭達人（the Aruntas）]當中，涂爾幹相信他已經發現，即使是「最簡單的宗教，其基本工作就是要以肯定的態度，來維持正常的[社交生活]。」[4]其含意包括：宗教的形式與結構既然得自於社會環境，所以它也會努力去保存那一個社會環境。這點，我們可以從羅馬天主教會等級制度的形式中看出來。羅馬天主教從教宗以來的等級制度，絕非偶發事件。它正好與羅馬第一位基督教皇帝，君士坦丁大帝（Emperor Constantine）時代，政府的極權主義形式平行。君士坦丁大帝接受基督，並宣布基督教為羅馬帝國的法定宗教。當時，原本低姿態，毫無組織可言的基督教會，幾乎立刻就採用了羅馬帝國的政治與社會結構，搖身一變，成為「聖羅馬天主教會」（the Holy Roman Catholic Church），迄今它一直都在努力保持當時的羅馬式結構（不管是在教會，或在社會方面）。

在要達到羅馬式的結構，同時又要保存其結構的歷史性的努力中，羅馬天主教會成了銅板反面的一個例子。社會確實會影響宗教結構，但另一方面，宗教產生於社會，同時也在維護、保存社會結構，並使之神聖化過程中，扮演著一個主要的角色。宗教產生於特殊的社會體系，然後又建立一套態度、概念和行為舉止，來保護社會結構，宣稱它是特別經過神的旨意。

在《宗教生活的基本形式》（ The Elementary Forms of Religious Life）一書中，涂爾幹不但假設社會是宗教的基本動力，同時也提出其反面說法——即在社會結構中的宗教動力。他寫道：

---

[4] 涂爾幹（Émile Durkheim），《宗教生活的基本形式》（ The Elementary Forms of Religious Life, New York: Collier Books, 1961），p. 43。（編按：本書中譯本已由桂冠圖書公司出版，並列入《當代思潮系列叢書》）

　　在人類建構世界之大業中，宗教可以說是扮演著謀略
的角色⋯⋯宗教向我們暗示，人類的秩序被投射到萬物總
體。換言之，宗教大膽地企圖要把宇宙的本質，構想成對
人類具有重大意義。[5]

二、總結評論

　　按照涂爾幹的說法，我們把宗教看成是一種社會現象———一種

　　事實上，德國哲學家費爾巴哈（Ludwig Feuerbach,
1804-1872），才是第一位清楚地提出，宗教是人類將自我
意識和自我形象投射入萬物本質的現代思想家。尤其在
《基督教的本質》（*The Essence of Christianity*, 1841）
一書中，他強調宗教生活取決於人類的願望。我們把人類
自己的特質投射到「超自然界」，我們相信愛與正義，因
此，上帝是愛與正義的本質。費爾巴哈認為這種擬人論在
舊約（猶太人的聖經）中特別強烈，其中耶和華只是代表
古希伯來人部落的特徵而已。他主張宗教其實代表被加諸
於宇宙的人類內在欲求。所有的宗教核心都有上帝的形
象，那其實[如瑟諾芬尼（Xenophanes）在很早以前提出
的]就像日本燈籠一般，是把人類形象投射到超自然界。
宗教其實就是「人與自己，或者更確切地說，人與其本質
的關係。」

引述自費爾巴哈之《基督教的本質》（*The Essence of
Christianity*, New York: Harper & Row, 1957），p. 5。

---

[5] 同上。p. 28。

由社會，或社會力量產生的現象。這和把宗教看成由泛靈論、馬那論、或巫術產生者不同。可是，涂爾幹的觀點，並未排除前面討論過的人類學家對於宗教的深刻見解，只是增加從其他觀點來看宗教的可能性，以便能產生其他見解而已。

宗教不只是把社會結構從人的形象，投射到超自然界，它同時也是人類抱負的投影。它不僅代表真實的情況，同時也是宗教社會的美夢與理想。當耶和華（Yahweh）被描述成「戰士」［出埃及記（Exodus）15:3］時，祂代表著在當時的古代，希伯來人生活中的特徵；而當彌迦想像在一個上帝力量統治的時代，刀劍變成鋤頭，槍矛變成鐮刀，同時沒有人會「再聽到戰爭」[彌迦書（Micah）4:3]，他是把宗教看成人類特有的神奇潛能。新約聖經若望一書（the first John letter）中也提到——「天主是愛」，我們堅信即使愛不是目前世界的動力中心，它一樣可以是另一個未來世界的希望、夢想，和宗教的憧憬。

另一位社會學家韋伯（Max Weber, 1864-1920），和涂爾幹一樣，檢視宗教與社會相互依存的關係——即人類生活中，神聖與世俗這兩方面，相互創造並相互控制的情形。他特別注意宗教與經濟之間，複雜的牽扯關係。在其《宗教社會學》（Sociology of Religion）一書中，他說：「宗教行為的目的，絕大部分是屬於經濟性質的。」[6] 一個民族有關宗教本質與上帝本質的象徵和信條，均得自於經濟活動。例如，古代以色列游牧民族，就有一位游牧、打獵，隨他們四處旅行的上帝耶和華。但是後來，以色列人遠離了「荒野中飄泊」的日子，入侵巴勒斯坦，安定下來，成為都市人以及農民。他們的生活方式改變，社會結構也改變了。現在他們需要的不僅是一位善戰，可以保護他們的上帝，同時還需要富饒的力量，為農民以及城市的居民開疆拓土。於是他們除了游牧神耶和華以外，又增添了一系列迦南人（Canaanite）的富饒之神，亦即比他們更早就住在這塊

---

[6] 韋伯（Max Weber），《宗教社會學》（*Sociology of Religion*, Boston: Beacon Press, 1963），p.1。費夏福（Ephraim Fishoff）譯。（編按：本書中譯本已由桂冠圖書公司出版，並列入《當代思潮系列叢書》）

「上帝承諾的樂土」上的居民所信奉的神──叫做巴力神（Baals）。

韋伯在其《新教倫理與資本主義的精神》（ *The Protestant Ethic and the Spirit of Capitalism* ）一書中，又舉了一個因社會結構而有所不同的例子。他指出基督教新教派的概念、態度和修習（譬如人人皆有神職、不信任等級制的權威、嚴謹的生活、努力工作），都是自然而然地與現代工業國家，以及現代資本主義同時出現。畢竟，上帝期望每一個人對自己的生活負責，勤勞儉樸，節約儲蓄，為別人著想，並且虔誠信教。把這些集合起來（就像馬丁路德一樣），你便已經邁向了自由企業、利潤、百萬富翁、慈善事業之路，就連渺茫的希望，也是指日可待的[7]。

在馬丁路德時代（十六世紀初期），模仿羅馬帝王的教皇職權，逐漸地衰微。尤其是教會的腐敗，從教皇到主教，範圍廣泛，因此，羅馬天主教會古老、傳統的權力便減弱了。此外，還有新的政治結構出現，尤其是在北歐各國。這些新興國家，不僅抵制教會的統治，並且大力支持資本主義和世界貿易。

基督教藉著新教徒的改革，從資本主義的新精神（同時也從新哲學與新科學的啟示[8]）中，把較為自由的崇拜形式，和一種新的合夥經營方式，引進其信仰和修習之中。

這帶領西方世界到世界各地，先是去開發利用，偶爾還會濟弱扶貧。例如近代的西方文化，已經表現得有能力為全世界的需求者，提供生活上的補助救濟，同時也曾向威脅其經濟者投擲炸彈。而在兩種情況下，都有向上帝祈求祝福。

---

[7] 這裡渺茫的希望，指日可待，當然是指宗教與經濟之間的密切關係。

[8] 新的世界觀也在這時開始。波蘭律師兼醫生哥白尼（Nicolaus Copernicus），用科學的方法，否定傳統以地球為宇宙中心的觀念。德國天文學、物理學家兼數學家喀卜勒（Johannes　Kepler），贊同哥白尼的假設，並且以行星繞軌道運行的研究，來證明這一點。然後就是伽利略（Galileo Galilei）還有培根（Francis Bacon）、霍布斯（Thomas Hobbes）、笛卡兒（René Descartes）、洛克（John Locke）、牛頓（Isaac Newton）。一個西方世界新的社會結構出現了，並且持續不斷地在出現。

三、敏銳的觀察：小心陌生人的餽贈

這位陌生人就叫做君士坦丁（Constantine），約存活於西元二八〇到三三七年間。歷史告訴我們，君士坦丁和基督教的上帝達成協議，如果讓他打敗敵人馬克森提爾斯（Maxentius），成為羅馬帝國唯一的統治者，他就願意當基督徒。君士坦丁打了勝仗，並且也遵守約定，於是基督教便邁向征服羅馬帝國之路。

不過，至少按照現代數學家兼哲學家懷海德（Alfred Norh Whitehead）的看法，關於吞食了這麼一大口的社會結構，會有什麼後果，基督徒並不夠謹慎。追溯君士坦丁的背書與基督徒的回應，懷海德在其《過程與真實》（Process and Reality）的最後一章說：

> 西方世界接受基督宗教的同時，也被羅馬皇帝征服了，各國接受的西方神學理論書籍，均由羅馬皇帝的律師編纂……（之後）伽利略謙遜的遠見，靈光乍現，模糊不清地掠過那個年代。……政府規劃之下的宗教，〔伽利略謙遜的遠見被擱在一旁，取而代之的是〕塑造出來的偶像崇拜……上帝以……羅馬帝國統治者的形象出現……教會把羅馬皇帝專有的特徵加諸於上帝。
>
> 在一神論哲學成形的重要時期……繁雜的細節中，出現了三種思想流派，分別以帝王的形像，以道德力量擬人化的形像，和以最終哲學原則的形像，來塑造上帝。這三種思想學派可分別與神聖的君王，希伯來的先知，還有亞里斯多德聯想在一起……。
>
> 在伽利略式的基督教起源思想中，還有另外一種說法，不太符合三大主流的任何一派。它不強調統治的君王，或冷酷的道德家，以及不為所動的思想推動者。它著重於世上溫柔的質素，用愛慢慢地、靜靜地來運作。愛不統治別人，也不會無動於衷，對道德又有點健忘。它不看

未來，因為它在當下就可以找到回報。[9]

　　懷海德還提出，當我們的行為舉止像個專制的皇帝，例如為「正義而戰」時，以及其他各種同樣是違背愛的行為時，偶爾伽利略會急速拉扯我們的良知，我們的靈魂才會有點罪惡感，有時甚至會努力去做補償──這並非經常發生，但有時或許會如此。

第二節　心理起因的現象

　　視宗教為心理起因的現象，是一種收獲頗為豐碩的觀點。現代宗教心理學先驅詹姆士（William James, 1842-1910）認為，所有對自己與世界的知識，皆始於自己的經驗和意識。以心理分析而聞名的佛洛依德（Sigmund Freud, 1856-1939）堅決主張我們就是我們所經歷的事。胡塞爾（Edmund Husserl）創立一種哲學分析法稱為現象學（Phenomenology），其目的是要把他稱之為超驗的自我（transcendental ego）的經驗本質──我們的基本意識，攤開來講。在每一種情況下──詹姆士的極端經驗主義（empiricism），佛洛伊德的人格心理分析，還有胡塞爾的超驗的自我──宗教似乎都成了主要論據。

一、詹姆士

　　詹姆士極力主張，在心理學與哲學的領域，我們有充分的理由，來肯定宗教的成效與價值，並且去追求宗教所能給予的福利。首先，詹姆士提出證明，人能夠有真實的宗教經驗，使他們確信「有某物

---

[9] 懷海德（Alfred North Whitehead），《過程與真實》（*Process and Reality*, New York: Free Press, 1978），pp. 342-343。

存在」，某種不尋常的、神祕的、令人敬畏、恐懼而又神聖的東西。
其次，藉著宗教，人們體驗了個人生活上的轉變。第三，藉著宗教，
人可以「打開」心胸，迎向充滿活力、振奮而快樂的人生。

　　那麼首先──針對「有某物存在」，詹姆士在其《宗教經驗種種》
（Varieties of Religious Experience）的第一章，「看不見的真
相」（The Reality of the Unseen）開頭即宣稱，最廣義的來說，
宗教「相信有一種看不見的秩序存在，並相信人的至善存在於和諧
地把自己調整到那個方向。」[10]對許多人來說，這主要是一種理念上
的體驗（像一種信仰），但對其他人來說，卻是一種存在的經驗，有
時因為非常生動，而被描述成一種感官可以察覺得到的景象。

　　在研究有關「看不見的秩序」這種現象的報導中，尤其是那些
宣稱自己與「神靈」的相遇，是一種直接的經驗者，詹姆士說：

　　……太多的實例導致類似這樣的結論：它就像在人類
　意識中，有一種真實的感覺，一種客觀存在的感覺，我們
　可以稱之為「有某種東西存在」，比任何特定不尋常的「知
　覺」更深刻、更普遍，當代心理學認為是首度被披露的存
　在事實。[11]

　　如先前提到的，泰勒（John Taylor）稱其神秘超凡的經驗為普
通的謀合，生命對生命點頭招呼。詹姆士認為它有時並不普通，而
是極度的非比尋常。我們引述過詹姆士所記錄的一個這樣的經驗。
詹氏的著作中，可以找到許多類似的報導，不過也許再多兩個這類
特殊的，感覺到「有某種東西存在」的簡短敘述就夠了。詹姆士引
述自《心靈研究期刊》（The Journal of Psychical Research）如
下：

---

[10] 詹姆士（William James），《宗教經驗種種》（The Varieties of Religious
Experience, New York: Random House, Modern Library, 1902），p.53。
[11] 同上。p.58。

敘述者說：「我讀了約二十分鐘，完全融入書中，內心十分平靜，暫時忘記了有一些朋友在場，突然間沒有一點警告，整個人彷彿被喚醒，到達一種最高度緊繃，或最高活力的境界，我強烈地感受到，室內不僅有另一個存在實體，它同時還相當接近我，那種感覺的強度，對不曾有過這種經驗的人來說，是很難想像的。我把書放下，雖然非常興奮，但精神相當集中，並且不覺得害怕……」[12]

另外，詹姆士引述自葛尼的（E. Gurney）《生之幽靈》（*Phantasms of the Living*）如下：

晚上還早的時候，我被叫醒……覺得彷彿有人故意把我叫醒，起初以為有人要闖進屋裡……然後我轉過去繼續睡覺，立刻感覺到有一個人的意識在房裡，不可思議的是，那不是一個活人的意識，然而，我只能告訴你經過的事實。我不知道如何把我的感覺作更好的陳述，只能說我覺得有一個靈魂的意識在場……。[13]

首先詹姆士提到許多人有過，或強烈地相信他們有過不尋常的經驗，使他們確信，看不見的秩序是真實存在的。其次，詹姆士說這類經驗，或相信這類經驗，能夠並且也確實改變了人的生活。它重新排列了「心靈感應組合」[14]（psychic set），所以那些人也就成了新生的人，對於各種情況，會以全然不同的態度去體驗，去反應。關於這種轉變，詹姆士在《宗教經驗種種》的其中兩章，有最具說

---

[12] 見詹姆士（William James）《宗教經驗種種》（*The Varieties of Religious Experience*）61頁，引述自《心靈研究期刊》（*Journal of Psychical Research*）一八九五年，二月號，第26頁。

[13] 同上。

[14] 有關心靈感應組合的性質，詳見《宗教之科學研究期刊》（*Journal for Scientific Study of Religion*），10，no. 1 (1971): pp. 17-25。崔默（W. C. Tremmel）＜改變信仰的選擇＞（"The Converting Choice"）。

服力的論述。在論述的開頭他說：

> 　　要改變信仰，要獲得重生，要得到神的眷顧，要體驗
> 宗教，要獲得神的保證，這麼多的說辭都代表了整個過
> 程，藉著這種過程，不管是漸進式的，或突然的，都會因
> 為更堅定地相信宗教的種種事實，使得一個原來人格分
> 裂、心術不正、品性低劣而不快樂的人，變成一個言行一
> 致，不違背良心，品格高尚而快樂的人。[15]

詹姆士接著報導一些生命有重大改變的人，其中有許多都可以拿來
當例子，但也許舉一個就夠了——那就是有關海德雷（S. H. Hadley）
的改變，首度發表於海德雷的《營救任務》（*Rescue Mission Work*）
手冊，在紐約由華特街老毛里佈道會（ Old Jerry M'Auley Water
Street Mission）出版。 其中對於海德雷藉著宗教信仰和體驗所產
生的心靈力量，把自己酗酒、經常犯錯，並且沒有秩序的生活，轉
變成詳和寧靜而有規律的生活，有生動的描述：

> 　　一個星期二的晚上，我在哈林區（Harlem）一家酒吧
> 坐著，無家可歸，沒有朋友，槁木死灰一般的酒鬼。我把
> 所有可以換點酒喝的東西，統統當掉或賣光了。除非爛醉
> 如泥，否則我就睡不著。已經好幾天沒吃飯了，連著四個
> 晚上，受盡了發酒瘋而失神妄想的折磨，或者說從午夜到
> 天明，受盡了無法成眠的恐怖。我常說：「再也不要當流
> 浪漢！再也不要被逼得走投無路，如果有這麼一天，時機
> 到了，我會在河床底下找到歸宿。」 可是時機到時，上
> 帝卻下令使我一步也近不得河邊。我坐在那裡思考，彷彿
> 覺得有某種偉大雄渾的力量在，當時並不知道那是什麼，
> 後來才得知那就是罪人的朋友，耶穌。我走到吧檯，用拳
> 頭搥它，直到酒杯碰撞格格作響。那些在場喝酒的人，既

---

[15] 詹姆士《宗教經驗種種》，p. 186。

不屑又好奇地冷眼旁觀。我說，即使要死在街頭，也不再沾一滴酒。當時真的覺得恐怕在天亮以前，我就會死掉。不知什麼說：「如果要遵守承諾，那麼就把自己關起來吧！」我走至最近的一個警察局，讓自己被關起來。

我在一個窄小的牢房裡，彷彿所有找得到空間的惡魔，都會進來陪我。還好，感謝主！我的同伴不只這些，去酒吧會我的那個親愛的神靈也在，祂說：「祈禱吧！」我真的照辦，雖然不覺得有什麼幫助，還是持續不斷地祈禱。一離開牢房，我就被送去違警罪法庭，隨後又被還押回牢房。我終於被釋放了，找到了去哥哥家的路，在那裡得到了無微不至的照顧。躺在床上時，告誡我的神靈不曾離開過我。次個安息日晨起時，覺得這一天將決定我的命運，到了晚上，想到要去毛里佈道會（Jerry M' Auley's Mission），於是就去了。那裡擠滿了人，好不容易才擠到講台附近，看到了那位傳教士，對著一堆酒鬼和流浪漢，那位神人毛里先生站起來，滿場鴉雀無聲中，道出了他的經驗。他身上散發著一股熱誠，叫人對他感到信服，我不由得說出：「不知道上帝能不能救我？」聆聽了二、三十個人的見證，個個都是從酒精裡頭被救出來的，我下定決心，一定要被救出來，否則就當場死在那裡。受邀加入之後，我和一群酒鬼一起跪下，毛里先生開始禱告，他誠摯地為我們禱告。噢！我可憐的靈魂，承受著多麼大的衝擊啊！一聲神聖的耳邊細語說：「來吧！」惡魔卻說：「小心哪！」

我只猶豫了一下，然後帶著一顆破碎的心，說：「親愛的耶穌，您能幫助我嗎？」我永遠也無法用言語來形容那一刻，雖然先前，我的靈魂充滿了難以言喻的黑暗，但在那一刻，我覺得中午燦爛的陽光，照進了我的心，我覺得自由了。噢！安全，自由，歸依於耶穌的感覺是多麼可貴啊！我覺得基督帶著祂所有的光明和能量，進入了我的生命。真的，往事已成為過去，一切都更新了。

　　　　從那時起到現在，我不曾想喝威士忌，也不曾有餘錢
　　喝一杯。當晚我答應上帝，如果祂能戒掉我嗜酒的欲望，
　　我就終身為祂工作。祂做到了，而我也一直在努力做我該
　　做的事。[16]

　　宗教可以造成心理上巨大的不同，它能夠也的確改變了人的生
活。

　　詹姆士不僅是一位關心宗教心理學的心理學家，同時也是一位
關心宗教的哲學家。他是被稱為實用主義[17]（pragmatism）的美國哲
學，四或五位創始人之一。根據詹姆士的說法，實用主義「先是一
種方法，再來就是一種從起源與發展的角度，來解釋事實的理論。[18]」
實用主義的目的在於根據功能與價值，來了解事物，而不是根據事
物的本質、理想，或其超驗的形式。在他的論文〈實用主義之含意〉
（What Pragmatism Means）中，詹姆士寫到實用主義「的態度是，
不看起先的事物、原則、『類別』，以及猜測得來的必要條件，而是
看最後的事物、結果與事實。」[19]在實用主義，要「追蹤」切題的「實
用結果」來得到結論。例如在宗教，主要問題不是「真有一個上帝
存在嗎？」而是「相信上帝存在會有什麼結果？」換言之，在實際
生活中，信不信上帝，信不信某一特定的上帝，會有什麼不同？如
果信會有所不同，那麼這個問題就是真實的。如果信會造成重大改
變，那麼問題就顯得十分重要。如果形式不一，卻難免會相信，那
麼這個問題就是強制性的了。

　　在其哲學論文〈相信的意願〉（The Will to Believe）中，詹
姆士特別處理了怎樣才算足以使人相信的充分證據這個問題。有些

---

[16] 同上。pp. 198-199。

[17] 其餘建立實用主義的主要人物有皮爾斯（Charles Peirce）、杜威（John
　　Dewey）、米德（George Mead），和史塔巴克（Edwin Starbuck）。

[18] 詹姆士＜實用主義之含意＞（What Pragmatism Means），收錄於凱思帖（Alburey
　　Castell）編《實用主義論文集》（*Essays in Pragmatism*, New York: Hafner
　　Library of Classics, 1948），p. 151。

[19] 同上。p. 147。

人強調，除非有足夠的、從實際經驗得來的（科學的）證據，否則不應該相信任何事情。詹姆士部分同意這種看法。任何事物要是有足夠的反面證據，那麼就別相信它（例如，別相信你能從樹上跳下，而不跌倒，或者相信一個騙子會說真話，或是吠叫的狗不咬人。以上每個案例都有充分的反面證據）。但是在那些真實的、十分重要的，和強制性的情況下（類似在上帝是否存在這樣的問題之下，必須要做出決定。），如果反面的證據不足，我們就有權利相信我們需要相信的事，這樣才能淋漓盡至地走完人生。

> 一旦碰到本質上無法用智識來決定的真選擇，我們激昂的天性，不僅在自然規律支配下會，而且是必須在各種提議之間，作一個選擇。如果說，在這種情況下，「不作決定，而只是把問題擱置」，其本身就是一種激昂的決定——這和決定是與否沒有差別——同樣要冒著失去真理的風險。[20]

> ［我們］有權利相信，在這樣的風險之下，任何夠真實的假設，都會引發我們的意願。[21]

詹姆士覺得合乎邏輯，並且從實際經驗得來的證據，能使人信仰上帝，進而對宗教予以支持和奉獻，但這些證據並不足以構成信仰與奉獻的必要性，也不足以使人去否定信仰與奉獻的行為。的確有支持信仰上帝的證據，但同時也有不少證據顯示，相關的許多懷疑是合理的。那麼，為何要選擇信奉宗教呢？為何選擇信仰上帝和宗教，而不去反對上帝和宗教呢[22]？ 詹姆士發現相信宗教的能量，

---

[20] 詹姆士＜相信的意願＞（The Will to Believe），收錄於凱思帖（Alburey Castell）編《實用主義論文集》（*Essays in Pragmatism*, New York: Hafner Library of Classics, 1951），p. 95。

[21] 同上。p. 107。

[22] 詹姆士強調選擇是必要的，因為選擇不選，就實用性而言，和選擇相信是一樣的。在兩種情況下，不管藉著宗教能獲得什麼好處，都不是現成就有的。

可以引發一種「艱苦奮發的心境」[23]，一種他認為是健康而且令人興奮的心境，它意味著淋漓盡致地度過人生。詹姆士還指出另一種生活的態度或形式，他稱之為「隨遇而安的心境」。這種心境使人謹慎，不富冒險精神，寧可避開困難，而不願激起興奮的情緒。你可以過著「朝九晚五」的生活，永遠不必去追求「更狂野的熱情」，那種較為生氣蓬勃的生活。但詹姆士相信，有時[我們]都會受引誘，想要

在詹姆士之前，有一位傑出的數學家巴斯卡（Blaise Pascal）也曾主張，我們無可避免的必須選擇相信上帝存在，或者否定祂（信或不信宗教）。決定不作選擇，事實上也是一種否定上帝存在（否定宗教）的決定。巴斯卡接著強調我們不能根據理性來選擇信或不信上帝。說明上帝存在的證據，根本就不能證明什麼，但我們還是要作一個決定。那麼，該如何選擇呢？要怎樣下賭注呢？好了，巴斯卡主張要下會贏的賭注。如果上帝存在，而你也選擇了宗教生活，那你就贏得永恆。如果上帝不存在，你會贏得什麼？什麼也沒有──這和一開始就否定上帝存在的結果是一模一樣的。這種辯證法就叫做巴斯卡賭注（Pascal's Wager）：如果一個人賭上帝存在（那麼他就得下注，因為必須有所選擇），而上帝果真存在，那麼他就贏得了無窮（天堂）。如果上帝不存在，他也沒有損失。另一方面，假使一個人賭上帝不存在，而上帝卻真的存在，那麼他會有無窮的損失（地獄）。所以賭上帝存在，只有得沒有失。

以上論證詳見巴斯卡的《思想錄》（*Pansées*, New York: E. P. Dutton and Co., 1958），第三篇，52-70 頁。

---

[23] 見詹姆士〈道德哲學家與道德生活〉（The Moral Philosopher and the Moral Life），收錄於凱思帖（Alburey Castell）編《實用主義論文集》（*Essays in Pragmatism*, New York: Hafner Library of Classics, 1951），pp. 84-86。

「走極端」，尋求興奮刺激。艱苦奮發的心境隱藏在每個人的心中，睡著了。但是，在某些人身上，它就比較難醒來。「需要更狂野的熱情來喚醒它，如更大的恐懼、愛與憤怒，否則就要能深入人心，屬於更高層次，像是對正義、真理或自由這類堅貞情操的籲求」[24] ——特別是對宗教。相信一種與無窮的期望和要求相呼應的人生，比只是爲「自己，爲妻兒，或者也許爲媳婦」，爲日常生活中的俗事而活者，更是無限的偉大，更是富有生命力，且更具重要性。如果你相信上帝存在，並且對「你」有所期許，那麼艱苦奮發的心境就真得能被喚醒。如詹姆士所言：

> 更迫切的理想，如今開始以全新客觀的立場和含意來發言，說出了尖銳、震懾人心，悲痛而具挑戰性的呼籲。其鳴聲大作，像雨果（Victor Hugo）的高山老鷹，「對著懸崖演說，山谷的深淵也都聽得懂。」艱苦奮發的心境，聽見鳴響時，就醒來了。夾雜的喇叭聲中，它說，哈哈！它聞到遠方戰鬥的氣息，指揮官的威嚇和吼叫的聲音。它的血脈貴張，對待卑微者的殘酷，根本起不了什麼過阻作用，徒然增加其堅定不移的歡欣而已，於是它跳起來回應偉大的一方……[25]。

詹姆士發現宗教是一種有益心理健康的反應，它能把「艱苦奮發的心境」釋放出來，並使人走上更高層次的路，通向充滿動力，永不挫敗的精神生活。詹姆士告訴我們，宗教是人內在天性中的一個主要價值，因爲它可以釋放「每一種應付災變的能量、忍耐力、勇氣，還有潛力。」詹姆士甚至主張如果沒有別的理由好相信上帝，「人也會設定一個理由，純粹用來作爲一種託詞，以說明生命之艱苦，並擺脫生存中可能有的最辛辣的氣味。」[26]

---

[24] 同上。p. 85。
[25] 同上。p. 85-86。
[26] 同上。p. 86。

二、佛洛依德

　　和詹姆士一樣，佛洛依德相信宗教對心靈生活能產生效用，但不同的是，他把宗教看成一種病態。他的宗教言論和研究，可以說既反傳統，又順潮流——他的《圖騰與禁忌》（*Totem and Taboo*）一反傳統地把宗教的起源，用一個原始部落弒父的故事，戲劇化地呈現出來；他的《幻象中的未來》（*Future of an Illusion*）則是順應潮流，把上帝定義成一種痴人妄想的結果。

　　在《圖騰與禁忌》中，佛洛依德提出他的創見，他說起初有個「原始部落」，由一個男性統治，他擁有所有的女性，兒子們大到足以威脅他對所有女性專屬的性交權時，這位父親就將兒子驅逐出境。按照佛洛依德的幻想，「有一天兄弟們［聯手]殺了……父親。」他們不但殺了他，還把他吃掉。「這位最原始的父親，無疑是每一位兄弟既害怕又羨慕的典範，在吃掉父親的行為中，他們完成了對他的認同，而每個人也都得到了他的一部份力量。」[27]

　　可是佛洛依德聲稱，這下其他問題又來了：（1）誰將擁有那些女人？哪一位兄弟？實際上，他們不是還得面對同樣的男性主宰權之爭嗎？他們不是必須相互搏鬥，直到有一人把其他人統統驅逐出境嗎？（2）此外，他們現在被弒父的罪惡感折磨著，以前他們都是依賴父親，獲得保護和道德教養的。

　　這時候，在新的衝突下，佛洛依德讓那位父親回來，再度被賦予統治權，只不過他已不再是物質力量了。他以更強有力的精神力量的形式回來，以圖騰的形像回來（常以動物的形狀作為象徵），成了「部落之祖」，掌管所有的婚姻關係。於是這些「平等的兄弟」就被異族通婚（exogamy）的圖騰所規範，屬於同一個圖騰的人，不得通婚。這是被禁止的，這是一個禁忌，換言之，死去祖先的權力仍

---

[27] 佛洛依德（Sigmund Freud），《圖騰與禁忌》（*Totem and Taboo*），第二版，史萃奇（James Strachey）譯，（London: Routledge & Kegan Paul, 1961），p. 142。

有些人，尤其是對宗教認真的人，或許會覺得佛洛依德的看法，令人覺得洩氣。可是佛氏的天才卻又無可否認，並且不容忽視。他的想像力和深刻的見解「創立了」心理分析，他發現了潛意識，以及孩童時期性活動的事實和動力。他辨識出投射與年齡倒退的心理機能，還有「本我」（id）以及「自我」（ego）。他敏銳地察覺到，偽裝過後的性衝動，激發了人類行為的重要片段。他不僅把神經官能症的肇因限定在性本能（libido）的範圍內，並且還認為宗教的起源也是一樣。有關於佛氏的貢獻，史雷特（Eliot Slater）說：「尤其是佛洛依德發現人類行為的泉源，深深地埋在個人無法意識到的神經活動功能層面，還有發現一種深入這些層面的方法，改變了醫學界和一般人詮釋人類行為的觀點。」[28]

被認可，大家還因為曾經背叛他，而有罪惡感。這種罪惡感，多少藉著對被殺害的父親的靈魂（如今以圖騰的形式出現）表示敬意，藉著把族群的性行為活動限定在和叛變以前同樣的規範以內，而有所舒解。

　　佛洛依德提出，對被殺害的父親的崇拜，在圖騰式的原始宗教中，仍繼續存留著，亦即在這種宗教中，代表祖先的特定動物，為大家所尊崇，並視之為神聖不可殺害者。然則，並非所有的問題都解決了，因為原來性壓抑的老問題還在。所以在某些特殊場合，「兄弟們」（部落的族人）會再次殺死並吃掉「父親」——即動物圖騰，

---

[28] 見《大英醫療學報》（The British Medical Bulletin），6，no. 1，史雷特（Eliot Slater）一九四九年八月「國際心理健康會議」（The International Congress on Mental Health）研究報告之序言。另在富蘭克林（Julian Franklyn）的《魔法致死》（Death by Enchantment, New York: G. P. Putnam's Sons, 1971），p. 16，也有引用本文。

緊接著有一段狂歡慶祝的時間，平日的社會規範暫時被拋開，人們放浪形骸，將被禁錮的熱情統統解放出來〔狂歡節（Mardi Gras）〕。

　　根據佛洛依德，在圖騰崇拜（敬拜代替祖先之物）中，人類學習如何屈從於一個更高的神聖權威。這樣的神性，不時在監視人們的社交行為（尤其是性行為），其尺度甚或比原來的還要嚴苛。原始部落的父子之間，因為性事的衝突而產生圖騰崇拜，宗教於是從中衍生出來——這是根據佛洛依德的說法，而佛氏認為要儘快把它丟棄，我們都應該長大成人，不要再淪為原始孩童。

　　基本上佛氏之所以駁斥宗教，並不是為了某種古老的，屬於族群、部落的戀母弒父情結[29]（Oedipus Complex），亦即不是因為他反傳統地辨識出原始生活中的性錯亂。他對宗教的排斥，反而是建立在順著潮流地研究曖昧的親子關係上，特別是父子間的關係。

　　這種曖昧關係，其實就是一種愛／恨交織的關係：(1)兒子恨（忌妒）父親，因為父親會干涉兒子對母親亂倫的慾望——這又牽扯到戀母情結。(2)而同時，孩童（包括兩性）需要父親的保護和愛，沒有父親，他們就無法生存，或者無法在道德上和精神上正常發展。在成長的過程中，孩童的存活有賴於「父親這個角色」（並／或「母親這個角色」[30]）。孩童有其需求，並且依賴生父供應這些需求，而一旦父親無法滿足他在神經官能方面的需求，孩子便立刻尋找另一位父親。

　　邁向成人之路的孩童，逐漸學得如何應付自己的需求。誠如佛氏所言，「大部分這些孩童時期的神經官能症，成人之後隨即能夠被克服。」但當然不能涵蓋所有的需求。因此：

> 　　……歷經世代，全體人類均體驗了類似神經官能症的病況……因為在蒙昧的時代……人類完全有效地以組織性的方法，中止了這種情況，卻撇不開人類共同存在的

---

[29] 參閱框內有關伊底帕斯（Oedipus）的故事。

[30] 對於「母親角色」的認可，在佛洛依德的時代，並不風行，但事實上，他所談的是有關「雙親的角色」——維持生命的重要角色。

伊底帕斯（Oedipus）是底比斯（Thebes）國王萊爾
斯（Laius）和妻子裘卡斯塔（Jocasta）的兒子。伊底帕
斯出生時，神諭預言萊爾斯將來會被兒子殺死，於是就把
嬰兒交給一位牧羊人，要他將嬰兒棄置荒野，任其死亡。
而牧羊人把伊底帕斯交給另一位牧羊人，最後牧羊人又把
他交給哥林斯（Corinth）國王波里巴斯（Polybus），波
里巴斯將他養育成人，關愛倍至，視之如已出。

　　長大後，另一神諭警告伊底帕斯，說他將來會殺了父
親，並且和母親有亂倫的關係。深信哥林斯國王和皇后是
自己的生身父母，於是伊底帕斯遠離家鄉，以避開神諭所
說的威脅。

　　途中，伊底帕斯遇見了萊爾斯，他那不相識的親生父
親萊爾斯正好微服出巡，並未著底比斯國王的衣飾。兩人
發生爭執，伊底帕斯殺死了萊爾斯。

　　後來，伊底帕斯猜中了史芬克斯（Sphinx）之謎，解
除了底比斯的瘟疫，因而被推舉為底比斯的國王。他娶了
不相識的母親裘卡斯塔為妻，和他生了許多子女——艾提
奧克力斯（Eteocles）、波里尼西斯（Polynices）、安堤
哥妮（Antigone），還有伊斯曼妮（Ismene）。

　　最後波里巴斯去逝，伊底帕斯繼承了哥林斯的王位，
年老的牧羊人才說出伊底帕斯不是波里巴斯的親生兒
子，而是個棄嬰。密切探詢之下，伊底帕斯查出萊爾斯究
竟在哪裡被殺害，並且知道他長什麼樣子，還有死時身邊
有幾位隨從（總共四位），然後才知道神諭早就預言了這
個事實——他真的殺了他的父親，並且娶了他的母親。驚
恐之餘，伊底帕斯挖出自己的眼珠，而裘卡斯塔則自縊身
亡。

關係。然而這種接納古代習俗，類似壓制的過程[以宗教
為其主要範例]，一直纏著文明不放。因此，宗教便成了
人類共同的強迫性神經官能症。它和孩童的神經官能症一
樣，源於戀母情結，即與父親的關係。[31]

　　佛洛依德認為崇拜上帝徹底地暴露出，即使長大成人，人還是
無法解決「童年時期那種絕望的感覺」，同時這也是宗教始於「人類
童年」的一個主要依據。

　　在其《幻象中的未來》（ *The Future of Illusion* ）一書中，佛
氏發表對愛與需求的關係的看法[32]。他譴責宗教，因為宗教允許人類
拒絕長大而不再有孩童時期的神經官能症，亦即不成熟地依賴外
物，以求得生活上的圓滿。這樣的觀察，十分深刻入微，不容忽視。

　　佛洛依德主要是針對西方的宗教，特別是猶太教和基督教，並
視其為人們對不成熟的神經官能需求，所提出的不適當的解決辦
法。他說：

　　　……由於需要讓自己的無助變得可以忍受，同時由於
　　自己以及人類童年那種無助的回憶，人創造了許許多多的
　　理念……。世界上發生的每一件事，都是智能高於我們的
　　神的旨意，雖然祂使用的方法和種種手段令人難以理解，
　　但其最終目的，就是要讓萬物適得其所……。在我們之
　　上，有一位仁慈的上帝，外表看起來好像很嚴厲……。死
　　亡本身並不是滅絕，並不是回到毫無生機的無生命狀態，
　　而是一種新的存在的開始……。到最後一定是善得善果，
　　惡有惡報，倘若不是真的發生在這一種形式的生命裡，那
　　麼就會發生在死後才開始的存在中。用這樣的方式，一定
　　能將所有生命中的恐懼、痛苦和磨難，拋諸腦後……。

---

[31] 佛洛依德（Sigmund Freud），《幻象中的未來》（ *Future of an Illusion* ）羅
　　布森-史考特（W. D. Robson-Scott）譯（New York: Liveright, sixth edition
　　1953），pp. 75-76。

[32] 就像在《圖騰與禁忌》中，他發表了對性與恨的關係的看法。

　　這些是被提出來的訓示，而不是經驗的結晶，或思考
的結果，它們是幻影，是人類最古老，最強烈，最迫切渴
求的願望。[33]

三、現象學（Phenomenology）

　　和詹姆士及佛洛依德一樣，現象學家[自胡塞爾（Edmund
Husserl）以降]也認為宗教是由於人類的心理特質而產生的。不過，
他們並不像詹姆士和佛洛伊德那樣有興趣去評估宗教的狀況，只是
想描述並了解所謂的宗教經驗和行為。

　　現象學是一種哲學方法[34]，其目的是藉著描述人在世界中，以
主觀的立場所關切的事，來擴展人的理解能力。放棄了認為不可能
達成的任務──亦即解決萬物的本質為何之爭──現象學家著重
於，儘可能確切地道出人所體驗的世界。用之於宗教研究，那就是
盡量忠實地說出「真正信教的人」所體驗的宗教信念和宗教行為。

　　使用這種方法至少需包含三個明顯的特點：極端經驗主義、描
述性的分析，以及暫緩 事實真相和價值 的判斷。

　　首先是極端經驗主義。所有關於世界的知識，皆始於極為個人
的經驗和分析。極端經驗主義者辯稱，根本就沒有固有的（與生俱
來的）知識這種東西，所有知識皆由經驗而來，體驗到的事，才是
真的。

　　因此，在宗教研究上，現象學強調宗教知識必須直接採用第一
手資料──以一個人在思考並感受宗教時，想到什麼，感受到什麼
為準。

---

[33] 佛洛依德（Sigmund Freud），《幻象中的未來》（*The Future of An Illusion*,
Garden City, N.Y.: Doubleday, Anchor Books, 1964），pp. 25-27，47。哈
德雄（Charles Hartshorne）與李斯（William Reese）合著之《哲學家談上
帝》（*Philosophers Speak of God*, Chicago: University of Chicago Press,
second edition 1963），pp. 174-214 中，對佛氏理念有極深思熟慮的回應。

[34] 現象學的觀念，由黑格爾（George Hegel）在其《心智現象學》（*Phenomenology
of the Mind*, 1807）一書中介紹出來。現象學方法則由更近代的胡塞爾推展
而來。

第二是描述性的分析。配合其極端經驗主義，現象學著重於描述──描述人們獻身宗教的感受如何，描述其神話故事，描述其禮節儀式。當一個人使用像上帝、信仰、不道德、得救這些字眼時，要嚴加注意其（存在經驗的）含意何在。

第三，有關事實與價值。哲學（philosophy）的意思是有智慧的愛，它一直都非常注重事實與價值。事實是什麼？價值是什麼？這些都是哲學上的主要問題，對現象哲學也很重要，不過有一點不同。現象學著重於人們所信以爲真，並且認爲是有價值的事物，而不管人們的判斷是否真的在理論上是正確而有價值的。有關事實是否爲事實，價值是否爲價值，一概不予考慮。舉個例子，在宗教研究上，從現象學的觀點來看，有關上帝的問題，並不是「上帝存在嗎？」而是「人們所稱的上帝，指的是什麼？還有，他們是如何體驗到的？」在現象學的領域裡，信仰的真理何在，這樣的問題暫時被擱著不談，其所關注的重點是針對所研究的宗教，去了解信奉者的投入與信念，並將自己的感情融入其中。信仰者獻身致力於他們所相信的真理，這在現象學中，是要被認可並仔細加以玩味的。

像先前提到的詹姆士和佛洛依德兩人，都對宗教的起源（甚至於宗教本身）作了價值判斷，而胡塞爾及其追隨者，則要我們克制自己，不要作這種判斷。現象學的問題不是：宗教經驗是好，是壞？健康的，或精神錯亂的？甚或宗教是否扯得上任何「真的」事物？其問題單純的只是：任何一個屬於宗教的事例，它究竟是什麼？如果用這樣的方式來探究宗教，那麼，逐漸明顯地，在意識完全被披露出來時（不論用現象學分析，或神祕主義的冥想），自然會發現宗教就在其中──它是人的天性固有的一部份。例如，我們可以把所謂「得救」的宗教經驗，視爲一個宗教事例。現象學家考斯騰堡[35]（Peter Koestenbaum）指出，想要得救的渴望，位於人的意識的基

---

[35] 見考思騰堡（Peter Koestenbaum）＜現象學傳統下的宗教＞（Religion in the Tradition of Phenomenology），收錄於費佛（J. C. Feaver）與郝若資（W. Horosz）編著之《哲學與文化觀點中的宗教》（*Religion in Philosophical and Cultural Perspective*, New York: Van Nostrand Reinhold, 1967），pp. 174-214。

本架構內。尋求得救之道，渴望事事圓滿，乃人之常情。考斯騰堡主張，「人就是在針對這種渴望，企圖達到某種圓滿，某種不同的結果，某種解答，以邁向超越自我的領域。」[36] 人存在的中心點，向外想要到達某種外在的實體，人的天性就是要超越自我。這種向外伸展的終極象徵，就是上帝兩個字。要突顯此一特點，我們可以引用沙特（Jean-Paul Sartre）貼切的說法，「人類的企劃案就是上帝」。這樣的伸展，這種想要超越的熱情，這樣一個上帝的企劃案，這樣的宗教屬性，並不是因為它對人有好處（詹姆士），或者對人有害處（佛洛依德），而是因為這是人性，人的處境，人的意識。

　　另一種把宗教解釋成人類意識狀況的，可以在現象學發現意識的內在核心〔即胡塞爾所說的「超驗的自我」（transcendental ego）〕中看到。這樣的自我，是意識的意識：我們的中心點，我們的靈魂，它經驗了我們的經驗。如神祕主義（一種純粹的現象學經驗）所表達的，靈魂「和超驗領域（Transcendental Realm）或萬物總體，有密切的關係，它甚至可以被認為就是超驗領域或萬物總體。[37] 」這也就是說，人的意識能直接意識到萬「物」背後都有一個重要的「存在質性（is-ness）」——亦即存在的必要根基，那就是上帝。

　　不論詹姆士或佛洛依德的判斷有多準確，也不管現象學分析法有多貼切，重點還是：宗教的基礎建立在人類心靈的本質上，同時還從那裡衍生出來。人天生是宗教的動物——唯一的宗教性動物。

第三節　神起因的現象（Theogenetic Phenomenon）

　　至此，我們已提過以人類為中心的宗教起源理論，亦即宗教源

---

[36] 同上。p. 181。
[37] 同上。p. 191。

於人類。不過，我們也可以逆向思考，把宗教看成是上帝強加造成的現象。宗教並非始於人類，而是始於上帝。羅馬帝國希波（Hippo）教區主教奧古斯丁（Augustine）當然這麼想。他打開《懺悔錄》（*Confessions*）說：「主啊！您真偉大！值得大大加以讚頌……您為自己創造了我們，我們的心浮動不安，直到歸依於您。」十六世紀的喀爾文（John Calvin）持同樣的理念，他認為「上帝自己為了防止任何人裝糊塗，所以就賦予每個人一些神性的概念，並經常加以更新且偶爾擴充其含意……。」[38]

　　更在近代一八九八年，連恩（Andrew Lang）寫了一本《宗教的形成》（*The Making of Religion*），他相信該書「闡明了宗教或許始於某種有神論，而後來在某種程度上，被各式各樣的泛靈論取代，甚或遭到損壞。[39]」

　　施密特（Wilhelm Schmidt）在一九一二年也提出，當代大部分的原始人類（例如非洲的矮人族），其信仰以及種種修習顯示，最早的宗教表現形式，是對一個高等生物的崇拜——即最早的一神論。當今為人推崇的史學家伊萊德（Mircea Elaidé）認為，最原始的人類確實相信有一種至高無上的生物，只不過，這位高等上帝，並沒有在這些人的宗教生活中，扮演一個重要的角色。

　　這樣的觀察或許意味著，或許不是人，而是上帝，創造了宗教——亦即宗教是一種「加諸於」人的，外來的經驗——來自於一個「存在於外」的上帝。

　　可想而知，這種宗教由外加諸於人的情況，原先是很合理的事，或者它原來是一種存在的偶遇。法國哲學家笛卡兒（René Descartes, 1596-1650）主張前者，而德國神學家奧圖（Rudolf Otto, 1869-1963）則主張後者。

　　在其〈第三沉思〉（The Third Meditation）中，笛卡兒論證上

---

[38] 喀爾文（John Calvin），《基督教的組織機構》（*Institutes of the Christian Religion*, Grand Rapids, Mich.: Wm. B. Erdman Publishing, 1953），貝佛里菊（Henry Beveridge）譯，vol. 1，p. 43。

[39] 連恩（Andrew Lang）1898 年的版本，在 1968 年由 New York: AMS Press 再版。

帝的存在，同時也以認識論（epistemology）為基準，主張我們對
上帝存在的知識，是與生俱來，賦予在人的心智內的。如果上帝沒
有把上帝這個概念，放在我們的腦海裡，我們的腦海裡就不會有上
帝。笛卡兒又舉了一個亞里斯多德的格言，來印證他的主張：原因
必定和其所造成的結果，有等量的事實（真實性）。可以說就像桶子
裡的水，絕對不可能多於井中的水。無中生有，是不可能的事。笛
卡兒如是說：

> 顯然....在能產生作用的總體原由中，至少一定有和
> 其結果等量的真實性存在，如果不是來自於原由，那麼結
> 果的真實性從何而來....
>
> 　由此，我們不僅得知，無中生有是不可能的，同
> 時較完美者——亦即包含較多真實性者——絕對不會是
> 較不完美者所產生的結果。[40]

人們心中，都會有一個無限完美的存在體這樣的概念，「一種無
限的物質，屬於外在的，不變的，獨立的，全知的，全能的」[41]上帝。
但是在人類或其所處的世界中，卻找不到任何絕對完美的東西，來
形成這樣的概念。然而，人們確實有這種概念——作為結果來說，
它一定來自於一個等量，或更大的原由，所以它必定來自上帝這個
絕對完美的存在體。它一定是在某處，由外加諸於人們心中。由此
可知：(1)上帝存在 (2)上帝存在的知識，不是人發明出來的，或者
在人的世界中找得到的，而是上帝給的。

笛卡兒和先於他的安塞姆（Anselm）一樣，證明了「哲學家的
上帝」的真實性：有知覺、有學識、有思想的上帝，亦即遐想中令
人神往的上帝；但不像薩滿（shaman）的上帝，或亞伯拉罕
（Abraham）、釋迦牟尼（Gautama Buddha）、耶穌，或其他任何面對

---

[40] 笛卡兒（René Descartes），《哲學的沉思》（*Meditation on First Philosophy*,
　　Indianapolis: Bobbs-Merrill, 1960），p. 39。（編按：本書中譯本已由桂冠
　　圖書公司出版，並列入《當代思潮系列叢書》）
[41] 同上。p. 43。

難以形容的生死之謎，面對人類存在中，可怕而無法操縱的事，不禁會感到敬畏與驚奇，恐懼而戰慄者的上帝。把哲學家的上帝看成是宗教的源頭，似乎有點合乎理智。假如宗教是神起因的現象，看來就得從他處（哲學推論以外的方法）找尋證據。而奧圖（Rudolf Otto）就是這麼做的。

以原始時代的起源，還有社會與心理方面的起因，來檢視宗教，我們看到的是把宗教的來源完全限定在人的範圍內：即宗教是以人為中心的。可是，奧圖拒絕接受這種說法，他相信宗教不是人發明的，是得來的，接受啟示的。但他不像笛卡兒一般，把宗教看成理性的東西。宗教根本不講道理，它主要是一種神聖的衝擊之下，產生的感覺，使我們領悟到被創造的事實，還有神聖的祂──同時也是完全的祂──的存在。

當人們遇見一種來自「外在」、具超能量，並且神祕至極的物質時，會有一種充滿敬畏、驚奇與精神亢奮的經驗。奧圖稱之為神祕超凡的心境，而這種經驗是人以外，神祕超凡的真實存在體所引起的。在原始人類身上，我們看到這種神祕超凡的心境反映在對惡魔的恐懼中。偶爾聽鬼故事而毛骨悚然，或者黑夜中傳來一聲慘叫或狂笑，而渾身起雞皮疙瘩時，我們也會有類似的感覺，但它可能遠遠超過恐懼與毛骨悚然。這種神祕、驚人的感覺也會猛然侵入我們：

> 像一陣溫柔的潮水，以深沉崇敬的安寧，瀰漫著我們的心……它可能伴隨著抽搐與撼動，突然從靈魂的深處爆發出來，或者引領我們達到最奇特的亢奮，到恍惚的瘋狂狀態，到強烈的激動與狂喜。它有一種狂野不羈的超凡形式，同時可以陷入一種近乎恐怖與令人毛骨悚然的境地……再者，它也可能發展成為某種優美、純潔而壯麗的東西。它可以變成生物面對著──誰或什麼──面對著難以形容，且超越萬物的大奧祕時，一種靜默，顫抖而無法言語的謙遜。[42]

---

[42] 奧圖（Rudolf Otto），《論神聖》（*The Idea of Holy*, London: Oxford

總 結 評 論

至此我們已累積了一些有關宗教與宗教行為的深刻見解:

1. 主張宗教始於人用自己的情緒來解讀大自然之時。(繆勒)
2. 再由夢中的景象推論出世界充滿了靈魂。(泰勒)
3. 原始人類對馬那的領悟與宗教性的反應。(卡靈頓)
4. 弗雷澤有關巫術在原始生活中的地位之見解。
5. 宗教只是把社會放大而已。(涂爾幹、韋伯)
6. 宗教是在充滿冒險的生活中,內在的心理動力。(詹姆士)
7. 宗教是一種病,應儘快加以治療。(佛洛依德)
8. 現象學分析把宗教看成是人類處境中本來就有情況。
9. 宗教是當神聖的實體向人類顯現之時,我們在(a)理智上及(b)情緒上所作出的反應。
10. 讀過這些見解後,我們可以辨識出,宗教的功能尤其在使人於沮喪中得以超脫出來,甚至在人面臨立即傷痛時,給予無窮的鼓勵。當人生之路走得一敗塗地時,宗教予人一線生機。

University Press, 1924),pp.12-13。海費(J. W. Harvey)譯。

名詞解釋

- Canaanite **迦南人**・古代迦南地區的居民，迦南被以色列人佔領之後，成爲巴勒斯坦。
- Ego **自我**・見超驗的自我。
- Empiricism **經驗主義**・一種哲學理論，認爲所有知識皆來自於經驗，沒有所謂的與生俱來的的理念。由英國哲學家洛克（John Locke, 1632-1704）引介入現代哲學。
- Epistemology **認識論**・研究起源、本質、方法，以及人類知識界限的哲學支派，探討人類知識的來源、限度，以及任何可以確知的事。
- Exogamy **異族通婚**・與外族通婚的習俗、規定，或律法。
- Libido **里比多**・心理與情緒上的能量，和本能的生理衝動——性慾有關。
- Numinous **神祕超凡的**・奧圖（Rudolf Otto）從拉丁文 numen（其含意包括神聖力量、神性、神）造出來的字。是一種對神靈存在的感悟，一種「超越」平常經驗，超卓的感覺。
- Oedipus Complex **戀母情結**・孩童（尤其是男童）對異性雙親的性慾，通常會伴隨著對同性雙親的敵意。
- Phenomenology **現象學**・哲學的一個派別，主要根據胡塞爾（Edmund Husserl, 1859-1938）所發展出來的方法，主張我們對事物的認識（包含所有週遭環境），並不是它的本質，而是我們對它的體驗——如其在我們心中的感覺，藉著這樣的認知，努力要使哲學擺脫心理學方面的錯誤。現象學著重於我們所體驗的世界，不談超過直接現象經驗本身的東西。
- Phenomenon **現象**・直接經由感官察覺的事件或事實。
- Pragmatism **實用主義**・一種強調可以運作，企圖或預期要產生效果的事物方爲真的理論。

◆ Psychic Set 心靈感應組合・指人平常思考、感覺，和反應所用的心智與情緒的方法。

◆ Shaman 薩滿・這個名稱來自俄文「shaman」，是西伯利亞的祕教祭司，能直接和神或靈，或兩者溝通。在北美印地安部落，薩滿通常被稱爲「巫醫」。

◆ Sociogenetic Phenomenon 社會起因的現象・指起之於社會結構者。

◆ Theogenetic Phenomenon 神起因的現象・指上帝造成的現象。

◆ Totem 圖騰・由於被認定和祖先有關係，而被用來作爲家族象徵的動、植物，或自然界物體。

◆ Totem Exogamy 異族通婚圖騰・圖騰：部落、宗族，或其他團體覺得和祂(它)有特殊關係的動、植物或物體。異族通婚：在特定部落或社區以外，尋求婚姻關係，因此是與族群以外，屬於不同圖騰者的聯姻。

◆ Transcendental Ego 超驗的自我・體驗個人經驗的中樞或靈魂。

◆ Yahweh 耶和華・上帝的名稱，現代學者認爲是希伯來文四個字母（YHVH/יהוה）的翻譯，代表在希伯來的傳統之下，上帝的名號，有時被譯爲 Jehovah。

第五章

針對人類處境之宗教性反應

他們必能如鷹一般振翅高飛。

——以賽亞書（Isaiah, 40:31）

　　人們使用許多方法，有意識並且富想像力地，對生命的有限性作出反應。他們可能這麼做：　(1)試圖用驅魔避邪的儀式。(2)活在超脫的希望中。(3)偶爾為自己不勞而獲的天賦而覺得非常感激。(4)獻身致力於一些充滿希望的信仰體系。(5)活在希望真有一個能改變一切的力量與天恩的期待中——即相信靈魂真能得到救度。

　　（在第一章）試圖為宗教建立一個簡潔的定義中，我們提出宗教是人類「戰勝其有限性」，最有效的武器。現在我們要更進一步的指出，勝利的功臣還有驅魔避邪和狂喜狀態這兩個兩極化的方法。宗教是一種行為模式，人藉之以驅除生命中邪惡的質素——即生命之可怕的有限性，或從中體驗生命中神聖的質素——即超越有限性，或是兩者皆有。前者，我們稱之為「超自然技術」，後者，我們稱為「與神靈相遇」。

　　以上五個範例中，第一個——驅除邪惡——屬於超自然技術，其餘——超脫的希望、非常的感激、全心全意的奉獻、神聖力量與天恩——都是要促成與神靈的相遇。

第一節　超自然技術（Metatechnology）

　　當我們論及弗雷澤（James Frazer）有關巫術與宗教的看法時，也介紹了賈哈特（William Bernhardt）的「超自然技術」[1]這個術語，並且還注意到超自然技術同時被視為巫術與祈求式來加以應用。

　　在巫術應用上，人自己來操縱超自然力量，以促成在自然界的程序中，想要有的改變。但是我們也注意到，人們常常（或許更常）想辦法讓上帝或眾神來干預並促成他們想要的改變。人力所不能及者，就想辦法讓（眾神或上帝的）力量，來為他們完成。我們把這第二種超自然技術稱為祈求式（rogation），它源於拉丁文的「rogare」，是「懇求」的意思[2]。講到祈求式，我們指的是任何人為了改變自然狀況，請求神聖力量干預，而舉行的任何一種獻祭式、祈禱式，或其他儀式，例如祈雨、祈求戰爭勝利、或祈求病癒。祈求式是一種超自然技術，在形式上與巫術不同，但目的卻相似。

---

[1] 超自然技術是企圖把自然以外，或超自然的力量引入自然界程序者。

[2] 在早期的基督教會，祈求儀式是在有災變的時候舉行。這些儀式可能包括列隊遊行、連禱、齋戒、懺悔、禱告，所有這些都是在懇求上帝減輕災難。這樣的事例曾在西元 590 年發生，當時教皇萬雷高利一世（Gregory the Great）下令舉行一個祈求儀式叫做七重連禱（litania septiformis），為的是要藉神聖的力量，幫忙解除洪水過後在羅馬流行的瘟疫。

第二節　超心理狀態（Metapsychology）

　　我們現在需要介紹另一個術語，並將它列入考慮：超心理反應一詞，意指由於宗教信仰、活動與經驗而產生的內在心理改變──特別是那些「超越」平常，「出乎」預料的宗教性心理反應。例如：殉道者視死如歸，還為加害者祈禱；或勇敢而平靜地面對個人悲痛，因為相信對於自己的磨難，上帝自有祂的道理。這些表現都不是平常的心理反應，而是超心理反應。

　　超心理反應必須更進一步地被描述成：(1) 自我意識的 (2) 潛意識的。它像自我意識一樣，是蓄意的；也像潛意識一樣，是偶發的──副帶產生的結果。在自我意識的超心理狀態下，人並沒有要改變「外物」，只是想改變自己，企圖要超越平常的心理反應，並作出一種不畏艱難，勇於面對的反應。在自我意識的超心理狀態下，人轉而向宗教尋求智慧與勇氣，以承受任何已經發生而無法改變的事，同時還要有尊嚴，甚至於很平靜地接受它。這就是聖經裡，約伯（Job）最後發現的道理：不論怎樣，他都應該信任上帝，接受命運。這也是中國道家（屬於最靜態的那一派）講究無為者所要做的，亦即平靜，不迎、不拒的行為。這正是一句常用禱詞之精髓：「請主賜給我安寧，以接受不能改變的事；賜給我勇氣，以改變我能改變的事；還有賜給我智慧，以分辨出兩者的差異。」[3] 這一段很明顯的是自我意識下，超心理狀態的禱告，不要求世界改變，要求自己改變。另一方面，當美國總統呼籲全國人民，為損壞的阿波羅十三號（Apollo 13）太空船上的太空人，祈求平安歸來時，很明顯的也是一種超心理狀態下的關懷[4]。這些禱告為的是要使超自然的干預力

───────────────

[3] 尼布爾（Reinhold Niebuhr）被認定是這段禱文的作者。

[4] 約二十五年前，一九七〇年四月十三日，美國人陷入驚慌之中。東部標準時間下午 2:13（軍用時間 14:13）美國國家航空暨太空總署（NASA）接獲阿波羅 13 號太空船遭遇麻煩的消息。　為了要登陸月球，阿波羅 13 號在離地球兩百

量，進入自然界程序，請上帝將事情導正。不論上帝是否作出回應，幫助太空船回航，許多人都因爲盡了一份心力，而覺得好過些。這樣的「宗教活動」，對他們的心理有益，至少，他們能稍稍體驗一點潛意識下的超心理狀態。

第二種超心理狀態是潛意識下的超心理狀態。在這種形式下，內在會產生宗教性的改變，它多半不是要求得來的結果，而是出於意外，是一種信仰的副產品。如詹姆士所提出的，是一種激烈的、勇敢的、富冒險性的心境被釋放出來的結果，其原由在於宗教使人相信神奇的事會發生，或者相信上帝是站在我們這邊的。當我們轉而問超自然技術和超心理，與宗教有何關聯時，超心理在這方面就會更加明顯了。

超自然技術對超心理狀態

要了解宗教在這兩方面的關聯性，首先要弄清楚技術與超自然技術之間的關係。賁哈特（William Bernhardt）在他《宗教之功能哲學》（*Functional Philosophy of Religion*）中，確立了技術與超自然技術之間，有一種相對共存的（concomitant）關係：擁有越多的技術，就越少使用超自然技術。從檢驗原始社會的宗教活動、奧古斯督時期羅馬人的宗教活動、還有現代基督徒的宗教活動中，賁哈特推論出，在科學文明以前，製造技術與醫療技能最低落的地區，超自然技術被廣泛地使用於食物的供給與人體的健康這些範圍，而在食物供應技術與科學醫療技能較先進的地方，就很少被使用了。

馬林諾夫斯基（Bronislaw Malinowski 第三章提過）在他的《巫術、科學與宗教》（*Magic, Science and Religion*）中報導了特洛布里安群島（Trobriand Island）上，美拉尼西亞（Melanesian）

萬英哩的太空中，撞上不明物體而嚴重損壞。接下來便是四天緊張萬分的救援工作，科學家和工程師們二十四小時全天候投入，努力要在三位太空人窒息或凍死之前，把損壞的太空船領航回地球。於是全國便在一片祈禱聲之中。

土著文化中的技術和超自然技術。島上居民兩者都有使用，並且也知道，在各個案例中，他們做的是什麼，道理何在。

特洛布里安群島上的居民大都是捕魚人，他們離開了有沙洲保護的潟湖群島，冒險遠赴並非總是平靜的深海捕魚。他們乘的是帶有舷外防翻浮材的獨木舟。長久以來確立的技術，使他們能以簡單的方法，打造出經得起風浪的優良船隻。作為一個工匠，他們用的是技術，而不是超自然技術。但是在深海捕魚，光靠好的航行技巧是不夠的。想要乘風破浪，或避開暴風雨而捕獲魚兒，除了需要乘一條好船，還得是一條幸運的船。大海廣闊危險，而魚兒就在其中。這裡牽涉到的，不只是好的造船技術和聰明的捕魚技巧而已，還需要特別的處理，所以除了技術之外，特洛布里安島民還使用了超自然技術。馬林諾夫斯基告訴我們：

> 打造獨木舟時，有一大堆的咒語，分別在不同階段唸
> 誦：在伐木時，在挖空實木時，還有在將近完工，上漆時，
> 以及首度合力推舟下水之時。[5]

馬氏也報導了特洛布里安島民在農業上同樣的技術/超自然技術。他們使用農業技術，但因為收成不好就會挨餓，甚或鬧饑荒，所以他們也使用超自然技術，來處理那些普通技術似乎無法解決的農業問題。馬氏還報導了特洛布里安島民使用超自然技術來預防或治療嚴重的疾病。島民沒有現代醫療行為，對於輕微的病症，確實也採用了一些自然的藥方，但是對極為嚴重的病症，便廣泛地使用超自然技術。技術無法操縱時，就試著用超自然技術的方法來加以操縱。他們請上帝、或眾神，或只用單純的巫術，在恐怖的災難降臨時，保護他們，讓一切恢復正常，他們才能繼續生存，甚至興旺繁榮。

至此，很明顯的一個問題就是：這種方法有效嗎？他們是否使災難停止了？「無法操縱的力量」是否真的在為他們操縱運作？我

---

[5] 馬林諾夫斯基（Bronislaw Malinowski），《巫術、科學與宗教》（*Magic, Science and Religion*, Glencoe, Ill. : Free Press, 1948），pp. 165-166。

們可以回答說，土著們很明顯地知道他們得到的是什麼。他們認爲在面臨生存中無法操縱的事時，他們得到了自然以外，或超自然的幫助。他們相信他們可以控制那些危險而不穩定，並且有重要價值在其中遭到威脅的範圍。他們用宗教信仰來恢復、保存、或提倡被認定陷入危機的重大價值。

當然，在外人的眼中，他們得到的根本就是別的東西。旁觀者的結論也許是特洛布里安的島民弄錯了，他們並沒有真正獲得豐收的保證，或一趟安全而成功的捕魚航程，或者疾病獲得防治，他們只是自以爲如此而已。但是我們也可以推論，他們的活動雖然沒有發揮超自然技術的力量，他們還是獲得了別的相當有價值的東西：一個附帶產生的結果。相信超自然技術的功效，他們得到了一種內在的保證，一種確定的感覺，一股勇氣的泉源，他們得到了潛意識的超心理狀態下，所產生的好處。藉著宗教活動，他們超脫了面臨饑荒、溺水，或重病時，通常會有的恐懼，並且還獲得了其他方法得不到的勇氣和士氣。如果外在世界沒有什麼改變，至少他們自己改變了。

雖然我們或許會把特洛布里安島民的超自然技術演練，看成只是主觀上的獲益而已，但是對於自己的超自然技術演練，恐怕就不願意這麼嚴苛了。那些祈求太空人平安歸來，受過科學教化的文明人當中，有許多當然相信他們的祈禱真的不只在心理上有所幫助而已。舉例來說，假使我們問，「祈禱能改變事情嗎？」我們會發現，現代世界的聲音會堅定地宣稱「能」。

當然，我們也會聽到否定的聲音。賁哈特發表他的反對意見如下：

> 就歷史而言……宗教行為屬於超自然技術的性質。人們為了保存有價值的東西，而尋求超自然或巫術的幫助。現代資訊使我們相信，所有這些超自然技術活動，就客觀結果來說，根本沒什麼作用。……同時，儘管超自然技術的無能，宗教行為仍因在其他方面服務人群而繼續存在。

其主觀上的成果，不僅補償了客觀上的失敗……換言之，
宗教行為幫助個人對外在情況做主觀的心理調適，而不致
屈服於當時的客觀掌握之中，同時又不會灰心喪志。[6]

　　就此事而言，證據顯示賁哈特表達的是「少數人的意見」。為健
康，為雨水，為保全實際的物質價值而祈禱，仍被廣泛運用並熱切
地袒護著。祈禱仍舊是人們從事宗教活動時所做的事，提出來的理
由，其論點通常有兩種型式：祈禱是合理的，並且真的有效。

　　柏多奇（Peter Bertocci）主張祈禱是合理的。如果上帝像柏多
奇所相信的，是一個人，而人的本質就是關心價值的增添，那麼，
期望上帝利用每一個機會來幫助人們增添價值，就顯得合理了。在
其《宗教哲學入門》（*Introduction to the Philosophy of
Religion*）一書中，柏多奇主張，自然法則本身就是上帝關愛人類
的證據。沒有了物理、生物與心理上最起碼的法則，這個世界或公
共的生活就不能存在。上帝藉著這些「非人格的」法則，表現出祂
對我們的關愛。

　　但就這些嗎？這是否會使上帝對個人的關愛消耗殆盡？柏多奇
強調這個答案一定為「否」。上帝的一般性天佑即為其特殊天佑的基
準。上帝聆聽我們的祈求，然後作出回應。在遵守並且不違反維持
自然界秩序和公共生活必要的法則下，柏多奇強調，上帝沒有理由
不能，或不願意對人類的請求作出回應，同時創造或保存人類所祈
求的重要價值。

　　柏多奇事實上是一位相當謹慎的超自然技術擁護者，想要相信
真有神聖干預的人，可以找到更多極端而激烈言論。但是更常見的，
使人堅持超自然技術有效，使人相信祈禱可以改變事情的，根本就
不是理論，而是經驗。想知道確切的說詞，去問那位求雨而得雨的
人，去問那位因信仰而病癒的人，去問那位感受到上帝的力量，進

---

[6] 賁哈特（William Bernhardt），《宗教之功能哲學》（*A Functional Philosophy
of Religion*, Denver, Colo.：Criterion Press, 1958），p. 157。

入她體內的女人。對這些人來說，沒有什麼好爭辯的，有的只是肯定而已。

　　超自然技術是否真能在環境中造成改變，還有待商榷，但是對於它改變了人這件事就不同了，這是可以驗證的事實。人們的生活，因爲信仰的主張和宗教的行爲模式，而有所改變。詹姆士（William James）在其論文＜道德哲學家與道德生活＞（The Moral Philosopher and the Moral Life）中，以其一慣的獨特風格指出這一點。他宣稱：

　　　即使沒有玄學或傳統依據來使人相信上帝的存在，人也會設定一個理由，純粹用來作爲一種託詞，以說明生命之艱苦，以擺脫生存的遊戲中，可能有的最辛辣的氣味。我們對於災禍的態度，在一個我們相信只有要求有限的諸神世界裡，與在一個因爲有一位要求無限的神，所以我們面對悲慘的事情能處之泰然的世界裡，是截然不同的。在有宗教信仰的人身上，應付災變的每一種能量、忍耐力、勇氣和潛力，都被釋放出來。因此，在人類歷史的戰場上，個性屬於艱苦奮發型的人，總是比隨遇而安型的人，更能持久，而宗教就是會把非宗教趕至牆緣。[7]

　　特洛布里安島民中，相信自己的船有超自然力量帶來好運者，信心十足地揚帆啓航，甚至連航行技術也變得更好，遇到暴風雨，就比較不會被自己絕望的感覺弄得亂了手腳，他依賴的不僅僅是他自己而已。如詹姆士所言，對那些有信仰的人來說，「每一種能量和忍耐力都被釋放出來。」最好是和這樣的人一起航行，而不是另外

---

[7] 詹姆士（William James），＜道德哲學家與道德生活＞（The Moral Philosopher and the Moral Life），收錄於凱思帖（Alburey Castell）編著《實用主義論文集》（*Essays in Pragmatism*, New York: Hafner Library of Classics, 1951），p. 86。

在極度傷痛中，耶穌的祈禱越發懇切，他的汗如大滴
血珠，滴落在地上。

——新約路加福音 22:44 詹姆士王版本（Luke 22:44 KJV）

隨後，耶穌同門徒來到一個叫客西馬尼（Gethsemane）
的莊園，耶穌對他們說：「你們在這裡坐，我去那邊祈
禱……」他稍往前走，俯首至地禱告說：「我父！若是可
能，就讓這苦杯離開我吧！只是別照我的意思，而要照你
的旨意。」

——新約馬太福音（Matthew）26:36, 39 詹姆士王版本

於是他們下手，抓住耶穌……耶穌對他們說：「你們
帶著刀棍出來抓我，把我當小偷嗎？……我每天在聖殿裡
施教，你們也在，並且都不抓我……。」

——新約馬可福音（Mark）14:46,48,49. 詹姆士王版本

那種人。在這方面，土著信以爲真者，其真實性絕對不少於複雜的
文明人所信以爲真者。有人說，勇氣就是經過祈禱的恐懼。對於數
百萬計從經驗中了解這句話含意的人，什麼都不必再說了。

據聞，耶穌在客西馬尼莊園（Garden of Gethsemane）的禱告
詞，似乎一半屬於超自然技術，一半屬於超心理狀態。他祈求上帝
改變情況，饒了他的生命，如果不行的話，他就決定接受上帝的旨
意。首先，他祈禱讓苦杯離他而去，再來，假使一定要喝的話，祈
求賜予他喝下去的勇氣，不管那是什麼。結果苦杯並沒有離去，祈

禱並未「改變事情」。如果這些關於耶穌在其生命最終幾個小時如何
表現的敘述可信的話，我們當然可以得到祈禱改變了他，這樣的結
論。原本走進莊園，一個驚慌失措的人（俯首至地，汗水如血一般
流下），變成了一個有勇氣，有尊嚴而超脫的人，走向「骷髏地」（the
Skull）的最上方，並且超越它，從此進入難以數計的人的心中與生
命中。

第三節　宗教與超脫的希望

　　對於生命的有限性，試圖用驅魔避邪法，並不是人們唯一的反
應。宗教所給予的勇氣，並非只是咬緊牙關的勇氣，它的特徵在於
有超脫的希望，就像先前提過的沙特（Jean-Paul Sartre）告訴我
們，「人類的企劃案就是上帝」，我們拿它來當作一個典型的告白，
說明人類的天性——在情感與認知兩方面——都是要超脫自我，跨
越人類的處境，並且克服人的有限性這個事實。人需要成為上帝（或
與上帝在一起），需要只比天使差一些，需要再度出生，需要成為像
基督那樣的人，而不是像亞當那樣的人。宗教不教人以畏縮和哭泣
來面對死亡，或者在面臨殘酷的命運投石器時，用自殺來逃避。雖
源於恐怖的挫折之中，宗教仍被樂觀地導向超越挫折。與其說宗教
是一種逃避方法，不如說它是一種昇華。先知以賽亞（Isaiah）用
一種不僅真正屬於宗教，並且比祈雨的禱告更令人振奮的聲音唱
道：

　　　　仰望上主的人
　　　　精力源源不斷
　　　　必能振翅高飛如老鷹一般
　　　　疾馳而不困倦
　　　　奔走而不疲乏

新約以賽亞（Isaiah）40:31，詹姆士王版本

　　如果人需要的是宗教的根，那麼遠大的期望就是它的花蕾，偉大的抱負則是它的花朵。人類所有的需求面，宗教都能加以回應。當生命被物質需求困住，當饑餓與危險常伴，人們對宗教的主要注意力也會集中在物質上，在如何操縱物質以造福人群上。人們會用盡所有（技術、超自然技術和超心理）的辦法，來改善他們的命運。這方面的問題解決以後，人們立刻就會發現其他的需求，還是一樣那麼重要，並且一樣岌岌可危。一旦得到了足夠的麵包，就會發現光有麵包是不夠的。更複雜的需求（個人的、社會的、知識的、美學的、道德的和精神上的）不斷地逼迫索討，於是人們爲靈魂的需求，而大聲呼喊，其熱切的程度，與爲身體的需求所發出者，毫無二致。

　　精神上的需求，創造出一個使人得以超脫絕望的宗教層面，而宗教的根源就在其中。無法操縱的事還是存在，依舊令人恐懼，焦慮也還在。舉例來說，努力想成爲聖賢的人，其動機來自於迫切的需求，其堅定的態度，與一個受驚嚇的水手，祈禱能脫離狂風巨浪是一樣的，只不過期望的方向不同而已。一個在追求，另一個卻是在逃避。宗教不只是恐懼而已，它是超脫了的恐懼，其希望的特徵並不少於絕望，勇氣的特色也不少於恐懼，歡笑不少於哭泣，生不少於死。宗教不僅需求明確，同時企盼也有其範圍。懷海德（Alfred North Whitehead）對準小範圍的目標，稱宗教爲「個人獨處時的行爲活動，[8]」 這麼一來，就明顯地逆轉了情勢，把窄小的範圍，擴大成無限寬闊的空間。

　　　宗教是當下不斷在發生的事物之未來、過去與內在的
　　顯現，它是真實的，有待我們去了解，它是一種遙遠的可

---

[8] 懷德海（Alfred North Whitehead），《宗教的創生》（*Religion in the Making*, Cleveland: World, Meridian Books, second edition, 1969），p. 16。
　　編按：本書中譯本已由桂冠圖書公司出版，並列入《當代思潮》系列叢書。

能，同時又是當下事實最偉大的呈現，它使所有過去的事
物產生意義，卻又不為人知，它擁有的是最終的善，但無
人能及，它是終極之理想，無望的追尋。[9]

第四節　宗教為非常之感激

　　另一種宗教反應可以是，也應該是非比尋常的感激。尤其是對
剛從童年的依賴，轉為成熟獨立和有責任感的成人來說，宗教可以
被看成，也應該被看成，不只是一種能產生奇蹟（超自然技術），克
服沮喪（超心理狀態）的設計，它甚至有別於長了「翅膀」，能讓靈
魂翱翔者。宗教是在單純地覺得活著的奇妙境界中，有一種新的感
悟和態度。適當的宗教觀，使我們產生一種無限感激之情——感激
之大，足以平衡生命中所有可怕的事。關於這一點，米樂耕（Charles
Milligan）寫道：「這造成了從超自然技術——想藉著宗教獲得某種
東西——轉移到『逐漸成熟』的神[10] 與神祕主義，其基本動機是一
種以感激為基礎的至福的感覺。」[11]
　　米樂耕非常注重此一層面的宗教，尤其是和大學生有關者。他
寫道：

　　　我會強調這一點，就是因為我在大學裡的學生，正在
　　（或應該會）從比較屬於以自我為中心的傾向，轉而逐漸
　　領略到，他們的生命點綴著許多不勞而獲的稟性與天賦。
　　很多人會驚訝地學到，這就是宗教所要講的事情之一；還
　　有，培養感恩的心，就是成熟宗教的一個基本技巧，用來

---

[9] 懷德海《科學與現代世界》（*Science and the Modern World*, New York:
　　Macmillan, 1944），p. 275。
[10] 參閱第九章。
[11] 引自米樂耕的私人來信。

做為資源，對付並超越無法操縱、可怕、悲慘的事，以及生存的有限性。[12]

在你出生以前，實際上在受孕以前，基因可能性的數字非常龐大，機率約四十億比一。可能成為你，有一個複合型染色體的那一個男性精子，事實上就是到達卵子，並使之受精而成為你的那一個。想想是你被生出來，而不是其他四十億個可能的胎兒，這是很奇妙的。這樣一個「生命的贈予」，有時讓人在迅速擴大的感激之情中，充滿了喜悅，感謝使其如此發生的任何造物的神祕力量。你是活著的，多好的禮物啊！

彷彿贈予生命這樣的禮物仍不夠似的，還把整個世界呈現在我們眼前，讓我們觀賞、接觸。就像卡爾曼（Bliss Carman）有一天當他

……挪一天去尋找上帝
沒找著祂，然而當我走
　　在岩脊上，穿過一片未開發的樹林
　　就在一朵紅百合火燄般綻放的地方
我看見祂的足跡在草地上

突然間，毫無知覺地
在遠方林蔭深處
孤獨如隱士般的畫眉
歌聲劃破黃昏神聖的緘默──
我聽見祂在空中傳來的聲音

甚至當我驚歎於上帝如何在
此時此地賜給我們天堂
　　一陣微風吹拂，幾乎不能撼動

---

[12] 同前。

　　　　小溪旁的白楊樹葉──
　　　　祂的手便輕輕地撫著我的額

　　　　終於在傍晚時分，我轉向
　　　　回家的路，想想學了些什麼
　　　　這一切的景象還有待探究
　　　　無意中發現祂長袍絢爛的光芒
　　　　在落日餘暉燃燒的火燄中[13]
　　　　　‥‥‥‥‥‥

而米萊（Edna St. Vincent Millay）以其獨特的風格在她「午後的
山坡上」一詩中如此說：

　　　　我將是陽光下
　　　　最快樂的人
　　　　我將輕撫百花
　　　　而不折一枝

　　　　我將坐岩上觀雲
　　　　以沉靜的雙眸
　　　　看風吹彎了青草
　　　　草兒又挺直腰

　　　　當鎮上萬家燈火
　　　　開始點亮
　　　　我會分辨出哪個是我家
　　　　然後就下山踏上歸途！[14]

---

[13] 卡爾曼（Bliss Carman）之「痕跡」（Vestigia），收錄於希爾（Caroline Hill）
　　編著的《世界偉大宗教詩選》（*The World's Greatest Religious Poetry*, New
　　York: Macmillan, 1942），pp. 32-33。

[14] 米萊（Edna St. Vincent Millay）「午後的山坡上」（Afternoon on a Hill）
　　引述自《米萊詩選》（Collected Poems, New York: Harper & Row, 1940），

第五節　全心奉獻——
情感與認知同時並行

　　有關宗教行爲，另一點要注意的是宗教奉獻在情感及／或智識方面的牽連。宗教行爲，如果是真心的，就是完全的行爲，它同時是情感的行爲與智識的行爲。宗教一方面不是一種知識的演練，另一方面，也不是無知的情緒放縱，它是兩者的混合體。宗教所言皆真，就算這句話說得對好了，但如同智慧有時告訴我們的，是信仰讓事情得以繼續。鳥兒能飛，因爲牠們的潛意識有這樣的信仰。牠們不假思索，就這麼做而已。魚兒會游泳，還有整個世界井然有序，因爲萬物皆服膺所信任的道理。萬物深信不疑，而這種相信不僅是知識上的肯定而已，它是一種全然的心悅誠服。「我不僅知道事情是這樣，同時也深深地感覺得到。」它是一種同時爲理性與情感的相信。宗教信仰是一種情感的投入，熱情地將自己奉獻出來，但它不只是熱情而已，它環繞著一個主張，或整體系列的主張，使其同時也是一種知識、一種學養、一種真理。只有某些特定的「真理」，才能使信者對其死命效忠並且全心投入。宗教就像科學與哲學一般，注重存在的事實與真正的了解。但宗教不只注重科學的支配事實與哲學的透徹理解，它還著重於建立起整個人與被認爲是決定命運的單一力量或多重力量之間的強大救贖關係——即與上帝或眾神的關係。敏銳地感受到人類的有限性，或可怕而無法操縱的事（nonmani-pulables）所帶來的挫折感，人不僅將手腦轉向生命的基本問題，連心也是一樣的。就此一事實（即心也有關聯）而言，宗教至少在理論上，便與科學和哲學強烈地區隔開來。宗教是與生命的一個約

---

p.33。米萊編著（Norma Millay）。

定，一個存在的約定，科學與哲學則避免這樣的約定。科學與哲學
在接觸事實、真理以及人類福利時，採取「客觀」的態度。科學家
和哲學家在做實驗與嚴謹的觀察時，儘量把自我抽離，避免個人偏
見與情緒介入，預期一切都能客觀、適當、審慎而合理。可是宗教
就不是這樣，它反而是蓄意的情緒化並且是屬於個人的。它不只注
重要求得真理，同時在其過程中，要全心全意的投入，並要能徹底
地得救。

關於科學（先不談哲學）自稱客觀一事，德日進（Pierre
Teilhard de Chardin）這麼說：

在初期幼稚的階段，科學或許無可避免的以為我們
能觀察到事物的本質，就像我們不在場觀察時一般。物理
學家和自然科學家直覺地把他們的工作，當成像是高高在
上的觀看世界，自我意識即能深入其中，不受擺布，也不
會去改變事實。現在他們開始領略，即使是最客觀的研
究，也還是沉緬於最初所採用的準則，它並且透過思考的
模式與習慣，在研究過程中發展成形。所以在分析有了結
論時，根本無法確定，所得到的結構，究竟是所研究的事
物的本質，抑或是自己思想的投射。他們同時還領略到，
因為自己的發現所帶來的震撼，身體與靈魂皆投入這種自
以為是由外加諸萬物的關係網狀系統。實際上，他們不過
是被自己的網捕獲而已。[15]

---

[15] 德日進（Pierre Teilhard de Chardin），《人的現象》（*The Phenomenon of Man*,
New York: Harper & Row, Torchbooks, 1965），p. 32。華爾（Bernard Wall）
譯。

第六節　得　救

　　有些人以活在得救的期望，甚至於得救的經驗中，來應付生命的有限性。徹底得救是宗教超脫的希望與全心奉獻的目的。得救還有其他的名稱，像是印度教的擺脫生死輪迴（moksha）與禪宗的開悟（satori），這些都是宗教針對人類處境的終極回應，它代表了人類對有限性的最終克服。

　　得救常使人聯想到諸如天堂這樣的地方，我們通常期盼它有一天會實現。但是得救之存在本質，經過一番嚴密的審察即顯示出，它未必是一個地方，也不一定在未來，它其實是一種存在的狀態、一種意識，可能以後會發生在天堂，或某一個類似的地方，但也可能就發生在此時此地。在禪宗（Zen Buddhism），它（開悟）顯然是突然發生在此時此地。悉達多（Siddhartha）的「悟道」也是一種「此時此地」發生的事。而薩滿巫師（shaman）所報導的神靈附身經驗（稍後會詳加說明），也是發生在此時，並其所在地。

　　得救看起來像「老人」獲得重生而成爲「新人」的經驗，它是一種全盤的轉型，整個本質都改變了。如果這樣的敘述正確，那麼得救就不只是一種超心理狀態，它能使人在自我意識或潛意識中，獲得新的精神鼓勵，以面對可怕而無法操縱的事。得救不像是在人的正常心理反應中，一種有限度的改造，反而是人的基本心靈感應組合（psychic set），亦即心靈系統之深度結構的大翻新。一個經歷得救的人，顯然並沒有成爲一個重新組合的人，但卻是一個徹底洗心革面的人。聖保羅（Saint Paul）描述他自己的經驗，在其致迦拉達人（Galatians）信中，他大膽地說：「我已同基督被釘在十字架上，現在活著的，不是我自己，而是基督在我的生命裡活著。」[新約迦拉達書（Galatians）2:20, 標準譯本修訂版（RSV）] 同樣的，喬答摩（Gautama）悟道以後，就不再是原來的喬答摩。正如在

後面第十六章探究宗教經驗時，我們會看到，原始宗教常聲稱，幫助薩滿巫師的神靈，實際上佔據了神志恍惚的巫師的身體和靈魂，因此巫師事實上也就成了附身的神靈。

在得救的過程中，一個全新的人被創造出來，「原先舊的心靈感應組合被提升改造成（在性質上）徹底不同的形式，就像卜禮洛（Brillo）的盒子和沃侯（Warhhol）的畫是兩回事一樣。[16]」鍾先生依舊是鍾先生，仍然要吃飯睡覺、感冒、工作、愛、哭、笑、受苦、死亡。但是有一點不同，他似乎已經度過了宗教需求，到達彼岸並且得到了解放，再也不是無窮挫折下焦急的奴隸，彷彿能把有限性看成萬物規劃中的次要層面。日常生活也許對他和對任何人一樣的珍貴，一樣會遭受威脅，但對他來說，這似乎不是全部，或者說不是真正重要的部份。他已經掌握到某種東西，掌握到它，使他變得不同。

單純地說某人得救（從魔鬼手中得救，溺水獲救，從任何什麼之中得救），意味著那個人從某個什麼中得救，被救至某個什麼，並且爲某個什麼所救。到目前爲止，我們已經談過，在宗教得救方面，人被救至什麼境地，就是指一種存在的新狀況。從意識到人類處境的焦慮 [angst（德文）] 中，被解放出來，從個人深刻地領悟到人類的有限性這樣的創傷中，被解救出來。人的有限性是問題的核心，人想要無窮，卻只有有限。在人類將自己投射到無窮，而實際上卻是有限的矛盾中，我們看到了人生的矛盾——這樣的矛盾使人生的意義，就像卡繆（Albert Camus）所說，完全是荒謬可笑的。人生的意義要的是無窮，而生命的事實卻是有限，因此，對人來說，一切終究是荒謬的。值得注意的是，卡繆並非針對錯誤的「事」窮搥猛打，他的荒謬論之所以會產生，並不是因爲一個特別荒謬的時代，或者是因爲痛苦、貧窮、疾病、戰爭或其它任何惡毒的事物，或多重事物的組合。這些不過是沉痾的症狀而已，也就是前面提過，人

---

[16] 崔默（William C. Tremmel）＜改變信仰的選擇＞（The Converting Choice），收錄於《宗教之科學研究期刊》（*Journal for the Scientific Study of Religion*, Spring 1971）：17-25。

類自然會有的疏離感。它來自於人類非遺傳基因所控制（因此是有自我意識和惱人的想像力）的本質。它之所以會產生，是因為人「知道」人唯一的重大意義在於要像上帝一般。人的企劃案，如沙特所言，就是上帝。但人並非上帝，也不是無窮。

因此，卡繆推論出，一切都是荒謬的。但只有像卡繆那樣真正的無神論者，不把最終超脫的希望，寄託在任何宗教上，才會如此。對其他人來說，達到無窮，還有上帝的企劃案，都是可能的，就像啟示錄基督精神之復活、業報（Karma）、投胎轉世、印度教與佛教的涅盤（Nirvana）、特洛布里安島民宗教的再生輪迴說，還有猶太教的耶和華時代，這些教義都是證明。

到達全心奉獻的境界，最後相信就能超脫出存在中否定生命的創傷，並克服人的有限性。這樣的奉獻，便是走向神聖力量——走向上帝。

名詞解釋

◆ Bodhi 菩提．在印度意指「開悟」。在印度傳統中，喬達摩就是在菩提樹下悟道的。又可稱爲 bo-tree。

◆ Buddhism 佛教．見禪宗佛教。

◆ Concomitant 相對共存的．指同時存在或同時發生。本例是一種相對的情況。

◆ Gautama, Siddhartha 悉達多．喬答摩．（約 566-480 BC），佛教創始者，被稱爲佛陀。

◆ KJV（King James Version）詹姆士王版本聖經．一六一一年在英國國王詹姆士一世的支持贊助下，由希臘文及拉丁文翻譯而成。

◆ Metatechnology 超自然技術．用以指將 自然以外/超自然 的力量導入自然界程序的任何嘗試。

◆ Metapsychology 超心理狀態．指一種心靈感應組合的產生，在任何情況下，它都能使人維持士氣。

◆ Moksha 擺脫生死輪迴．從業報（Karma）的束縛中解脫出來。業報是一種根據前世因果，決定今生投胎轉世的法則。

◆ Nonmanipulables 無法操縱的事．指無法立即操縱控制的事。

◆ Psychic Set 心靈感應組合．在此指人平常用以思考、感覺，和反應的心智與情緒的方法。

◆ Satori 開悟．禪宗所追求的一種心靈啓發的境界，是北印度語 "bodhi" 的日文代稱。

◆ Shaman 薩滿．這個名稱來自俄文 "shaman"，是西伯利亞的祕教祭司，能直接和神或靈，或兩者溝通。在北美印地安部落，通常被稱爲「巫醫」。

◆ The Skull 骷髏地．即各各他（Golgatha），耶穌在該山坡被釘死在十字架上。

◆ Trobriand Islands 特洛布里安群島．一群面積約 1700 平方英哩的

小島，位於太平洋西南部新幾內亞（New Guinea）東方，爲巴布亞（Papua）之領土。

◆　**Zen Buddhism 禪宗佛教**‧大乘佛教中，在中國與日本之派別，強調要透過冥想和直覺得道，不是透過理論和經典。“Zen”源自於中文的「禪」，是打坐冥想的意思。

第二部
上帝—光明與黑暗

上帝在空中走出來
四處張望然後說
我好寂寞——
我要為自己造一個人

      ——詹森（James Weldon Johnson）[1]

牆縫上的花
我將你從縫隙中摘下——
連根捧在手心
小花兒——要是我能理解
你是什麼，包括根及一切
我就會知道上帝和人是什麼

      ——丁尼生爵士（Alfred Lord Tennyson）

II. 信仰宗教是因為相信在人類經驗，甚或在萬事萬物的中心點，都有一個，或數個存在實體，或者有一種過程（一種神聖的存在事實），個人（或團體）藉之以超脫生存中一些否定生命意義的創傷，然後克服那種人的力量有限的感覺。[見 p.10]

---

[1] 詹森(James Weldon Johnson)《上帝的伸縮喇吧》(*God's Trombones*, New York: Viking Press, 1965)，p. 17。

第六章

上　帝

孩子呀！小心那些胡言亂語！

煮食的時刻，黏滑彎曲自如的螺旋蜥蠾
在日暮週遭的草坪迴旋鑽洞，
長柄拖把鳥哀弱至極
還有迷家的綠豬在咆哨。

——卡羅爾（Lewis Carroll）

　　卡羅爾（Lewis Carroll）的「胡言亂語」（Jabberwocky），以流暢的英文如此開始。但這首詩是什麼意思呢？爲什麼要引用它來揭開本章談論上帝的序幕？那是因爲這首詩的第一個問題就是意義——如果有任何意思的話，這首詩所指的是什麼？《當我們說上帝的時候，指的是什麼呢？》（*What Do We Mean When We Say God ?*）這是蘇利文（Deidre Sullivan）寫的一本很有趣的小書。她提出這個問題，並將 150 個人的回答出版成書，這 150 個人，從 15 歲到77 歲，從新墨西哥（New Mexico）淘斯族（Taos）到阿拉斯加（Alaska），從主教到報社編輯。阿拉斯加安克拉治（Anchorage）日報的主編韋佛（Howard Weaver）給了一個有趣，且又像「孩子呀，小心那些胡言亂語！」式的回答。

　　……一隻蟋蟀棲息在一株乳草上……開疆拓土的利器大北鐵路（The Great Northern Railroad），從那兒經過，一聲巨響，乳草開始搖擺震盪，小蟋蟀四處張望，牠

知道是怎麼一回事嗎？當然不知道。我對上帝的感覺就像那樣。顯然有事情發生了，但它卻超出我的理解範圍。[2]

當我們說上帝時，如果有意義的話，指的是什麼？這個問題近代在哲學上，很受矚目，尤其是那些認為要談上帝，首要的問題就是「上帝」這個字眼本身的批評家[3]。開頭的問題不應該是「上帝存在嗎？」而是「上帝這個字眼本身是否有實質意義？或者它只是無聊的雜音，一種情緒的發洩而已？」雖然它看起來好像有意義，但是上帝這個字是否真的有所指？

這個方法是從「謙卑地」檢驗普通的文字開始，而不是以形而上學（metaphysics）和認識論（epistemology）這些最艱深的學問，來批判上帝這個問題。這裡，我們要問一些類似的簡單問題，譬如「什麼叫做普通的字眼？普通的句子？觀念？和定義？」且不論姿態高低，過去五十年來，談論上帝的人已經捲入現代哲學分析的爭論之中，因此，想要了解宗教是什麼的人，至少應該對它有起碼的認識。

第一節　上帝與證實的問題

一、分析有關上帝的言論─著眼於基底的抨擊

這種攻擊並非反對神學的「真實性」，或是一種方法的效用，而是反對談論上帝是「有意義」的說法。此一「著眼於基底」的抨擊，強調有關上帝的言論，或許聽起來像是真實的言論（談論真實的事

---

[2] 蘇利文（Deidre Sullivan），《當我們講上帝時，我們指的是什麼？》（*What Do We Mean When We Say God ?* New York: Doubleday, 1990），p.12。
[3] 分析哲學家，又稱為現代語言哲學家。

物），但實際上，只是無意義的話，至多也不過是情緒的發洩而已。

　　某些現代（語言）分析哲學家如是說：一個能提供訊息的陳述（諸如「上帝是存在的。」或者「有一隻老虎在臥室裡。」），至少在原則上，可以用實際經驗證明其真偽。他們還常說，許多宗教陳述（如上帝是存在的），並未具備這種特性，只有表象的意義，消失撤退到無窮盡的資格條件之中。例如，說到「上帝是存在的」，「上帝是好的」，或其它任何主要的神學陳述，有神論者絕對不會承認有什麼理由，能真正證明這些說法是假的。每當有人提出反駁，「真心信仰的人」就會用另外一個屬於無法證明的層面，來加以推翻。

　　舉例來說，假使有人告訴我們「有一隻老虎在臥室裡」，這就是一個有意義的陳述，或許它不是真的，但至少是有意義的，因為它在當下「實際上就可以獲得驗證」，雖然分析哲學家告訴我們，「在原則上可以驗證」（不管那是什麼意思）就夠了。有老虎在臥室的議題，只要藉著檢查臥室，就可以證明其真偽：的確有一隻老虎在那裡，或者沒看見什麼老虎。於是我們往臥室裡瞧，沒看見什麼老虎，進入臥室，看看床下，窗簾後面和衣櫃裡，還是沒有老虎，我們宣布此一有意義的議題是不實的，然後說：「你錯了！臥室裡沒有老虎。」

　　但此時聲稱有老虎的人說：「有啊！那裡有一隻老虎，你就是看不見牠，那是一隻隱形虎。」

　　懷疑告訴我們對方在誤導我們，因此我們說：「你在開玩笑。」

　　「不是開玩笑，是一隻隱形虎。」

　　「如果有一隻隱形虎在這裡，為什麼沒聽見牠吼呢？」

　　「這隻虎不吼的。」

　　「也沒聞到味道嘛！」

　　「牠沒味道。」

　　「那麼牠有什麼好讓我（還有你）分辨出牠是否在此呢？」

　　「牠是一隻用任何實際經驗，都無法體驗的虎。但牠是真實的，並且現在就在這裡。」

　　這時，我們這些心存懷疑的人，拿定主意遊戲玩夠了，這樣的對話，沒有意義。這隻虎提不出證據，我們無從證明其真偽，因此

討論牠是否在場，不只是浪費脣舌，同時也是不適當的哲學練習。

二、學院辯論

我們編造的老虎的故事，其實和許多語言哲學家，爲了闡明其對談論上帝所持的懷疑態度，而編造的「寓言故事」是一樣的。特別是一個首先由韋士登（John Wisdom）說出來的寓言，在一九五〇年代，引發了英國教授與神職人員之間的一場爭論，稱爲「學院辯論」[4]（University Discussion）。辯論的雙方——聲稱有關上帝的宗教陳述無意義者，及聲稱其爲有意義者——在當時，確實也編造並引用了許多現代的寓言。

一九四〇年在一篇名爲＜衆神＞（Gods）[5] 的論文中，韋士登虛構了一則寓言。在寓言中他指出，「諸如上帝是否存在這種說明性的假設，一開始或許頗具實驗性質，但漸漸地卻變得非常不一樣……」[6] 他說了一個故事：有兩個人回到長期乏人照料的花園，卻驚訝地發現，雜草當中，有些植物長得十分茂盛，其中一人驚呼

---

[4] 韋士登（John Wisdom）的寓言始於「學院辯論」之時，其中還包括了其他英國教授，針對宗教言論（神學理論）爲實際、客觀而有意義的觀點，所作出的辯護或駁斥。此一專題討論（部分原由英國廣播公司主持）包括著名的英國教授弗陸（Anthony Flew）、海爾（R. .M. Hare）、米契爾（Basil Michell）和柯隆比（Ivan M. Crombie）。其餘包括卡霍恩（Robert L. Calhoun）、史馬特（J. J. C. Smart）、貝力（John Baillie）、席克（John Hick）和布雷斯維特（R. B. Braithwaite）。「學院辯論」刊登於 哈靈頓（John B. Harrington）編著之《哲學的神學新論文選》（*New Essays in Philosopphical Theology*, New York: McGraw-Hill, 1968），pp. 309-326。

[5] 韋士登的論文＜衆神＞（Gods）可以在《亞里斯多德學會公報》（Proceedings of the Aristotelian Society），新系列，45（1944-1945），pp. 185-206 中找到。同時還收錄於韋士登的《哲學與心理分析》（*Philosopy and Psycho-Analysis*, Oxford: Basil Blackwell & Mott, 1953），pp. 149-159。另外，在一些選集中也找得到，包括哈靈頓（John B. Harrington）編著之《基督教思想之爭議》（*Issues in Christian Thought*, New York: McGraw-Hill, 1968），pp. 309-326。

[6] 《基督教思想之爭議》（Issues in Christian Thoughts）p. 314。哈靈頓（John B. Harrington）編著。

道：「一定是有人來這裡照顧它們。」「不對！」另一人回答，「要是有人來這裡照顧花園，一定會把雜草拔除的。」他們去問鄰居，沒人看過有園丁在花園裡。「也許他晚上來吧！」「不可能，那也該有人聽見啊！」第一位還不肯放棄，他說：「看看這些植物排列的樣子，顯然是有意整理的，而且也很美，這絕對不是偶然的。我相信有一個肉眼看不見的人來這裡，並且現在就在這裡，我們愈是找證據，就愈會相信有一個看不見的園丁存在。」

兩人繼續查看，發現了一些理由，來相信隱形園丁的假設是正確的，同時也發現了更多的證據，來否定它。他們甚至於推測，如果花園真的沒人照顧，會是什麼樣子。

有關這個花園之謎，兩人對於對方所知道的，都瞭然於胸，所以當一個說：「我仍然相信園丁有來。」另一個就會說：「我不相信。」他們不同的意見，都不是以事實爲基礎，他們對花園概況的檢驗，就稱不上實驗性了。一個說園丁來了，別人看不見他，而眼前的工作成果就是證明。另一個宣稱根本就沒有園丁，因爲任何人都看得出來，眼前呈現的就是乏人照料的樣子。不管是贊成或反對的決定，都只是他們對花園的感覺而已。

韋士登的結論是，這兩個人的主張，都不是以事實爲根據。對兩人來說，事實（令人困惑而美麗的花園世界）是一樣的，但兩人的結論卻正好相反，他們並沒有依據實際經驗來探討事物。

> 一個說：「園丁有來，別人看不見，也聽不到，他的工作成果，我們都清楚，這就是證明。」另一個說：「根本就沒有園丁。」雖然兩人對花園的期待一致，但是隨著對園丁的說法的不同，他們對花園的觀感也就不同。[7]

提及韋士登令人印象深刻且具啓示性的論文＜眾神＞（Gods）中所說的寓言，弗陸（Anthony Flew）指出（就像老虎的寓言一樣）隱形園丁（上帝）因爲不斷遭到反證的駁斥，而變得毫無意義，雖

---

[7] 同上。p. 315。

然到最後「懷疑的人沒有辦法了！『但是你原來的主張（有一個園丁在照顧花園）又剩什麼呢？你所謂的看不見、摸不著，永遠難以理解的園丁，究竟和一個想像的園丁，或者根本就不存在的園丁，有何不同？』」[8] 弗陸抨擊宗教（神學/形而上學）的言論是 (1)毫無意義因為 (2)無法證明其真偽。自然地，反對者會加以還擊。

　　有關(1)項，被稱為無意義的部分，布雷思維特（R. B. Braithwaite）主張，證明宗教信仰有意義的證據，可以在人們擁抱信仰並且全心奉獻的意願中看出來。他說：

> 　　我所提出的觀點……是，一個基督徒（或其他宗教信徒）之所以要遵循基督教（或其它宗教）的生活方式，其目的不只要用來作為他虔誠信仰基督教（或其它任何信仰體系）主張的表徵，同時也是其信仰主張有意義的表徵。就像道德主張的意義，在於它能表達出其擁護者，依據該道德原則，要身體力行的所有意圖。同樣的，宗教主張的意義，也在於它能表達出其擁護者，要遵循該宗教之行為規範的意圖。[9]

　　只要人們接受他們想要的定義，並全心投入該神學理論之定義、敘述與期望所要求的態度和行動，那麼「上帝」這個字眼，還有其它宗教術語也一樣，就有意義了。

　　關於項目(2)宗教信仰與主張之真偽能否驗證的問題，席克（John Hick）在其＜神學與驗證＞（Theology and Verification）中提出自己頗具說服力，持相反意見的寓言。

---

[8] 引述自「學院辯論」（University Discussion），可以在哈靈頓（John B. Harrington）編著《哲學的神學新論文選》（New Essays in Philosophical Theology）342-343 頁中找到。

[9] 布雷斯維特（R. B. Braithwaite），《經驗主義者眼中宗教信仰的本質》（*An Empiricist's View of the Nature of Religious Belief*，Cambridge: Cambridge University Press, 1955），pp. 11-26。

　　兩人沿著一條路旅行，其中一人相信那條路通向天國
的城市，另一人卻認為什麼地方也到不了。可是，就這麼
一條路，兩人只得往前走。兩人都沒走過這條路，所以都
不知道下一個轉角會有什麼。一路上有歡欣振奮的時刻，
也有艱難危險的時刻，而在整個過程中，其中一人把自己
的旅途想成是前往天國城市的朝聖之旅，並且把歡樂的部
份解釋成鼓勵，把障礙當作試煉和忍耐的課程，這是天國
城市的國王刻意安排並為他設計的，好讓他在最後抵達
時，有資格成為天國的市民。另一人卻不信這些，他把這
個旅程看成是不能避免而又毫無目標的漫遊，既然沒有選
擇的餘地，好的時候，他就盡情歡樂，壞的時候，只有忍
耐了。對他來說，根本就沒有什麼天國城市好去，也沒有
什麼包含一切的目的在決定他們的旅程，有的只是那條路
本身，還有天氣好壞時，路上的運氣而已。[10]

　　席克指出，他的寓言證明了在旅途中，這兩個人對於路本身的
細節，並沒有什麼不同的看法。他們都知道兩人待遇相等，走在同
一條路上，只有對最終的命運，兩人才有不一樣的期待。「然而，當
他們真的走過最後一個轉角時，真相就會大白，兩人其中之一，從
頭到尾都是對的，而另一個則是錯的。」[11] 所以，雖然兩人之間的
爭議並不是經驗上的不同，但它卻是真實而有意義的。兩人的總體
宇宙觀，可以說全然不同，其差異並不在於宇宙中一般事件。兩人
都不預期（或不必預期）暫時會有不同的事情發生，不過有一人（肯
定上帝者）確實在期待著另一人不認為會發生的事──達成特殊目
標的最終境界：建立上帝的國度。他們對那條路完全相反的詮釋，
構成了真正對立的主張，而這些主張有一個「奇怪的特點就是，把

---

[10] 席克（John Hick），〈神學理論與驗證〉（Theology and Verification），
　　載於《今日神學》（*Theology Today*）（1960，4），被引用於哈靈頓（John B.
　　Harrington）編著《基督教思想之爭議》（Issues on Christian Thought），
　　pp. 342-343。
[11] 同上。p. 343。

孩子們敏銳的問題

親愛的上帝：
您真的隱形嗎？或者只是惡作劇而已？　　露西（Lucy）

親愛的上帝：
您是故意讓長頸鹿長成那個樣子，還是不小心的？
　　　　　　　　　　　　　　　　諾瑪（Norma）

親愛的上帝：
在創造萬物以前，您了解它們嗎？　　察爾斯（Charles）

親愛的上帝：
謝謝你送我一個小弟弟，可是我祈禱想要的是木偶。
　　　　　　　　　　　　　喬伊斯（Joyce）

引述自《兒童給上帝的信》（*Children's Letters to God*, New York: Workman Pub., 1991）韓波（Stuart Hample）與馬修（Eric Marshall）編纂。

有學問的大人迂腐的回答

嬰兒的出生，表示上帝認為這個世界應該繼續。

桑德堡（Carl Sandburg）

人類是損壞了的上帝。　艾默生（Ralph Waldo Emerson）

哪個才對？人是上帝鑄成的大錯，抑或上帝是人鑄成的大錯？　尼采（Friedrich Nietzche）

需求最少的人，最像神。　蘇格拉底（Socrates）

真正追求真理的人，一生至少有一次要儘量懷疑一切事物。　笛卡兒（René Descartes）

讓我心生敬畏的兩樣東西：在上的星空，以及在內的道德規範。　康德（Immanuel Kant）

如果真的沒有上帝，那麼就得造一個。

伏爾泰（Voltaire）

引述自蘇利文（Deidre Sullivan）《當我們說上帝時，我們指的是什麼？》（*What Do We Mean When We Say God?* New York: Doubleday, 1990）

未來的癥結，拉回到現在，來做爲保證。」[12]

席克主張，有關上帝的種種言論，終舊是可以證明的——在末日來臨時（eschatologically），即可獲得證明。如果死後還有生命，那就是驗名正身之時。如果死後沒有生命，嚴格說來，也無從證明它們是假的，因爲沒有經驗好取得經驗式的證據。不過，這種情況可以被看成是未經履行的驗證[13]，雖然席克並未如此表示。

三、憨弟呆弟從牆上摔下來

爲了說明有關上帝的言論是有意義的，我們還要再借用卡羅爾的寓言，這回引述自＜憨弟呆弟＞（Humpty Dumpty）這一章。愛麗絲和憨弟呆弟有一段關於非生日的有趣對話。憨弟告訴愛麗絲，國王和皇后送給他一條不錯的領帶，作爲非生日禮物。憨弟接著向愛麗絲解釋什麼叫非生日：365 減 1 等於 364 天非生日，天天都可能收到非生日禮物。

> 「沒錯。」愛麗絲說。
> 「而能收到生日禮物的，只有一天，你懂吧，這是很光榮的。」憨弟說。
> 「我不懂你說的『光榮』是什麼意思？」愛麗絲問。
> 　憨弟不屑地微微笑。「我沒告訴你，你當然不懂。我的意思是說『你會有一個不錯的，無法反駁的論點呀！』」
> 「可是『光榮』的意思並不是指一個無法反駁的論點。」愛麗絲反對他的說法。
> 「用字的時候，」憨弟以一種非常輕蔑的語氣說，「我要它代表什麼意思，它就是什麼意思——不多也不少。」

---

[12] 同上。

[13] 這類哲學遊戲在「學院辯論」中，以製造假象與光怪離奇的方式，不斷上演。韋士登、弗陸、席克和其他人的寓言與辯論，都是非常引人入勝的「文字炸彈」。事實上，這些哲學家都十分嚴肅。其他還有一些人也加入討論，整個系列的辯論是值得一讀的。

　　在處理上帝這個字眼（還有其它形而上的神學理論），我們採取類似布雷斯維特和席克的立場，亦即宗教主張只要在 (1)人們認真投入其中，並且 (2)它們改變人類的基本期待時，就是有意義的。更確切地說，我們的立場就像憨弟一樣，說字的意思是什麼，它就是什麼。我們不會像憨弟那麼極端，我們會比較謙遜地提出，文字和主張的意義，就是各團體爲了達到平常交談的目的，所約定俗成的意思。物理學家的科學術語，經濟學家的經濟學術語，足球迷的足球術語，以及神學家的神學術語，都有他們約定俗成的意義。舉例來說，假使人們使用「上帝」這個字，來代表他們所相信促成萬物之存在與狀況的基本肇因，這也就是該字在其宗教論述中的適當含意。如果想加上一些修飾語，譬如說，「上帝」這個字還代表一個慈愛的人，沒有人可以用「這樣的修飾語是無意義的」這句話來阻止他們。隨之而來的一個爭論，是很合理的，那就是這樣的修飾語，對於促成萬物存在的力量，是否有正確的敘述，至於它的真假，則是另外一回事。不是「真假」而是「有無意義」才是「學院辯論」和其他分析哲學家所關心的議題。

第二節　上帝這個字眼

　　某些猶太學者相信上帝的名字「耶和華」[Yahweh（יהוה）]得自希伯來文 hayaha（היה；存在）這個動詞，基本上是「促成萬物存在者」的意思[14]。果真如此，耶和華顯然不只是上帝之希伯來文正確的名字，同時也是全體上帝階層適當的本義，因爲上帝這個字眼通常是用來指促成萬物，或被認定是促成萬物者。上帝是促成萬物生存，並使其各有形貌者。針對海德格（Heideggar）「爲何有萬物，

---

[14] 就字面上來說，則是「我促成我所促成者的存在。」（或所發生的事情）

而非空無一切？」的問題，通常我們的回答就是上帝這個字眼。上帝這個字眼的主要功能在於作爲談論上帝，並神學理論上的解釋原則，同時也是宗教行爲、儀式和宗教道德的指導原則。這意思是說，上帝這個字眼，被用來解釋萬事萬物何以如此，尤其像可怕而無法操縱的事物，還有人該怎麼做（儀式化與合乎道德的做法），以因應上帝所運作的可怕而無法操縱的事。

人在把自己和世界合理化，以及研究神學理論時，單一或數個決定性力量的觀念，就會在思考中出現。按照這種（被發現和/或編造出來的）單一或數個決定性力量的說法，人如果能把他們的宗教需求處理得當，那麼人的生命就能獲得解釋和安排。針對人的處境這個問題，針對滅亡的威脅，針對人的有限性的體認，宗教的答覆就是上帝。宗教提供了一個選擇，好讓我們相信（爲了對抗生死這個非理性的可怕現象）人類存在的中心點，有一個存在實體，或者是一種過程，一種神聖的事實，個人或團體藉之以超脫，或克服生存中一些否定生命意義的事物。

第三節　上帝的階層

決定性的力量這一個觀念和事實，構成了上帝的階層。這也就是人們使用「上帝」這個字眼，或某些具備同等功能的字眼，像惡魔、馬那（Mana）、梵（Brahman）、天父、甚至大地之母或進化時，最根本的意思。上帝階層包含所有能辨識或解釋萬物存在與命運的觀念和名稱。上帝促成並引導世界與人的命運。

我們談到上帝的類別，並非全然武斷，不過是說出各處信奉宗教的人，通常都會做的事。人們研習宗教時，尤其是研習神話和神學時，通常都會使用上帝這個字眼（或者是具有同等功能的字眼），來代表他們所相信是自己和世界之所以存在的原由，至少一般說來，他們所相信是支配並引導其當下所處世界之力量。一個談論靈

魂、惡魔、巫術、馬那力量，或遠方天父的原始人類，他講的就是
他所相信促成萬物存在、現狀及以後不同情況的力量。基督徒論及
上帝，所指大致相同。基督徒所有對上帝的好評〔稱呼「祂」全能
（omnipotent）、全知（omniscient）、無所不在、「所能想像之最偉
大者」〕，基本上就是指促成萬物何以如此的聖父、聖子，和聖靈。
同樣的道理，梵（Brahman）是萬物的根源，安拉創造了世界，並且
支配著每個人的命運。把上帝看成與萬物產生的原因和命運有如此
密切的關係，並不是在說，所有的上帝觀都是宿命論，亦即萬物皆
命定，半點不由人。它其實是說，所有關於上帝的概念，和「命運」
都有密切的關聯。對於命運的決定，上帝有重大的關聯，而也就是
祂對人的命運，有多大關聯，或其可能牽涉的程度，使得上帝這個
字眼，有了決定命運的層面。

此時此刻來研究一個似乎不具上帝概念，更不會把上帝看成決
定命運的力量的圓滿宗教，是很重要的。那就是佛教的保守派小乘
佛教（Theravada 或 Hinayana）。這一個在東南亞盛行的大教，對於
佛祖的教導，儘量採取一種忠於字面意思的立場。據稱，佛陀並未
對終極事實有所臆測，因此，小乘佛教的僧侶也避免有這樣的臆測。
在名為《中部》（Majjhima Nikaya）的經典中，報導了喬答摩
（Gautama，巴利語為 Gotama）指示門徒要記住他說了些什麼，沒
說些什麼。他沒說過有個永恆的世界，也沒說過沒有永恆的世界；
他沒說過世界是有限的，也沒說世界是無限的；他沒說過悟道的聖
徒，死後仍會存在，也沒說過相反的話。簡言之，他拒絕討論形而
上的東西，只談得救的心理。據聞他曾說：

> 我所闡明者為何？我所闡明者即為悲苦：悲苦從哪裡
> 來，又到哪裡去。何以要闡明呢？因為真的有益處，這與
> 宗教的基本原則有關，傾向於拋開七情六慾，走向知識、
> 最高智慧和涅槃（Nirvana）。[15]

---

[15] 引述自《中部》（Majjhima Nikaya）65，華倫（Henry Clark Warren）譯，
  收錄於他的《佛學翻譯》（Buddhism in Translation，Boston: Harvard

　　小乘佛教信徒宣稱，悟道的經驗是神聖的，但是他們就此打住，不作過度揣測。不論上帝是什麼，甚或上帝果真存在，都不是重點。宗教的目的在於使人解脫出貪慾所帶來的生活錯亂。不論造成事實與決定的力量是什麼，它都不是達到宗教性的解放所用的方法。解救的力量，是一種人為的力量。

　　小乘佛教信徒認為，佛陀在教義上並沒有逾越這點，因此，他們也沒有。然而，在人處於脫節狀況（生活錯亂）的這個概念之下，可以推論出，有一個存在力量促成了這種錯亂——促成萬物的存在及其狀況，此即上帝這個字眼的基本含意[16]。

一、上帝階層面面觀

　　宇宙層面：把上帝定義為促成萬物之生存者，上帝這個字眼顯然有兩種相關的層面。首先是所謂的宇宙層面。上帝這個字眼代表促成萬物、萬事及所有生命存在的單一力量（或多重力量）。它是萬物的肇因，是原始人類的高等上帝，在很久以前創造了世界，與其部落，並且奠定了他們的風俗習慣和法規；它是猶太教徒並基督教徒眼中「天地之創造者」，是印度教徒眼中「劫」（kalpa）的引發者，是小乘佛教徒眼中萬物存在不可臆測之架構。在這個層面，上帝這個字眼指的是促成萬物存在的力量。在這個屬於第五元素的層面，這個字代表造成山川河流、彩虹和宇宙萬物的原由，因此也就是促成許多事物之原由，其對信教者，或特定神學理論而言，可能有或可能沒有多大的宗教意義。天可以「宣告上帝的榮耀」，而地則「表現出祂的巧手」。但是人幾乎不會注意到這個事實，反而可能覺得這類像是土星的衛星、水星、或仙女座銀河系，根本就沒有實質的宗

　　University Press，1922），p. 122。同時在諾斯（John B. Noss）的《人類的宗教》（*Man's Relgions*，New York: Macmillan，1980）p. 179 中也有被引用。

[16] 有關喬答摩、佛教和上帝，詳見哈德雄（Charles Hartshorne）與李思（William Reese）合著《哲人言上帝》（*Philosophers Speak of God*, Chicago：University of Chicago Press, 1963），再版，pp. 411-415。

教意義。即使經常讚美其爲大自然之上帝的希伯來人，也沒有真正把它們的信仰，建立在任何形式的大自然崇拜基礎上。他們承認上帝是造物者（大自然的作者），而其在宗教上呈現出來的，卻是個歷史性的上帝。這麼一來，我們就可以說，上帝的階層除了宇宙層面外，還有一個宗教層面。

　　宗教層面： 上帝這個字眼，不只被用來指宇宙的創造，同時也是指人類的終極關懷，亦即人類的最終價值。在此用終極價值一詞，我們指的是任何被認爲對個人、或團體，甚或對全體人類的福利，有重大價值者，尤其在如此珍貴的事物岌岌可危之時。宗教性的上帝，是在人處於可怕而無法操縱的環境之中產生的。當人的力量有限的感覺，壓迫著我們的時候，我們呼喚的不是創造星空與奇妙大地的上帝，而是具威脅力量、可怕凶兆，並令人焦慮疲乏的上帝。宗教性的上帝，橫跨生與死，災禍與喜樂，疏離與妥協的議題。當人的有限性，赤裸裸的表露無遺時，人們便轉向這一位上帝，在困難中尋求意義，在無助中尋求救援。人們相信在祂身上，或藉著祂，才有可能擺脫有限性而得到解救。賈哈特（William Bernhardt）寫道：「上帝是萬物的統籌或支配力量的宗教性名稱，在尋求（並保存）宗教性價值時，我們必須服從祂。」[17]

第四節　被命名的上帝

　　當人們把上帝看成宗教的中心時，就不只傾向於產生敬畏與驚奇，或恐懼與顫慄的反應。他們同時也傾向於，或者可以說幾乎是

---

[17] 賈哈特（William Henry Bernhardt），＜宗教思想中上帝的意義＞（The Meaning of God in Religious Thinking），收錄於《依立福評論》（*The Iliff Review*，冬，1946），p. 25。

被迫要將上帝分類，並要分辨或指定上帝的特徵和名字。於是上帝被具體化，被賦予「各派別的」不同形象。

關於這點，曾有一個學生問：「是上帝創造了人，或人創造了上帝？」教授回答：「對」。學生一再請教授解釋清楚，於是教授指出，以前地球上沒有人，但是現在有了，這是一個經過科學驗證的明顯事實，這就表示，一定有一個生物，或是一種過程創造或促成了人的存在。不論是否藉著神聖的命令而完成，或是從一個神聖的來源散發出來的，或是經由進化的過程而產生，都不會改變「智人」（Homo sapiens）是被創造出來的這個事實。所以說，有一個促成結果的因（上帝），創造了人類。可是一旦被造出來，或過了不久之後，人這種有理智和想像力，酷愛使用文字的生物，便會回頭轉向那位創造他們的上帝，竭盡所能的去描述祂的性格。這麼做的時候，人編造了上帝是什麼樣子的種種概念，並且持續地編造下去。他們把各種特性加諸於上帝，給上帝下定義、取名字、賦予祂各種不同的性質，像生命、愛、才智、性格等等。而這些有關上帝的言論，就成了「人類創造者」生活的重要層面，因為這些言論被認為是真的。上帝真的就像那個樣子——不管「那個樣子」是什麼。至少就這一層意義來說，人類的確創造了上帝，並且持續不斷地在創造。

世界上有些人 [例如印度的托缽僧（sannyasin），虔誠的信徒]，只對上帝 [難以言喻的梵（Nirguna Brahman）]加以冥想而不作敘述。但是大部分的人，為了宗教理由，必定要以某種方式，或在某處，「看見」上帝才行。他們將上帝具體化，目的是要把上帝限定在某種可以傳達意義，並且可以掌握的形式內。他們為上帝命名，如此人們才能對祂作宗教性的思考，而其儀式化的禮拜也才顯得有意義。為了要以宗教的方式來處理上帝問題，為了要保存宗教的價值，人們使用文字來描述上帝，還有上帝與世界及世人的關係。那位教授的答案仍然是「對。」

第五節　具體化上帝的類別

敘述上帝的方式，難以數計，不過大致在東方和西方難以數計的敘述中，可以歸納成兩類：(1)活的生物 (2)創造的法則，或者說存在的基礎。我們將探討這兩大類別，同時還有一類對於描述上帝感到絕望的人：即無法以言辭表達的一類。

一、視上帝為有生物

我們已討論過，在原始宗教中，人相信世界充滿了靈與魂〔泛靈論（animism）〕。靈與魂並非只是自在飄遊的力量，它們是活靈活現的。靈魂具有「人格」，他們有心智、感覺和意志力。他們的反應方式，和人相似有：愛、怒、悶、樂。原始及古代的靈，有很多並沒有人的形狀，但不是全部。許多是以男人或女人的形貌顯現。很久以前，在遙遠的地方，有一個「天父」（the Old One），創造了萬物，他就是個「男人」。還有原始時代的耶和華，在涼爽的時刻，走進伊甸園，找祂的亞當和夏娃。諸如此類的神，他們不只活靈活現，而且還像男人〔被賦予人形的（anthropomorphic）〕。

希臘哲學家瑟諾芬尼（Xenophanes）曾說，如果牛也有上帝，那個上帝一定會像一隻偉大的牛。人也是這樣，人的上帝通常是個「十二英呎高」的男人。例如希臘人〔尤其像荷馬（Homer）和赫希奧德（Hesiod）〕用擬人化的方法，具體描述他們的神。眾神的信差赫米斯（Hermes）是一位腳長了翅膀的年輕男神。艾佛若黛緹（Aphrodite）是位性好男歡女愛的美麗女神。眾神之王宙斯（Zeus）是一位瀟灑，蓄了鬍子的大家長。猶太人也是以這種方式，來具體描述他們的上帝。對他們來說，上帝是一位尊貴、孤獨的人格存在，令人望之心生畏懼，然而很矛盾的，祂卻是對這個族群有無限溫柔

之愛的上帝。耶和華為其生命之主宰，直接保護者，日常的伴侶。
這些綜合起來，意味著同樣具體的描述：上帝是長得像人的偉人。
上帝依自己的形貌創造了人，相反的，在創世紀（Genesis）第一章，
我們看到上帝也和人的形貌一樣。

　　在西方文化所採納的宗教（猶太教、基督教和回教）中，上帝
是創造世界的「人」，因而被認為有別於世界。世界是自然的，而上
帝則是超自然的。上帝高高在上，是萬物的創造者，也是決定萬物
命運的意志力。這類有關上帝的言論，傾向於把上帝排除在自然以
外，甚至於世界以外，使上帝成為奇蹟中的奇蹟。上帝創造了世界，
世界模糊地反映出祂的「形貌」，但祂並非真的置身於俗世中。然而，
這卻不是東方成熟宗教的走向。它們從反方向發展，上帝不是俗世
以外之物，而是在俗世內。上帝變成了世界（梵）的靈魂，或是創
造世界的過程與方向（陰/陽 和道）。在這裡，上帝是在自然界之內
的。

二、視上帝為創造的法則或存在的基礎

　　如我們所見，上帝最原始的形式，可能不屬於泛靈論者，也不
屬於神人同形同性論者。第一個有具體描述的上帝，可能是單純的
力量：卡靈頓（Codrington）主教所觀察的美拉尼西亞人
（Melanesians），稱之為馬那。馬那是能使事物變得特別的隱形力
量，本身並沒有被描繪出來，只是依照其所作所為來加以辨識。它
類似我們所想的電的樣子，只是馬那被牽扯到萬事萬物，以及各種
情況之中：在能發出更多火花，或較硬的石頭中，在一陣較強的風
中，在急流中，或較可怕的雷聲中，在鶴立雞群的一棵樹，飛得比
別人更快、更高的鳥，比別人更有力量，或更兇猛的野獸中，我們
都可以看見馬那。它存在於頻傳捷報的戰士，於作出美麗圖畫的藝
術家，存在於不僅有馬那且知道如何運用，或製造馬那的薩滿巫師
（shaman）身上。馬那純粹就是包羅萬象，局部性之自然以外、或
超自然的力量，沒有善惡，無關乎道德，有強大的力量，不像動物，

印度教中，單純把上帝看成創造力的神學理論，叫做吠陀哲學（Vedanta），主要由一位名為商羯羅（Sankara，AD 788-820）的人創始。商羯羅的體系，可以被稱為「非二元論」（nondualism），因為它認為自然界、人的靈魂，以及存在的力量（梵），基本上都是同一個事實。然而商羯羅非人格性質的一元論（monism），並不是印度教對上帝僅有的觀念。

另一位名為羅摩奴闍（Ramanuja，1040?-1137）的吠陀哲學家，認為有一個叫毘濕奴（Vishnu）的上帝，就是梵以擬人的（像人一樣的）形貌顯現出來的。換言之，毘濕奴，一個人格存在體，就是梵。

第三種形式的吠陀哲學，在十四世紀，由名為摩陀伐（Madhiva）的哲學家發展出來，很清楚的是一種二元論的神學。上帝與俗世不同，毘濕奴是至高無上、人格化的超自然上帝。人類的救度端賴毘濕奴上帝之子，即名為伐由（Vaya）的風神。此一形式的吠陀印度教，顯然深受基督教，或回教，或兩者的影響。印度在十三、十四世紀時，已經知道這兩種宗教了。

也不像人。

在印度的上帝「梵」，以及中國的上帝「道」，都可以明確地看到某種類似馬那的東西，而它們也都不像人。印度《奧義書》（Upanishads）一致同意，不管在物質上或精神上，上帝就是促成宇宙萬物的那一個（不是他或她）。上帝純粹是無所不包，單一的精神能量，是終極的「物質」，其本質無限並且自給自足。它不是一個人，或者像一個人，它其實就是創造力。道是天地之道，同樣不是有人性的造物者，也不是天地的統治者。

三、上帝如何與世界聯繫

　　某些西方神學家堅稱上帝完全超越俗世，亦即全然不同於自然程序，這種說法有時被稱爲絕對先驗論（ absolute transcendentalism）。餘則主張上帝完全在自然程序內：上帝在我們的世界中，甚或上帝就是這個世界。這就叫內在論（immanentalism）或汎神論（pantheism）。還有人說，上帝是部份超越世界，部份在世界之內，兩者皆有。這就叫有神論（theism）。

第六節　絕對先驗論

　　西方世界的絕對先驗論中，最引人注目的形式就叫做自然神論（Deism）。自然神論在十七、十八世紀，發展成爲神學理論，特別是在英國、法國和德國[18]。深受伽利略（Galileo Galilei, 1564-1462）對天文，與牛頓（Issac Newton, 1642-1727）對自然科學之闡述的影響，一些歐洲思想家開始將宇宙想成一部美麗而運作順暢的機器。按照自然神論的想法，宇宙就像完美的大鐘一樣，而上帝就是那位偉大完美的製作者。上帝創造了宇宙之後，便站到一旁，不再干涉。想像上帝在世上，不停修理祂那「完美的鐘」（用神蹟把這裡修一修，那裡補一補），這使得上帝還有祂的創作，顯得微不足道，焦急而且可笑。上帝的創作不需備用零件，不必修補，不用改善，祂遠遠地站在一旁，泰然自若。

　　因爲自然神論者對十六世紀的天文學，與十七世紀的物理學和

---

[18] 在歐洲主要的有神論者有托藍（John Toland，1670-1722）、伏爾泰（Voltaire，本名為 Francois-Marie Arouet，1712-1778），和雷辛（Gotthold Ephraim Lessing，1729-1781）。

哲學，有著堅定不移的尊敬，於是就很有禮貌地恭送上帝離開世界。不論上帝是什麼，都不在這裡，祂不是自然程序的一部份。

　　上帝超脫宇宙的觀念，現在並不存在於老式的反基督教自然神主義中，而是存在於基督教先驗論中。歷經一次世界大戰和希特勒（Hitler）德意志第三帝國（Third Reich）的悲劇，在理想破滅之餘，歐洲和美國產生了一種對聖經的新詮釋以及新的神學體系。這類「辯證」，或「危機」式的神學〔又稱新正統運動（Neo-Orthodoxy）〕早期最著名的代言人，是瑞士改革派神學家、牧師兼教授的巴特（Karl Barth, 1886-1968）[19]。由於週遭世界使他感到理想破滅，巴特顯然悖離了早先接受的自由主義神學論（theological liberalism）[20]，他反對神學上的主觀論和相對論，並且十分強調啓示的樞鈕、人的罪惡，以及上帝的絕對不同。

　　上帝並非伸手可及──並非在禱告或誠心懺悔之後即可達。上帝不在附近，也非隨時就找得到，其實上帝是全然超卓的。(1)祂是超越空間的──在自然程序中，找不到祂。(2)祂是超越時間的──在時間中找不到祂。(3)祂是無與倫比的──人類價值無法與之相提並論。(4)祂是超越知識的──超越所有人類思想[21]。

　　上帝的接觸（救度），並不是人自己可以得到的，而是上帝發動的。偶爾，上帝會讓特定人選，直接領悟到祂神聖的存在。祂通常會在那個人悲痛時，私底下對他顯現自己，因此我們才有所謂的危機神學論（crisis theology）。

　　在賈哈特（Williamh H. Bernhardt）的《知性追求上帝》（Cognitive Quest for God）第二章，解釋了絕對先驗論者（新正

---

[19] 此一運動的另外兩位神學家是歐洲的布朗諾（Emil Brunner，1880-1966）和美國的尼布爾（Reinhold Neibuhr）。

[20] 自由主義神學論（源自拉丁文的「liberalis」,「有關自由」）是基督教神學的一派，目的在擺脫某些古代傳統的信仰及約束，熱衷於追求新的上帝觀和宇宙觀──這些觀點在新興現代科學中都找得到。這種觀念最早以「當下世界的樂觀主義」為特徵。左擁科學，右抱新道德觀，使得早期的基督教自由主義論者，逐漸相信他們正走向上帝所承諾的樂土，而該樂土就在地球上。

[21] 參閱賈哈特（William H. Bernhardt）之《知性追求上帝》（The Cognitive Quest for God，Denver: The Criterion Press，1971）第二章。

統運動）的立場。他們主張：

> 歷史是曖昧的國度：它本身即為其沒有最終目標的證
> 據……由於歷史沒有最終意義，同時又沒有目標，歷史被
> 斥為無救贖意義的……歷史被貶為相對的，沒有結尾的，
> 不完美的，不適當的。
>
> 如果歷史沒有救贖，到那裡去找救贖呢？……只有兩
> 種來源可能會有幫助：從人和自然本身，或者從上帝或絕
> 對超凡者（The Absolute Transcendent）。人和自然都已
> 被證明無法勝任，我們的希望只剩上帝了。[22]

第七節　內在論（Immanentalism）

另一種關於上帝的言論（絕對內在 absolute immanence），聲
稱上帝並未超越自然界，而是完全在自然界之內的。上帝是自然程
序的一面兼／或動力。詩人卡魯斯（William Herbert Carruth）以
詩的智慧，優美地說出：

> 燃燒的煙霧和行星
> 水晶和細胞
> 水母和蜥蜴
> 穴居人居住的洞穴
>
> 於是有一種規律與美的感覺
> 泥塊變成一張臉

---

[22] 貢哈特（William H. Bernhardt），《知性追求上帝》（*The Cognitive Quest for God*，Denver: The Criterion Press，1971），p. 15。

　　　　有人稱之為進化
　　　　有人說是上帝

　　　　遠方地平線一片煙霧
　　　　無垠柔和的天際
　　　　玉米田染上豐富成熟的色彩
　　　　野雁翱翔高飛
　　　　所有的高原和低地
　　　　滿佈金黃梗莖迷人的風采

　　　　有人稱之為秋
　　　　有人說是上帝

　　在《依立福評論》(*The Iliff Review*, 1946 年，冬)中，賈哈特以其一貫明確的筆觸寫道，在內在論神學中

　　　　不論上帝被想成什麼樣子，祂都在宇宙總體的範圍
　　　　內……上帝這個名稱……象徵環境媒介（亦即自然程序）
　　　　的某種階段、特性、結構或者行為模式。

應該在自然界內，非其外，尋求上帝。的確在這樣的立場下，沒有「外在」，沒有超自然界可言。

　　另外在《知性追求上帝》一書中，賈哈特指明絕對內在並非形而上的（metaphysical）術語，而是認識論的（epistemological）術語。「它指出了研究上帝的本質，應採取的認知方向。」[23]

　　這種邏輯推理，必須是經驗性的（empirical）——用來辨識自然程序中的動力來源及其導因[24]。在辨識上帝時，任何的理念必須是

---

[23] 同上。p. 48。

[24] 有時上帝和自然被看成是一體，這就叫泛神論（pantheism），源自希臘文的 pantos（泛）和 theos（神）。譬如像古典印度教就是採取這種神學理論的立場：萬物皆為聖靈能量，即梵天上帝的證明。

(1)根據經驗的，(2)由經驗得到證實的，(3)符合大部分現代科學與經驗論的思想。

> 如果……上帝是一個強而有力的事實，直接或間接經由實驗可得，那麼絕對內在論的邏輯便成了唯一適用的邏輯……
>
> 宗教思想家面臨的任務，就是要使該邏輯思考完美化，並儘可能有效地加以運用。他們對於上帝的知識，充其量也不過是不完美而且不完整的。有了這些假設，和所依據這些假設推出來的邏輯，所得到的知識，相對的就真實多了。這真是一大收穫。[25]

賈哈特在宗教與現代經驗主義（「新的心態」）的領域內，概述絕對內在邏輯的基本假設，他如是說：

> [1]人的需求，包括宗教的需求，都是自然的需求，而其滿足來自於人對社會和宇宙環境之間的關係，儘可能作出調適與再調適。
>
> [2]過去四百年發展出來的「新心態」，一定逐漸在宗教思考上，產生了影響。「新心態」指的是現代的求知態度。如懷海德（Whitehead）所言，所有時代的人，一直都對這類「事實」或「一般原則」有興趣，然而，「造成當今社會新奇的，卻是對詳細事實的熱衷，與對抽象的普遍原理同等的投入，兩者結合的結果。」[26]

---

[25] 同上。p. 57-58。

[26] 同上。pp. 52-53。懷海德（A. N. Whitehead ）的部份引述自《科學與現代世界》（*Science and the Modern World*，NewYork: The Macmillan Co., 1925），p. 5。

賈哈特同時指出，其他主要在早期對這種後來被稱為新程序神學有貢獻的人有：馬修思（Shailer Mathews）、史密斯（Gerald Berney Smith）、韋門（Henry Nelson Wieman）、米蘭（Bernard E. Meland）、柏思禮（Harold A. Bosley）、魯模（Bernard M. Loomer）、亞歷山大（Samuel Alexander）、莫更（C. Lloyd

一、程序神學論（Process Theology）

近年來，賈哈特所提的「新心態」，已經成了所謂的程序神學論。其創始人之一（當時並未真正稱之爲程序神學論），是英國的數學家兼哲學家懷海德（Alfred North Whitehead）。

程序神學論不把世界看成是被創造的存在體，而是一個有強大動力，不斷翻新，獨立作業的個體。這或許對照機械原理來看，最爲清楚。(1)世界（至少在我們週遭所見）充滿了有生命而獨立活動的存在體──細胞、細菌、昆蟲、鳥、狗、人。(2)世界也充滿了無生物──火山、隕星、石頭、雨滴。機械原理屬於第二種，並且企圖以被動的、無生物的道理來解釋一切。例如，古典的原子論（atomism）認爲最終的存在體，是不滅的。程序神學論採取的是第一種概念的立場，主張不只是有生命且能獨立活動的存在體，與其環境有內在的相互關聯性，無生物也一樣。描述這種立場時，懷海德稱之爲機體論（organicism）哲學。

其中懷海德把上帝看成是用許多種方法，在有機體系的範圍內運作者。首先，上帝扮演引人入勝的外在可能性系統，等著讓細胞、細菌、昆蟲、鳥、狗、人、所有一切──包括宇宙，來採用。這點懷海德稱之爲上帝的原始性質（God's Primordial Nature）。

再來，上帝是宇宙中的勸誘物，引誘細胞及其他的一切向外伸展，自我創造，取用那些適當的可能性，以求革新。真實存在的真正本質，不是存在而是不斷轉化。套句懷海德的話，「多數合而爲一，並且由於一而增長。」世界有了感覺、欲望、熱情，而生氣蓬勃。在這裡，我們可以看到懷海德所謂的客觀目的。每一個存在體在成爲有生物的過程中，都有一項任務要完成。它來自過去，運用現在，並追求未來。上帝超越萬物，但祂卻是萬物的神聖影響力，引導並

Morgan）、史馬兹（Jan C. Smuts），以及懷海德（Alfred North Whitehead）。對於程序神學論所繼續作的研究，可以在「海蘭美國宗教思想學會」[Highlands Institute for American Religious Thought (HAIRT)] 的研討會與發表論文中看到。

促使萬物即時充實自己，並追求未來可能有的轉化。

接受了可能性的鼓勵，次原子粒子向外伸展而成為原子，原子向外伸展而成為分子，分子向外伸展而成岩石，以及鳥、樹和萬物。

還有一種超體的（superjective）、最後的（omega）、最終的目的，在督促並誘導整個宇宙。

第三，根據懷海德的說法，上帝另有一個層面，他稱之為上帝的結果性質（Consequent Nature）。在宇宙持續轉化的過程中，終究沒有物質消失，過去仍存留於現在，被掌握在不斷翻新的過程中。過去並沒有改變，幾乎可以說是被固定在上帝沉靜的記憶之中。

第四，懷海德的宇宙哲學，整體而言，是一種有關創造的基本本體論事實。上帝和整個宇宙過程，充滿了神祕的精神推動力，激發萬物各取所需，自我創造並轉化。

程序神學論並非唯一開始指出世界程序中之創造動力的現代學術體系。許多現代科學家也把自由、創造和目的性，包括在宇宙程序中。諸如存在以前的形式、自我創造的過程——上帝，這類言詞甚至能出自當代具高知名度的科學家，還真是一件神祕奇妙的事。

二十世紀的上帝和科學　科學家、哲學家兼神學家德日進（Pierre Teilhard de Chardin, 1881-1955）在《人的現象》（*The Phenomenon of Man*）中，以敏銳的洞察力，為世界創造過程的出現，提出有機組織式的辯護。他對準我們所知道的心智圈（心智的層面）的產生，來加以闡述。他說，在本質上，我們知道地球產生時，（1）我們可以清楚地看見一個朝著心智圈地球的方向——從地圈到生物圈，到心智圈（noosphere），更甚者，（2）每一層次的發展，都是新增複雜組織邁向某一（或多重）「終極點」（omega points）的例證，都牽涉到思考、自我了悟、想像力、愛，以及在接下來途中的某處，一種普遍性的，類似基督的移情作用。

就科學而言，現在要說的是約四億六千萬年以前，地球開始形成，起初，不過是大而熾熱的地圈，一億年之後，地圈冷卻下來，生物圈才得以發展。約莫四百零三萬年以前，開始有人類——心智圈於是產生了。這一切證明了非常精巧的創造過程。問題是：什麼

力量使一個層次發展到下一個層次，再到下一個，還有下一個？而顯而易見的是，什麼力量仍督促著地球繼續朝下一個層次發展？機械論者說是意外造成的：沒有對未來的展望、計劃或安排，屬於機械性的肇因──作用造成的結果。絕對內在論者和程序神學家說，不是機械性的肇因──作用，而是自我實現，自我創造的過程導致的結果。在宇宙總體過程中，有一種具有目的的動力（或多重類似的動力）在啓發、誘導並引領世界前進。

　　也許你會希望有個詭辯家（德日進）在其科學評論中提到上帝，德日進並不是唯一的，愈來愈多的微觀物理學家和天體物理學家，在研究自然程序時，提及上帝 並/或 目的論的層面。

　　稍早的伽利略、哥白尼、牛頓，和達爾文，在科學的範圍內，不談宗教。尤其是牛頓，他曾爲萬物狀況並其運作方式之全然機械式的因果詮釋，做好了鋪路的工作。

　　可是到了一九二七年，數學家兼物理學家海森堡（Wener Karl Heisenberg），以其著名的測不準原理（Uncertainty Principle），推翻了傳統的宇宙原子結構理論。廣大的世界的確可能按照牛頓的定律，停留在可以測量的特定位置，但是基本的，具創造性的原子結構，卻不是固定不變的。它是一種不管是動量或位置都無法確定的能量系統。萬物萬象基本上都是一種創造活動。

　　型式與目的的概念已闖入現代科學，而我們也開始碰到一些現代科學家所寫的書，有著非常吸引人的書名，例如戴維思（Paul Davies）的《上帝與新物理學》（God & The New Physics, 1983），《宇宙的藍圖》（The Cosmic Blueprint, 1988），《上帝的心智》（The Mind of God, 1992）。比書名更吸引人的，是一些具高知名度的現代科學家所作的評論。哈佛大學天文學暨科學史教授金瑞啓（Owen Gingrich）相信，在宇宙創造及宇宙史中，有一種神聖的物質存在，他描述了同僚科學家霍義爾（Fred Hoyle）的情形。霍義爾和弗奧樂（William Fowler）發現碳和氧的核磁共振結構──我們知道它是一種對宇宙絕對必要，而又非常複雜的安排。有人告訴金瑞啓：他的朋友霍義爾曾說，從來沒有任何東西，像發現宇宙歷

史這些不尋常而絕對必要的層面，如此地動搖了他的無神論。金瑞啓說：

> 我從來都不敢去問他，他的無神論是否真的因為發現碳和氧的核磁共振結構，而產生動搖。不過，答案卻很早就在一九八一年十一月份的《工程學與科學》（*Engineering and Science*）中出現……他寫著：難道你不會對自己說：「一定是某種超乎預料的智力，設計出碳原子的性能，否則要我藉著自然盲目的力量，來發現這樣的原子的機會，就微乎其微了！」[27]

一九七八年，美國航空暨太空總署（NASA）天體物理學家介思綽（Robert Jastrow），仍努力學習著不可知論（agnosticism）。在他的《上帝與天文學家》（*God and Astronomers*）中，他寫道：

> 目前看來，科學似乎永遠也無法揭開宇宙的奧祕。對於堅信理性並賴之以維生的科學家來說，故事的結局就像一場惡夢一樣。科學家測量過無知的山峰，正要征服其最高峰，攀上最後一顆岩石時，卻有一群已經坐在那裡好幾世紀的神學家來迎接他。[28]

一群常說：「這是上帝的傑作！」的神學家。

廣被認爲是自愛因斯坦以來，最傑出的純理論物理學家，劍橋大學牛頓之盧卡斯數學講座主講人霍金（Stephen W. Hawking）教

---

[27] 金瑞啟（Owen Gingrich），＜讓世界有光＞（Let There Be Light），收錄於佛萊（Roland Mushat Frye）編著之《上帝是創造者嗎？》（*Is God a Creationist?* New York: Scribner's Sons, 1983），pp. 134-135。霍義爾的部份引述自《工程學與科學》（*Engineering and Science*）一九八一年十一月號，pp. 8-12。

[28] 介思綽（Robert Jastrow），《上帝與天文學家》（*God and Astronomers*，New Haven: Yale University Press，1978）。

生物的存在，被賦予聰明與智慧，這是研究天體結構必然
有的推論。　　　　　　　　　　牛頓（Isaac Newton）

起初就是那一個字，而那個字就是氫氣。
　　　　　　　　　　　　　　薛坡黎（Harlow Shapley）

給上帝下定義就是在限定上帝。但這似乎是無可避免的，
人們要這麼做，才能粗略地了解祂的心意何在。
　　　　　　　　　　　　　　卜讓（Howard Broun）

我們可以表現得彷彿有一個上帝存在，覺得自己彷彿是自
由的，把自然想成充滿了特殊的設計，規劃生涯彷彿我們
將永垂不朽，然後我們會發現這些彷彿，真的使我們有限
的生命變得不同。　　　　　詹姆士（William James）

授，如此結束他《時間史略》（*A Brief History of Time*）一書的
末章：

　　到目前為止，大部分的科學家都忙著發展宇宙是什麼
的新理論，而不會去問為什麼的問題……。
　　……十九世紀和二十世紀的科學，……除了對少數專
家以外，逐漸變得對……哲學家，或其他任何人來說，都
太專門，太精確……
　　然而，如果我們能發現一套完整的理論，它就會及時

以普遍性的原則為大家所了解，而非只是少數的科學家。
之後，我們所有的人──哲學家、科學家，以及一般大眾，
就能夠加入探討為何我們和宇宙會存在的問題。如果我們
能找到答案，那將會是人類理智最終的勝利──因為屆時
我們就會了解上帝的心智。[29]

二、超越與內在

古典有神論　西方思考上帝最傳統的方式，就是把上帝想成同
時超越並在俗世之內。上帝有別於俗世，卻與之有所牽連。就其超
越自然這方面而言，上帝不是普通人類知識可以理解的；就其與自
然有所牽連而言，祂則是樂意接受人類的諮詢。

上帝或眾神同時超越並與自然界有所牽連的想法，顯然是古代
原始文化與精緻文化（例如埃及文明）的普遍信念，但是要等到古
典猶太教（約 1200-400 BC）的出現，才有單一超越俗世而又在其
內的上帝產生。在《托拉聖經》（Torah）[30]中，用戲劇性的故事，和
引人入勝的文學與詩歌的形式，把上帝描繪出來。超越俗世的上帝，
在第一章＜創世紀＞（Genesis）就出場，祂（可以說）在太空中走
出來，俯視「水面……於是上帝說：『讓世界有……。』」這位不屬
於宇宙的超凡者──上帝，就創造了宇宙及其一切內容。這位超凡
的上帝，從此成了（現在仍是）西方神學的主導論據。

在創世紀第二章還有更多較實際、詳盡，講述有關上帝的故事
[31]。上帝不只說：「讓世界有……」，他還創造了不同的個體──亞當、
一個接一個的動物、夏娃。祂就站在俗世的範圍內──伊甸園，做
這件事。對於祂的作品，自己也覺得賞心悅目。祂「趁著一天中涼
爽的時刻，」在園內散步，行為舉止與人類相似，甚至於也會生氣。

---

[29] 霍金（Stephen W. Hawking），《時間史略》（*A Brief History of Time*，
Toronto/New York: Bantam Books，1988），pp. 174-175。

[30] 猶太教聖經：舊約。

[31] 選自希伯來托拉聖經版「J」部分，它同時傾向於以各種有趣的方式，來抵觸
創世紀第一章的說法，不過，這不是我們目前所關心的重點。

一氣之下，祂將亞當和夏娃逐出伊甸園，後來盛怒時，祂以全面性的洪水，毀滅了地球上所有的生命（除了諾亞及其方舟所乘載者）。祂是個超凡的上帝，有時會降臨俗世，並在境內發揮祂的功能。

古典有神論在西方宗教中屹立不搖的地位，一直到了啓蒙時代（Enlightment），才有所改變。彼時，現代的有神論產生了。

現代有神論　十八世紀中期，西方世界開始掙脫古老、專制的世界，並朝「現代主義」邁進。這樣的突破就是啓蒙時代 並/或 理性的時代（The Age of Reason）。洛克（John Locke）的經驗主義哲學，和追隨牛頓理論的科學樂觀主義，給予正在成形的現代歐美文化，充分的信心，使之認爲理性是所有的求知過程中，最重要的東西。另外，關於聖經的嚴肅評論，還有建立在實證經驗，而非聖經教條式權威的神學理論，也都產生了。

到了二十世紀，新的有神論發出了新的聲音。古典有神論有了現代的詮釋，亦即聖經另外還被視爲宗教性書籍，而不是科學書籍。套句福斯迪克（Henry Emerson Fosdick）的話，「聖經教我們如何才能上天堂，而不是天堂如何運作。」此外，現代有神論者著重於把上帝的內在性，與自然界的程序視爲相同，尤其在這些程序逐漸爲現代科學家所理解之時——從達爾文的進化論，一直到微觀與宏觀物理學家的各種發現。

貴哈特在《知性追求上帝》中，寫到有關此一有神論的運動，提到了范達森（H. P. Van Dusen），他說：

> 范達森發現上帝「在一種像是推或拉的內在性力量或動力中，一種向前並向上的進化過程中，不斷朝價值領域的方向，追求更有意義的存在形式。這種奮發向上的衝勁（nisus），就是上帝的目的。」[32]

---

[32] 貴哈特（William Henry Bernhardt）《知性追求上帝》（*The Cognitive Quest For God*）p. 27，引述自達森（H. P. Van Dusen）《這些時期的上帝》（*God In These Times*，New York）1935，p. 71。

　　顯然在現代有神論中，上帝並非站在「外面的某處」，超然地下令完成事情，而是「在這裡」，以某種方式，在俗世的範圍內做事。現代有神論還有一個基本重要性，就是鮮明地繼承了古典有神論的人格主義。不論上帝是在太空中站出來，創造宇宙，或是祂滲透了整個程序，導致宇宙的產生，上帝都是一個人。二十世紀早期包納（Borden Parker Bowne）曾這麼說：

> 　　世人前面有一個至高無上者，這樣的理念是重大的自我反射的結果。[33]

另一位現代主義有神論者布朗（William Adams Brown）這麼說：

> 　　對於被耶穌教導要把上帝想成父親的西方世界來說，上帝這個字眼暗示著一種人格的精神，雖然無限地高於我們，但在某種實質意義上，和我們是同類的，祂已經藉著耶穌救世之愛的十字架，向我們顯示了祂的存在。[34]

　　再引述一位現代的有神論者布萊蒙（Edgar Sheffield Brightman）：

> 　　上帝是一位至高無上的人，祂是至善的化身，亦即存在與價值兩者的來源。[35]

---

[33] 包納（Borden Parker Bowne），《人格主義》（*Personalism*，Boston/New York: Houghton Mifflin Co., 1908），p. 277。

[34] 布朗（William Adams Brown），《忙碌的上帝》（*God at Work*，New York/London: Charles Scribner's Sons, 1933），p. 133。

[35] 布萊蒙（Edgar Sheffield Brightman），〈宗教即真理〉（Religion as Truth），收錄於費姆（Vergilius Ferm）編著之《當代美國神學》（*Contemporary American Theology*, New York: The Round Table Press，1932），p. 57。

第八節　不可知論（Agnosticism）／
無神論（Atheism）

一、上帝是不可言喻的（一個無人知曉的上帝）

在東方和西方，敏感而虔誠的教徒，開始懷疑自己所說一切有關上帝的事。他們開始懷疑自己有關上帝的言論，是不完美的描述。例如猶太人漸漸走向圓滿精緻的宗教時，有人就開始對耶和華上帝有著太多的具體描述，而感到不自在。有時，他們會相當深刻地覺得，上帝不像他們的任何一個描述，事實上祂超越任何一個真實的描述。在希伯來人的觀念與實際生活中，上帝的名太過於神聖，不應該常常掛在嘴邊，於是他們開始以迂迴的說法來稱呼上帝，像是「我的主」（Adonai）、「主的名」（Ha-shem）、「造物者」（Boray），或是「我們天上的父」（Avenu She-ba Shamayim）[36]。他們開始避免使用上帝的名字耶和華。上帝的名，每年只有一次會被古神殿最內部的高層祭司，聖徒中的聖徒，說出來。

---

[36] 其它的上帝別稱有 Ha-Makom——所在者，無所不在者，Ha Gibor——力量，She'chinah——聖席，Rachamah——憐憫者，Ha-Kadosh Baruch Hu——天佑聖者，El 或 Elohim——上帝。

我不假裝懂得無知的人信以為真的事——這就是不可知
論的含意。

在最最起伏不定的時候，我從未是個否定上帝存在的無神
論者。　　　　　　　　　　達爾文（Charles Darwin）

　　中古世紀時，猶太教、基督教和回教神學家，主張只以否定的
方式，來敘述上帝的屬性。因此，說「活著的上帝」並非指上帝像
人一樣有生命，而只是在說上帝不是死的。將知識歸於上帝，並非
指上帝像人一樣有知識，而只是說上帝不是無知的。上帝的一體性，
並非像我們觀念中的單一，只是在說上帝不是複數。
　　這種論及上帝時的拘謹，對印度和中國的某些神學家來說，也
是一種權宜之計。關於印度教，梵只能體驗，不能言傳。經驗梵者，
無法用文字來說明。中國的道家老子（Lao-tze），對上帝之不可言
喻如是說：

　　　　道可道，非常道。
　　　　名可名，非常名。……[37]

　　就此一觀點而言，提及上帝（不論是稱為馬那、神靈、牛、高
人、原則、矩形矇矓，甚或稱之為祂，或者說上帝是單一的、善的，

---

[37]　《道德經》之開卷語，傳統上認為是賢人老子所著。

或存在的）就是犯錯，我們可以稱之為「稱謂上的謬誤」，或者「化名上的謬誤」。假使上帝是不可言喻的，那麼將上帝加以具體描述，如果算不上瀆神的話，也是犯了一個錯。

然而，這樣的具體描述，有一個非常實際的功能，它使得上帝這個字眼，上帝的經驗，變得可以理解，因此我們才能去想像祂，崇拜祂，或了解祂，全是為了宗教的目的，亦即在超自然技術，並／或超心理狀態，或神話、神學、儀式，或道德上來探討祂。

對於這樣的神學理論，也許有人會提出以下的質疑：既然無法為上帝找到適當的定義，為何不乾脆放棄？不要神學算了！面對這樣的挑戰，要從心理學與實用主義才能找到答案。只要是人，就免不了要談論有關終極之事，必須應付宗教的需求，必須以其終極價值，以其所相信創造、維持、最後又毀滅那些價值者，來為自己詮釋自己的存在。人之所以會談論上帝，純粹是因為人喜歡說話，人是語言的動物，有十足的文字慾。人會說話，不會說話，就不是人，是人就會追求有意義的人生。對人來說（不像其他由本能來引導的動物），要通向有意義的人生，關鍵在於與神靈相遇時，要去追尋其所能產生的人生意義。因此，人總是在搜索文字來表達上帝的性質，並且只要是人，就會持續不斷地搜尋下去。雖然（依照上帝不可言喻的說法）人的文字網不曾捕獲上帝，並且永遠也不會，但是網子變得越來越牢固、精緻而豐富，而如果不是上帝的話，人也已經大大地受到啟迪了。看來正確的告誡應該是：繼續致力於錯誤的命名，只要能認清化名就是化名即可。

二、上帝與不可知論

不可知論者（Agnostic，希臘文 *a* 是「不」，*gnosis* 是「知識」的意思）可以是個像達爾文的人（前面框內有引述他的話），不假裝懂得「無知的人信以為真的事。」或者像前面也引述過的賁哈特的意見：目前我們太缺乏直接或間接的證據，來對「促使萬物存在者」（使我們存在的媒介，其創造的動力因素與方向）之本質，作最後的判斷。

誠實的懷疑……要比半數的教義，更具虔誠度。

　　　　　　丁尼生爵士（Alfred , Lord Tennyson）

引述自《悼念》（In Memoriam）卷九十六。

三、上帝與無神論

　　我們現在還要處理另一個小小的，懸在那兒的問題。亦即，無神論究竟是什麼？誰是無神論者？我們已經注意到，研究神學時，人們以兩種層面的意義，來提及上帝：把上帝看成萬事萬物的創作者或其根源的宇宙層面，以及描述上帝的宗教層面（具體詳述）。真正的無神論者，必須在兩方面都否定上帝的存在，除了所有教派的上帝之外，還必須否認有任何生物或程序，促成並引導萬事萬物的存在。除了人本身創造出來的一點點意義和價值以外，這種人否認宇宙中有意義或價值存在。這種真正的無神論者，寥寥無幾。沙特和卡繆稱得上是無神論者，馬克斯（Karl Marx）就不算了。馬克斯相信歷史的過程是無可避免的、有意義的，並能使一切趨向完美，他稱之為辯證唯物論（dialetical materialism），亦即在人的歷史中心，有一個動力驅使著人類走向最終命運，走向理想的秩序。換言之，社會秩序本身就有一個力量在強迫，並決定人的生活。

　　通常人們會在具體詳述的這個點上，否認上帝的存在（無神論的做法），排斥別人對上帝是什麼樣子的看法，這種做法可以稱為假無神論。真正的無神論者，是不斷地掙扎，直至走到神學與哲學性

推論的盡頭，被迫不得不有理智地，甚或痛苦地下結論說，世界上根本就沒有什麼知道，並關心一切的東西存在。像這樣的人才夠資格被冠上「無神論者」的名號。他是從痛苦與絕望之中，贏得這個名號，不是隨便一個大二學生，對抗家庭浸信會式的上帝而已。

名詞解釋

◆ Agnosticism **不可知論**・相信某些真理不可得，只有感覺得到的
現象，才是確切的知識。在神學上，不可知論並不否定上帝的存
在，只不過否定知道上帝是否存在的可能性而已。

◆ Empirical **經驗主義的**・來自於經驗，或由經驗來引導，依據經
驗。經驗主義是一種把知識限定在可以藉著直接的感官經驗而得
者之哲學。

◆ Epistemology **認識論**・研究起源、本質、方法，以及人類知識界
限的哲學支派。

◆ Eschatology **末世論**・指死亡以後。在神學上，大都指任何著重
於最終事物〔如死亡、審判（如果有的話）以及來世存在情況（如
果有的話）〕的思想體系。

◆ Gautama, Siddhartha **悉達多・喬答摩**・被稱為佛陀，是佛教的創
始人。

◆ Kalpa **劫**・俗世存在期，從梵天開始到回歸梵天的平靜，週而復
始，每期約四十三億年。

◆ Melanesian **美拉尼西亞人**・位於南太平洋澳洲北方，由群島組成
的大洋洲三大群島之一的居民。

◆ Metaphysical **形而上的**・著重於存在事實之首要原則，該原則超
越物質存在，並為其基礎與特性，乃存在之本質〔本體論
（ontology）〕，宇宙之來源與結構（宇宙論）。

◆ Nisus **奮鬥**・為某一特定目標而奮發向上的努力與衝勁。

◆ Nirguna Brahman **難以言喻之梵**・無法用言語形容的梵。

◆ Noosphere **心智圈**・源自希臘文 nous，心智的意思。

◆ Omega Point **終極點**・最後的終點。omega 是希臘字母中最後的
一個。

◆ Omnipotent **全能的**・無所不能的。

- Omniscience **全知的**‧無所不知的。
- Relativism **相對論**‧任何強調判斷是相對性的，依個人並其環境而有所不同的理論。
- Subjectivism **主觀論**‧認識論（知識的哲學）的信條，把所有的知識限定在個人的經驗之內，認為超經驗的知識是不可能的。
- Teleology **目的論**‧一種對大自然的安排與目的之研究，相信既定的目的與安排乃自然的一部份。
- Upanishads **奧義書**‧超越較早的《吠陀本集》（Veda）的印度教經典，主要談論梵（上帝）與人的靈魂（Atman）之一體性。
- Vedanta **吠檀多**‧一種印度教哲學系統，提升了《奧義書》（神聖的經典）中，認為所有的存在事實都是一個簡單的原則──梵，這樣的觀念。人生的目標應該是超越自我身份，並領悟到與梵之一體性。
- Yahweh **耶和華**‧上帝的名稱，被認為是希伯來文四個字母（YHVH/יהוה）的音譯，代表在希伯來的傳統之下，上帝的名號，有時被譯為 Jehovah。

第七章

公平論魔王

在魔王得知你去世之前，願你早已升天。

—*佚名*

親愛的上帝：
萬聖節那天，我要穿一套魔王的服裝，可以嗎？

—*馬尼*[1]

　　也許有人以為，自一六九二年的撒冷巫師審判（Salem witch trials）以來，撒旦一直沒有像最近那樣受到大眾這麼多的矚目。還好當代所表現出的，大多是好奇，而不是致命的報復心理。然而，魔王宛如應大眾要求一般，滿載著女巫、巫師、巫術及其他所有必備的行頭，彷彿又重現江湖了。而「驅邪袚魔術」這個幾十年前還沒人知道的名詞，如今約莫就像太空人或網際網路一般地廣為人知。魔王並非在這段期間，於宗教界消聲匿跡，只不過一直不太明顯而已。如其於基督教傳統中的一貫作風，他一直以精神分裂症患者的姿態存在著。

　　首先是古典的層面。在這裡，撒旦不只是俗世間一個偶爾引誘人犯罪的小鬼而已，他是個巨魔，決意要接管並毀滅上帝所創造的一切。他就是那個（聽說）在很久以前為了要摧毀上帝的救贖計劃，而去引誘基督者，據說他在更早的時候，就曾經引誘過亞當和夏娃，

---

[1] 引自《兒童給上帝的信》（*Children's Letters to God*，New York: Workman Publishing，1991），韓波（Stuard Hample）與馬修（Eric Marshall）編纂。

毀掉了樂園。在這之前〔根據約翰＜啓示錄＞（John's Revelation）的描述和米爾頓（John Milton）的《失樂園》（*Paradise Lost*）〕，他還曾試圖要接管天堂。根據湯馬斯曼（Thomas Mann）的《浮士德》（*Doctor Faustus*），他也是那位胸懷「解決猶太人之道」，並且有個密而不宣的欲望，要毀滅德國的希特勒/撒旦。同時依筆者所著的《黑暗面》（*Dark Side*），原子彈、臭氧枯竭、人口爆炸、濫伐森林，還有我們其他一切破壞上帝至少在地球上的創造的所作所爲，都出自這一位撒旦。

　　再來是民間的惡魔傳說。那是個頭上長角，有尾巴、有蹄，還拿著一把乾草叉，在沃爾珀吉斯之夜（Walpurgis Night）和萬聖節，與眾女巫狂歡作樂的傢伙。這就是那位與願意用靈魂換取利益和享樂的人，訂定浮士德式契約的人。這就是那位與你交易的人：付出你的靈魂，就能得到任何想要的東西——請以血簽名。這就是那位在你的耳邊輕聲細語說：「儘管去做吧！」，同時在中古世紀及以前的基督教反巫術狂熱時期，這也是那位引誘數千名女巫和巫師致死的人。

　　在《夢魘》（*On the Nightmare*）中，瓊斯（Earnest Jones）著重於撒旦的各類形式，他告訴我們：

　　　　超自然邪惡力量的概念，或許並非絕對的普遍現象，但它卻極廣泛地流傳於較無知的人群當中，即便在古代的文明人也一樣。令人震憾的是，更密切地探究特定案例時，發現其中竟然少有本質純然爲惡者。幾乎唯一的例外是波斯的……惡神（Ahriman）……因此我們可以說，在基督教出現以前，並沒有明確的專職爲惡之超自然力量這種概念[2]。

　　瓊斯提出了兩點值得深入探討：(1)波斯的惡神和基督教的撒

---

[2] 瓊斯（Ernest Jones），《夢魘》（*On the Nightmare*，New York: Liveright，1951），pp. 156-157。

旦，都是專業的惡魔，應歸類在古典層面。(2)大部分惡魔最多只是
半職業性，應歸類爲民間惡魔。

第一節　古典的層面

　　瓊斯只提到惡神（Ahriman 古代又稱 Angra Mainyu）這個名字，
但惡神不只是一般的惡魔而已，他是基督教撒旦的重要前身，因爲
基督教上帝雖得自希伯來聖經，其惡魔卻非由此而來。

　　公元前七世紀，先知瑣羅亞斯德（Zarathustra）開始在當時叫
做波斯的伊朗講道，講道期間，他「發明」了形而上學（metaphysics）
與神正論（theodicy）的二元論，亦即鼓吹世界由兩個神創造——
一個善神，智慧主（Ahura Mazda）和一個惡神，惡靈（Ahriman/Angra
Mainyu）。以色列人在巴比倫囚虜期（Babylonian Captivity）接觸
到這種神學理論。一善一惡兩神的理念，最後終於進入希伯來神學
理論中，但並非在每一部經典，都有著重要意義。

　　在猶太教聖經（舊約）中，除了耶和華（Yahweh）上帝以外，
肯定還有其他的超自然力量，只是不被賦予重要的地位，沒有一個
稱得上是上帝的敵手，反而全是在爲上帝效勞，而非與祂作對的惡
魔（shaitans）。上帝爲達到祂的目的，利用他們，例如在＜約伯傳
＞（Job）中，撒旦看起來似乎像上帝法庭中的一份子，扮演上帝司
法部的一個辯證對手[3]，這位惡魔一點也不像後來基督徒所稱的魔王
（Devil）。

　　希伯來經典中，除了在公元五世紀所寫的＜編年紀上＞（1
Chronicles）以外，並沒有提到任何具重要性，且反對上帝的超自

---

[3] 柯魯格（Rivhah Kluger）在其《舊約的撒旦》（Satan in the Old Testment，
　Evanston，Illinois: Northwestern University Press, 1967, p. 120）中，更
　是大步地跨越「法庭」和「法務部」的暗示，他提出「撒旦在此彷彿代表對上
　帝的公開懷疑。」

然力量。在＜編年紀上＞（20:1）撒旦違背上帝的旨意，慫恿大衛王作一次以色列的人口普查，結果造成了上帝的震怒，以及約七萬個希伯來人的死亡。注意，是上帝殺了那七萬人，吱吱喳喳微不足道的撒旦，所能做的只是引誘大衛王而已。這就是在猶太經典中，唯一背叛上帝的撒旦。

有趣的是，在比＜編年紀＞早幾百年以前寫的＜撒母耳記下＞（2 Samuel）（24:2），也寫了同樣的故事。其中敘述大衛王被引誘，作了一次人口普查，死了七萬人。但不是撒旦引誘大衛王，而是上帝引誘他。

藉著觀察以色列在那幾百年當中所發生的事，或許我們可以解釋，為什麼在人口普查的故事中，要把上帝是引誘者重新安排成撒旦是引誘者。公元前五八七年，希伯來人被巴比倫王尼布甲尼撒二世（Nebuchadnezzar II）征服，接著便是約五十年的巴比倫囚虜期。然後在公元前五三九年，希伯來人為波斯國王居魯士（Cyrus）所救，而波斯正是極端二元論神學家瑣羅亞斯德的家鄉。一直掙扎著要找出比其「應得的賞罰」和／或約伯的「無解」更好的解釋，為上帝的公正性辯護的希伯來人，開始想，或許不止有一個像＜編年紀＞裡的小惡魔，而是有一群撒旦，同時有的也並非那麼渺小。

一種新的文獻［現稱作偽經（pseudepigrapha）］開始出現。在這些作品中，可以發現到一種要塑造出一級惡魔的鬼魔學（demonology）。這就是啓示錄的撒旦，也就是基督徒日後所採信的撒旦，名為露曦浮（Lucifer）。以下是偽經故事中，有關撒旦的三個例子。

一、《以諾一書》（First Enoch）的故事

在《以諾一書》[又稱《衣索匹亞文本以諾書》（Ethiopic Enoch）]第六章，就像＜創世紀＞（Genesis）第六章[4]一樣，天上的神從天

---

[4] 舊約創世紀第六章 6:1-4 有一段敘述上帝的兒子如何娶人類的女兒為妻，而生出巨人。這一段原來或許是很流行的關於巨人的傳說，但是後來在猶太教和基

堂俯看，見地上女子美麗，於是垂涎不已，想降臨地球與之結爲夫妻。這群二百多位的天使，其中一位統領名叫賽彌亞撒（Semiaza，一個撒旦的角色），不希望大家對此事沒有一個嚴肅的承諾便一頭栽下去，他怕到了地球以後，大伙兒會後悔抗命的行徑，離他而去，身爲領導人，他就得承受最大的處分。所有的二百名守衛（Watchers[5]，之所以被如此稱呼，是因爲他們屬於不眠的天使階級，也許擔任警衛的職務）全部都宣誓，然後在亞當的曾曾曾孫雅列（Jared，即下降之意）時，下凡到地球。因此，根據這個故事，世界被創造之後的五百年，這些天使降臨地球，並且娶人類女子爲妻。此舉違反了他們的天性，並且是邪惡的，這樣的邪惡在兩者的結晶中，顯現出來。他們的後代都是怪物、惡魔，被稱爲巨人（Nephilim），這些巨人開始破壞地球，毀滅動物和人類。

二、《亞當與夏娃傳》（*Books of Adam and Eve*）的故事

隨著歲月的流逝，原來認爲天使與女人結合，邪惡才闖入世界的觀念，漸漸被邪惡在亞當和夏娃違背上帝，吃了知識之樹分辨善惡的果實時[6]，就已經闖入世界的觀念所取代。根據《亞當與夏娃傳》，這發生在魔王得到蛇的協助，引誘夏娃嚐禁果的時候。可是魔王爲何要引誘夏娃呢？根據這個故事，撒旦最後告訴夏娃爲什麼要這麼做，他說這一切在創造天地萬物的第六天，當上帝創造亞當和夏娃時就開始了。依自己的形貌創造了亞當和夏娃之後，上帝命令所有的天使向亞當鞠躬，天使長米迦勒（Michael）立刻服從命令，可是撒旦拒絕說：

督教思想中，變成一種解釋惡靈和邪魔如何闖入世界的方法。偽經中，這些邪靈惡魔聽命於一位墮落的天使首領，有時被稱為馬斯提馬（Mastema），有時是貝立歐（Belial），有時則是撒旦（Satan）。

[5] 在《以諾前書》以「守衛」稱呼天使的有： 10:7；10:15；12:2-3；14:1,4;15:2;15:9；16:1,2。所有提及偽經的部份皆引述自查爾斯（R. H. Charles）編《英文舊約次經與偽經》（*The Apocrypha and Pseudepigrapha of the Old Testament in English*，Oxford，England: Clarendon Press，1963）。

[6] ＜創世紀＞（Book of Genesis）第三章。

十七世紀，米爾頓的《失樂園》記述撒旦並非忌妒亞
當和夏娃，而是忌妒基督。在亞當和夏娃墮落以前，天使
拉斐爾（Raphael）來警告他們，別讓撒旦引入歧途。拉
斐爾告訴他們，上帝把他們造得很完美，但卻不是不變
的：「祂將你造得很好，至於保存／祂留給你自己處理。」
（《失樂園》5.525-526）抗命乃自由存在體的危險特權，
自由存在體可能受引誘而抗命。其實拉斐爾還陳述了以前
──在天堂，曾經發生過的一次抗命事件。他告訴亞當和
夏娃，在世界尚未被創造以前，或甚至於尚未規劃以前，
上帝召集眾天使，並且告訴他們，祂已將權位交給「獨
子」，「大家都要向他鞠躬曲膝，並且要認他作主。」
（5.603-609）上帝進一步說，不論是誰，不服從祂兒子
的命令，就會被逐出，「遠離上帝並其神聖的視野，同時
會墜落／進入全然黑暗之中，深深地被吞沒……／註定沒
有救贖，沒有止境。」（5.613-615）滿腔妒火的撒旦，拒
絕服從上帝，拒絕承認基督的權位，這麼一來，實質上「所
有的邪惡罪孽便掙脫了出來。」

「我不需敬拜亞當……我比他年長，他還沒被造出來
之前，我就已經被造出來了，他應該來敬拜我才對。」
　　「我手下的天使聽了也拒絕敬拜他。於是米迦勒說：
『要敬拜上帝的形貌，如果不敬拜他，主將被你激怒。』
我回答：『如果他惱怒於我，我就把我的位子擺到天堂的
星星之上，就像至尊一般。』」

　　「然後主上帝惱怒於我，免除了我和手下天使所擁有
的榮耀，為此我們被逐出住所，來到這世界，還被丟在地
上。」

　　《亞當與夏娃傳》（*Vita Adamae et Evae*）14:1 – 16:1[7]

　　這個故事把邪惡的來臨，從雅列的時代（天使與女人的故事），
向前推進五百年，到創造天地的第六天，同時撒旦並非貪戀女色，
而是因為他滿心的忌妒與驕傲。他忌妒上帝對亞當和夏娃的偏愛，
同時又太驕傲而不願對其卑躬屈膝，即使他們有上帝的形貌。

三、《以諾二書》（*Second Enoch*）的故事[8]

　　後來的偽經有許多地方暗示出：猶太人漸漸相信，撒旦的叛變
在創造天地的第六日以前，就發生了。那是在人類尚未被造出以前，
當時撒旦企圖要篡上帝的位。

　　在《以諾二書》中，故事說到以諾拜訪七重天堂，在第五重天
堂時，他聽到天使墮落的事。原來在創造天地的第二天，上帝創造
了聽命於不同領導者的十隊天使，其中之一由撒旦奈爾 [Satanail
（Satan）]領導，他「心懷不軌，想把自己的權位擺在高於地球上
方雲端的位置，好與我（即上帝）平起平坐。」[9]這樣的冒犯，使得
上帝將撒旦奈爾及其手下天使撢出天堂（高空），讓他們留在「無底
的空中，不停地飛翔。」[10]在這個敘述中，撒旦奈爾及其手下天使還
在天堂時，就已經墮落。他們背叛了上帝，過度的驕傲，使撒旦自
以為有潛力與上帝平起平坐，於是他墮落了。墮落的原因，就像基

---

[7]　《亞當與夏娃傳》（*The Books of Adam and Eve*）14:1-16:1，被引用於查爾
　　斯（R. H. Charles）編《次經與偽經》（*The Apocrypha and Pseudepigrapha*），
　　p. 137。

[8]　又稱《以諾書與斯拉夫文本以諾書的祕密》（*The Book of the Secrets of Enoch
　　and Slavonic Enoch*）。

[9]　《以諾二書》（*Second Enoch*），29:1-5。

[10]　同上。29:5。

督教神學理論後來所認為的，在於驕傲的罪，認為自己好得足以當
上帝。撒旦顯然一時興起想當上帝——想取而代之，這個理論後來
變成極為普遍的基督教信念。

　　偽經裡看到的撒旦，是舊約聖經故事和瑣羅亞斯德（Zoroaster）
故事內容的組合。在這裡我們看到的是一個成熟的撒旦，起初是位
高階的天使，由於自己頑固的驕傲，而失去了崇高的地位，變成墮
落的眾天使與群魔的主子。引誘亞當和夏娃，他也有份，他是世界
的邪惡王子——引誘、慫恿那些沒有戒心的人入歧途。

第二節　新　約

　　新約中的撒旦，很像祆教的惡神（Angra Mainyu/Ahriman），彷
彿是個闡述完整的上帝的對手，但不若祆教經典，新約並沒有解析
撒旦，或把他合理化。他不過是出現在其中：一個上帝的敵人，墮
落的天使，群魔之主，俗世的統治者，使人類腐敗的人。顯然新約
的作者認為，大家都知道撒旦是誰，他是個普通的道具，不需再解
釋來源，他是早期基督教思想結構的一部份而已[11]。

　　在新約中，撒旦約出現 32 次，用以指撒旦的魔王一詞出現 35
次。此外，還有許多代表撒旦的影射，如俗世上帝、俗世統治者、
龍、吼獅，他甚至被稱為光明的天使，凡此種種使我們了解在新約
時代一般對撒旦的概念。

一、把撒旦看成上帝的敵人

　　馬太與路加福音使人立即明瞭撒旦是上帝的敵人，並且告訴我

---

[11] 就好比進化、以太陽為中心的太陽系，或物質的原子結構，在我們想來是很普
　　通的一樣。

們，耶穌正要開始他的宗教使命時，撒旦就向他提出，如果不理會上帝指派的任務──將世界從撒旦手中解救出來，他就把整個世界給他[12]。＜啓示錄＞（The Book of Revelation）特別是在 13-17章，鋪陳了撒旦對上帝的敵視程度。其中生動地描述了不服從上帝的撒旦，被逐出天堂，不僅變成上帝的敵人，同時也是地球上人類的敵人。

二、撒旦的墮落

新約並未具體詳述撒旦的由來，只是宣布他從天堂墜落。＜猶達書＞（Jude）第六節告訴我們「那些不守著……住所的天使，被 [上帝]以永恆的鎖鍊，囚禁於黑暗的深淵，等候那偉大的審判日。」這似乎直接提到《以諾一書》和《以諾二書》所述的墮落的天使，同時也是個實質的線索，告訴我們至少某些新約作者，關於撒旦與其同夥的資料，直接或間接以什麼作為參考。＜啓示錄＞記載撒旦從天堂墜落（啓示錄 10:18），這點在＜路加福音＞敘述耶穌說：「我看見撒旦如閃電般從天堂墜落。」（路加 10:18），也清楚地表現出來。

三、撒旦的名字

路加提及看見撒旦從天堂墜落，似乎是在說露曦浮──清晨之星的墜落，如＜以賽亞＞（Isaiah）所述：

噢！露曦浮，晨曦之子，你怎會從天堂墜落？怎會被砍倒在地上？……因你一度暗忖，我將擢昇我的權位，在上帝的星宿之上……我將與無上至尊等量齊觀。

（＜以賽亞＞14:12-14 美國新譯本聖經）

---

[12] ＜馬太福音＞（Matthew）4:1-11；＜路加福音＞（Luke）4:1-13。

在＜以賽亞＞或＜路加福音＞之後過了很久，露曦浮與撒旦被視為同一人。以賽亞對一位巴比倫暴君的論述，產生了一種「非常奇特的」詮釋，於是才有這樣的結果。先知以賽亞把那位被俗世榮華包圍的君王，比成了露曦浮（Lucifer 為希伯來文 helel，明亮之星，晨曦之子的拉丁同義字）。晨曦之星在黎明前綻放光芒，很快地又沒入黑暗。那位可怕的君王，其榮華恰似此星，光輝超越其它星辰，卻短暫如曇花乍現一般，因為他所有的輝煌終將褪盡，徒留下天邊一處空白。

早期基督教會的許多領導人 [如奧利金（Origen）] 誤解了以賽亞這一段：「噢！露曦浮，晨曦之子，你怎會從天堂墜落？顛覆萬邦者，你怎會被砍倒在地上？」（＜以賽亞＞14:12），以為指的是一個叛逆天使的墮落。由於以賽亞和路加這種搖擺不定的評論，撒旦得到了一個可愛的名字──露曦浮，明亮之星，晨曦之子。然而一直要到坎特伯利（Canterbury）大主教安塞姆（Anselm，公元1033-1109 年）的時代，這個名字才被普遍採納。安塞姆在其《惡魔的起因》（*De Causa Diaboli*）對話錄中，大量闡述了露曦浮／撒旦墜落的故事。

四、把撒旦當作俗世的統治者

有些參考書籍則是把撒旦看成直接或經由代理撒旦統治俗世，這種代理的觀念，在＜啟示錄＞相當明顯。其中撒旦把力量賦予一隻從海中升起的野獸叫做龍，這隻野獸顯然是公元八一至九六年間的羅馬帝王圖密善（Domitian）。他對當時的基督教活動，採取鎮壓的手段，尤其在基督教盛行的小亞細亞一帶。鎮壓行動中，一位名叫約翰（John）的人，被監禁於愛琴海（the Aegean Sea）佩特摩斯島（the Island of Patmos），他在那裡得到了關於未來的啟示。我們之所以說「顯然是圖密善」，是因為我們並不確定，但是和約翰同時代的基督徒都很確定，他們有他的號碼──666。

誰是 666？現今的一個學術性推測是：666 代表尼祿（Nero）。稍作處理，尼祿皇帝之名（n-e-r-o-n-c-a-e-s-a-r）的數值加起來正是 666。但是尼祿皇帝這個早期的基督徒迫害者卒於公元六八年，而約翰寫書的時間被認為是在八〇或九〇年間。既然書中提到 666 代表圖密善，為何又變成尼祿呢？或許人們相信這一位較早的基督徒迫害者，在新的一位迫害者身上復活了：圖密善是尼祿再世。哦！誰知道呢？

五、給撒旦一個啓示性的結局

新約從頭到尾都是屬於啓示性的文集。耶穌宗教使命的開場白，就是一則啓示性的講道：「悔悟吧！因為天國近了。」（＜馬太福音＞4:17）＜啓示錄＞長篇敘述啓示性世界末日的原因、理由和時間[13]，然而這種啓示哲學究竟是什麼呢？李思特（Martin Rist）以一個長句，準確地為其下定義：

啓示論相信，現在控制在撒旦手中，邪惡而腐敗的世界，很快就會連撒旦並其惡魔與人類代理人，一起直接由迄今仍保持超凡的上帝滅絕，然後上帝會建立一個完美的新時代，和一個完美的新世界，兩者均直接由他控制，生者逝者之中，正直人士將永無止境地享受幸福、公平的存

---

[13] 根據新約的一些敘述，這個啓示性的世界末日很快就會來臨。保羅在＜得撒洛尼前書＞（1 Thessalonians）提到此一快速來臨，災難性的末日。＜馬可福音＞（Mark）第十三章簡短地描述末日，並宣稱它很快就會來臨。約翰以末日即將到來，作為＜啓示錄＞的結語：「『是的，我就要來。』阿們，主耶穌請來吧！」

在。[14]

第三節　米爾頓與失樂園

　　《失樂園》中的撒旦，就是撒旦在古典層面的最佳寫照。事實上此一偉大史詩，並非要講述撒旦的故事，而是要解釋這個腐敗的世界，不是上帝造成的，是人類造成的。詩中主要情節是亞當與夏娃和上帝之間的關係。它是一種神正論，企圖「證明上帝對待人類的方式是正當的」（第一章，26 行）。

　　米爾頓以 10,540 行，分成 12 部的無韻詩，描述了人類的墮落，與救贖的希望。其中還以古典傳統並最具戲劇化的方式，把撒旦的特性表現出來。故事前段，似乎給了他一個英雄式的敘述。在自由意志下，他決定寧可「到地獄當首領，也不願在天堂作僕役。」（1. 263）這在現代人聽起來，可能是一種合理的，甚至是英雄式的抱負。當一個企業家，本質上並沒有什麼罪惡可言。

　　戲劇在地獄揭幕——一處「陰暗、荒涼、無人煙又可怕的地牢。」（1. 60-61）在地獄中，那位「自認榮耀高於同儕」[15]的撒旦，在受挫並從天堂墜落之後，漸漸地恢復知覺。他覺得困惑，等看到跟隨他一起叛變的伙伴——別西卜（Beelzebub）、摩洛（Moloch）、巴林姆（Baalim）、阿什脫雷斯（Ashtoreth）、貝立爾（Beliel）、阿撒索（Azazel）、馬門（Mammon）[16]，才想起來是怎麼一回事。他們舉行一項會議：雖然打了一個敗仗，但或許沒輸掉戰爭。是否應該再發動攻擊？或許應該針對新世界和「新的人種將在近期內被創造出來」的傳聞，加以調查（2. 348-349）。撒旦選擇要調查傳言，朝地

---

[14] 李思特（Martin Rist），《但以理書與啟示錄》（*Daniel and Revelatin*, Nashville: Abingdon-Cokesbury Press，1947），p. 3。

[15] 《以諾一書》中的叛變天使。

[16] 所有的惡魔均出自舊約、偽經及新約文學。

獄之門走去，遇到一位「腰部以上很美的女子／底下卻佈滿鱗片，醜惡至極……用一條蛇當武器／　還有致命的螫。」（2．650-653）這女子名喚「罪惡」，是撒旦心懷不軌，自以為能篡奪上帝在天堂的權位之時，從他頭上跳出來就已經是成年的孩子。在地獄之門，撒旦也首度遇見「死亡」，並得知「死亡」是他與「罪惡」亂倫所產生的後代。三人相談甚歡，撒旦答應兩人，等他一征服地球，就讓其各有安身的住所。

　　路上經歷一些冒險之後，撒旦來到了「世界的背面」（3．494），一個叫「地獄邊境」（Limbo）或「愚人樂園」（the Paradise of Fools）的地方，好不容易（在第五部）才以鸕鶿的樣子，飛落在園中最高的一棵樹——生命之樹（the Tree of Life）。他從那兒偷看到亞當和夏娃，同時也被他們「優美的外形和快樂的模樣打動。」

　　故事最後在撒旦化身為一條蛇，用那顆令人垂涎的蘋果，引誘夏娃的時候，達到高潮。樂園崩潰瓦解了，撒旦回到地獄，報告他成功的經過，他的追隨者並一干惡魔叛逆仔細聆聽，嘶嘶地發出歡呼聲，他們已經變成了蛇，而撒旦自己則跌倒在地，變成一條「巨大醜惡的蛇，腹部朝下趴伏著。」（10．514）

　　米爾頓以亞當夏娃邁向新的人生旅程，作為結束的場景：

> 倆人流下幾滴自然的淚，卻又迅速擦乾
> 世界盡在眼前，何處是
> 歸宿，天命為其嚮導
> 倆人手牽手，踩著緩慢毫無目標的步伐
> ［從］伊甸園走向孤獨的路
>
> 　　　　　　　　　　　　　（12．645-659）

米爾頓將新約作者，還有早期教會領導人，所相信的有關撒旦在救贖結構中所扮演的重要角色，加上了戲劇化的效果。他們都把撒旦看成有別於上帝的力量。在神學理論上，米爾頓提出了一個真正的形而上（metaphysical）二元論，但它是一種有限制的二元論。不論猶太人或基督徒（不像祆教徒），都不把撒旦和上帝等量齊觀。撒

旦只能藉著上帝的寬容而存在，最後還是會被毀滅。撒旦的概念可
能來自祆教，只不過在猶太教-基督教傳統中，撒旦從來沒有發展到
惡神（Ahriman）那樣的地位。

一、小　結

　　我們已觀察到，公元前及公元後初期，在猶太教與基督教文學
中，撒旦的角色一直被人以多種層面來描繪。有蒼白無力的撒旦，
與上帝爭論約伯的正直；有討人厭的撒旦，引誘大衛王作人口普查；
有僞經裡令人眼花撩亂，各種不同敘述的惡魔；有＜啓示錄＞中一
個兇殘的惡魔，與瑣羅亞斯德的惡神十分相似。後來的非宗教文學，
也有撒旦的角色，其中以米爾頓的《失樂園》所描繪者，最具戲劇
效果：一個雄渾悲壯的角色———一個信念不斷在動搖的叛逆；一個
困惑懊悔，試圖了解自己的行爲的叛逆；知道自己將永遠迷失，並
且只能怪自己，稱得上是個講求實際的叛逆；一個致力於鼓吹罪惡
和死亡的叛逆，同時卻還有良知。

二、走向滑稽搞笑的路

　　在基督教歷史上，撒旦的角色達到《新約》＜啓示錄＞那樣的
身段之後，很可悲地退化成一種與女巫和巫術有關的嘲弄形式———
一個長了角，有蹄和尾巴的撒旦，在沃爾珀吉斯之夜，和嗑藥發狂
的女巫交媾，販賣榮華，索價靈魂。啓示錄的巨人，變成了一個滑
稽搞笑的角色。

　　中古時代，波斯人、猶太人和基督徒巨人般的惡魔，變成了新
創立的巫教的上帝，至少我們是這麼聽說的。

第四節　民間惡魔式的撒旦與巫術

在英國葛雷斯登伯利（Glastonbury）一位名爲鄧思坦（Dunstan）的修士（910-988 AD），他同時也是名鐵匠，曾有一段冒險的經歷。據說有一天，撒旦喬裝成一名年輕貌美的女子，來找鄧思坦，要獻出她的一切。鄧思坦有否被引誘，我們不得而知，因爲根據這個故事，他發現此女子的裙擺下方露出偶蹄，於是就拿起燒紅的火鉗，緊緊夾住魔王的鼻子。魔王沿路大聲哀嚎，直到他來到「湯橋泉」（Tunbridge Wells），一躍入水中，冷卻他燒紅的鼻子。這就是爲什麼到現在那裡的水還是紅的，並且聞起來有硫磺的味道。

一、民間惡魔式的撒旦

我們已經探討了古典層面，瑣羅亞斯德／啓示錄／失樂園的撒旦，但還有另一種層面的撒旦：一種民間惡魔式，鄧思坦式的撒旦。這裡的撒旦不同，並沒有試圖摧毀上帝創造的一切，只想在這個世界體系中運作，能接收多少，就算多少。有時，起來算計像鄧思坦這號人物，卻失敗了，但他不氣餒，繼續努力。他是生活的一份子，有所歸屬，他屬於這個體系，就好比麻煩屬於人類的生活一般。他努力工作並非企圖摧毀這一個體系，只不過在其中求生存而已。他言而有信，遊戲人間。一個好的基督徒或許會欺騙他[17]，但他從來不騙人，一旦達成交易，就會貫徹到底：「你要的一切，我二十四年都會送來給你，請以血簽名。」然後你就會得到你要的東西。

當然愚弄撒旦，即使是民間惡魔這等撒旦，也會帶來災禍，就像馬羅的浮士德所發現的，還有在歐洲十四至十七世紀間，成千上

---

[17] 在最後一刻回歸宗教，在最後一刻懺悔。

萬個非虛構的人物，於基督教巫術整肅時，所發現的一樣。我所以稱之爲基督教巫術，是因爲它只發生在基督教國家，同時有些人認爲，它純粹是一種基督教狂熱的產物。

　　一般說來，巫術泛指法術、魔法、召魂問卜（necromancy）、巫毒術（voodoo），或幾乎其它任何與靈魔的交易。我們聽過黑巫、白巫、灰巫，還有小巫，在萬聖節出來索求禮物，否則就要搞蛋，但真正的巫術可不同了。早在「人的心智不與之背道而馳」以前，就有女巫、巫師和法師存在，但根據大部分現代學者的說法，我們只能說「巫術始於一三五〇年以後，還有許多權威人士認爲這種說法太早。」[18]巫術是一種異教崇拜運動，在基督教中世紀被刻意發展出來，當時撒旦取代了上帝，成爲被膜拜的對象，同時人們爲了應付悲慘生存中，那些可怕而無法操縱的事，也轉而向其求助。

二、有關巫術來源的理論

　　關於巫術的來源，有許多推測，我們要探討其中四種：(1)它是一種由古代魔王所創立的崇拜式──這是「正統的觀點」。(2)它是基督教中世紀殘存下來的原始崇拜式。(3)它是人們面對悲慘無助的情況，所作出的變態反應。(4)它是在無意中由反異端狂熱所衍生出來的幻想，在中世紀時，影響了羅馬天主教。

　　首先，「正統的理論」如是說：起初，只有上帝，雄偉而孤獨、全能、全知並且無所不在、絕對完美，「再也想不出比他更偉大的了。」但有一件事不對勁，除了上帝，沒人來欣賞祂的絕對完美。事實上，我們幾乎可以懷疑上帝是寂寞的，祂沒有伴，沒有社區團體，沒有交流。這問題藉著天地萬物的創造解決了，上帝創造了眾天使──天使以及天使長──來看祂並且敬仰祂。上帝大可創造自動裝置來歌頌他：善者只能爲善，這些裝置愛祂並敬仰祂，因爲完全被設計成那樣。但更棒的是，出於自由生物而非機器人的敬仰──能選擇

---

[18] 富蘭克林（Julian Franklyn），《魔法致死》（*Death by Enchantent*，New York: Putnam's Sons，1971），p. 9。

敬仰或不敬仰上帝的生物。這種敬仰層次更高，而上帝就創造了這樣的生物。但卻有危險性，這種危險性，在眾天使當中最美最具權力，名喚露曦浮的天使身上，漸趨明顯。受制於貪婪的罪惡，露曦浮墮落了。他想當上帝，慾望在心中翻騰，貪婪在胸中膨脹，奸詐來找他商量，他變成了一個顛覆份子，煽動其他天使來幫忙實現他的野心。他的勢力逐漸擴張，時機來了，就起而叛變。戰爭爆發，一邊是露曦浮及其追隨者，另一邊則是上帝與其忠實的天使。在上帝的將軍米迦勒英明指揮之下，露曦浮被擊敗，連同他那些墮落的天使一起被拋出天堂，落入外面的黑暗世界。

　　此一叛變造成天堂唱詩班的折損，為了改正這點，上帝準備做一種新的實驗，他要創造一個新的世界，並在其中安置自由的生物（人類），在允許他們進入天堂補位以前，讓他們先證明自己。於是這個物質世界被創造出來，一男一女被置於其中。他們天真、自由，不受拘束，只有一條誡律：不准嚐知識之樹能分辨善惡的果實。如此這般，亞當和夏娃在樂園住了一段時日。但是在外面的黑暗中，憤怒而邪惡的露曦浮撒旦，仍想盡辦法要阻撓上帝，於是他化作一條蛇，前來告訴夏娃，如果她和丈夫吃了禁果，並不會死去，只會知道上帝所知道的事，這麼一來，就會變成上帝。夏娃吃了果實，又拿了些給丈夫吃。實驗失敗了，於是上帝把亞當和夏娃逐出樂園，掉頭離去。撒旦進駐並接管世界，而亞當與夏娃也開始繁衍一代代「墮落的人類」。過了一些時候，上帝又試了一次，以諾亞（Noah）作為起點，但這一次又失敗了。光陰荏苒，上帝又試了第三次，這次用的是一群「上帝的選民」。

　　透過這群「上帝選民」的歷史，上帝以努力學習的方式，讓人類確實了解他們不可能成為上帝，甚或創造一個完美的世界。當有足夠的希伯來人真正相信這點，並等待著上帝所允諾的救世主來臨時，上帝完成了最後的壯舉。祂派遣祂的兒子，他自己的生命，來到世界受苦；對於那些永遠拒絕黑暗王子，地球的統治者——魔王，只願守著基督的人，他要為他們的救贖與完美而死。

　　基督的來臨，使撒旦陷入狂亂，起初他試圖引誘基督加入他的行列，這個方法一失敗，他就把憤怒發洩在基督教會，並透過羅馬

帝國的力量，試圖將其消滅。這個方法又失敗，撒旦於是轉往地下
活動，透過骯髒、黑暗與夜間活動，儘量引誘更多的男女來膜拜他，
用靈魂向他換取力量與享樂。他聯合起來反對上帝教會的，不只是
他自己和他那些惡魔，還有成千上萬的人類巫師：即品德敗壞施行
巫術的人，啖食嬰兒，在邪惡的彌撒中接受膜拜，從事雜交，盡可
能迷惑並腐化更多的神父、修女、處女、基督教家庭主婦，還有誠
實的敬畏上帝的人[19]。

在這種觀點下，撒旦有其本體存在與啓示性的地位。他是上帝
本身以外的結構，亦即在上帝原來的寂寞與對團體生活的渴望以
外，同時也是歷史上一個主要的反對勢力，最後終將被打敗。巫術
則是撒旦的一個主要手法，用以阻撓上帝想讓善男信女的靈魂，陪
他一起在天堂的願望。

第二，關於巫術起源的一個較現代化的理論，是由莫芮（Margret
Alice Murray）提出的。她認爲研究中世紀巫術記載，其實就是在
研究異教的殘存紀錄。在歐洲，異教先於基督教，曾經頑強地抵抗
基督教入侵，至死不渝。基督教更加鞏固後，這個「古老的宗教」
撤退到鄉野人跡罕至的地方，由歐洲社區團體中，較爲無知的人信
奉。莫芮主張，有一種定義鮮明的宗教，與中世紀基督教同時並存。
此一宗教後來被基督教當局解釋成魔王崇拜，歷時三個世紀的巫師
審判，顯示出基督教會要消滅異己所作的努力。

莫芮對於此一古老宗教的重建，包括了女巫聚會（covens），這
種聚會，膜拜一位長了角的神，這要追溯到新石器時代的一個自然
神。她進一步堅稱巫術是一種組織頗爲完善的信仰體系，不但吸引
了鄉野無知的民眾，甚至像貝克特（Thomas a Becket）和聖女貞德
（Joan of Arc）這樣高貴的靈魂也一樣。莫芮同時還將英國魯弗斯
（Rufus）王，和士兵武士的保護者雷元帥（Gilles de Rais），還

19　這是在「正統的」或一般所認可的觀念下，最後發展出來的陳述，主要採用
　　了中世紀末的說法。誠如林德（Robert Linder）在私人來函中說：「撒旦與
　　巫術的聯繫，絕對是在中世紀的時候，同時它也代表了一種改變，有別於以
　　往的教導。」

有重要而出色的法國國王查理七世（Charles VII）[20]，都包括在這個古老宗教之中。

　　莫芮的論點被普遍接受，且最後幾條譴責巫術的律法，從英國法令中刪除以後，很多人都自告奮勇地站出來，宣稱並證明莫芮所指的巫師異教崇拜，甚至到二十世紀，仍繼續存在。賈德納（Gerald B. Gardner）寫了一本《今日之巫術》（Witchcraft Today），由莫芮寫序文。李克（Sybil Leek）公開披露她自己在英國新漢普夏郡（New Hampshire）新森林（New Forest）女巫聚會的經過。自稱爲女巫之王的桑德斯（Alex Sanders），著手要將女巫納入這個古老的宗教，他的努力，廣爲人知。

　　這一切相當引人入勝：曾經有個古老宗教，名聲不太好，被基督教征服者強迫轉入地下，但是它殘存下來，在諸如新森林、邁阿密（Miami）和舊金山這些地方活得好好的。只不過莫芮的論點並非到處都受到重視，許多能力不錯的學者並不接受。他們承認莫芮是一位很好的埃及學學者，但是講到巫術，卻似乎容許自己的渴望和想像不受事實的約束。某些權威學者認爲她在論及巫術時，顯然過於馬虎[21]。不過，「許多學者接受她巫術是古老的異教，部分仍殘留

---

[20] 要進一步研究莫芮對巫術與古老宗教的理論，請參閱其《上帝與女巫》（God and Witches，Oxford: Oxford University Press，4th ed.，1979）。

[21] 例如凱立（Henry Ansgar Kelly）指出，莫芮在其載於《大英百科全書》（Encyclopaedia Britannica）談＜巫術＞的論文中，起初也願意採用十七世紀早期的法學家柯克爵士（Lord Coke）對「女巫」所下的定義：「和魔王一起開會並向其諮詢，或從事某些活動的人。」這類的事或許還無關緊要，但是當她真要爲「惡魔」作學術性定義，卻有失偏頗時，就另當別論了。她說：「『devil（惡魔）』一字是一種暱稱語，同源的字還有『divine（神聖）』，也就是神的意思。」凱立指出，只要莫芮讀過大英百科有關「devil」的敘述，她就會知道，該字真正來自希伯來文「satan」的希臘文翻譯。其中「de」的部份相當於前置詞「dia」，是「透過」的意思，而「vil」的部份則相當於「ballein」，是「丟」的意思。莫芮又漫不經心地說：「眾所皆知，在任何國家，當一個新宗教成立時，舊宗教的神明就會變成新宗教裡的惡魔。」這不僅不是個眾所皆知的事實，同時它根本往往不是事實。見凱立（H. A. Kelly）《魔王、鬼魔學與巫術》（The Devil, Demonology and Witchcraft）修訂版。（Garden City, N.Y.: Doubleday, 1974），pp. 55-56。

至今這個一般性的論題」[22]，同時她的論題和整套論據，幾乎受到所有現代從事巫術者的高度重視。

　　巫術起源的第三項論點是：巫術爲一種由於中世紀生活之悲慘、惡劣與挫折而產生的變態反應。如此看來，巫術是以對抗的角色存在，對抗中世紀教會的約束，以及對抗基督教上帝之無能——無法處理大部分西方人在卡洛林王朝（Carolingian Empire）逐漸衰落，而現代世界即將來臨的過渡時期，活在悲慘貧困之中的情況。瓊斯（Earnest Jones）以教會日益將悲苦的生活看成是撒旦的活動，來評論基督教上帝的無能。瘟疫、戰爭、饑荒，還有壓迫，都是撒旦造成的。然而對基督教上帝的祈求，似乎都無法改善人們的困境，因此許多歐洲農民

　　　　由於上帝以及教會根本無法使他們脫離悲苦，絕望之餘，就迫不急待地接納關於魔王神奇力量的教義，所以當時向魔王尋求庇護者，不在少數……相信魔王甚至能影響到日常生活中最瑣碎的事，這種觀念普及之程度，不禁使人在閱讀當時的紀錄時，便會連想到當時的歐洲似乎患了極爲嚴重的集體神經官能症。[23]

　　歐洲悲苦的民眾，無法從教會的教導和活動，得到足夠的安慰，有些人就轉往別處尋求，轉往何處呢？古代露曦浮建立的宗教？莫芮所說的源於異教的古老宗教？或者其它別的：去找會施行簡單法術和魔法的獨立執業女巫或法師？去探究惡魔崇拜？還是去尋求那些即使在現今歐美偏遠林區，仍有人從事的迷信活動？或可能有一些小團體，以一位女巫或巫師爲中心組成，或可能一直有一些祕密會議在舉行，施妖法，嗑禁藥，縱慾狂歡，但是都沒有類似教會搜捕異端的調查員，或莫芮古老宗教說所想像的，大規模而組織嚴密

---

[22] 引述自林德（Robert D. Linder）的私人來信。
[23] 瓊斯（Jones）《夢魘》（*On the Nightmare*）p. 164。

的地下宗教。

　　第四種巫術起源的論點是「幻想理論」。中世紀描述巫術本質及
其影響程度的紀錄，一定是被教會搜捕異端的調查員過度渲染了。
在閱讀這些資料時，我們有充分的理由懷疑，其中想像的的成份絕
對不少於事實。

　　一九六七年，艾文斯-普里查德（Evans-Pritchard）從牛津人
類學系主任的職位退休，「公共社會人類學家協會」（the
Association of Social Anthropologists of the Commonwealth）
爲了對他表示敬意，決定要舉行一項研討會。由於艾文斯的興趣在
於巫術（一九三七年他出版了一本極具影響力的相關書籍），巫術就
被定爲該會的主題。

　　孔恩（Norman Cohn）也在會議中發表論文，論文題目是＜撒旦
與其人類僕役的神話＞（The Myth of Satan and His Human
Servants），開頭這麼說：

　　　　這篇論文要探討的是一種幻想，還有它在歐洲歷史上
　　所扮演的角色。這個幻想就是：世界上存在著一種誓言爲
　　撒旦效力的人，一幫在非法祕密集會中，膜拜撒旦，同時
　　還代表撒旦，向基督教世界，及每一位基督徒發動殘酷的
　　戰爭。中世紀時，此一幻想一度被加諸於某些異教派，有
　　助於合理化並強化迫害這些教派的行徑。幾世紀後，它使
　　得歐洲傳統對巫術的看法產生了轉變，使其變得新奇而古
　　怪——與人類學家在現今原始社會所發現並加以研究
　　者，大不相同，且更具毀滅性。而同時這種幻想也常常加
　　諸於猶太人身上——不僅限於遠古時代，連十九世紀末，
　　二十世紀初，也被用來爲納粹黨的俗世鬼魔論鋪路。這是
　　個很長的故事，卻十分連貫，並且有完整的文獻記載。[24]

---

[24] 孔恩（Norman Cohn），＜撒旦與其人類僕役之神話＞（The Myth of Satan and
　　His Human　Servants），收錄於道格拉斯（Mary Douglas）編《巫術之告白

　　論文中，孔恩研究又長又恐怖的巫術故事，把撒旦看成是這種幻想的心臟，並一直追溯到基督教、猶太教和祅教的源頭。孔恩指出，早期基督教著作家，認定異教的神祇都是爲撒旦效力的惡魔，因此教會對任何一種與異教法術和魔法的交流，均抱持否定的態度。在這種態度下，早期的教會等於是爲幾世紀後，在西歐發生大規模將人類魔鬼化的事件，鋪好了路。

　　儘管教會排斥異教，異教徒所奉行的規則並未完全遭到殘酷的壓制，有許多還被併入教會活動。但是到了十二世紀初，卻有了極大的改變。西方基督教世界原先一直很少有異教存在，但從那時起，它們開始出現，並急速擴散，尤其在北義大利、法國、和萊茵河流域的市區中心。這些教派通常有貴族階級、神職人員、商人和工匠的支持，因此不管教會當局或非教會當局都不敢輕忽怠慢，但卻漸漸無法忍受任何在信仰上的離經叛道，於是異教徒被有系統的查出、監禁，甚至被處以火刑。孔恩告訴我們「那是在與異端鬥爭的過程中，首度在西歐有集體群眾被描述成撒旦的崇拜者。」

　　早在一〇二二年，就有許多奧爾良大教堂（the Cathedral of Orléans）的教士，被判爲異端而處以火刑。他們的異端邪說主要是否定天主教聖體、洗禮的觀念，以及否定祈求聖徒代禱（intercession）的功效，反而提倡聖靈的降臨要經由以手撫頂的祝福禮，還有接受「天堂的食物」。這個接受天堂的食物，形成反對者之間流傳著一些想像。當代的一位編年史家查博尼斯（Adhemar de Chabannes）報導說，這些「異教徒」硬是被說成同屬一個謀殺幼童，啖其灰燼的魔王教派。在這種令人憎惡的儀式中，撒旦向他們顯現，有時以魔王的形象，有時扮成光明的天使，命令他們要拒絕上帝（即使在公開場合假裝是基督真正的追隨者），同時還命令他們放縱自己，沉溺於各種變態的邪惡之中。約八十年後，沙特爾的修士保羅（Paul, Monk of Chartres），以類似的自由想像力，描述了奧爾良事件，他說：

與起訴》（*Witchcraft Confessions and Accusations*, London: Tavistock Publications，1970），pp. 3-16。

　　　　他們於晚間聚集在一起，每人手持一盞燈。惡魔須以
　　特殊的準則召喚，同時偽裝成動物現身，這時燈光被熄
　　滅，姦淫亂倫的活動便開始。淫亂的結果所生出的幼兒，
　　會被燒死，其灰燼如聖物一般被珍惜。這些灰燼具有魔
　　力，任何人只要嚐上一點，便會從此屬於這個教派，而且
　　永遠不能更改。[25]

　　異教徒不僅與惡魔有關聯，並且還真的膜拜撒旦，這點，十二
世紀末居住在法國的英國編年史家馬普（Walter Map 或 Mapes），曾
加以「證實」。他描述了在亞奎丹（Aquitaine）與伯艮第（Burgundy）
所舉行的聚會，其中撒旦以黑貓的形象顯現，並且深受撒旦崇拜者
的愛戴。一二三三年教皇葛雷高利九世（Gregory IX）發出一份詔
書，描述了在德國的異教徒聚會，撒旦如何以一隻黑貓、青蛙、蟾
蜍，或一個全身長毛的人的形象現身，與會的人如何獻上表示敬意
的吻，然後就開始變態的縱慾狂歡。

　　不過要再等七十年以後，這樣的指控，才進入真實的巫術審判
過程，而當時的審判，並非針對異教徒，而是針對法國的聖殿騎士
（the Knights of Templar of France）。聖殿騎士是武修士編制中
的一種，他們保護十字軍在中東征戰得來的土地，有兩個世紀。聖
殿騎士團變得非常富有，甚至到了國際銀行家的程度，國王、教皇
都和他們從事交易。一三〇七年，法國國王菲利浦四世（Philip IV）
掠奪完猶太人與倫巴人（Lombard）銀行家後，又轉而覬覦聖殿騎士
的財富。聖殿騎士被控褻瀆基督，與魔王交易，並以黑貓的形象，
或一個叫做卑浮魅（Baphomet）的偶像來崇拜魔王。他們被控從事
女巫所做的一切活動——巫術、雜交、魔王崇拜，並遭到逮捕，嚴
刑拷打之下，有的被凌虐致死，其餘的只好「招供」了。

　　我們可以發現大部分有關女巫的知識，均出自正遭受凌遲的女

---

[25] ＜沙特爾之修士保羅・李伯・亞格諾尼＞（Paul, Monk of Chartres, Liber
　　Aganonis），《嘉圖萊爾修道院，沙特爾之聖保羅》（*Cartulaire de l'Abbaye
　　de Saint-Père de Chartres*），萬拉德（M. Guerard）編，Tom. I. Paris，
　　1840，p. 112。為孔恩（Cohn）所引述，p. 9。

巫，這點相當支持孔恩的「幻想理論」。這麼多的女巫「供認」犯下巫術的罪行，然後說出一切，以致於資料多得可以拿去燒掉。問題在於這些資料大部分也是用這種方式取得的——火燒，還有其它效果相同的勸說方式。如富蘭克林（Julian Franklyn）所言，被告女巫要面對的是一系列的審訊者〔甚至是職業審訊者（inquisitors）〕：

> 從事支持撒旦，反對上帝的活動，是一種嚴重的叛逆行為，會被處以極刑。由於沒人會承認這種罪行，除非被迫，因此逼供就顯得合理……
>
> 在歐洲大陸，每一位被審判的女巫，都要經過酷刑室。即使有足夠的證據顯示被告有罪，當處以火刑，再加上她的自動招供，還是得嚴刑拷打，以確保供詞的真實與完整；如此施加刑罰的痛苦，當然會逼出審訊者想要的加油添醋。[26]

嚴刑拷打之下，任何被控與撒旦交易者，早晚都會「供」出折磨他的人想要聽的一切。你有沒有參加瀆神的彌撒？當螺絲扭得夠緊，眼瞼被割下來，潑了油的雙手，引火燃燒時，那個「女巫」就會說「有」。你跟撒旦有無肉體關係？有。你是否乘掃帚飛往參加女巫的夜半集會？是。你有否詛咒麵粉廠老闆娘，害她死亡？詛咒農場的乳牛，害牠沒奶？你還做了什麼壞事？而女巫所召供的——狂歡縱飲、裸舞、以咒語謀害人命——在法庭審訊時，廣為人知，同時充分得到各種學術性書籍，諸如《異教徒與女巫之專題論文》（*Treatise on Heretics and Witches*）[27]、《巫術手冊》（*Handbook on Witchcraft*）[28]的注意，並且被載入書中，和法庭的紀錄中。

以巫術的罪名被處死者，絕大部分可能都不是女巫，甚或不是

---

[26] 富蘭克林（Franklyn），《魔法致死》（*Death by Enchantment*），pp. 72-73。

[27] 葛里蘭德斯（Paulus Grillandus），約 1525 年出版。

[28] 葵柔（Francesco Maria Guazzo），1608 年出版。

法師和術士，但他們的供詞大量增加了有關巫術的錯誤訊息，導致今天不論非專業人員和學者都感到困惑。

出於過度的狂熱，宗教法庭（The Office of Inquisition）創立了一種巫術的典型樣板，女巫與巫師舉行祕密聚會和夜半集會，由撒旦主持，並從事殘殺嬰兒與雜交的活動。

> 如此，審訊者建立起一套神祕教派的幻想，並賦予超自然的力量，它聽命於撒旦，不斷向基督徒和基督教世界發動戰爭。
>
> 這全是出於想像，儘管異教派至少真的存在，世界上根本就沒有女巫教派。[29]

早期的審訊者，創造出一種反巫術熱，在宗教法庭結束以後很久，仍橫掃西歐許多地方。始於十四世紀的迫害，至十六、十七世紀時最為猛烈。後面這兩世紀，迫害者大部分為非宗教當局，有一些是天主教，一些是路德教派，一些則是喀爾文教派。這兩百年間，究竟有多少人因巫術而被處死，無法確定，估計大約在五萬到一百萬之間。為了什麼呢？根據孔恩的說法，為了一種幻想。一種要殺人的幻想，到十七世紀還沒完沒了，隨後蟄伏假眠，在十九世紀的反猶太人計劃，和二十世紀的納粹大屠殺時，又醒了過來。

---

[29] 孔恩（Cohn），〈撒旦與其人類僕役的神話〉（The Myth of Satan and His Human Servants），p. 11。

第五節　麻州的魔王

　　不管是否爲想像，這位是在一六九一年來到美國的魔王。他來到麻薩諸塞州的一個小鎮，喚作撒冷村〔Salem Village，現稱爲丹佛斯（Danvers）〕。

　　這個真實故事開頭的主角是派里斯（Sammuel Parris）牧師夫婦的女兒貝蒂（Betty Parris），以及和他們住在一起的貝蒂的堂姐雅比給（Abigail Williams），還有他們家的佣人，一個巴巴多斯島（Barbados）來的女奴緹圖巴（Tituba）。貝蒂當時九歲，雅比給十一歲，緹圖巴年齡不詳。這些女孩原來都是極普通的孩子，絕非神童，一點也看不出來，他們居然會改變了新英格蘭的歷史。他們是典型的清教徒女孩，一副天真無憂的美麗模樣。可是，他們居住於嚴峻的新英格蘭，喀爾文教派的世界：一個不懂得無憂無慮的童年，該是什麼樣子的世界。他們適逢得救預定論與注定毀滅論的時代思潮，一個相當可怕的世界，即使無辜的新生兒，如果沒受洗便死亡，就得立刻下地獄。而一個犯罪長達九年、十一年，或 x 年的人，一個漸漸演變成撒旦把戲一份子的人，能有什麼機會？

　　兩個女孩中，貝蒂比較害羞，雅比給則大不相同，她一樣相信喀爾文教派的言論，不過她相信那些事情只發生在別人身上，不會找上她。緹圖巴來自巴巴多斯島，是個印地安女奴，爲派里斯牧師所有。還沒當牧師以前，派里斯從商往來於麻薩諸塞灣與巴巴多斯島之間，在一次交易過程中，得到了緹圖巴。

　　寒冷的新英格蘭冬季，緹圖巴通常以較溫暖氣候區的玩意兒來打發時間，這些玩意兒叫做「巫毒法」，這種「玩法」也成了兩個小女孩的消遣。起初可能是說些緹圖巴早年在巴巴多斯生活的回憶，沒什麼傷害，可是到最後卻超出了說故事的範圍。緹圖巴終於忍不住，表演了一些島上的技倆、符咒和法術，給她所照顧的小女孩看。

一旦開始，誰能阻止？這真是詭異又有趣，雅比給真的很喜歡，害羞而容易緊張的貝蒂則不太確定，但她能怎麼樣？

如果當初這兩個女孩獨享緹圖巴，新英格蘭巫術史也許會大不相同，可是這麼好玩，怎麼能不分享？鄰居的女孩一定會聽她們說起，聽到了，就一定要看。這些女孩大部分是年紀較大的青少年，全部未婚，生活都很枯燥乏味。

當時時機不太好，麻州的殖民地特許狀遭到撤銷，法國再度宣戰，印地安人也準備要作戰，稅捐重得離譜，還有天花！那年冬天冷的不得了。上帝為何背棄了這個地方，還有這裡的子民？許多撒冷村民都推論，世界末日真的快速在逼近。撒旦回來擾亂虔誠教徒生活的時機成熟了，並且毫無疑問的，他就在緹圖巴的廚房裡。

起初在那個廚房裡進行的，也許只是算算命，還有一點召喚神靈的戲法，這種行為當時在撒冷村，或麻州任何其他地方，當然是嚴格禁止的。它所牽涉到的技巧，的確被認為很邪門，只有魔王和魔王的人，才敢從事這樣的活動。這點女孩們都懂，他們都聽過譴責這種罪行的講道。地獄的火燄，出現在她們眼前，她們試著要把它忘掉，只是有時在夜晚就不行了，這真是既糟糕又邪門。玩火玩久了，遲早會燙著，或者，在這個案例中，會有點神經錯亂。

顯然貝蒂先瘋了，她承受不了這一切邪門、可怕的玩意兒，開始出現嚴重沮喪的症狀——這些徵兆，當時被說成「惡魔附身」。她變得健忘，祈禱時，僵硬的站著，沒把頭低下。如果因為這種行為而挨罵，她就變得更僵硬，嘴唇顫動，並且發出古怪、粗啞、窒息的聲音。然後雅比給也開始有同樣的行為，兩個孩子的病況持續惡化，並且十分嚇人。大家用禱告的方式來治療她們，禱告卻使得病情加重。主禱文一開始，貝蒂就尖叫，雅比給搗住耳朵，跺著腳。有一回，貝蒂把聖經從房間的這邊丟到另一邊，後來又哭著說她會遭到天譴。

這些精神病態的消息，傳出了牧師的寓所，其他見過緹圖巴的女孩也開始發作，然後又擴散到那些沒參加過「緹圖巴崇拜式」的女孩，整個情況變得像流行性傳染病一樣。唯一可能的結論就是女孩子們都被附身了。派里斯牧師求助於同僚，鄰鎮的牧師都來聚集

在一起磋商，並作禱告治療。牧師們個別約見這些女孩，詢問並祈禱，但是沒有用。

自從貝蒂「生病」以後，就沒再接近緹圖巴，不像以前那樣整天賦在一起。有一天緹圖巴突然進來房裡，貝蒂歇斯底里地轉向父親，極度驚慌中，大聲喊著「緹圖巴……是緹圖巴！」這麼一來，「罪魁禍首的女巫」就被發現了！不斷鞭打拷問之下，緹圖巴招認了一切牧師想要聽的事。對質時，其他女孩證實了貝蒂的指控。緹圖巴招認時提到有紅色的貓，和紅色的老鼠跟她說話，要她為牠們效勞。還有個東西，像一隻貓，有個女人的頭，又長了翅膀。還有一個高大的男人（魔王），用「漂亮的東西」引誘她。「高大的男人告訴我，他是上帝，我必須為他做六年事。」高大的男人陪她飛過天空，去參加信魔者的夜半集會。

所有這些，還有其它更多事情，都在始於一六九二年三月一日緹圖巴的審訊中重述。法庭審訊在教堂舉行，因為鎮上沒別的建築物，有足夠的空間容納這麼多焦急的群眾。兩位麻州的法官被派到撒冷來主持聽訊和審判，一位叫黑嵩（John Hathorne），是個狂熱份子，真的是東奔西跑又愛現[30]。另一位是寇爾文（Johnathan Corwin），是個溫和的人，除了詳細記錄外，很少做別的事。兩位法官坐在前面上方，面向眾人，被附身的女孩子們，坐在前排，面向法官，教堂擠滿了興奮的觀眾。

緹圖巴坦承罪行，但不只是緹圖巴一個人而已，還有其他共犯。「被附身的女孩們」幾乎立刻說出另外兩個女人的名子，一個是長相醜陋的莎拉‧古德（Sarah Good），另一個是年老的莎拉‧歐思本（Sarah Osborne）。兩個女人在一般人觀感中，都是社區裡不受歡迎的人物。緹圖巴、莎拉‧古德還有莎拉‧歐思本一起被起訴，審判接著開始[31]。

---

[30] 三個世紀後，班尼特（Steven Vincent Benet）寫了一個有趣的故事《魔王與但以理》（The Devil and Daniel Webster），那個從地獄找來主持頡比（Jebez Stone）夜半審訊的法官，猜猜看是誰——正是黑嵩。

[31] 〈麻州的魔王〉一節中，數據資料來自史達己（Marion L. Starkey）的同名書，（The Devil in Massachusetts, New York: Alfred A. Knopf, 1950）。

　　始於一六九二年的撒冷歇斯底里現象，是殖民史上非常吸引人的一章。它與眾不同，因為強調幽靈證據——受折磨的女孩們聲稱遭到被告幽靈的糾纏。（依歐洲人的標準）它非比尋常，因為無法判定任何人有施巫術的罪行：只有那些拒絕招供者，被判有罪。整個過程簡捷迅速，引人注目。撒冷的審判最後奪走了二十條人命——十九人被絞死，一人被壓死，死刑在一六九二年六月十日開使執行，於同年九月二十二日結束，到一六九三年一月，總算是過去了：州長下令在麻州禁用幽靈證據[32]。

第六節　當代文學中撒旦的前程

　　過去的二十個世紀以來，不管撒旦還做了些什麼，在西方古典文學中，他的表現出色——派特摩斯之約翰（John of Patmos）的《啓示錄》、米爾頓的《失樂園》、馬羅（Christopher Marlowe）的《浮士德悲劇的生死》（ *The Tragic Life and Death of Doctor Faustus* ）、歌德（Johann Wolfgang Goethe）的《浮士德》（ *Doctor Faustus* ）。

　　在二十世紀，撒旦以民間惡魔那種挖苦、滑稽的角色，於文學殿堂頗有東山再起之勢。班尼特（Stephen Vincent Benet）寫了一本逗笑的故事《魔王與但以理》（ *The Devil and Daniel Webster* ），故事中一個工作努力的新漢普夏農夫頡比（Jebez Stone），和一個叫史刮去（Scratch）的傢伙達成交易（用靈魂換取七年的榮華富貴）之後，又在自家前房裡，透過審判而擺脫了那個交易。三更半夜，名律師但以理在十二名從地獄傳喚來的靈魂面前，成功地為他辯

---

[32] 數據資料取自「新英蘭歷史系列」（the New England Historical Series），《1692 年的巫術歇斯底里症》（ *The Witchcraft Hysteria of 1692* ）第一冊（Burlington, Mass.: Pride Publications, 1993）。

護，大家判定頡比無罪。所以，史刮去怒氣衝衝地離開新漢普夏，從此沒人再看見他。

還有蕭伯納（George Bernard Shaw）才華橫溢的劇作——《人與超人：一齣喜劇與哲學》（*Man and Superman: A Comedy and Philosophy*），也是這樣 。在此諷刺喜劇中，魔王被描述成掌管了一個懶散的地方，叫做地獄，大部分有趣的人，到最後都去那裡，過著悠閒的退休生活。另一方面，「天堂則適合那些喜歡沉思的人，他們的熱情永遠鎖定在人生的意義，以及如何以更好的方式生活。地獄適合享受生活的人，膚淺與不實，統統照單全收。」[33]它適合足球賽的觀眾。

一、聰明的詭計

至少就古典層面的文學作品人物而言，撒旦彷彿就要消失，但我們也許還記得波德萊爾（Charles Baudelaire）曾經警告：「要記住魔王最聰明的詭計，就是說服我們他不存在。」

撒旦走了（至少從任何古典層面的角度看來），但事情發生了，他又重返世上——這回在諾貝爾獎的領域。

二、偽 裝

在湯馬斯曼[34]（Thomas Mann）的《浮士德》（*Doctor Faustus*）中，浮士德是個叫做雷復坤（Adrian Leverkuhn）的人物，湯瑪斯曼用他來比喻希特勒統治下的德國。雷復坤和德國一樣，把自己的靈魂賣給魔王，以自己的靈魂為代價，要作二十四年全世界最偉大

---

[33] 引述自崔默（William C. Tremmel）的《黑暗面：撒旦的故事》（*Dark Side: the Satan Story*, St. Louis: CBP Press/Chalice Press, 1987），pp. 147-148。

[34] 湯瑪斯曼（Thomas Mann, 1875-1955）是德國的小說家、散文作家，同時也是一九二九年諾貝爾文學獎得主。他是希特勒國家社會主義的死對頭，一九三三年離開德國，先搬到瑞士，然後又去美國，一九四四年成為美國公民。後來他又回到瑞士，一九五五年在瑞士逝世。

的作曲家。德國，按照希特勒的承諾，將統治世界一千年——即德
意志第三帝國。

湯瑪斯曼的雷復坤（德國）是個離群索居，悶悶不樂的人，滿
腦子都是狹隘、不健康而異想天開、會製造禍害，以自我為中心的
念頭。他是

> 一個明知故犯染上梅毒的男人。在萊比錫（Leipzig）
> 的一家妓院，他和一個女人上床。女人因為喜歡他，事先
> 告知已染患梅毒。雷復坤這麼做，完全是為了體驗那種蠱
> 惑的魅力——這就是一九三〇年代的德國。[35]

三、他就是我們

湯瑪斯曼堅稱雷復坤（德國）違反了上帝原來的布局，可怕的
是，他並非出賣靈魂給民間惡魔式的撒旦——一個典型的，傳統的
浮士德角色，而是賣給徹底破壞型的毀滅性撒旦——給古典的，《啟
示錄》與《失樂園》的惡魔撒旦。撒旦並非外在的，他在我們的心
中，他就是我們。

> 如果我們選擇和湯瑪斯曼的看法一致……撒旦在跨
> 越基督教文化（二十世紀末的世界文化）時，以人性的黑
> 暗面出現。希特勒式的德國，不過是第一個新型撒旦的縮
> 影——一種潛在的邪惡、殘酷與毀滅的力量，不只引誘人
> 犯罪，還會毀掉文明。[36]

對於世界的遠景，這是多麼黑暗的觀點啊！但也許不會那麼
糟，也許我們不必去討好撒旦。

---

[35] 崔默（Tremmel）《黑暗面》（*Dark Side*），p. 51。
[36] 崔默《黑暗面》，p. 155。

　　從前有一位先知，一天有個憤世疾俗，很乏味的那種人，來找他。憤世疾俗者在先知面前拱起雙掌，嘲弄似地問：「如果你這麼有智慧，那就告訴我，我手中的小鳥是死的，還是活的？」不管先知說什麼，很快就會被否定。如果他說：「死的」，那雙手就會打開，鳥兒便飛走了，如果他說：「活的」，那雙手就會壓死它。兩種情形都將證明先知是錯的。可是先知沒說「活」或「死」，他說：「全看你了，孩子，全看你了！」一切都全看我們了！[37]

---

[37] 同上。

名詞解釋

◆ Babylonian Captivity **巴比倫囚虜期**・巴比倫王尼布甲尼撒
（Nebuchadnezzar，605-562 BC）於公元前五七九年佔領耶路撒
冷，擄走重要猶太家庭，將其監禁。波斯國王居魯士（Cyrus）
征服了巴比倫，於公元前五三八年准許猶太人回以色列。

◆ Baphomet **卑浮魅**・聖殿騎士被控在神祕儀式中所使用的偶像或
象徵人物。據說他象徵墮落的穆罕默德（Muhammad）。

◆ Inquisition, The Office of **宗教法庭**・正式名稱爲「神聖審訊法庭」
（The Holy Tribunal of the Inquisition）。羅馬天主會在十
字軍東征後所建立的機構，目的在處理異端邪說的問題，亦即處
理羅馬天主教體制以外的信仰和行爲。

◆ Intercession **代禱**・指聖徒斡旋於人神之間，以因應人類特殊的
需求。

◆ Lombardy **倫巴第**・義大利北方一塊 9188 平方英哩的領土，被日
耳曼民族的一支佔有，並定居下來。首都爲米蘭（Milan）。

◆ Metaphysical **形而上的**・著重於存在事實之首要原則，該原則超
越物質存在，並爲其基礎與特性，乃存在之本質 ［本體論
（ontology）］，宇宙之結構與來源 ［（宇宙論）］。

◆ Necromancy **召魂問卜**・召喚亡靈以談論未來之事。

◆ Pseudepigrapha **僞經**・僞造的經文，作者歸屬錯誤的經文（希臘
文 pseudo，「假」的意思；graphein，「寫」的意思。），通常假
託是聖經中的人物所寫，或冒用聖經中的時間。在此指公元前二
〇〇年至公元二〇〇年間所寫的猶太經文。

◆ Theodicy **神正論**・針對邪惡存在這一點，企圖爲上帝的公正性所
作的辯護。

◆ Voodoo **巫毒教**・源於非洲的異教崇拜，現今盛行於海地，它透
過法術、物神和儀式，使信徒能與祖先、聖徒，或萬物神明溝通。

- Yahweh 耶和華‧上帝的名稱，被現代學者認爲是希伯來文四個字母（YHVH/יהוה）的音譯，代表在希伯來傳統之下，上帝的名號，有時被譯爲 Jehovah。

- Zoroaster 瑣羅亞斯德‧真正名字是「Zarathustra」，爲波斯（古代的伊朗）先知，在公元前七世紀創立祆教。「Zoroaster」意思是「駱駝的主人」。祆教仍爲住在孟買（Bombay）與印度西北部的帕西人（Parsees）所信奉。帕西人是印度地區，受最好的教育，並且最富有的一群，現今約有一百二十萬人。

第八章

神　正　論

自己年輕時，常熱切地造訪
博士與聖徒，並聽到這方面的偉大理論
但我始終
仍由原先進來的那扇門出去！[1]

當白晝逐漸離去
叫人挨餓的齋月[2]便悄悄溜逝
再度孤單地站在陶瓷坊，
被各形各樣的陶土包圍

各式各樣的形狀，有大有小
獨自立於地上，還有倚著牆
有的是多話的花瓶，有的
也許只是聆聽，卻從不交談

其中一個說——「當然沒有白費
我普通泥土的內含，當初被拿來
塑成這般模樣，被打破，
或被踐踏，再恢復成沒有形狀的泥土。」

---

[1] 《魯拜集》（*Rubaiyat of Omar Khayyam*），費茲傑羅（Edward Fitzgerald）
譯（New York：Outing Publishing Company），p. 17。
[2] 齋月（Ramazan）——"Ramadan" 的北印度語，回曆的第九個月，期間每天日
出到日落都要禁食。

然後第二個說——「從來沒有一個乖戾的男孩

會打破讓他暢飲開懷的碗

而那個做花瓶的人

當然不會在憤怒之餘毀掉它。」

沉默了一會兒以後

有個較粗俗難看的花瓶說：

「他們鄙視我，因為我歪歪斜斜

什麼！當時陶工的手是不是在發抖？」[3]

第一節　陶工的手爲什麼發抖？

　　上帝與邪惡並存於同一個世界，該如何解釋？在納粹暴行之前，古老傳統的猶太式解答爲相互作用的神正論：如果我們履行了與上帝在西奈山（Mount Sinai）所立下的神聖契約，上帝就會保護我們；如果違約，上帝就不再保護我們，我們會因爲罪惡而受到處罰。但是在奧斯維茨（Auschwitz，納粹集中營所在地）以後，這樣的答案顯得空洞無意義。費肯海（Emile Fackenheim）在其《上帝於歷史中的出席》（*God's Presence in History*）中這麼說：

　　遭受最沉痛打擊的，不是持不可知論，沒有信仰，並且富裕的西方人，而是最貧窮，最虔誠……最忠實的猶太社會……[那些猶太人]並非因爲沒有履行猶太人的神聖契約而死；他們因爲祖先的信守承諾而全亡……這就是那顆岩石，「我們因罪而遭到懲罰」一頭撞上，全船罹難。[4]

---

[3] 同上。pp. 39-41。

[4] 費肯海（Emile Fackenheim）《上帝在歷史中的出席》（*God's Presence in History*, New York: Harper Collins Press, 1986），p. 73。

除我以外，你不可有別的神……因為上主我，你的上帝，絕不容許對立的神明。恨我的人，我要追罰他們的罪惡，直到第三代，第四代子孫；愛我，守我誡命的人，我要待之以慈愛，恩及其千代子孫。

<申命記>（*Deuteronomy*）5:7-9

一、不只對猶太人而已

對於人類的痛苦，上帝顯然不在乎的態度，不只是猶太人的困境而已。對所有視上帝為無所不能（全能）、無所不知（全知）、無所不善、無所不愛的神聖人物者，這都是一個困境。

舉例來說，劍橋大學基督教會學院（Christ Church College, Cambridge University）的哲學教授弗陸（Antony Flew），他所描繪的經常發生而令人洩氣的場景，就是現代基督徒這種困境的縮影。他寫道：

> 有人告訴我們，並一再向我們保證，上帝愛我們，就像父親愛孩子一般。然而我們卻看到一個孩子死於手術無法治癒的喉癌。他地上的父親幾近瘋狂的努力協助，而他天上的父卻顯得漠不關心。[5]

---

[5] 弗陸（Antony Flew），《哲學性神學理論之新論文》（*New Essay in Philosophical Theology*, S. M. C. Press），p.108。

在杜斯妥也夫斯基（Dostoevsky）的《卡拉馬助夫兄弟》（*The Brothers Karamazov*）中，伊凡（Ivan）向他虔誠、慈愛而像個修士的哥哥亞立歐夏（Alyosha）挑釁道：

> 「告訴我，」伊凡嚴肅地說，「我要你回答，假想你創造了一個人類的命運結構，目標要使人在最後得到快樂、詳和與休息，但不可免地必須要折磨一個小生物──一個嬰兒──致死……在這種條件下，你願意當那位建築師嗎？你實話實說。」
>
> 「不，我不會答應。」亞立歐夏輕聲回答。[6]

> 但蛇對女人說：「你們不會死！因為上帝知道，你們一吃了那果子，眼就開了，就會像上帝一樣能分辨善惡。」
> 創世紀（Genesis）3: 4-5

---

[6] 杜斯妥也夫斯基（Fyodor Dostoevsky），《卡拉馬助夫兄弟》（*The Brothers Karamazov*），賈尼特（Constance Garnet）譯，（New York: Dell Press），p. 443。

　　「誰告訴你，你赤身裸體？你吃了我禁止你吃的果子
嗎？」亞當說：「你給我作伴的那個女人，給我果子，我
就吃了。」主上帝遂對女人說：「你為什麼這麼做？」

　　女人答：「是蛇哄騙我，我才吃的。」
創世紀 3: 11-!3

第二節　神正論

　　如果上帝創造了世界，為什麼世界會一團亂？該如何回答這個
問題？用神正論試試看。神正論（theodicy，拉丁文 theo，「上帝」
的意思；希臘文 dike，「判斷」的意思）是一種針對邪惡存在於上
帝所創造的世界，對上帝所作的判斷，有點審判上帝的味道，但這
麼說，還是有點誇張。其實神正論應該是在面對邪惡的存在時[7]，要
證明上帝的公正，它是在為世上的痛苦——人的痛苦、動物的痛
苦、所有的痛苦——這種事實與殘暴找理由所作出的努力。

----

[7] 萊布尼茲（Gottfried Wilhelm von Leibniz, 1646-1716）造出這個名詞作為
他的書《神正論》[（*Theodicy*）1710] 的書名，在書中他堅稱邪惡並不存在，
因為生命中發生的每一件事，都是對這個已經是最好的世界的最有利情況。

第三節　尋求解答

世界呈現給我們的，彷彿有兩種型態的邪惡——自然的邪惡（諸如疾病、地震、飢荒、龍捲風、火山這些自然因素所帶來的痛苦），和道德上的邪惡（人的罪　和/或　惡所造成的邪惡）。問題是，任何一個這樣的邪惡，怎麼會存在於上帝所創造的世界呢？

處理這個問題，一直是西方哲學家、神學家，還有一般人主要關心的事。這個問題對那些賦予上帝人格的宗教，尤其那些視上帝為全能、全知者——猶太教、基督教和回教——更是嚴重。

處理這個問題的方法之一，就是像休謨（David Hume）一樣，讓上帝無能。在《關於自然宗教之對話》（*In Dialogues Concerning Natural Religions*）中，他寫道：「就 [我們所知]，這個不完美的世界，與高標準相形之下，有著很大的缺陷，並且非常不完美，它不過是某個嬰神粗劣的處女作而已，完成之後，就把它丟棄……」。或許世界是個外行人建造的。

休謨的解答，大致不為西方宗教型態所接受。以下是針對這個可能無解的難題，所作的其他解答。

一、解一：一種「無解」之解

早在大屠殺以前，猶太人就看出他們「破碎的契約」所能提供的解答有限。民族和國家的榮枯通常都是自己造成的。有人曾說，二十歲的臉是上帝給的，五十歲的臉是自己造成的。可是有時候，有太多醜惡的事，太多的災禍，再來，還是那些受難嬰兒的問題。希伯來人企圖以上主不容許對立的神明這種說法，來解釋嬰兒的問

題，祂會追罰「祖先的罪惡，直至第三代、第四代子孫。」[8]這太嚴重了，於是希伯來人一直在尋求其他的神正論。

另一個神正論是以戲劇化的方式，表現在古老的約伯的故事中。約伯是個正直的人，應該得到上帝的保護，但是有一天，上帝和撒旦在天堂交談的結果，使約伯遭受可怕的折磨：竊盜奪走他的財富，龍捲風滅絕他的子女，而他的身體也垮了。約伯大聲呼喊，要求一個答案，得到的是虔敬的不可知論（reverent agnosticism）式的神正論。上帝從一陣旋風中出來向約伯說話，譴責他膽敢質疑上帝的行動，膽敢要求上帝解答世上何以有痛苦與邪惡存在[9]。

此一神正論主張：上帝之所作所為，並／或其容許發生的事，超出了人類心智的理解範圍。就像約伯最後終於明白的，不管發生什麼事，他和我們都應該接受，並且「維持信仰」。我們只要相信上帝知道自己在做什麼，並且以虔敬的不可知論的態度來接受痛苦與邪惡就可以了。

這顯然是個「無解」之解。但想起那位年輕的牧師，還有他教區內一位信眾的死亡車禍，我們也許會推論，就精神道德層面而言，這個解是巨大無比的。

二、解二：惡神

約公元前三〇〇年以後，希伯來人開始有另一種理念，那就是形而上的二元論——即撒旦之解。這個理念原來對以色列人來說是外來的理念，與其說它屬於以色列人，不如說它屬於古代的伊朗人——即稱為祆教的波斯宗教。

祆教首度出現於公元前七世紀，為瑣羅亞斯德所創。除了其他理念外，它還主張世界並非由單一 全能－全知 的上帝所創，而是由兩位對立的上帝所創：光明與善的上帝 〔智慧主（Ahura

---

[8] 標準譯本修訂版＜申命記＞（The Book of Deuteronomy），十誡（Ten Commandments）5：8 的第二條，堅定地表明此一嚴正的立場。

[9] 上帝從旋風中出來所講的話，載於＜約伯記＞（The Book of Job），38-41：34。

Mazda）]，以及黑暗與邪惡的上帝 [惡神（Angra Mainyu，或稱 Ahriman）]。

依照瑣羅亞斯德的教義，智慧主（善神）並非全能，祂無法立即阻止惡神，但惡神終究會被打敗，彼時，所有的人，包括生者與復活者，就會與智慧主在天堂開始一種永恆的生命。惡神與其手下惡魔終將被消滅，但在目前與天國之間，由於惡神的存在，世界會受到痛苦與邪惡的壓迫。

在這種二元論下，可以看見 猶太教－基督教－回教 的撒旦，我們應該不會感到驚訝，因爲那就是撒旦的來源——如第七章所詳細探討的。

三、解三：善的缺乏（Privatio Boni）

有些人以上帝所創者皆爲善的說法，來解釋（使之合理化）上帝與邪惡。祂看著已經完成的一切，覺得很好[10]。可是這些好的創作中，有些自由存在體後來選擇墮落了——天使和人類兩者皆有。邪惡不是某種東西，它是某種東西不在了，亦即善不在了。

奧古斯丁（354-430）認爲在上帝的世界中，不論貴賤，皆爲善。萬物各有其形態，無一本質爲惡者。小蟲不因比人低等而爲惡，人不因比天使低等而爲惡。每一等生物各有其天性（善性），所以邪惡不是一個存在的事實，而是缺少了一個東西——一個損失，一種失敗。奧古斯丁稱之爲「善的缺乏」 [*privatio boni*（善被剝奪或挪開了）]。那麼下一個問題一定是「爲什麼？」——爲什麼會有這種缺失，這種挫敗，這種剝奪？如果所有上帝的創作皆爲善，邪惡從何而來？奧古斯丁認爲，任何東西蓄意違反了固有的善——其真正的天性，而變得低於原來上帝所規劃的自我時，邪惡就產生了。邪惡只發生在蓄意的墮落產生，以及一個東西（或一個階層的東西）不再忠於自己的本性，開始以較低劣的質性在運作之時。一條蟲如何這麼做，我們很難理解。可能除了蟲/蛇撒旦以外，也許根本就沒

---

10 ＜創世紀＞第一章。

有邪惡的蟲。但是天使或人如何這麼做，就容易了解了。古老的神話告訴我們，當天使選擇不再當天使，而要與上帝爲敵時，他們就墮落了。在露曦浮／撒旦的領導下他們叛變，放棄了萬物之神聖規劃中屬於他們的位置，不再是上帝原來想要的樣子。按照另一個古老的宗教故事，同樣的事也發生在人類始祖墮落之時。上帝創造了一個完美的世界，同時在那裡安置了完美的一男一女，但他們倆（像先前的天使一般）有能力使自己墮落，因爲上帝給他們（如同祂給天使一樣）自由的意志。他們固有的意志是要按照上帝的期盼——要成爲完美的男人和女人，與上帝交往。可是這一男一女開始行使自己的意志，而他們的意志領著他們走向缺乏善的路。

四、解四：這個世界已經是最好的了／邪惡有用說

德國的哲學家兼數學家萊布尼茲（Gottfried Wilhelm von Leibniz）極力反駁上帝或許應該將萬物造的更好的說法。提出這種主張者認爲上帝是個技術不好的建築師，萊布尼茲反對這一點。他辯稱任何一個被創造出來的世界，本身一定會有缺陷，只有上帝才是絕對完美的。這個世界已經是最好的了，缺點已經降到最低程度，甚至於這個世界的缺點，也不盡然是負數。它們對這個出色建築的整體，也有貢獻。就其作爲整體創作之善與美的對比，使之更顯得突出而言，缺陷，或者說邪惡，可以被看成具有正面的貢獻。就像是一幅畫，加上灰暗的幾筆與黑影，有助於在整個畫面中，把景物突顯出來。

十八世紀一些神學家，採取了下一步超越萊布尼茲的理念，他們提出邪惡並非只是在有限性的創作中，必然會發生的意外而已，它是上帝計劃中的一部份。一定要有部分的惡，才能顯出總體的善，惡是善必然有的共存物（concomitant）。在高度的道德嘗試中，邪惡是必要的，因爲一個沒有邪惡好抗拒的世界，就不能產生發展道德力量所必需的道德抉擇情況。雖然痛苦有時會毀了受苦的人，痛苦一樣常常造就受苦者，或者目睹痛苦的人，用別的方法達不到的精神方面的成熟。沒有一個真正的敵人，就不可能會有勝利——沒

有苦，哪有樂；沒有罪，哪來救贖。

　　經驗過牙痛的人，當然更能完全體會沒有牙痛的喜樂。但為何要有這麼糟的牙痛呢？或許要一些的惡，但何以要這麼多呢？難道非得六百萬猶太人的生命，或者一個小孩的生命，才能造就總體的榮耀，才能達到個人人格的圓滿？

五、解五：純粹是邏輯的問題

　　阿奎納（Thomas Aquinas）曾說：「任何矛盾的東西，不在上帝的全能範圍內。」[11]這意思是說，可以做的事，上帝都能做，不能做的事，上帝也做不來。譬如祂不能做出圓的正方形、黑的白，或是有限的無窮。

　　劉易士（C. S. Lewis）這位使現代宗教澄明的「縮影大師」，在他的一本很出色的小書《痛苦這個問題》（*The Problem of Pain*）中，提出相同的理念。人們試圖將上帝與邪惡並存合理化時，主要困難在於上帝是全能的這個論點上。上帝果真全能，就應該有那種能力（那種力量）做任何事，同時做任何不可能的事。

　　在這個點上，語言也許會誤導我們。用語言我們可以提出一個看似合理的問題：「上帝能創造出一個圓的正方形（或者有限的無窮）嗎？」答案是：「不能。」並非上帝缺乏某種能力，而是因為這個問題根本就是胡言亂語。圓的正方形（有限的無窮）是自相矛頓的說法，沒有意義。雖然聽起來像提出一個問題，卻是個幻覺而已，和廢話（squik-diddle）沒什麼兩樣。

　　劉易士（與阿奎納）看出了「全能」這個詞的含糊不清。「上帝是全能的」，彷彿是個直截了當的陳述——純粹就是所說的，「上帝能做任何事情。」但事實上，它是個減縮了的陳述，其中隱含著一個「如果」。對上帝而言，所有事情都是可能的，如果。如果什麼呢？如果它們不自相矛盾的話。劉易士說，上帝的全能，

---

[11]　阿奎納（Thomas Aquinas），《神學大綱》（*Summa Theologica*）。

意指能做出一切本質上可能者，而非本質上不可能者之力
量。我們可將奇蹟，而不是胡說歸之於祂。這不是在限制
祂的力量……對上帝而言，一切仍舊是可能的：本質上不
可能者，並非東西，而是不存在的東西。[12]

道德上的邪惡　首先，此一有關上帝力量的觀念，如何能影響上帝
與世間道德上的邪惡的關係？可能上帝在還沒有創造世界以前，就
作好了選擇。祂選擇創造一個真正的道德確實可以在其中產生的世
界。道德的先決條件是要有選擇的自由。要有真正的道德，人類必
須有連上帝都無法預料的自由。道德以自由選擇爲基礎，而自由選
擇是無法預知的。一個可以預測的不可預測的事，是不存在的。就
像阿奎納所指出的，它也是個不在上帝全能範圍內的矛盾。因此，
顯然地，上帝選擇至少在這段期間內，用祂的全能，將其全知（其
無所不知的能力）擱在一旁。

　　當上帝選擇允許真正的自由與確實的道德時，他就必須同時允
許自由的誤用。祂的那些自由存在體，不管是天使或人類，都可以
選擇支持祂或反對祂。在他們作出選擇以前，上帝真的不知道他們
將如何選擇。如果祂真能事先預知，那麼他們就不是自由的，而確
實的道德也就不會存在。

　　自然的邪惡　據此，我們可以得到世間一種邪惡的解釋──道德
上的邪惡。可是自然的邪惡呢？此時，我們可以借用萊布尼茲的答
覆。就像萊布尼茲所主張的（見前列解五），如果只有上帝是完美的，
那麼任何其他被創造出來的東西，一定是比較不完美。即使是上帝
也造不出一個完美的不完美的自然界───一個有限的無窮的自然
界。由於較不完美，比不上上帝，於是就有自然的災害──聖徒走
過時，正好發生坍方；一個小孩的淋巴腺，有一點化學上的構造錯
誤。

---

[12] 劉易士（C. S. Lewis），《痛苦這個問題》（*The Problem of Pain*, New York: Macmillan, 1948），pp. 15-16。

　　約伯、瑣羅亞斯德、奧古斯丁、阿奎那、劉易士、萊布尼茲都
忙著解答上帝的世界有邪惡存在這個問題，於是產生了一些引人入
勝的想法，但我們覺得他們其中的任何一個，或全部加起來，並沒
有真正解決這個「全的問題」。或許「全」（omni）本身才是問題的
癥結。

六、解六：「全」這個問題

　　有些人採用上帝並非全知的主張，來作為他們的神正論。上帝
在力量上，或者也許甚至在知識上，並非沒有限制。邪惡存在於世
上，並不是因為上帝不在乎，而是因為上帝一開始就無法避免它的
存在，或者無法在事後毀了它，或甚至於無法永遠控制它。

　　上帝的力量有限這個觀念，有著長遠的哲學傳承，最早要追溯
到柏拉圖。在他名為《提麥奧斯》（*Timaeus*）的對話錄中，柏拉圖
並沒有把上帝描述成全能的創造者，而是描述成一個宇宙的工匠
（demiurgos）。對存在的「種種形狀」皆了然於胸的上帝，拿起沒
有區別的物體（沒有形狀的物體），來「打造」世界。上帝所造的世
界（我們居住的世界），在當時就是，並且一直都是上帝心中完美世
界的一個不完美的複製品。不過，上帝一直不停地在打造它。

　　較近代的宗教思想家，直接質疑「全」這個問題，已經使古代
雅典人神聖力量有限的觀念，跟得上時代，特別是在全能的問題上，
但全知的問題也包括在內。也許邪惡之所以存在於世間，是因為世
界不是由一位全能的上帝，在瞬間以「讓世界有」這種方式（創世
紀第一章）創造出來的，它反而是一種達爾文進化式的創造過程—
—一種不會結束，持續進行的創造過程。因此，關於上帝所造的世
界，有邪惡存在這個問題的一個可能解決辦法就是：重新思考我們
有關上帝本質的神學理論。

　　當代一位哲學神學家哈德雄（Charlesh Hartshorne），把這個
理念拿來當一本書的書名——《全能及其他神學理論的錯誤》
（*Omnipotence and other Theological Mistakes*）。他還有現代哲
學神學家的整個運動，都非常注重這種神學理論的重新闡述。

　　這種神正論保持不損害上帝之為善，上帝之出於善意的觀念——即上帝慈愛的特性。上帝渴望善、美與有愛的東西。問題是，在世界的程序中，上帝作為一個創造動力，祂並不控制萬物到設定好其各種可能性的程度，而萬物也各有其自我創造的過程。上帝根本就不會去命令世界存在，就某種意義而言，反而是勸誘世界存在。

　　在這種持續不斷的過程中，火山或許會爆發，上千人因此死於非命。這世界上有病毒，也有嬰兒，兩者都是具創造力、能使一切事情發生的神聖熱情的產物，在萬物的規劃中也各得其所。當他們不期而遇，不只是俗世的父母哭泣，「聖父」也沮喪地哭泣著，然而世界依舊繼續。

　　上帝無法控制一切——並非全能。上帝甚至於無法得知一切——或許也並非全知。為何有邪惡的事情發生呢？因為對我們來說，這不是個完美無缺的世界。實際上，它甚至不是為我們而設計的世界，我們只不過是維持整體和諧的重要份子而已。據我們所知，人是唯一能說：「這真是美極了！這真是太悲哀了！」的生物。混亂、悲哀、死亡，全是我們得到了不勞而獲的生命，所要付出的代價。雖然代價高，但值得。超越所有的混亂與邪惡，一個奇妙的事情在宇宙間發生了。那要等上數億年才會發生，但它是如此罕見而又美麗的東西，所以等這麼久，也是值得的。至少在這個小小的星球，在這個二流的太陽系，奇蹟中的奇蹟發生了！我們稱之為愛。神聖創造動力之特質，不在於全能或全知，而是像德日進（Teilhard de Chardin）所主張的，一種創造的程序，不斷以復雜、規律、美與愛，向前推進[13]。

　　在這種神正論中，我們必須保持不損害上帝的善意（上帝慈愛的特性），同時明白上帝無法永遠避免，或克服人生有邪惡存在的事實，還有上帝不一定永遠知道事情最後的結果如何。就力量與預知能力而言，上帝與人類相似。如柏多奇（Peter Bertocci）所言：

　　　就基本結構而言，上帝的經驗和我們的沒什麼兩樣。

---

[13] 見第六章〈內在論〉（Immanentalism）。

上帝的心中有形式和內容，他的生命中，一樣有挑戰、喜
悅和掙扎［偶爾也會有失敗］。[14]

七、解七：大幻覺

有些人試圖以否認邪惡存在，來證明上帝是對的。邪惡並非屬
於上帝的東西，它根本就不是東西，它是個幻覺。

此一「幻覺假設」，是吠檀多佛教[15]（Vedantic Buddhism）的中
心神學理念。印度教哲學基本上強調萬物皆爲梵上帝（God
Brahman）。萬物存在於上帝的總體，上帝即一切：一切即上帝。平
常我們所見的世界，是世界的表象，而不是它的實相。如果我們能
看見真正的世界，內在的世界，潛在的世界，上帝的世界，我們就
會看見邪惡事實上並沒有一席之地。就形而上的層面而言，它是不
存在的。痛苦與邪惡都是錯誤的思考，把表象當成事實，而產生的
幻覺。人一旦完全了解人的靈魂（atman）與梵（上帝的靈魂）是同
一件事實時［像印度人說的「汝即彼」（tat tvam asi）］，甚至連
邪惡的表象也會消失。無知（avidya）被克服了，上帝就免於遭受
指控。我們知道不是上帝，人才是「邪惡」的原由，而事實上邪惡
從來就沒有真正存在過，全是因爲搞錯了。

介可思（L. P. Jacks）曾問：「該如何看待邪惡呢？」然後他
自己回答：「我們應該覺得它很惡劣。」不過，他繼續說：

> 我自己寧可活在一個有真正的邪惡存在，大家也都看
> 得出來的世界，而不是一個大家都像低能兒一般，相信邪
> 惡根本就不存在的世界。[16]

---

[14] 柏多奇(Peter Bertocci)，《宗教哲學入門》（*Introduction to the Philosophy
of Religion*, New York: Prentice-Hall, 1951），p. 443。

[15] 公元前八○○至五○○年間，是印度教經典寫作的巔峰期，這些經典稱爲奧義
書（Upanishads）有時被譯成「侍坐導師身旁」］，它們被看成是神聖知識
（吠檀多）的頂點。

[16] 介可思(L. P. Jacks)，《宗教的基礎》（*Religious Foundations*）瓊斯編（Rufus

介可思的評論或許有點粗糙，不過他也可能有一個合理的論點要表達出來：幻想的痛與真實的痛一樣苦。

八、解八：悉達多・喬答摩：一個有明確答案的人

前面提過，哈德雄把他的一本書定名爲《全能及其他神學理論的錯誤》，書中哈德雄批評各種傳統的神學理念——全能，全知、完美、沒有同情心的善意、不朽，與永不犯錯的啓示。

二千五百年前的悉達多・喬答摩（Siddhartha Gautama），比哈德雄更勝一籌：他宣稱神學本身就是一個錯誤。世上何以有邪惡存在的真正答案，不在於精心推敲的神學理論（包含有效的神正論，不管是否認定上帝爲全能），而在於一種心理上的成就。喬答摩早在心理學家這個名詞發明以前，就是一位心理學家。有一天坐在樹下的時候，他得到了這樣的結論。但這個結論不是在樹下放鬆自己，就可以得到，而是要經過長期的搜索才有的。他花了好長一段時間，不斷爲災禍何以成爲人生的特徵尋求解答。

喬答摩起初是個印度教徒，但他逐漸感到沮喪，未必是對印度教，而是因爲自己無法找到內在的平靜，於是他去尋找那種平靜。經過幾年在哲學、禁慾苦行與冥想中尋求，都沒有結果以後，他摒除所有這些神學理論的東西——突然間他有了答案。

他如何得道　悉達多（Siddhartha）約在公元前六世紀出生於北印度，喜瑪拉雅山（the Himalaya Mountains）山麓小丘鄉村的一片沃土，距貝拿勒斯（Benares）約一百英哩。他的家世顯赫，父親是釋迦（Sakya）部族的一個小酋長。

幼年及少年時代的悉達多，可以說是過著不錯的生活，他很聰明，分析能力很強，同時也很敏感，但骨子裡，他並不快樂，甚至沒什麼明顯的理由，就漸漸變成一個真的很沮喪的人。近二十歲時，他和一位可愛的女孩結婚，生了個兒子，但是內心的沮喪持續困擾

Jones），（New York: Macmillan, 1923），p. 105。

著他，快三十歲時，他決定離開家，去尋求生命的意義。

　　身為印度教徒，他採取一種印度教的方式，首先以哲學研習的方式，來尋求生命的意義。他去上大學（或者在當時與大學功能相同者），學了很多東西，卻都不是求得內心平靜所需的東西，於是他換另一種印度教的方式，來尋求內在的平靜——禁慾苦行：有系統的、自我否定的修練。他在烏魯維拉（Uruvela）的一處小樹林，找了個地方，修練苦行並打坐冥想。

　　這樣的修練持續了五年，完全沒有用，如他所述：「這種嚴厲的苦行生活，還是無法使我超脫人的限制，提升到最高的開悟境界。」[17]

　　最後，他問自己：「有沒有別的方法可以悟道？」他放棄了哲學、苦行和冥想的方式，回歸到常識，離開了小樹林，開始走回家，路上停留在一個地方叫做菩提加耶（Budhagaya），在另一個小樹林的一棵樹下，找到了一個休息的地方，突然間，他得到了答案。阻礙他得救的絆腳石，以及各地悲慘事件的原因都是「欲」（tanha）——慾望，過度的慾望。他立刻下結論，只要我們不欲不求，接受一切，生命是可以控制的，內在的平靜也能獲得。

　　生命因貪慾而有所毀損，悉達多坐在那裡，突然領略此一驚人的理念，使他成為一個沒有破壞力之慾望的人。他變了，不論發生什麼，他都能控制局面。

　　他離開那地方，開始講授所謂的四聖諦（Four Noble Truths）。所有的生命都是痛苦；痛苦因貪慾而來；克服貪慾，痛苦就會結束；痛苦可經由修道來克服。

　　他捨棄了神學理論，這點可以在以下被認為是他在講道的成熟期所說的話中，看出來：

---

[17] 《佛陀進一步的對話錄》（*Further Dialogues of Buddha*, London: Oxford University Press, 1926），I，p. 175。巴利經文學會（Pali Text Society）查摩斯爵士（Lord Chalmers）譯自《中部》（*Majjhima Nikaya*）。諾斯（John B. Noss）在其《人類的宗教》第三版，（*Man's Religions*, New York: Macmillan, 1963）p. 173 也有引述。

　　　　記住我所沒有闡明者，並我所闡明者，……我並未闡
　　明世界是永恆的，我並未闡明世界不是永恆的，我並未闡
　　明世界是有限的，我並未闡明世界是無限的。我並未闡明
　　靈魂與肉體是一樣的，我並未闡明……得道者〔(arahat)
　　得道的聖徒〕死後仍存在……何以我不闡明這點？因為沒
　　有益處，並且與宗教的根本無關……[18]。

然後（如先前第六章）他繼續說，他已經闡明了一些事情——悲苦
的原由，什麼是悲苦，還有如何擺脫悲苦。這種闡明有益處，因為
它直指宗教的根本，亦即如何處理生命中具威脅力量的挫折，以及
如何體驗涅盤（Nirvana）——如何領悟內在的平靜。

　　聽到悉達多捨棄了神學，有些人感到極度的沮喪。有一天，聽
完悉達多講道，有一個人問：「你是神嗎？」悉達多答：「不是神。」
於是那人又問：「你是聖人嗎？」悉達多答：「不是。」「那麼，」那
人問：「你是什麼？」悉達多答：「我是清醒的。」而這就是「佛陀」
（Buddha）的意思。

九、解九：三位拉比（the Rabbis）的故事

　　或許介於合理化（神正化）邪惡存在於上帝所創造的世界，與
喬答摩摒棄所有形式的神學之間的是韋瑟爾（Elie Wiesel）的拉
比。

　　韋瑟爾小時候和家人一起被監禁在一個納粹集中營裡，全家只
有他一人倖存。幾年前有人問他，經歷了這些，他還能相信上帝嗎？
他的回答是：「我信仰上帝，但無法原諒祂。」然後，他描述有一天
在集中營看到的事。三位拉比在審判上帝，何以在這個上帝特別以
猶太人作為其選民，並與之立約的世界上，竟然會發生這種事？經

---

[18] 引述自《中部》65，華倫（Henry Clarke Warren）譯，《佛學翻譯》（*Buddhism
　　in Translation*, Boston: Harvard University Press, 1922），p.122。諾
　　斯的《人類的宗教》第六版，(New York: Macmillan, 1980) p.114 也有引述。

過兩天嚴肅的討論，三位拉比覺得上帝有罪，然後就以禱告的方式，
將判決延期。

韋瑟爾在其《當今猶太人》中，重覆了這些拉比的決定，並且
解釋他們的禱告：

> 拉比告訴上帝：「在歷史上，你一定是或不是我們的
> 伙伴……既然你選擇毀約，那也就罷了。」[19]

然而韋瑟爾注意到，三位拉比仍繼續向上帝禱告。為什麼？

> 因為這是身為猶太人的本質：永不放棄───永不屈
> 服，永不絕望───如果一切希望都落空了，猶太人會創造
> 新的希望。[20]

---

[19] 韋瑟爾（Elie Wiesel），《當今猶太人》（*A Jew Today*, New York: Random House,
1979）pp. 17-18。

[20] 引自「長遠的追尋」（The Long Search），一個有關宗教經驗的十三集電視節
目，佛羅里達州邁阿密-戴德社區學院（Miami-Dade Community College）製
作，作者為史馬特（Ninivan Smart），敘述者為艾立（Ronald Eyree）。

名詞解釋

◆ Agnosticism **不可知論**・相信某些真理不可得，只有感覺得到的現象，才是確切的知識。在神學上，不可知論並不否定上帝的存在，只不過否定知道上帝是否存在的可能性而已。

◆ Ahura Mazda **智慧主**・祆教創始人瑣羅亞斯德的神學理論中，兩個極端的力量之一。

◆ Angra Maiyu **惡神**・惡靈。祆教創始人瑣羅亞斯德的神學理論中，兩個極端力量之一。

◆ Brahman **梵**・指所有事實與萬物難以言喻之主要來源。

◆ Concomitant **共存的**・同時存在或同時發生。

◆ Privatio Boni **善的缺乏**・Privatio，「解放」，「釋放」之意；boni（bonum），「善」的意思。

◆ Siddhartha **悉達多**・佛教創始人佛陀的名字。

◆ Squik-diddle **廢話**・沒有意義的字。

◆ Teodicy **神正論**・不管邪惡存在的事實，企圖為上帝的公正性所作的辯護。

第九章

神與宗教逐漸成熟

起初上帝創造天地
地球空洞無形
水面一片黑暗……於是
上帝說：「讓地球有……」

創世紀 1:1-3

　　宗教的年代久遠，一百五十萬年以前，能直立站起來的人類〔直立人（*Homo erectus*）〕，也許有，也許沒有宗教。我們知道直立人使用石器，我們也知道，這些原始人，就像所有動物一樣，偶爾面對冷酷世界中，具威脅性的自然力量，會恐懼畏縮，偶爾也一定會因為同一世界中，某些宏偉壯觀的景物，而心生敬畏——也就是說，宗教的基本要素（恐懼和敬畏），肯定有在他們的生活中出現，但他們是否有足夠的自覺與想像力（足夠的智慧），來產生宗教行為，我們不得而知，並且可能永遠也不會知道。

　　在十萬到一萬年以前，情況就不同了。另一種新的人類出現，證據在一八五六年於德國近杜塞多夫（Dusseldorf）的尼安德塔山谷（Neanderthal Valley）被發現，現稱之為尼安德塔智人（*Homo sapiens neanderthalensis*）。他們不僅使用工具，還舉行宗教儀式。我們之所以知道這些，是因為墓地的證據顯示，他們把死去的人，儀式化地葬在備有工具、食物和武器的特殊墳墓裡。假定他們認為死去的人需要這類東西，也就是認為死去的人，繼續過著另一種形式的生活，似乎是合理的。或者，他們可能認為死者之所有物，因為死亡而充滿了某種特殊的超自然能量。在這種情況下，他們還

是以所謂的宗教理念在運作。此外，他們顯然也爲被獵食的熊，舉行某種宗教儀式。他們把熊的頭和大腿骨擺在特殊洞穴中的石桌上或壁龕裡。從這類證據中，可能得到的合理猜測是：他們在舉行一種宗教儀式，以安撫（propitiate）熊的靈魂，或者要確保將來打獵成功，或是在供奉某位高高在上的神明。無論如何，都是宗教。

　　後來，約二萬年前的中石器時代（Middle Stone Age），一種在文化上比尼安德塔人更進步的人類出現了，現稱之爲克羅馬儂人（Cro-Magnons），一樣居住在歐洲，但在較南方的法國和西班牙。他們顯然是進化型式的智人，比被取代的尼安德塔人高大健壯，大部分甚至比現代人類還要高大強壯。像尼安德塔人一樣，克羅馬儂人是遊牧民族，爲了食物，沿著打獵的路線旅行，可是在一年當中較寒冷的月份，他們就住在洞穴裡，或是在懸崖下所建造的，具保護作用的單坡棚內。

　　像尼安德塔人一樣，克羅馬儂人將死去的人，葬在特殊墳墓裡，並供給他們工具、食物和武器。此外，他們還用紅色的赭石[1]塗飾屍體，並且也塗飾其他東西。繪畫和雕塑確實已經成爲他們的先進藝術，他們在洞穴的牆上，繪製出色的壁畫，用黏土、骨頭和鹿角雕刻圖象，通常爲動物圖象，但也有別的圖象。有時雕出小巧的女人形象，小小的「維納斯」肖象，通常約四至六英吋高，臉上沒有特徵而無法形容，或者根本就是空著，但胸部、腹部還有臀部則性感而豐滿，可能是被用來當作豐產祭典中的母性象徵人物。這些人像暗示著：母性神的崇拜，在人類歷史初期就已經發展出來了。

　　此外，克羅馬儂人所作的洞穴壁畫，顯然具有宗教意義。它們被畫在洞穴最裡面的牆上，那裡非常陰暗，除非用火把照明，否則就看不見畫。這顯然不是爲了平日觀賞而作，那麼，是爲了什麼呢？有可能是宗教儀式的一部分。舉例來說，法國亞力茲（Ariege）特

---

[1] 尼安德塔人也對死人使用紅色的赭石，有一次在巴伐利亞（Bavaria）挖出一批尼安德塔人的骨骸，全被染成赭紅色。紅色或許代表血，意指死後一世又一世的生命，就像血對後來的人也有這種意思一樣。

羅弗瑞斯（Trois Fréres）山洞內一幅生動的壁畫，就支持這種看法。畫的是一個戴面具的男人，長長的鬍子，人的腳，戴上狼或熊的耳朵，獅子爪、鹿角，還有一條馬尾巴。這幅畫描繪的可能是原始宗教生活中，一個最重要的角色———一個在當代原始文化中仍然重要的人物：薩滿（shaman）[2]。其他洞穴壁畫則描繪打獵的場景，例如蒙特斯龐大洞穴（the Cavern Montespan）的獵牛畫。有的畫作十分壯觀，在西班牙阿爾塔米拉（Altamira）洞穴中的獵牛壁畫，充分展現出一位藝術天才的稟賦。這些壁畫可能是打獵法術儀式中的一部份。所畫的動物，一般都是被獵食的那種，通常有矛、箭穿透側腹。

　　克羅馬儂人也畫一些可能是豐產祭典的場面。例如在西班牙卡古（Cogul）的一個岩石庇護所，有一幅壁畫，繪出九個女人繞著一位裸男，看來像個入會儀式的主角，或是豐產祭典的男性角色，或者可能是個男神。

　　中石器時代末期，原始文化有了戲劇性的轉變。古老的遊獵家族，逐漸被相形之下較為安定的部落所取代，不但以獵得的肉，同時也以地上的果實維生。他們吃女人以及小孩所採集的漿果、穀物、果實和蔬菜，也使用鉤和纖維網捕魚。為了有更好的漁獲量，還發明了船（大部分為獨木舟），為了有更多的獵物，他們飼養狗來幫忙。

　　生命不斷地延續，生活不停地改變。採集漿果漸被不遷徙的、固定的農業———耕地與種植———所取代。此外，其它的動物也被馴養了，打獵也被看顧牛群和羊群所取代，於是原始人類進入了新世紀———新石器時代（the New Stone Age）。新石器時代約從公元前七千年到公元前三千年，不單是經濟情況變得更為複雜，宗教活動也是一樣。

　　這段時期的手工藝品顯示，葬禮的重要性與複雜性大大地增加了。葬禮以複雜的儀式舉行，有時牲畜被拿來獻祭，有時顯然甚至於用人來獻祭。埋葬的地點，在巨大的卵石下方，或石洞裡，通常

---

[2] 又稱巫醫。

用巨石，費很大的力氣才建造完成。巨石（megalithic）碑也是在
這個時期建立的：獨豎石（單一以一端站立的岩石）、石棚（兩塊直
立岩石，上方蓋以壓頂石）、以及豎石圈 [排列成環形的豎石，就像
巨石陣（Stonehenge）一樣]。這些石碑代表什麼，其用途為何，至
今仍是個謎，但它們一定和宗教有某種關聯。

　　所有這些只是要表明宗教是非常古老的——顯然和人類一樣
老，也和明年一樣新。石器被銅器和鐵器取代以後，產生了文明。
宗教在埃及、伊朗、巴勒斯坦、印度和中國，成為關注的焦點，迅
速發展，至今仍好端端地存在於世界上。可以說有人的地方就有宗
教，在過去、現在並且到永遠。

　　原始宗教與「文明」宗教顯得非常不同，似乎到了沒有關係的
程度。原始宗教過度熱衷於試圖 [以超自然技術(metatechnology)]
將自然以外，和超自然的力量，引入自然程序中，因此顯得與現代
宗教截然不同。一個由馬那（mana）、靈魂、惡魔所組成的上帝階層，
當然（至少乍看之下）和一個由耶和華（Yahweh）、梵（Brahman）
或道（Tao）所主宰的上帝階層，似乎沒什麼關聯。然而我們知道，
事實上，現代世界各宗教也有採用超自然技術，而採用超自然技術，
就表示他們大致像原始人類一樣，肯定一種二元的，自然－超自然
的存在事實。同時我們也知道，原始人類的小神，在原始宗教中，
所達到的功能，等同於文明宗教中偉大上帝所能達到者。兩種情況
下的神，都代表信奉者為了超脫，甚或克服生存在中一些否定生命
的事實，所努力要聯繫的力量。兩者功能相同，不同的只是複雜性
的程度而已。原始人類透過原始的眼光來看神，文明人透過文明的
眼光來看神。其實文明人正在看著原始神明「逐漸成熟」。當今世界
主要的十多種宗教，各種不同的神，都是在非常古老的、原始型態
的宗教蛻變之後才產生的。世界各大宗教均直接或間接來自於原始
時代初期，來自於原始型態的神。

　　現在就簡略地來檢驗許多世界宗教中，神的觀念的蛻變與成
熟。要明白，這只是概括性的綱要而已，任何有關此一主題的完整
探討，不管在時間或空間上，皆不可得。任何主要宗教的神的概念，

其蛻變與成熟的過程，都非常複雜，有著幾乎持續不斷的，不同文化間的連結與微妙的差別。然而，試圖去了解單一宇宙之神的概念如何產生，卻是重要的。因此，重點在於將伊朗、巴勒斯坦、印度和中國的神的成熟過程，擬出概括性的大綱即可。但在直接進入那些古老的時空以前，我們要先確定許多術語以利分析：原始宗教（primordial religion）、圓滿宗教（consummate religion），以及特殊經歷（kairotic episode）。

一、原始宗教

原始宗教指的是由許多超自然力量和存在體，共同組成其上帝階層的宗教。這種宗教並沒有單一宇宙力量的概念，而是多重的、局部性的超自然力量的概念。它有很多神，並且神的力量限定在各種不同的地點，或特定的情況，或兩者皆有。例如南太平洋，特洛布里安群島居民，相信他們生活在一個充滿了眾多靈與魂的世界[3]，同時其行事的內容與地點，各有一定的限制。其次，古代希伯來人的宗教信仰中，耶和華是希伯來人的守護者兼戰爭統領（這是祂的職責），希伯人到哪裡，祂就在哪裡。同時，在巴勒斯坦，還有其他的神：巴力（Baals），為眾多的農神，各自對特定的土地，有使其肥沃的能力。巴勒斯坦以外，遠離以色列的部落，也有各式各樣，屬於別的民族，在不同的地方，做不同工作的神。

一般而言，原始及古代人類的上帝階層都是：(1)多種類的——由許多靈與魂組成，並且是(2)局部性的——有特定的能力和地點。當這兩種因素逆轉時，圓滿宗教就產生了。

二、圓滿宗教

圓滿宗教是一種宇宙觀已經完成的宗教，同時它的上帝不再固

---

[3] 我們應該將靈與魂劃清界線：靈是非人的超自然力量與存在體，諸如神、女神、天使、魔鬼和惡魔；魂是人的超自然力量與存在體，即已故祖先的鬼魂和魂魄。

定於特定的地點，或者只有有限的力量。人們自認爲生活在宇宙間，對他們來說，上帝已經變成一種宇宙的力量，的確，上帝已經變成了宇宙的力量。例如，原始的、屬於野外經驗的耶和華，是巴勒斯坦的上帝，並且是以色列人專有的上帝。不同於此的是巴比倫流亡之後的耶和華，祂是各個地方所有人類的上帝——一個有絕對宇宙力量的上帝。

當某些原始人類從石器時代的遊牧生活，進化到使用金屬，並且過著農業與都市的生活時，在那一千年間，有關上帝的言論，也有了新的發展。人們開始說，世上眾多決定命運的力量，本質上是某種合一的個體。靈與魂的背後，有一個指示的力量，宇宙秩序的概念於焉產生。決定性力量（上帝）的終極來源開始集中起來，被看成是一個、或兩個，或者少數，但不再是數不清的複數。代替原始的局部性力量的概念，而發展出來的是宇宙力量的概念，上帝的力量被看成是在宇宙間運行。也許有一些靈（小神、女神、神祇和惡魔）存在，但他們都是單一終極力量（或少數的終極力量）的代理者，全聽命於一位偉大的上帝，這位上帝賦予他們力量。世界變成了一個宇宙。

圓滿的成就：非完美無缺　當「神成熟」時，宗教也成熟了，這也就是說，宗教活動主要強調的，已從超自然技術轉移到相遇和感激——從企圖利用神以達到世俗的目的，轉移到企圖與上帝（不管是耶和華、基督、安拉、梵或道）和諧地共同生活，追求與神靈相遇，追求精神上的健康、道德的無缺、生命的完整，並以語言文字和態度，以儀式和虔誠，對不勞而獲的贈予，表達出心中的喜樂。

既然已經這麼說，我們也必須要說「成熟的宗教」不是指「完美的宗教」，亦即世故老練的上帝觀，未必能產生完美的宗教。對我們西方人（猶太人、基督徒和回教徒）來說，理所當然地會去頌揚我們單一有神論——我們獨一無二的上帝、宇宙的統治者——的精練與完美。但是這種完美可能會被質疑，尤其或許在信仰其它宗教體系的人，來加以檢驗的時候。舉例來說，雙方各有其上帝的情況下，相信終極目標爲追尋內在平靜的印度人，可能會認爲猶太人、

基督徒和回教徒顯然好戰的傾向，是其宗教信仰有一定程度劣質性的結果。不僅譴責殺人的行為，同時也譴責殘殺動物的耆那教教徒[4]（Jain），目睹西方世界一般漠視許多動物滅絕的情況，可能會認為這一定代表了西方宗教信仰的劣質性。

三、特殊經歷

我們的分析所需的第三個主要術語是特殊經歷。"kairos"是一段特殊的時間，今日世界圓滿宗教的神，在這種特殊的時間中，透過特殊的經歷，逐漸成熟。這大約發生在公元前八〇〇年到公元前五〇〇年間的伊朗、巴勒斯坦、印度和中國。(1)在伊朗（所謂的祆教），原始的、多數的、局部性的神、靈和惡魔，均被納入一種宇宙二元論的、人格化的規制：兩位終極上帝，兩者皆被賦予人性。(2)在巴勒斯坦，多數神的神學理論，變成一神的，並人格化的圓滿上帝的理論──只有一個上帝，祂至少在性格上有點像人。(3)在印度（印度教神學），其終極力量以一種一元論的、能滲透一切的非人力量出現。印度神學最終提出一種非人格泛神論的宇宙秩序，藉此人們得以超脫出多面的表象世界，進入完美平和的真世界──梵。(4)在中國（道家或道教）的終極力量，像印度的印度教一樣，也是一元論的，非人的，泛神論的。然而道家的宇宙論所關心的，並不是去排斥俗世的非真實性，而是要融入俗世，才能發現其流動的，神祕的道。

現在要花一點時間概略地觀察，在伊朗、巴勒斯坦、印度和中國的古典神學理論中，有關上帝的言論，如何漸趨成熟。

---

[4] 耆那教（Jainism）是印度的一種禁慾苦行的宗教，創立於公元前六世紀。

第一節　伊朗：從原始宗教到圓滿宗教

　　古代伊朗人從中亞來到半乾旱的伊朗高原，雖然有關他們遷徙時的信仰方面的資料很少，但似乎是屬於所謂的原始型態的宗教，亦即上帝階層由許多局部性的靈與魂所組成的宗教。靈（mainyu）被分成善靈（ahura）與惡靈（davas），其中有些靈的重要程度，足以被稱為神。除了非源於人的超自然存在體以外，伊朗人還相信死去的人有靈魂存在——即弗拉非希（the Fravishis）或父（祖先）[5]。

　　公元前七世紀，先知瑣羅亞斯德（Zarathustra）開始講道，伊朗（古代的波斯）便發生了宗教理念的革命。在還沒完成傳道以前，他已經建立了一個新的偉大宗教（祆教），同時也已經將該宗教帶入一種圓滿的型態。他「發明了」二元論的形而上學和神正論。他開創了一種思想上的雙重運動，不但遠離了原始的多神教，走向一神教，並且也遠離了一神教，走向極端的二元論。被認定為瑣羅亞斯德所作的古代祆教讚美詩《迦泰》（Gatha）中，有三位高等神靈：智慧主（Ahura Mazda），聖靈（Spenta Mainyu），和惡靈（Angra Mainyu）。三者之中以智慧主的地位最高。伊朗的古老神靈，大部分都是自然的力量——日、月、星辰、風、火、水。此外，古代伊朗人還賦予一位名為密特拉（Mithras）的神特殊的地位，祂是天空之神、太陽神，掌管戰爭、忠誠與光明。瑣羅亞斯德把所有的這些神靈，包括密特拉統統納入智慧主，如此，原始體系就被組織成為圓滿的體系。古代的神靈也許仍然存在，但祂們全受制於智慧主。

---

[5] 弗拉非希起初顯然是指祖先的靈魂，如果祭拜得當，會守護家庭。後來，這種概念被引申為理想的自我，同時也是人和神的守護精靈。每個人都有一個守護精靈。弗拉非希一開始是祖先的靈魂，後來變成活人的屬於靈的、或不朽的成分，在人出生以前就存在，人死後也繼續存在。伊朗人向其禱告獻祭，以報答它們幫助人得到救贖所付出的努力。

在瑣羅亞斯德轉向一神論與普遍性的同時，他也在為後來的二元化形而上學鋪路。他有一首讚美詩寫道：

> 如今像雙胞胎一樣現身的兩位主要神靈，在思想、語言和行動上，是一正一邪的。而當這兩位雙胞胎在最初一起來的時候，就確立了生命與非生命。[6]

這兩位「雙胞胎」神靈，（至少根據許多現代譯者）[7] 是智慧主的雙胞胎兒子：聖靈與惡靈。倆人出生時，就是一模一樣的雙胞胎，但因為兩者皆擁有自由意志，一個選擇成為世上正義的力量，另一個成為邪惡的力量。藉著自由，一個將父親的善發揚光大，另一個則是以惡來對抗父親的善。如此，我們看到智慧主的善雖然至高無上，卻並非不能反抗。反對上帝之善者，有後來被稱為惡神（Ahriman）、惡魔（Shaitian），或撒旦的惡靈之惡。

瑣羅亞斯德自己顯然堅持智慧主至高無上的地位，卻也認為他那兩個兒子對於被創造出來的一切——好壞兩者皆包括——有責任。瑣羅亞斯德以這種方式，保持一神論者的姿態，提到了至高無上的上帝，同時又解釋了何以世上顯然有善惡並存的事實。

如果這種父親上帝與雙胞胎兒子的理念，真的是瑣羅亞斯德的主張（證據至今尚不明確），它還是很快地就被他的追隨者修改。瑣羅亞斯德死後不久，智慧主與聖靈顯然有融合的趨勢。父子成為一體，單一的善靈自此只稱為智慧主，被認為是惡靈的對手。這麼一來瑣羅亞斯德原來的一神二元論消失而成為一種極端或絕對的二元論。然而在兩種情況下，原始宗教都已經轉型成圓滿宗教。

---

[6] 毛騰（James Hope Moulton）譯，《早期祆教》（*Early Zoroastrianism*，London: Constable and Co. for Hibbert Trust, 1913），＜耶斯箏＞（Yasna）30. 3-5, p. 349。

[7] 見翟納（R. C. Zaehner）的《祆教的黎明與黃昏》（*The Dawn and Twilight of Zoroastrianism*, New York: G. P. Putnam's Sons, 1961）；並羅素的（Jeffrey B. Russell）《魔王》（*The Devil*, Ithaca, New York: Cornell University, 1977) pp. 42-43。

　　不單是善靈與惡靈均整合爲智慧主和惡靈，連靈與魂之間屬性的區分也消失了，而人的魂也和這一個通用的靈結合在一起。祆教把活人的魂看成是智慧主和惡靈發動戰爭的戰場，各人的精神命運取決於他在戰役中選擇哪一邊。

一、人格的上帝

　　伊朗成熟宗教的兩位圓滿上帝，是人格化的上帝。所謂人格化的上帝是指具有人類（男性或女性）特質的上帝，被賦予人形，至少具備了人的自覺、智慧和意志，可以遠遠超過人類，但祂或她不會不及人類。祆教的兩位上帝都有這樣的特徵，智慧主長得像人，是使人類歡喜的諸善力量的來源；惡靈長得像人，是所有會傷害人類的萬惡力量的來源。

　　我們會發覺，希伯來宗教的耶和華上帝是個人（被賦予人形的），但是印度的梵與中國的道，都不像人，祂們都是非人的上帝，這點我們也會發覺。

第二節　巴勒斯坦：
從原始宗教到圓滿宗教

　　古代以色列人（說希伯來語的民族），約在公元前一千七百年以前，居住在靠近一個叫做迦勒底之烏爾（Ur of Chaldean）的地方，約在底格里斯河（the Tigris River）和幼發拉底河（the Euphrates River）之間，即現今所謂的伊拉克（Iraq）。根據傳統的說法，他們在一個名喚亞伯（Abram）或亞伯拉罕（Abraham）的人的領導下，離開了那地方。

　　以色列/希伯來人的身份，在後來好幾世紀以後（約公元前一二〇〇年），當他們的一支部族，在一個名叫摩西的人帶領下，逃離被

奴役的埃及，前往「上帝允諾的樂土」時，才更進一步的確立。據說途中他們在西奈山〔（Mount Sinai）又稱何烈山（Mount Horeb）〕逗留，在那裡，他們和一位名為耶和華的上帝，又稱山上的上帝（El Shadai）立下契約，成為祂的子民。顯然這些參與立約的人，也使得其他希伯來部族——總共十二個部族——都轉而信仰與耶和華所立的契約。這些部族顯然入侵了迦南／巴勒斯坦，推舉一位名喚掃羅（Saul）者為王，如此建立了以色列王國。這發生在公元前十一世紀。

一、所要面對的契約問題

約公元前一二〇〇年，以色列人開始從西奈山的荒野，向外推進到巴勒斯坦，卻發現他們不見容於一些早就在那裡的小國——有

以上，我們用了兩種方式提到古代猶太人——即以色列人和希伯來人。在此我們要確認一種人類學上／文學上的辨識法，來區分以色列人和希伯來人，之後，再忽略專業性，把兩者當作同義詞，用來稱呼一支古代的民族。根據聖經故事，以色列人這個名稱的由來，是在上帝把約伯改名為以色列之時，上帝並且宣布約伯-以色列的後代，將成為上帝的選民，上帝將與他們訂立特殊的契約（＜創世紀＞32: 24-31）。這些人後來用希伯來文，寫下他們的經典，因此有好長一段時間，是一支說希伯來語的特殊民族。但他們並非唯一說類似語言的希伯來人（'Apiru 或 Hibiru），只不過是在古代中東到處流浪的許多遊牧民族的一小部分而已。然則，他們是唯一存留下來，仍使用希伯來語的民族。因此，我們應該稱之為以色列人並希伯來人。

腓尼基人（Phoenicians）、阿拉姆人（Arameans）、摩押人
（Moabites）、以東人（Edomites）及其他。他們還發現了一系列當
地的神靈，早已在巴勒斯坦的民族的神：稱爲巴力（Baals）或巴
林姆（Baalim），是豐產之神──大地之神──農神。祂們被認爲是
迦南地區生產農作物的神。許多山坡上和小樹林中，都有神祠供奉
這些神讓人膜拜。

除了許多當地的巴林姆神，還有一位偉大的豐產女神名喚
雅斯塔蒂[Astarte，希伯來的雅什塔蘿斯（Ashteroth）]，
和偉大的暴風雨神──天堂之巴力神（the Baal of
Heaven）。雅斯塔蒂無疑是最重要的神，通常被描繪成一
位裸女，她並非永遠溫柔和善，被激起時，會是一股原始
強大的力量：最原始的性慾。在春季的豐產祭典中，雅斯
塔蒂與天堂之巴力神，以性愛擁抱的姿勢一起來到，她是
大地變成的女子，他則是她的暴風雨神丈夫，兩人合力使
大地復甦，賦予它新的生命。

當希伯來人終於以戰鬥或滲透的方式，成功地進入巴勒斯坦，
就不再是遊牧民族了。他們定居下來，成爲都市人或農夫。不管是
都市人或農夫，兩者都開始接納迦南人的神。這麼做是因爲他們在
西奈半島某處（西奈山）所得到的耶和華（他們原來的上帝），不是
農神，祂是個遊牧神、戰神，特別是一位歷史的神，不像巴力是個
自然神。這些巴力神與其他許多好壞皆有的靈，都以當時的閃族人
命名，並且被冠上「el」（複數爲elohim），意指超人類或神聖的意
思。

二、單一主神論（Henotheism）

古代以色列人並非一神論者（我們通常以爲如此），也不是多神

論者,他們是單一主神論者——那意思是說,他們有一個主要的神,但也承認(甚至於頌揚)其他的神。摩西也許是一神論者[可能是伊克那頓(Ikhnaton)式的一神論者],但往後的八百年,他所帶領離開埃及的人們,並不怎麼喜歡一神論。

顯然就連耶和華的真正擁護者,偉大的大衛王(約公元前一千年),也不是個一神論者。在成為國王以前,一天與掃羅王激烈的爭吵之後,大衛努力要言和,於是懇求道:

> 為何陛下對我窮追不捨呢?我到底做錯了什麼?我有什麼陰謀嗎?國王陛下請您聽聽我要說的話,如果是上主[耶和華]使你與我為敵,希望祂能接受我的一份獻祭,但如果是人,我以上主之名咒咀那些人,因為今天他們將我驅逐,不容我分享上主的產業,反而要我去侍奉別的神明!
>
> 《英國新譯本聖經》(New English Bible)<撒母耳記上>26:18-19[8]

公元前六世紀以前(流放到巴比倫以前),以色列人的真正立場,在他們最後一部公元五世紀版的歷史中,有概括性的敘述:名為<士師記>(Judges)。在<士師記>的第二章(2:11-15),說到希伯來人因為侍奉別的神,而惹上麻煩。在上主的眼中,以色列人犯了錯,膜拜巴力神。他們背棄了上主,那一位領著先人離開埃及的上帝,而去供奉別的神,即居住地各種族的神。他們敬拜這些神,觸怒了上主。他們背棄了上主,去膜拜巴力及雅什塔蘿斯(Ashtaroth,腓尼基與迦南人的女神雅斯塔蒂),還有巴比倫人的伊師塔(Ishtar)——司生產、繁殖和性愛的女神[9]。

---

[8] 《英國新譯本聖經》(The New English Bible, New York: Cambridge University Press, 1971)。作者用斜體字。

[9] 其他提及上帝處罰者有:<士師記>2:11-15,<創世記>3,<出埃及記>11:29,19:16-25,20:5,<民數記>(Numbers)31:10-18,<阿摩司書>(Amos)3:26,約書亞記(Joshua)23:15-16。

三、邁向一神論的第一步

一直到公元前九世紀，才有人針對敬拜巴力神這件事，認真地提出反對意見。首先是與亞哈（Ahab）王及其外國妻子耶洗碧（Jezebel）奮戰的先知以利亞（Elijah）。以利亞爲耶和華辯護，差點失去自己的性命，但他並沒有使很多人相信應該只敬拜耶和華。以利亞的門生以利沙（Elisha）繼續奮鬥，直到產生了全面性的政治與宗教革命。雖然巴力神崇拜遭到嚴重打擊，卻仍繼續爲希伯來人所信仰，特別是農人。

公元前八世紀，及接下來的兩個世紀，耶和華最偉大的擁護者，分別出現在（希伯來的兩個王國）以色列和猶大（Judah）：阿摩斯（Amos）、何西阿（Hosea）、以賽亞（Isaiah）、彌迦（Micah）、耶利米（Jeremiah）、以西結（Ezekiel），和第二以賽亞（Deutero-Isaiah）。這些先知極力主張只有一位上帝，祂是整個宇宙及人類的創造者。這些耶和華的擁護者，四處演說，民眾也前去聽了，但往往只是聽聽而已，對於先知的言論，不見得能全聽得進去，甚至不太歡迎他們。先知讓人覺得不自在，老是要人改變成他們不想要的樣子。

更何況，我們可以準確地猜出來，那些古代的以色列人並不想放棄對巴力神的敬拜。第一，它有效，作物收成不錯。更進一步，我們也可以猜到，豐產神崇拜式，要比嚴肅的耶和華敬拜式有趣多了。

先知的講道與耶路撒冷祭司的努力，確實產生了重大的效應。公元前七世紀，一位名爲約西亞（Josiah）的國王，聽了先知支持敬拜耶和華的理論，著手要在整個南國（猶大國）把它建立起來。約西亞的改革才開始，就在公元前六二一年獲贈一本在聖殿中發現的書——一本企圖要解釋上帝爲以色列所訂下的目標的書。大祭司希耳克雅（Hilkiah）發現那本書，把它交給首相沙番（Shapan），沙番讀完以後，就交給約西亞。約西亞讓女先知胡耳達（Hulda）檢

驗這本書，她宣稱這本書是可信的[10]。

　　約西亞立刻對猶太人的生活進行普遍性的改革。除了其它事情（這些對後來猶太人的發展很重要）以外，還不准在猶大境內有任何的膜拜行為，除非是在耶路撒冷聖殿。不准再舉行小樹林、樹旁或山上的慶典。約西亞的改革並沒有完全成功。首先，他自己在默基多〔Megiddo（Migiddo）〕戰役陣亡，他的死，使得改革運動鬆動，再來是人民還沒有真正被說服。特殊的經歷尚未發生，要將以色列人信奉的（原始）宗教轉型為新的（圓滿）宗教，還需要某種東西。

四、一神論──從現在到永遠

　　該某種東西以全國性的災難形式降臨：猶大國被巴比倫征服，還有希伯來人成為被監禁的奴隸，居住在巴比倫塞巴河（the Chebar River）上的那段歲月，這就是歷史上的巴比倫囚虜期（Babylonian Captivity），發生於公元前五九三／五八六年到五三九年間。現在，時機成熟了，關鍵的問題是：這些從猶大來的希伯來人命運將如何呢？他們是否會從歷史中消失，像北希伯來人在公元前七二二年，當亞述人（Assyrians）征服北以色列時，就消失了一般？這些從猶大來的最後的希伯來人會消失嗎？而他們的上帝（耶和華）也會跟著他們一起消失？這些南國（猶大國）的希伯來人當然沒有消失，他們的上帝也沒有消失，最後還成為基督教和回教的上帝。

　　囚虜期間，一神論開始顯得有意義。首先是巴力神已經不重要，希伯來人再也不是農夫了。但是還有另一個問題：上帝的家，上帝的聖殿在耶路撒冷，而猶太人已經不在耶路撒冷，在此異國他鄉，他們該如何敬拜上帝？現在他們有理由聽先知的話了，因為先知曾說，上帝不只在耶路撒冷的聖殿中，上帝是無所不在的，世上只有一個上帝，祂創造了世界，還有其中的一切，祂是每一個人的上帝。

---

[10] 該書〔報導於＜列王記下＞（2 Kings）第 22 章〕現今被指認為我們所稱的＜申命記＞。

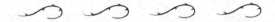

「以色列的子民！你們對我豈不是像雇士（Cushites）子
民？」上主說。

「我豈不是從埃及把你們領出來，把非利士人
（Philistines）從加非托爾（Caphtor）領出來，把阿蘭
人（Arameans）從克爾（Kir）領出來？」＜阿摩司＞9:7[11]

　　第二以賽亞曾替上帝如是說：「在我以前，沒有上帝；在我以後，
也不會有。」（＜以賽亞＞43:10）施瑪禱詞（Shema）的時代已經來
臨：「噢！以色列，聽哪！我們的上帝──天主，是唯一的天主。」
（*Shema Yisroel, Adonai Elohanu, Adhonai Echod*）除了上帝，
沒有別的神。上帝在以色列已經成年，古老的希伯來宗教終於完全
到達成熟、圓滿的境界。除了耶和華，或許還有其他的神（天使、
甚至於後來的撒旦），但他們的存在全得自這位唯一的上帝、創造者
兼整體宇宙的統治者：耶和華──促成萬物存在者。

第三節　印度：從原始宗教到圓滿宗教

　　公元前二千年以前，印度居住著一支膚色淺黑，叫做達羅毗荼
（Dravidians）的民族。約公元前一千五百年左右，一支高大、膚

11　同上。

色白皙的印歐人種，自稱爲亞利安人（Aryans），越過西北方興都庫什山脈（the Hindu Kush Mountains）隘口，來到印度。他們把達羅毗荼人（Dravidians）趕往南邊，後來，這些亞利安人又推進到南印度，達羅毗荼人於是被降爲農奴階級。

　　亞利安人一在印度西北定居下來，就開始爲自己建立一套宗教傳統。他們第一批稱爲《吠陀本集》（Vedas）的經典此時產生了，其中的《梨俱吠陀》（Rig-Veda）是一部宗教詩歌選集，分爲十冊，共一千多首頌詩。這些頌詩是對各種不同神靈的祈禱詞，其中三位神靈可能是隨著亞利安人，來到印度。他們是與其他印歐民族共有的神，有天父（Dyas Pitar）、地母（Prithivi Mater）以及忠誠與道德之神蜜多羅（Mitra）。在吠陀詩中，三神被描繪的相當模糊。《梨俱吠陀》中較顯著的是那些代表西北印度環境的神：有來勢洶洶的因陀羅（Indra），司暴風雨、戰爭，並且是亞利安人的庇護者。有樓陀羅 [Rudra，即後來的濕婆（Shiva）]，是一位兇猛可怕的神，能造成具毀滅力量的暴風雪，從空中颳下，把喜馬拉雅山覆上一層雪。有毗濕奴（Vishnu），祂在《梨俱吠陀》中並不顯著，卻註定會成爲後來印度教的主神之一。《梨俱吠陀》也闡述了許多其他的自然神：風神伐由（Vayu）；黎明之神烏莎斯（Ushas）；閻摩（Yama），第一個死後爲神的人，掌管陰間；道德規範之神伐樓拿（Varuna）；秩序之神麗塔（Rita）。古印度人（Hindu）也有關於儀式的神：例如火神阿耆尼（Agni），尤其掌管祭壇升起的火；蘇摩（Soma），掌管肉珊瑚（soma plant，可能是一種能引發幻覺的磨菇）使人進入恍惚狂喜狀態的功效[12]；還有祈禱主（Brahmanaspati），是宗教祈禱的神化力量。祈禱主對後來的印度教特別重要，因爲此一存在於祈禱內，非人的力量的雛形概念，註定要發展成爲圓滿印度教中偉大的梵。在公元前二千年間，印度的亞利安人，有一種原始的宗教，包含許多超自然存在體，各自有其局部性的特殊功能。

　　然後在公元前八百年左右，後期的吠陀經典中，某些神學思辯開始指向一種圓滿的宗教，印度的宗教開始了它的特殊轉變。有的

---

[12] 譯註：古代印度人以肉珊瑚製成飲料來祭神。

神學思辯表示，宇宙間的種種力量，以某種方式，聯合成為一個體系。在晚期的《梨俱吠陀》頌詩中，三位不僅僅是局部性自然神的大人物，突然出現。一位是毗首羯磨（Vishvakarman），名字的意思是，「其工作為宇宙者」；另一位叫生主（Prajapati），意思是「造物主」；第三位是原人（Purusha），「世界之靈」。此外，《梨俱吠陀》第十冊第 129 首頌詩是獻給「那一個東西」（That One Thing），它顯然是在宇宙之前就已經存在的促成法則，並且必定是產生宇宙的根本。

儀式性的祈禱主上帝也開始改變。早先在《梨俱吠陀》中，祈禱主是宗教祈禱中，內在蘊含的力量，現在這個祈禱的力量，開始呈現出範圍不斷擴張的各種層面。此時，約公元前七世紀，亞利安人開始從印度西北，南下遷移到恆河流域（Ganes Valley），侵佔了那塊土地，並使原來住在那裡的達羅毗荼人成為農奴。佔領印度南部之後，亞利安貴族 [剎帝利（Kshatriyas）] 忙於征戰統治，所以發展與管理宗教的事務，就漸漸落在僧侶 [婆羅門（the Brahmins）] 的身上。印度人自然而然地就開始強調僧侶的重要性，宗教祈禱蘊含神聖力量的概念，於是就大大地擴張，最後，他們終於宣稱，慣用的宗教祈禱詞，一旦被唸出來，其力量之強大，不僅人和大自然要遵守，甚至於連神也要遵守。換言之，古老的亞利安諸神開始被統合在一個力量之下：即儀式的力量。儀式變得非常重要，一種新的著述也開始出現，這種著述被稱為《梵書》（*Brahmanas*），原本為僧侶所寫，目的在教導他們如何作宗教祈禱，並舉行儀式，但參雜在教導中，有些陳述隱含著一個逐漸成形的觀念，即有某種東西在統合世界上的種種力量：一個創造與統合的法則或力量。顯然是某位婆羅門想到：祈禱（祈禱主）的神聖力量，能改變宇宙事件，並且強制人和神服從它，所以它一定是某種終極的力量。或許，它就是宇宙的中心力量？

公元前七百年到三百年間，印度進入宗教史上最偉大的思辯期之一。另一種新的著述產生了，它被稱為《奧義書》（*Upanishads*）。《奧義書》非常注重終極存在的本質，雖然對終極存在並沒有確立最後唯一的信條。《奧義書》的結論大致為：真正的存在---存在的

根本，高高在上最終的上帝，不管是物質的，或精神的---是「包含一切的，整體的存在事實，超越有充分功能的感官，它〔是〕唯一真正存在的實體，此一存在事實最常被稱爲梵（Brahman）。」[13] 這時候的「梵」，不再是祈禱的力量，而是指存在的力量。梵已經成爲非人格的母體，整個世界由此產生，最後也將回歸到那裡。「的確，整個世界就是梵。安寧使人去敬拜梵，就像自己從那裡產生，並將融入其中一般。」[14]

　　印度宗教已經到達它圓滿的境界，一切力量均統合於萬有的梵（Brahman）之中，所有的現象世界都來自梵。只要是真的東西，就是梵，人的靈魂尤其如此。不僅眾神和自然證明了梵的存在，人類也是一樣。人的靈魂（atman）與梵是一體的。把人想成分別存在的個體，是精神上的無知，不能得到印度教的救贖。人的靈魂和世界的靈魂（paramatman）都是一樣的。此外，雖然印度教仍然有人格化的神，他們都只是梵的具體描述而已。

　　在印度這一段長遠而十分知性的特殊期間內，有關上帝的言論，從原始的（種類繁多的，局部性的）狀態，達到一種圓滿的狀態，其中有個單一、非人格的力量，統合萬物成爲一體。印度教已然到達非人格化、單一的泛神論（pantheism）：一個真正的圓滿宗教。

第四節　中國：從原始宗教到圓滿宗教

　　約在印度發展一神論，並將它載入《奧義書》的同時，在中國也有一個建立普遍性神學理論的運動。

　　早期中國人的宗教信仰活動，屬於典型的原始文化，是一種自

---

[13] 諾斯（J. B. Noss），《人類的宗教》（*Mans's Religion*, New York: Macmillan, 1956），pp. 139-140。

[14] 《錢多貴耶奧義書》（*Chandogya Upanishad*）3.14.1，休謨譯（R. E. Hume）《十三法則奧義書》（*The Thirteen Principal Upanishads*, London: Oxford University Press, 1934），p. 209。

然崇拜與尊敬祖先的混合體。中國人相信有很多神、靈，以及魔鬼存在。

　　眾神中有土神，被稱為「社」，這些神以土墩為象徵，每個村落都有，這些土墩被用來作為有關農業敬拜式的中心。後來，對於土地的敬拜向上擴展，把天也包括進來。商朝時（1766-1122 BC），中國人開始稱呼天為上帝——帝或上帝。這位上帝有點像是住在天上的祖先，但絕對不是宇宙的統治者，宇宙混亂地「受制」於上百萬的靈與魔。

　　許多的靈屬於善靈，慈愛而友善，但卻有更多的惡靈。從最早的時候，中國人就表現出對妖魔鬼怪的恐懼和憂慮，他們相信人的住處周圍，聚集了許多的妖魔鬼怪，它們在偏僻的地方出沒，在路上騷擾（特別是晚上），還有埋伏在森林或山上。水裡、空中、地上都有妖魔。有動物的妖魔、鳥魔、魚精、蛇妖；有食人魔、吸血鬼、食屍鬼，成千上百，難以數計。因此，中國人花很多時間，一方面努力求得惡靈的保護，另一方面也請求善靈來協助。

　　中國神話中，除了天帝以外，還有許多重要性足以成為神的靈：有巢氏，教人築屋；燧人氏教人取火；伏羲氏教人養養牲畜、使用鐵、結網補魚、書寫、以八卦卜事、製作音樂；神農氏教人農業與醫藥的技巧；黃帝發明磚塊、陶土瓶、曆法和貨幣。甚至在這些偉大的人物之前，就有一位第一個人類盤古，他用鐵鎚、鑿子，花了一千八百年，把天地分離，開天闢地，並將山峰堆起，之後，他就成為神。盤古死時，身體的各部位，變成中國的五座聖山：東嶽泰山，西嶽華山，中嶽嵩山，北嶽恆山，南嶽衡山。他的鼻息為風，聲音為雷，肌肉為田野，汗水為雨，最後，在他身上的蟲就成了人。

　　在所有的民族中，中國人也是最掛念死者的民族。敬拜祖先在中國歷史上，流傳十分久遠，同時也非常重要，目的在於確保家族興旺，並且避免死去的家人當中，有力量的靈魂，會帶來不利的影響。死去的人，確實被認為是家族中羽翼長成的活人，有能力增進家族的福祉，或者，如果冒犯了他，他會施加懲罰，使家族受苦。必須以祈禱、獻祭來表示對祖先的尊崇、讚頌與追悼，有關家運和所有的計劃都要和祖先商量。

　　從多樣、局部性的神靈，轉變到單一、萬有的上帝力量的特殊運動，始於公元前一千年以後，當中國人的哲學思辯，發現或發明了兩個主要概念之時。一個叫做陰/陽，另一個叫做道。中國的哲學家以及神學家，變得非常善於觀察天地萬物移動的兩極性。他們觀察光明與黑暗（白晝與黑夜）相互轉移，冷與熱，互為對方的一種情況；雌與雄，雖為異體，卻非格格不入，或真的完全不同，各有與對方相同的部份。近傍晚午後陽光下的河岸，也許可比擬成陰陽，一邊有陰影，一邊有陽光照射，卻都是同一條河流的岸邊。

　　不同於祆教的神（智慧主與惡靈），中國人的陰陽是相融互通的，兩者皆為同一整體的部份。陰的法則，包含了陽的元素，是一種接納的模式——雌性、黑暗、潮濕、涼爽，一種安靜的模式。陽的法則，包含了陰的元素，是一種堅定的模式——雄性、光明、乾燥、溫暖，一種侵略的模式。

　　更深奧地，或許也是更準確地說，陰代表萬物得以產生，最後又回歸以求補充的母體——即真實存在的雌性、母性層面。陽則與所產生的萬物有關，尤指超越陰的資源的新奇產物。陽是新奇的製造者，但陽的存在得自陰，並且在回歸陰時，達到圓滿的境界。就是這種產生、創造新奇、並回歸的程序，導致萬物相互的關係，同時這也是陰／陽的特性。

　　中國人以陰陽理出宇宙的能量系統，但是對於萬事萬物的形成、存在以及成為過去，只有一套理論，他們並不感到滿意，於是便往更深處探索，並且發現或發明了整體自然界的和諧與秩序。

　　他們的結論是：宇宙間所有陰／陽的活動，都有一種特性和方向；世界接受「道」（Way 或 Tao）的命令、指揮和控制。中國人把宇宙的機制（陰／陽程序）與強而有力的道區隔開來，宇宙機制在道的範圍內運作，就像是一種內在的需要一般。道被認爲是在萬物存在以前就有的，在天、地，甚至在陰陽法則存在以前就有了。先規劃要「採取哪種方式」（此即道的含意），然後再開始進行，並且現在仍持續進行。這種進行是事先確定好的──一種和諧、完整、合作的方式。因此，它一直都是要走向平和、榮昌、完整的自然之道。的確，如果不是人類的扭曲與鬼魔的邪惡，世上一切將安好，而安好也就是單一的、萬有的、非人格的終極力量──道。

　　道在中國人的思想中，就像梵在印度人的思想中一樣，是萬物存在的根本，但道是在自然界之內的，而梵則不然，因爲道肯定世界自然的程序。道是**這個**世界的榮耀，在一隻鳥的飛翔，一朵花的盛開，嬰兒的出世，河水的奔流，四季的變換中，都可以看見它。道不同於梵，不引導人出世，而是引導人入世。西方人的祝福「與 上帝同在」，對遵循道之道者，比對遵循拿撒勒人（Nazarence）之道者，甚至更加適用。因爲毫無抗拒地，不具侵略性地，流暢地與道同在，就是無爲的生活方式，這意思是說，生活舉止不會對自然程序，萬物遵循之道產生干擾。

　　雖然中國的兩個本土宗教（儒教和道教[15]）對於真正的道，有非常不同的詮釋，兩者卻都肯定道絕對是所有靈與魂，並萬物萬事背後的力量。孔子說，道（他稱之爲天）爲父子、兄弟、夫妻、長幼、君臣相互對待的關係，提供正確的規範。天地間有一個道，遵循它，好的生活、快樂、安寧、榮昌自然就會產生。

　　孔夫子這麼說，但不喜歡規範和限制的道家卻說：「不，不是天治，而是自然之道。」順其自然，拒絕心中的反叛思想，壓制侵略的心態；感覺風的存在，順風而行；見到落日便陶醉神往，融入其中；嚐到蜂蜜便感到欣喜。不要去創造秩序，順著它，因爲自然界

---

[15] 以道爲中心的中國宗教──道教（或道家），有許多不同的宗派，包括一種非常嚴謹的冥想形式，和一種複雜的崇儀派形式。

的一切事物，皆有陰／陽運行於其間。

自然界引起我們的注意，並針對生命與世界的奧祕和意義，爲我們提供線索。自然保有這個祕密，但我們不能因此就誤以爲科學才是進入道的方法。是的，我們要以科學或任何其它方法來了解自然。尊敬它，享用它，放鬆心情，讓奧祕自然發生。邢無以名之的祕密，所有一切最終內在的奧祕。

最早的道家之一——老子（公元前五世紀）被認定主張：可以陳述的道就不是真道。據說他寫下：

> 道可道，非常道。名可名，非常名。
>
> 無名，天地之始。有名，萬物之母。
>
> 　　　　　　　　　　　　　　《道德經》第一章

道終究是不能被知識化或理論化的，要了解道，就要進入純正的感覺經驗實境中。

老子的《道德經》，傾向於強調萬物最終融化歸於無。後來的一位道家兼神祕主義者，宣揚了不同的主張。他名叫莊子，約存於公元前 369-286 年間。莊子強調由一物到另一物的轉變（化），在其著述（《莊子》）中，他用一則非常吸引人的故事，來說明宇宙的奧祕：

> 有一次，夢見自己是一隻飛來飛去的蝴蝶，突然間，我醒來，分不清是夢見自己為一隻蝴蝶，或者一隻蝴蝶夢見自己是個人。

一、同根生

儒教爲一種圓滿宗教，它源於古代中國人對祖先的敬拜活動；道教也是一種圓滿宗教，源於自然崇拜，同樣在中國是非常古老的。兩者都肯定「道」——宇宙之單一的、萬有的、非人格的終極力量——卻各取古代中國宗教傳統的一部份。也許是因爲雙方所強調者不同，才使得這兩大宗教體系，能同時並存，幾百年來少有衝突發

生，並且對許多中國人來說，同時為儒家和道家，是很自然的事。

二、神與宗教同時成熟

當神「成熟」時，宗教也成熟了。這也就是說，宗教活動主要強調的，從超自然技術發展到相遇與感激——從企圖利用諸神來達到世俗的目的，轉移到企圖與上帝(不管祂是耶和華、智慧主/惡靈、基督、安拉、梵、道)和諧地共同生活，尋求與神靈相遇，尋求精神上的健康、道德的無缺、生命的完整，同時以言語文字和態度，以儀式和虔誠，對不勞而獲的贈予，表達出心中的喜樂。

名詞解釋

◆ Brahman **梵**・指萬物存在難以言喻之主要根源。

◆ Cro-Magnon **克羅馬儂人**・智人（現代人）之雛形。克羅馬儂文化約於十萬至二十萬年以前，興盛於法國南部。

◆ Deutero-Isaiah **第二以賽亞**・爲四十章以後的＜以賽亞書＞之作者所取的名字，該作者存活於巴比倫囚虜期，587-539BC。

◆ Hindu **印度人**・印度的波斯文爲 Hind，因此印度的居民即爲 Hindus。

◆ Megalithic **巨石**・各種史前建築或石碑所用的巨石，尤其在西歐公元前兩千年期間所建造者。

◆ Metatechnology **超自然技術**・超越（Meta）技術。將自然以外／超自然的活動導入自然界程序的任何嘗試。例如要治療疾病、求雨，或贏得彩券。

◆ Middle Stone Age（Mesolithic）**中石器時代**・約公元前一萬年左右到公元前八千年間，在西北歐的人類文明，即舊石器時代（Paleolithic，約五十萬到一萬年 BC）與新石器時代（Neolithic，約八千到二千年 BC.）之間的人類文化演進期。

◆ Propitiate **安撫**・安撫一個被冒犯了的力量。

◆ Rudra **樓陀羅**・印度教重要的毀滅之神濕婆（Shiva）的雛形。

◆ Shaman **薩滿**・這個名稱來自俄文 "shaman" ，是西伯利亞的祕教祭司，能直接和神或靈，或兩者溝通。在北美印地安部落，薩滿通常被稱爲「巫醫」。

◆ Stonehenge **巨石陣**・一座巨石碑的廢墟，約建於公元前一九〇〇到一四〇〇年間。主要特徵爲：排列成同心圓的石群，環繞著幾顆直立成馬蹄形的石頭，和一顆單獨豎立的石頭，顯然具有宗教及天文兩方面的重要意義。

◆ Tao **道**・致使萬物存在之氣，即上帝。

◆ Upanishads **《奧義書》**・超越較早的《吠陀本集》（Veda）的印度

教經典，主要談論梵（上帝）與人的靈魂（Atman）之一體性。

◆ Vishnu **毗濕奴**・印度教三位一體的第三個成員，被稱爲保護者
（The Preserver）之——祂是那種討人喜歡而神聖的愛的典
範。爲了幫助人，祂定期化作人形下凡來——是個化身爲人的
神。

◆ Yahweh **耶和華**・上帝的名字，現代學者認爲是希伯來文四個字
母（YHVH/יהוה）的音譯，代表在希伯來的傳統之下，上帝的名
號，有時被譯爲 Jehovah。

第三部
宗教的技巧

上主要求的是什麼：

無非就是履行正義，愛好慈善，

虛心與上帝同行。

——〈彌迦書〉（Micah）6:8

Ⅲ.用不同的宗教技巧來信仰宗教：(a) 信仰體系（各種神話、教義，和神學理論）。 (b)儀式化的系統（虔誠的舉止和戲劇化的表現）。 (c)道德體系（倫理規範）。見第 10 頁

第十章

神學理論：宗教的技巧

兄弟姐妹們，今天早上——我打算要
解釋無法解釋者——找出
難以下定義者——思索無從思索者——
解開不可解之謎。

　　　　　　　　——詹森（*James Weldon Johnson*）

　　就我們觀察的結果顯示，人類用宗教來處理特定的問題（可怕的、無法操縱的問題），現在我們要探究他們是怎麼做的，也就是要檢驗宗教的技巧。用「技巧」這個字眼，純粹是指任何有系統的程序，複雜的任務藉之得以完成者。在宗教上，指的是人們為了信奉宗教並從中受益，而去做的事情。

　　其中之一，就是思考並談論宗教。信仰者思考並談論宗教，因為要擁抱特定的信仰並享受其益，知道並了解其教義（故事）是非常重要的。換句話說，如果想討好上帝，就必須了解上帝，還有祂的期望，必須注重有關於上帝的言論，這也就是「神學理論」（theology）的真正意思——"theo" 即「上帝」，"logos" 即「言論」或「演說」。神學理論是宗教信仰所採用的技巧之一，除了神學理論以外，還有將在第十三章和十四章所探討的神話/儀典，以及宗教道德規範的技巧。

第一節　神學理論

"theology"中的"logy"不止是上述「言論」和「演說」的意思，同時也是類似思考與認知過程中的「理由」的意思。它是一種以宗教的觀點，來解釋支配人類命運與人生最終意義的隱藏力量，並使之合理化的技巧。神學理論試圖向人類解釋他們在世界中的處境，使生命中可怕、無法操縱的事物，變得較不可怕，同時提供適當的解決辦法。「想像夜晚一些可怕的事／灌木叢中多可能躲藏著一隻熊啊！」[1]為了不被無法解釋而可怕的經驗嚇得動彈不得，我們為它命名，加以解釋，然後按照那個名字，才有行動的基準。一旦取好名字，並且有了解釋，我們就準備以某種合理的方式來採取行動：如果我們稱之為「熊」，那就要趕快逃跑；如果我們稱之為「上帝」，就要祈禱並奉上獻祭。因此，有一個正確的名稱，可能是有益的。但剛開始，我們只需要一個名字，而神學理論就是在為人生命名（描述並解釋）。

第二節　神學理論的類型

一、詮釋神學論與信條神學論

「詮釋學」（hermeneutics）來自於希臘文的"hermeneutikos"，是「詮釋」的意思。詮釋神學論就是針對一個信仰體系的基本事項加以解釋：解釋諸如經典、教義、信條、神話、

---

[1] 莎士比亞（William Shakespeare），《仲夏夜之夢》（*A Midsummer Night's Dream*）第五幕，場景 1，21-22 行。

修習。舉例來說，猶太人讀聖經，讀到「不可殺人」時，就需要拉比的詮釋。不能殺人嗎？甚至包括入侵的敵人？連自衛也不行？該如何解釋六誡？而針對耶穌說：「西門，我要稱呼你為彼得（岩石），在這塊岩石上，我要建立我的教會。」相關於這個議題的基督教詮釋者雙方，即天主教和新教徒，都急著作詮釋[2]。

詮釋神學論可以簡短的像一個句子：噢！以色列，聽哪！我們的上帝——天主，是唯一的主（Shema Yisroel, Adonai Elohanu, Adonai Echod）；或者，另一方面，「除了安拉，沒有別的神。」（la ilaha illa Allah）。這是世界兩大宗教——猶太教和回教——的兩句最有力的神學陳述。印度教的一行神學「 汝即彼！」（tat tvam asi），也十分有力，它表明了印度教的中心信仰：人的靈魂（atman）和宇宙的靈魂（Brahman）為一體——人的靈魂和梵，個人和上帝都是同一個存在事實。

這些神學主張，顯然是信仰的簡要陳述，稍加引伸的概要陳述，也很普遍，通常被稱為信條，源於拉丁文的"credo"，是「我相信」的意思。信條是宗教信仰的一種正式而具權威性的陳述，有時被稱為「信仰的告白」。信條通常因神學上的爭議而產生，目的在使人們確信自己屬於正統信仰，並藉以辨識非正統信仰者。例如在基督教歷史初期，產生了一個對耶穌基督本質的爭議，即基督與上帝的關係為何。

二、一神論贏了

基督教的神學之謎就是上帝的本質：一個由三位神組成的上帝，或者是三位一體的上帝。首批的基督徒，因為是猶太人，所以是一神論者，但是他們以天父、聖子、聖靈之名進行洗禮，這裡產生了一個邏輯上的難題：一如何為三，而三又如何為一呢？

---

[2] 天主教把這段詮釋成天主教廷的建立——彼得為第一位教皇，每一位繼任彼得者，皆擁有彼得的職權。新教徒則把這一段詮釋為明辨信仰（從彼得的信仰開始）乃唯一得救之道。

　　無疑地，這對早期的基督徒並未造成困擾。首先，他們不是哲學家或神學家，而是漁夫和普通民眾，不會去做哲學推論或神學思考，只是四處宣揚耶穌基督，還有如何得救的道理。再來，他們期盼彌賽亞很快就會回來。在那個時代，任何神學方面的難題，都可以用宗教的知識與權威來解答。

　　可是，彌賽亞並沒有來，世界也沒有結束，而基督教仍興盛不衰。興盛之中，基督教在智識上逐漸變得精練，而關於「三位上帝合而爲一／一位上帝分而爲三」的問題就產生了。這個問題原來是：耶穌究竟是誰？他與上帝的關係爲何？各種不同的解答紛紛出籠。

　　有的說他是個人，出生時被上帝認養了。約公元二六〇至二七五年間的安提阿（Antioch）大主教，來自撒摩沙塔的保羅（Paul of Samosata）這麼說：基督的善與奉獻使其變得像上帝一般，於是上帝認他爲子，以向人類明示得救的真正訊息[3]。這種神學理論受到矚目，獲得支持，後來又被排斥。

　　還有人說，上帝是個能以各種方式證明自己的生物。約公元二一五年，一位羅馬教師賽巴力爾斯（Saballius）主張上帝是一個人。像人一樣，上帝是不可分割的，但祂具有三種能量，或三種運作方式：創造與統治（聖父）、救贖（聖子）、重生與神聖化（聖靈）。差別不在於一個人或三個人的問題，而是在這個世界上，可以觀察得到的上帝的活動。宇宙間與人的靈魂中，每一件可以觀察得到的神聖活動，都是賽巴力爾斯所稱的 "prosopon"，是「面具」的意思[4]。上帝就是在天地萬物的面具，在救度、救贖的面具後面，那一個沒有被看見的奧祕。然而，這個神學理論也被拒絕了。

　　又有人說耶穌與上帝不同，但卻相似〔本體相類論（homoiousion）〕。埃及亞歷山大城（Alexandria）的一位長老阿里烏（Arius）主張：一開始上帝就創造了一個神聖實體，用它來作

---

[3] 支持認養理念的經文，見＜馬可福音＞（the Gospel of Mark）1: 9-11。當時，耶穌從水中出來，上帝認養了他。

[4] 在古代（希臘和羅馬），演員戴著面具（prosopon），表明所演的角色，真正的演員隱藏不現，只看得見被演的角色。

為宇宙的創造者，這就是聖道／聖言[5]（Logos/Word），就是這個聖道/聖言化身成為耶穌這個人。不論對聖道/聖言或人子（Son of Man）——耶穌在化為肉身（incarnation）之後的稱呼——上帝都是分別獨立的個體，同時互有顯著的差異。

有人說耶穌基督與上帝完全相同 ［本體同一論（homoousion）］。不論是否合乎邏輯，上帝同時為一與三——天父、聖子和聖靈；並且每個部份——父、子、靈全都是上帝。這是一位名喚亞大納西（Athanasius，約公元 295-328 年）的亞歷山大城主教所推演出來的神學理論。亞大納西成了阿里烏的主要對手，最後他終於打贏這場神學之役，實際上還贏過上述所有的，並許多其它的論戰。

三、我們相信

爭論的結果，尤其是阿里烏與亞大納西之間的論戰，致使第一位基督教帝王君士坦丁（Constantine）召開了一個宗教會議。會議於公元三二五年在尼西亞城（Nicaea）召開，在此 ［並後來於公元三八一年在君士坦丁堡（Constantinople），由狄奧多西（Theodosius）召集的會議］ 敲定了一個信條，並使之成為法定的神學理論——尼西亞信經（the Nicene Creed）。經文如下：

> 我信仰唯一的上帝、全能的天父、天地及萬物之創造者，並信仰唯一的主，耶穌基督，上帝的獨生子，在萬世之前，為天父所生，從神出來的神，從光出來的光，從真神出來的真神，受生的，不是被造的，與創造萬物的天父為一體。為了拯救世人，祂從天降臨，由聖靈感孕童貞女瑪莉亞，而取得肉身，並成為人；為了我們被彼拉多（Pontius Pilate）釘上十字架，受難而被埋葬。按照聖經，祂第三日復活，升天並坐在天父右邊。在大榮耀之中，

---

[5] 有關支持此一理念的經文，見＜約翰福音＞（the Gospel of John）1: 1-3。

祂將再度降臨，審判活人和死人，他的國將永無止
境……。[6]

　　基督－上帝的問題因此算是解決了，但還有另一個「誰是基
督？」的問題要面對：並非基督與上帝有何關係，而是基督與人類
有何關係的問題。始於公元二世紀，但一直到五世紀才完全成形的，
是眾所熟悉的使徒信經（the Apostle's Creed）。除了名稱之外，
此一信條，並非直接出自耶穌的十二使徒，而是由教會所制定並認
可有關基督一生的概述，據稱是由門徒留傳下來，並由教會保存。

　　　　我信上帝，全能的聖父，天地的創造者。我信祂的獨
　　生子，我主耶穌基督。我信耶穌是童貞女瑪莉亞被聖靈感
　　孕而生，在彼拉多（Pontius Pilate）手下受難，被釘死
　　在十字架上，埋葬後第三天，從死裡復活，升天並坐在天
　　父上帝的右手邊，自此由祂來審判活人和死人。我信聖
　　靈，我信神聖的羅馬天主教會，我信聖徒相通，我信赦罪
　　之恩，我信身體將會復活，我信永生。阿門。[7]

四、系統神學論與哲學神學論

　　發現神學家以有系統並哲學的方式，來推演神學理論，當然不

---

[6]　在阿里烏與亞大納西有關基督本質的神學爭論中，亞大納西的觀點贏得最後的勝利，
　　正式成為羅馬天主教的神學理論。在尼西亞會議時，亞大納西是亞歷山大城教堂的一
　　位博學的執事，後來，他成為亞歷山大城的主教，並且一直在那裡擔任主教四十餘年。

[7]　使徒信經最初的形式，被認為是在公元一四〇年出現於羅馬，可能被用來作為洗禮的確
　　認詞。它的產生，是由於教會中，對世界的來源並耶穌基督的本質，有著極端的意見分
　　歧。在被稱為幻影說（Docetism）和馬西昂派的理論（Marcionism）中，世界不是基督
　　教上帝所創的，祂太完美了，所以不可能有如此拙劣的作品；而基督也不是一個真由有
　　實在軀體的女人生出，忍受折磨，死亡，並下陰曹或地府的人。在古代，神蹟誕生的故
　　事，如由童貞女所生者，並不足為奇。對於耶穌的神性，基督徒並沒有爭議，但對其人
　　性與肉身就有。關於這點的典型著作是參基福（Arthur Cushman McGiffert）的《使徒
　　信經》（*The Apposle's Creed*, New York: Scribner's 1902）。

足爲奇。我們將探討幾則闡釋宗教主要象徵——亦即上帝——的神學理論。我們要探討的兩位神學家〔阿奎納（Aquinas）和安塞姆（Anselm）〕，都是典型的基督教神學家，心裡始終惦記著上帝，不過他們的論點都有著普遍性的意義。他們對於上帝的說法，到處都被採用。如果他們的神學理論站得住腳，並且無法加以反駁，那麼到東京或到羅馬都一樣行得通。

十三世紀偉大的神學家阿奎納（Thomas Aquinas），試圖以經驗論來證明上帝的存在。阿奎納以上帝存在的必然性（這是個信仰的問題）作爲他的哲學論據。但他也強調：上帝的存在可由自然的（亞里斯多德式的）推理，由「自然神學論」[8]來加以證明。他用五個論據來證明上帝的存在。

阿奎納的每一個論據都以經驗論爲基礎，並且至少包含一個前提，該前提可由經驗證明符合我們所居住的世界。他主張：除非有一個充分的理由來解釋這個世界，並其所以然，否則就無法擁有大家都經驗過的世界，亦即一個存在的世界，並且是一個能展現出目的與價值的世界。

首先，阿奎納從事物能移動，這一個明顯的事實，推論到一切動力必然有其來源的概念——不動的策動者。

第二，他從事物是被造成的，這一個明顯的事實，推論到一切起因必然有其來源的概念——第一個無因之因。

第三，他從萬物會改變，這一個明顯的事實，推論到一切改變必然有其潛在根源的概念——一個必然的存在。

第四，他從事物有等級之分（有的東西較好，有的比別人更完美），這一個明顯的事實，推論到潛在完美性的概念：「萬物之真、善與高貴程度各有差異。……但或多或少均各依其類別，比照與自己相似的……最高典範，所以一定有某種東西，爲所有生物的善，並其它完美性質的導因，我們就稱之爲『上帝』。」[9]

---

[8] 誠如阿奎納所見，某些宗教真理不是人類可以用推理來發現的：例如耶穌為童貞女所生，並同時為人和神；天父、聖子、聖靈組成單一上帝；世界末日時，將有復活和審判。

[9] 阿奎納（Thomas Aquinas），《神學大綱》（*Summa Theologica*），I 部，題 2，第 3 條。

　　第五，他從大自然明顯易懂的程序，推論到必然有一位最終的、聰明的規劃者，安排整個世界的目的性的活動。

　　更進一步看阿奎納的理論，就會發現其精妙與具說服力之處，還有爲什麼它繼續在神學研究中受歡迎的原因。

> 　　第三種方法得自於可能性與必然性，方法如下：我們發現自然界萬物可以存在或不存在，因爲它們是被造成的，同時也是可以被腐化的……但這些不可能永遠存在，因爲可以不存在的東西，在某些時候，它是不存在的。因此，如果每個東西都可以不存在，那麼就會有一段時間，沒有任何東西存在，因爲不存在的東西，唯有透過已經存在的東西，才能開始存在。所以，如果有一段時間沒有東西存在，那麼任何東西要開始存在都是不可能的。這麼一來，甚至到現在都不可能有東西存在——這是荒謬的。所以萬物不僅是可能的，而且一定有某種東西，它的存在是必然的……大家都稱之爲上帝。[10]

　　在他的第三個論證中，阿奎納說，我們體驗這個世界，但並沒有體驗到任何這個世界絕對必要的東西。我們所體驗的每一件事物，成爲事實然後又消失。但如果這就是全部，那麼就沒有世界好體驗。一定有某種潛在的事實，產生我們今天所體驗的一切事物。我們提出海德格（Martin Heideggar）的問題：「何以有東西存在，而非空無一物？」唯一的答案似乎是：有某種非偶發性的東西存在，某種永恆的東西。套用田立克（Tillich）教授的假設，一定有某種存在的根本，它是我們所見、所嘗、所接觸、所聞嗅的一切，甚至是整個宇宙的根源。

　　阿奎納不僅注重存在的根本，也談到一種特定的上帝：有神論（theism）的人格化上帝，一個有知覺、有計劃的上帝，一個導致

---

[10]　《神學大綱》（*Summa Theologica*），題2，第3條。

世界存在，並使世界像現在這個樣子的上帝。然而，阿奎納的理論並不盡然導向那樣的結論。五個論證總結起來，提供了我們幾個有關終極事實的可能結論。根據阿奎納，我們首先可以推論，有一個上帝存在，祂聰明而有創意，是世界的導因、必需品以及目的的指揮。但是，第二，我們同樣可以推論，自然界就是它自己存在的根本，要解釋宇宙間的動機、導因、價值、根本、存在或目的論（teleology），不需向外尋求，只要把各種假設，從托瑪斯主義的（即阿奎納的）神學論，轉移到現代物理學、天文學和生物學，就可以在其中發現整個宇宙所需的一切動力、起因和目標。把整個系列的自然事件，想成自給自足，也是可能的。在一個以能量為基礎，會振動的宇宙中，似乎已擁有一切必要的動力和導因。講到聰明的程序（即可理解的程序），就可能只是我們針對振動的宇宙如何振動，還有在進化的命令下，生物如何維持生命，所作出的理性探究而已。

在這種情況下，贊成上帝或者贊成自然，最後似乎取決於個人形而上的（metaphysical）概念。如果本來是有神論者（theist），就會和阿奎納一樣，贊同我們所體驗的世界，源於超自然；如果是無神論者，就會相信我們所體驗的世界，源於自身；而如果是泛神論者（Pantheist）或內在論者（immanentalist），就會部份同意兩者：世界本身就是它自己的根源，而上帝則是自然程序中，可辨識的創造動力；宇宙本身，或者它的某一部份，是神聖的存在事實。

五、現代哲學思考：按照經驗神學論的說法

在當代以經驗論為基礎的神學理論中，上帝（促成萬物存在者）只能在經驗論（empiricism）、嚴格的實在論（realism）、極端自然主義（naturalism），還有脆弱的假設，這些理論的準則中尋求。亦即：

(1)有關上帝的知識，起於並止於以經驗為基礎的概念。牽涉到自然界主觀與客觀存在事實的信仰問題，必須由經驗來加以測試。有關推理和系統協調的抽象概念，雖然重要，卻不是主導者，經驗

才是。抽象概念所得到的結論，不僅在理性的清晰度與一致性，必須經過證實，更進一步的經驗調查也是必要的[11]。

(2)嚴格的實在論認為物質世界為真，同時它也是可以認識的存在事實。整個世界就如同直接被經驗的一般，這並不是一個天真的說法。不同於天真的實在論，嚴格的實在論認為，直接的觀察與特殊的經驗可能造成誤導。例如我們說一棵要倒下的樹，會製造噪音，這是在講普通的經驗。但如果沒人在場（沒有一個有知覺的生物在場）聽見樹倒下的聲音，會是什麼情況呢？現在我們需要某種超越天真、常識的東西，我們需要澄清並評估真正屬於經驗論式的經驗，我們需要嚴格的實在論。

(3)極端的自然主義意指一切存在事實與知識，都被限制在宇宙的範圍內。宇宙有其物質的、動力的和精神的架構，它是唯一的存在事實，超自然根本就不存在。講到上帝的概念，那就是指上帝要被想成是普遍存在於宇宙之中，或者屬於自然泛神論的層面。

(4)脆弱的假設意指經驗神學論，它像現代科學一樣，是一種無窮盡的追尋過程，永遠不會有確定的和最後的答案。基本上，上帝（促成萬物存在者）是未知的，並且可能永遠都是這樣。經驗的「真理」，如同科學的「真理」，是一種無窮盡的追尋。它不是一種存在的狀況，而是逐漸形成的過程。經驗神學論追求的，就是這種逐漸形成過程的動力。它是存在的，可以遇見的，可以合理解釋的。但因為自然的複雜性與人類經驗的多樣性，「它究竟像什麼？」這個基本問題，始終還是個引人入勝，無法解答的謎。或許因為它的神奇，本來就應該這樣吧！

收錄於《上帝是一位創造者嗎？》（*Is God a Creationist？*）

---

[11] 如霍金（Stephen Hawking）所言：「能符合兩項要求者，就是好的理論：它必須以一個只包含少數任意成分的樣品為基礎，準確地描述出範圍廣泛的觀察；同時，它必須對將來觀察的結果，作出明確的預測……就其只一種假設的意義而言，物質的理論始終是暫時性的：永遠也無法加以證明……另一方面，只要找到一個與它的預測不符合的觀察，該理論就可以被推翻……」《時間史略》（*A Brief History of Time*）pp. 9-10。

[12] 一書中，金瑞啓（Owen Gingrich）的＜讓世界有光＞（Let There Be Light），就是這類二十世紀發展出來的神學理論的例子。金瑞啓在文中簡述宇宙的創造，從創世大爆炸（Big Bang）到現在，接著他主張整個宇宙的進化，是個非常龐大的工程，因此不可能是偶然的。在他所舉的例子當中，有一個支持阿奎納的神學理論。約六百萬年以前，當地球正在形成時，太陽不像現在那麼明亮，可能差了25%。如果今天太陽的亮度降低25%，以目前的臭氧層來看，所有的海洋都將凍結，而如果海洋以前曾經處於凍結狀態，那麼它們現在還是一樣，因為即使到現在，太陽放射出來的熱度，仍不足以解凍海洋。

　　如此，會發生什麼事呢？就像陸塊與海洋在形成一樣，二氧化碳和水蒸氣（CO_2 和 H_2O）的火山大氣層也在地球上形成。這種厚厚的大氣層，產生一種強烈的溫室效應，提升地球表面的溫度，超出了平均凝固點。

　　我們得救了！但是，那個暖房／溫室同樣是個威脅，因為太陽變得非常的熱，地球表面也一樣，海洋現在面臨的威脅不是凍結，而是沸騰乾涸[13]。但在緊要關頭，一種像海藻的單細胞生物，突然產生並迅速擴大，充滿了海洋。這種生物能從大氣層中，抽取二氧化碳，經過處理變成游離的氧（O_2）和臭氧（O_3）分子，再釋入空氣中。由於增添了光合作用所產生的氧氣，大氣的組構成分漸漸地改變，地球因而被裹在一層維持生命的空氣中，同時又蓋上具保護作用的臭氧層，以對抗太陽逐漸升高的熱度。奇蹟嗎？也許不是，但一定相當接近，以致使人聯想到某種形而上的含意。如金瑞啓所言：

> 情勢佈局之複雜，時機之完美，足以使我許多用機械式術語，來看待這一切的朋友，感到訝異並困惑——地球上生命的延續，端賴奇蹟發生，似乎是非常僥倖的。難道

---

[12] 弗萊（Roland Mishat Frye）編著，（New York: Scribners, 1983）。
[13] 我們的星球當時被一種失控的溫室效應威脅著，類似於曾經在金星發生的情況。

還看不出設計師的手在運作嗎？[14]

　　阿奎納和金瑞啓以經驗論爲理論基礎，以看得見、摸得著並且
感覺得到者爲依據。他們談到宇宙、價值和目的，主張這個神奇的
世界，唯有承認在其整體背後並其中，有一個神聖的導因，才說得
通。

　　另一位十一世紀的人，以不同的方式，純粹以理性爲基礎，來
推演他的神學理論，他的名字叫做安塞姆（Anselm）。

六、理性的基礎（一種先驗推理）

　　除了感官經驗的知識，還有直接從演繹推理而確立的知識：理
性的知識。推理本身，中規中矩地從已經確立的前提循序漸進，就
能建立一套站得住腳的結論。這種正規的邏輯運用方式，顯得不容
懷疑，不像經驗推理法，或許有說服力，卻很少是絕對的。用這種
方法來建立神學理論，看起來似乎相當可取。

　　典型的例子是一位本篤會（Benedictine）修士兼坎特伯利
（Canterbury）大主教安塞姆（Anselm, 1033-1109）用以證明上帝
存在的理論。他以嚴格而理性的方式，提出後來所謂的本體論論證
（Ontological Argument）——由上帝的完美存在本質推得的論
證。雖然安塞姆是真正的信仰者，有了信仰，就不需進一步的證據，
來證明上帝的存在，但他說他仍然渴望要建立「一個不需其它，本
身就是證據的理論：單獨一個理論就足以證明上帝真的存在。」[15]安
塞姆說他拼命掙扎要找到這樣的理論，卻找不著，最後終於只想忘
記曾經追尋過它，但彼時，這個問題已經變成無法逃避的強迫觀念，

---

[14] 金瑞啟（Owen Gingrich），＜讓世界有光＞（Let There Be Light），收錄於弗萊（Roland
　　Mishat Frye）編著的《上帝是個創造者？》（*Is God a Creationist?* New York:
　　Charles Scribner's Sons, 1983），p. 133。

[15] 安塞姆（Anselm），《對話》（*Proslogium*），狄恩（Sidney Norton Deane）譯，收
　　錄於莫瑞特（John A. Mourant）之《宗教哲學選讀》（*Readings in the Philosophy of
　　Religion*, New York: Thomas Y. Crowell, 1969），p. 9。

直到「有一天，當我極度疲於抗拒它的纏繞，思考正處於衝突之際，早就不再奢望的證據自己出現了，於是我迫不及待地去擁抱那個原來一直努力在抗拒的念頭。」[16]

安塞姆用兩種形式，把他想到的論證表達出來：第一種一開始把基督教對上帝的概念，濃縮成一套公式：上帝是「所能想像的最偉大的存在體。」用「偉大」這個詞，安塞姆指的是「完美」的意思。上帝是所能想像的最完美的存在體。如果這樣一個存在體可以想像得出來，那麼這樣一個存在體的存在，也一定能想像得出來，因為存在是絕對完美的特質之一。

用這種方式想想看：有一個人說：「我構想出一個擁有絕對完美的存在體，這個存在體的完美達到極至，不可能有比它更偉大的了。」第二個人問：「你構想出來的完美存在體，在你的心智以外，存不存在？」第一個人回答：「不存在，這純粹是一種概念性的存在體。」於是第二個人就說：「你並沒有構想出無與倫比的偉大（完美）存在體，因為我已經想出一個比你的更偉大的存在體。我的存在體擁有一切你的存在體所具備的完美性，同時還加上了完美的客觀存在。」安塞姆如是說：

> 如果那個所能想像的最偉大者，只存在於理智中，那麼我們就可以想像出一個比它更偉大的存在體。顯然這是不可能的，因此，毫無疑問的，有一個所能想像的最偉大的存在體存在著，它並且同時存在於理智與真實之中。[17]

安塞姆再度有系統地闡述他的理論，這次不只針對上帝的存在，而是針對上帝獨一無二的必然存在。以他這種解釋上帝的方式，要把上帝想成不存在，都不可能。說最完美的存在體是可以想像的，同時還可以被想成是不存在的，就等於同時在否認並且肯定它。亦即，上帝同時是又不是「那個所能想像的最偉大的存在體。」安塞

---

[16] 同上，p. 10。
[17] 同上，p. 11。

姆這麼說：

> 假使那個所能想像的最偉大者，可以被想成是不存在
> 的，那麼它就不是那個所能想像的最偉大者。但這是個無
> 法妥協的矛盾情況，因此，的的確確有一個所能想像的最
> 偉大的存在體存在著，我們不能把它想像成不存在。[18]

說自己能想像出一個必然存在的存在體，但它卻又不存在，等
於是在自相矛盾。

十七世紀時，笛卡兒（René Descartes）重新闡述此一本
體論論證（上述安塞姆的第一種形式），廣泛地受到矚目。
他強調必須把存在包含在上帝的述詞中，就像 180 度肯定
必須包含在三角形的述詞中一樣。一個三角形的內角總和
不等於兩個直角，那它就不是三角形。正是如此，沒有存
在的述詞的上帝，就不是上帝。笛卡兒說：

> 我們再也不能把上帝的存在與本質分離，就像我們不
> 能把一個由直線構成的三角形的本質，與其三角和等
> 於兩個直角這個事實分離，或者不能把山與谷的概念
> 分離一樣。所以，把上帝這個至高無上的完美存在
> 體，想像成缺乏存在事實——亦即它缺乏某種完美
> 性，和把山想像成沒有谷，同樣是自相矛盾的。
>
> 單就我必須在上帝存在的情況下，才能想像出上
> 帝這個事實，就可以得到：上帝與其存在是不可分離
> 的。因此，上帝的的確確是存在的。[19]

---

[18] 同上。

[19] 笛卡兒（René Descartes），《沉思錄》（*Meditation on First Philosophy*, Indianapolis: Bobbs-Merrill, 1960），p. 63，〈第五沉思〉（Fifth Meditation）。

凡此種種，我們還是不應該忘記，安塞姆的信仰並非依據這個論證，或其它任何論證。他因為肯定，一種發自內在神祕認知的肯定，而成為一個「真正的信仰者」，他的本體論論證與其說是信仰的基礎，不如說是一種出於虔誠的行為。如安塞姆所言：

> 主啊！我並非試圖侵犯你的至高無上，因為我絕對不會以自己的理解力，來和它相比擬，我只是渴望要了解一些你的真理，那是我心所信仰，所熱愛的。我並非想要了解之後，才可能相信，而是因為我相信，才能去了解。[20]

七、現代哲學神學論中上帝的不存在：
按照田立克（Paul Tillich）的說法

和阿奎納與安塞姆一樣，田立克也是一位哲學的神學家，但他的理論不像阿奎納那種亞里斯多德式的思想，也不採安塞姆本體論的立場，而是從現代存在主義（existentialism）和現象學（phenomenology）的層面切入。阿奎納與安塞姆著重於為上帝的存在確立證據，田立克則認為這種哲學推理，沒有掌握到一個要點，即說上帝存在，意指上帝和其它「東西」沒有差別。一個存在的上帝，不過是個存在體而已，儘管它或許是最完美的存在體。田立克主張，上帝不是個存在體——而是「上帝有其自體存在的樣子」。在他《系統神學論》的第一部中，田立克寫著：

> 上帝的存在，不能與其它存在體的存在相提並論，也不能把它想成超越其它存在體的存在。如果上帝是個存在體，就會受制於有限性，尤其在空間和物質方面。存在一旦用之於上帝，超凡卓絕就變得微不足道了⋯⋯
>
> 上帝存在的問題，不能問也不可答⋯⋯肯定或否定上帝存在，一樣是無神論。上帝是自體存在的（being-

---

[20] 安塞姆（Anselm），《對話》（*Proslogium*），p.10，

itself)，不是個存在體……自體存在超越有限與無窮，
否則就會受制於自身以外的事物，同時其存在的真正力
量，便落在它和它的先決條件以外了。自體存在無限地超
越了每一個有限的存在體。在有限與無窮之間，沒有程度
或等級存在，只有一個絕對的割離，一個無窮盡的「躍
變」。另一方面，每一個有限的事物，都參與了自體存在，
並在其無窮之中，否則就沒有存在的力量，反而會被虛無
吞沒，或永遠也無法從虛無中現身。萬物這種對自體存在
的雙重關係，賦與自體存在一種雙重的特性。稱它有創造
力，我們指的是萬物參與了存在的無窮力量這個事實。稱
它高深莫測，我們指的是萬物以有限的方式，參與了存在
的無窮力量這個事實：即萬物藉著它們的創造基礎，得以
無窮盡地超脫……[21]

第三節　大眾神學論

一、講道與說故事

　　並非所有的神學理論都像信條或系統神學那麼正式，實際上，
即使是以詩的形式，往往也都是結構鬆散，並且涵蓋了整個宗教生
活的範圍。例如有讓大眾吸收的神學理論，通常以講道的方式來表
達---即佈道神學論（sermonic theology）。

　　詹森（James Weldon Johnson）寫了一本書叫做《上帝的伸縮
喇叭》（God's Trombones）。其中，他以詩的形式，寫出七篇佈道文，
就像他小時候聽黑人傳教士講述的一般。這些「佈道文」，絕妙無比，
並且有詳盡的神學詮釋。如詹森在序文所表示的，這類的講道，顯

---

[21] 田立克（Paul Tillich），《系統神學論》（Systematic Theology, Chicago: University
of Chicago, 1951），vol. 1, pp. 235-237。另見第一章，3-13頁。

然就是爲了要詮釋神學理論。他敘述一位老傳教士，「在唸完一段語意含糊的經文之後，啪一聲合起聖經，以開場白的方式說：『兄弟姐妹們，今天早上——我打要算解釋無法解釋者——找出難以下定義者——思考無從思考者——解開不可解之謎。』」

在他一首名爲「創造天地」（the Creation）的詩中，對講道與神學理論的推演，同時都有相當不錯的描述。詩是這麼開始的：

> 於是上帝從太空中走出來
> 四處看了看說：
> 「我好寂寞——
> 我要為自己造一個世界。」

上帝向外望著一片什麼地方也不是的黑暗，「比一片柏木沼澤上的一百個夜晚還要漆黑。」然後他微笑，於是一切就開始了——光、日、月、星辰；大地、山谷、海洋；綠草抽出嫩芽，還有花朵，還有松樹將「手指指向天際」；河流奔入大海；還有一道彩虹。「於是上帝舉起手臂，揮揮他的手，」魚、鳥、獸便悠遊於林中。「上帝說：『還真不錯！』」

> 於是上帝四處走走
> 也四處看看
> 祂所創造的這一切
> 看著祂的太陽
> 看著祂的月亮
> 又看看祂的小星星
> 看著祂的世界
> 有了一切生物陪伴
> 而上帝卻說：「我依然寂寞。」

> 於是上帝坐下來——
> 在山坡的一端，祂可以沉思的地方

．．．．．．．．．．．．

上帝左思右想

終於想到：我要替自己造個人！[22]

應該要讀整首詩，才能聽到整篇精采的講道，但在此我們至少已經
掌握到神學方面的要點，而這也就是講道基本上所注重的了。這裡
有個創新的神學大理論，它並沒有出現在被闡述的經文中。講道者
告訴我們，天地萬物之所以被創造，是因爲上帝覺得寂寞。

二、故事神學論

並非與佈道神學論不相似者，或可稱之爲故事神學論，它在型
態上略有不同。被說出來的故事可能就是那一個故事，或者可能是
說明那一個故事的故事——那一個故事當然是上帝的故事，上帝的
神話。這類神學理論，對那些藉著報導古代特殊事件——出埃及事
件、耶穌被釘上十字架、一個引人注目的誕生，以及西奈山上立下
的契約——來自我詮釋的宗教，諸如猶太教和基督教，特別重要。

韋瑟爾（Elie Wiesel）曾說：「上帝創造人，因爲他熱愛故事。」
這裡有個懸而不定的片語，一段絕妙而模棱兩可的話：是哪個「他」
熱愛故事——上帝？還是人？或兩者皆是？唔！我們不知道上帝如
何，但毫無疑問地，人們是熱愛故事的，同時在人們最好的故事當
中，有一些就是故事神學論。

一位基督教牧師布朗（Robert McAfee Brown）熱切地談到他的
良師益友海契爾（Rabbi Abraham Heschel），他說每當有人向海契
爾提出神學方面的問題時，海契爾幾乎都會說：「朋友，讓我來告訴
你一則故事。」然後就把神學的解答包含在故事裡面。不單是海契
爾，他們整個希伯來人－猶太人的信仰體系，都是這種模式。一旦
我們注意到，猶太聖經從＜創世紀＞到＜尼希米記＞（Nehemiah），

---

[22] 詹森（James Weldon Johnson），《上帝的伸縮喇叭》（*God's Trombones*, New York: Viking Press, 1965）, pp. 4-5, 17, 19-20。

除其它事情以外，耶穌理所當然因為他的寓言而聞名。原則上，寓言是以具體的比喻，來解釋抽象的教導。寓言是一種大眾化的教導方式，而不是一種學術性的教導方式。對觀福音書中（Synoptic Gospels），保存了二十幾則耶穌的寓言，長度的變化，從一個句子到一個短篇故事都有。以下是對觀福音書中出現耶穌寓言之一覽表：

播種者（The Sower），＜馬可福音＞4：1-9；＜馬太福音＞13：1-9；＜路加福音＞8：4-8。

成長的種子（The Growing Seed），＜馬可福音＞4：26-29。

芥菜種子（The Mustard Seed），＜馬可福音＞4：30-32；＜馬太福音＞13：31-32, 34；＜路加福音＞13：18-19。

雜草（The Weeds），＜馬太福音＞13：24-30。

酵母（The Yeast），＜馬太福因＞13：33；＜路加福音＞13：20-21。

寶藏（The Hidden Treasure），＜馬太福音＞13：44。

珍珠（The Pearl），＜馬太福音＞13：45。

漁網（The Net），＜馬太福音＞13：47。

迷失的羊（The Lost Sheep），＜馬太福音＞18：10-14；＜路加福音＞15：3-7。

不饒人的惡僕（Unforgiving Servant），＜馬太福音＞18：21-35。

葡萄園的工人（Workers in the Vineyard），＜馬太福音＞20：1-16。

兩個兒子（The Two Sons），＜馬太福音＞21：28-32。

葡萄園的佃戶（The Tenants in the Vineyard），<
馬太福音＞21:33-34；＜馬可福音＞12: 1-12；＜路
加福音＞20: 9-19。

婚宴（Wedding Feast），＜馬太福音＞22: 1-14；＜
路加福音＞14: 15-24。

十個女孩（The Ten Girls），＜馬太福音＞25: 1-13。

三個僕人（The Three Servants），＜馬太福音＞25:
14-30；＜路加福音＞19: 11-27。

好心的撒馬利亞人（The Good Samaritan），＜路加
福音＞10: 25-37。

愚蠢的富翁（The Rich Fool），＜路加福音＞12:
13-21。

不結果實的無花果樹（The Unfruitful Fig Tree），
＜路加福音＞13: 6-9。

遺失的錢幣（The Lost Coin），＜路加福音＞15:
8-9。

失去的兒子［（The Lost Son）浪蕩子（The Prodigal
Son）］，＜路加福音＞15: 11-32。

狡滑的管家（The Shrewd Manager），＜路加福音＞
16:1-13。

富翁與拉撒路（The Rich Man and Lazarus），＜路
加福音＞16: 19-31。

寡婦與法官（The Widow and the Judge），＜路加福
音＞18: 1-8。

法利賽人與收稅的人（The Pharisee and the Tax
Collector），＜路加福音＞18: 9-14。

富翁（The Rich Man），＜路加福音＞18: 18-30；＜
馬太福音＞19: 16-30；＜馬可福音＞10: 17-31。

都是故事形式的神學理論，情況就很明顯了。

　　猶太人這種喜歡藉著說故事的方式，來表明宗教理念的傾向，不僅是海契爾的猶太教傳統，同時也是布朗的基督教傳統。耶穌說過很多故事，他很少用理性的論證方式來表明理念，即使在別人明顯地請他這麼做時也一樣。例如，據聞有一次一位律師設法與他交談。「要怎麼做才能得到永生？」那位律師問。耶穌很快地給了一個正規的回答，照理說應該頗為合乎律師的思考模式。他說：「守法，愛上帝，就像法律規定的那樣，也要愛你的鄰居。」但律師一再追問，「誰是我的鄰居？」耶穌立刻轉移到一種說故事的神學理論：從前「有一個人從耶路撒冷走向耶利哥（Jericho）⋯⋯」他說了一則故事——好心的撒馬利亞人的故事。

　　最早期的基督教會追隨耶穌的模式。當一位傳教士從安提阿（Antioch）出發，要去小亞細亞新建的教會「巡迴傳教」，我們可以肯定，教會並不要求他讀一篇有關上帝本質的文章，甚或讀一段聖經，而是要求他講一些耶穌的故事。不久之後，例如馬可想要針對耶穌（除了別的以外，還是彌賽亞）作出神學性的陳述時，就是用一個叫做「福音」（Good News）的故事——福音書（the Gospel）。

　　基督教福音特別是故事神學論的好例子。這些文獻，不論作者姓名是否正確，真的都是用來建立神學理論的故事。馬太、馬可、路加和約翰都用耶穌一生的事跡，來表達他們個人認為重要的神學理論。乍看之下，福音故事似乎像是耶穌的歷史，但再看一眼（或者在更有系統的檢驗下），則彷彿只是作者在運用歷史，來建立神學理論。他們要表達的不是歷史，而是神學理論。要證明這個論點，我們應該都注意到，寫歷史或傳記並不是去敘述主角的出生，他十二歲時在做什麼，然後再集中於主角生命的最後一個年頭（或者像＜約翰福音＞一樣寫最後的三年）。當然不是。福音的作者都是作者兼編輯，都有表達神學理論的意圖。他們都是神學家，描述耶穌一生的事跡，為的是要強調特殊的神學理念。例如馬太喜歡把耶穌描述成拉比和立法者，也喜歡把祂描述成希伯來人的預言中，上帝所

允諾的拯救者。於是馬太整理他的原始資料，重新編寫，儘可能有效地表達出他的神學理念[23]。

在＜馬可福音＞，我們可以看見作家兼神學家的雙重才華，尤其是在後來被稱爲「彌賽亞的祕密」（messianic secret）之中。馬可講述了一則耶穌即爲祕密之揭曉的故事：耶穌真實身份的祕密——彌賽亞。當然，馬可的「會眾」都已經從引言（1:1-13）中得知這點，引言中告訴他們以賽亞（Isaiah）已經預言了這件事，約翰施洗者也宣佈過了，同時上帝的聲音也加以證實——這些全包括在該福音書最初的十幾行當中。但故事中的人物並不知道耶穌是誰，他們是在故事發展的過程中，才逐漸明白的。起初沒人知道耶穌究竟是誰，到最後，凡是有「眼睛可以看」的人，都知道他是誰，就連站在十字架前，不信教的羅馬軍官也知道。

故事一開始，來自天上的聲音，私底下告訴耶穌，他就是那個上帝選出來作爲祂兒子的人。當時沒人在場聽到天上的聲音，連約翰施洗者也沒聽見。耶穌離開受洗的地方，他的真實身份沒人知道。

故事繼續進展，耶穌吸收門徒，四處展現奇蹟，被當作是一位不可思議的人。但除了那些他偶然驅走的惡魔以外，沒人認出他是人子（Son of Man），也是上帝之子（Son of God）。因爲是超自然生物，惡魔知道耶穌的真實身份，於是大聲說出來，但耶穌制止它們（1:25,34; 3:12）[24]。

祕密的揭曉，發生在一連串高潮迭起的場景中：首先，在前往該撒利亞腓立比（Caesarea Philippi）的路上，耶穌問他的門徒：「你們認爲我是誰？」彼得回答：「你是彌賽亞——基督。」（8:27）。第二，在耶穌形像改變的山上，耶穌真正的身份，對親近的門

---

[23] 見崔默（William Calloley Tremmel），《二十七本改變世界的書》（The Twenty-Seven Books That Changed the World, New York: Holt, Rinehart and Winston, 1981），p.138。

[24] 其餘含有「彌賽亞的祕密」的主題者，可以在其它耶穌阻止人說出的場合中看見：(1)在完成奇蹟之後（1:44; 5:43; 7:36; 8:26）；(2)彼得承認耶穌是彌賽亞之後，耶穌要他的門徒不要告訴任何人（8:30; 9:9）；(3)耶穌私底下指示門徒時（4:10-12; 7:17-23; 9:30-49）；(4)耶穌匿名遊加利利（Galilee）時（7:24; 9:30）。

單是以彌賽亞的祕密作為故事的主軸，就足以使＜馬可福音＞成為一個好的故事——推理的故事。每個閱讀福音的人，從頭到尾都知道誰是基督，但是了解到故事是在不知道他是誰的人當中——真正在場的那些人——發展開來，卻是非常有趣的事。

　　至少根據新約學者裴林（Norman Perrin）的說法，故事的精采不止於此。其「彌賽亞的祕密」，這個神學性的主題，不僅在於耶穌為彌賽亞，同時還在於他是一個特殊的彌賽亞。裴林主張，彌賽亞的身份一直密而不宣，是為了要使人們正確地了解耶穌的稱號，亦即不應該有人稱呼他為彌賽亞，卻只想到一個會創造奇蹟的上帝之子。裴林把祕密看成是一種設計，藉此不單是耶穌彌賽亞的地位被描述出來，一種特殊的彌賽亞的地位也同時被描述出來——一位不僅是「上帝之子」，也是「人子」的彌賽亞——一個必須遭受磨難的人。按照裴林的說法，這個祕密是「公開的祕密」。那些惡魔讓聽到他們說出來的人，都知道這個祕密，而耶穌創造的奇蹟，也向目擊者宣告，他是個身懷上帝力量而來的人。但是耶穌身邊的人，包括他的門徒，並不了解上帝力量的真正本質。裴林認為，耶穌的神蹟，使得他等同於一般古希臘傳統中的「神聖者」，然後馬可將此祕密的主題，引入這種神聖者的形像之中（3: 12; 5: 43; 7: 36），到最後才是必須受難的主題（8: 31-34; 9: 30-31; 10: 32-34）。根據裴林，如果彼得已經看出「基督」是「人子」，看出人子「必須要受難」，那麼在承認耶穌為基督時，他就會完全了解了。當大祭司問：「你是基督［這個稱號曾被認為等同於受難的人子］，是聖子（即上帝之子）嗎？」耶穌以「我是」（亦即使用古代辨識上帝的方式——見＜出埃及記＞3: 14-15）這樣的回答，接受了這些稱號。此時，馬可全然基督學式的意圖（彌賽亞祕密的徹底揭曉）達到了高潮。耶穌究竟是誰的祕密就此揭曉，他同時為人子並上帝之子：作為人子，他將受難而死；作為上帝之子，他將復活。[25]

---

[25] 這些有關彌賽亞祕密的評論，引述自筆者所著《二十七本改變世界的書》（New York: Holt, Rinehart and Winston, 1981），pp. 146-147。有關裴林探討彌賽亞的祕密，見

　　起初已有聖言（the Word），聖言與上帝同在，聖言
就是上帝，聖言在太初就與上帝同在。上帝藉著他創造萬
物；萬物無一不是藉著他造成的。生命存在於其中，這生
命是人類的光。光在黑暗中照耀，黑暗從來沒有勝過光。
……………

　　於是聖言變成血肉，住在我們當中，滿溢著恩典和真
理。我們看見了他的榮耀，一如聖父獨子的榮耀。
＜約翰福音＞1: 1-4, 14.（標準譯本修訂本）

他雖有上帝的形體，
卻不自以為與上帝同等，
而濫權攫取。
反倒架空了自己，
取用奴僕的形體，
以類似人的樣貌被生出來。

＜腓立比書＞（Philippians）2: 6-7（美國新譯本聖經）

徒──彼得、雅各（James）和約翰來說──變得明顯（9:2-8）。在
這些場合，耶穌每次都命令門徒不要告訴別人他們已經知道的事。
向世界宣告的時機還沒到，那一刻終究會來臨，並且只在「人子」
死而復活之際（9:9）。第三個祕密揭曉的場景，是在耶穌死亡當天

裴林的《新約聖經》（*The New Testment*, New York: Harcourt Brace Jovanovich, Inc.,
1974），pp. 152, 153, 154, 157, 160。

的兩個場合。在一次夜半審訊中，猶太教大祭司問耶穌是否為基督，耶穌答：「我是……」（14:61-62）。稍後在同一天，耶穌死時，羅馬軍官仰望他的屍體說：「這個人真的是上帝的兒子！」（15:39）。最後的揭曉，當然是在宣告耶穌死而復活的時候（16:1-8）。

雖然是過度的簡化，各個福音書的作者所要強調的神學理念可以這麼說：馬可以戲劇化的方式，把耶穌描述成彌賽亞，這個祕密逐漸在馬可的故事中揭曉。馬太支持這個彌賽亞的主張，卻想要補充說明耶穌也是個導師、立法者、第二個摩西，甚至超越摩西，他是新亞伯拉罕，以色列人願望的實現。路加想要把耶穌擴大描述成人類的救星。而最後，約翰不僅把他描述成彌賽亞、立法者，或救世主，還把他描述成上帝的聖言（the Word of God）、聖道（the Logos），甚至於上帝本身。

在故事形式的神學理論中，故事首次被說出來以後，又一再被重覆，接著經過蒐集編排，深思熟慮後，再重新編輯，逐漸地系統化，然後才被正式認可，並奉為經典，這些我們會在第十二章看到。

三、神話神學論

我們注意到，除了會議代表和哲學的神學家以外，還有說故事的人，也在建立神學理論。有些故事神學理論，因為年代太過久遠，以致於沒人記得作者的姓名，只知道或許是「人」寫的。這類神學理論可以稱之為神話神學論，在古代以色列人的著述中，有一個很迷人的例子，那就是創造夏娃的故事。稍經意譯後，其文如下：

> 太初上帝創造世界後，著手創造人類。他拿泥土塑成一個樣子，吹進一口生命的氣息，亞當就「出生」了。上帝把亞當安置在伊甸園，讓他住在那裡，並且照顧園子。但有一件事情不對勁，亞當從來不曾停下來，聽聽鳥兒唱歌，也沒聽過魚兒躍起入水的聲音，或見過魚兒游過後泛起的漣漪。他沒看過土狼悄悄地走過，並回頭張望。雖然不知道寂寞是什麼，也沒表示過任何意見，亞當卻很寂

寞，因為他是地球上唯一的動物。上帝認為孤單一個人——
——寂寞——對亞當不好，於是就創造了其他的動物，一隻
接著一隻，把牠們帶到亞當面前，亞當讚賞之餘，還為牠
們取名字。但是，或許亞當不知道，當他閒著沒事時，還
是覺得不滿意。於是上帝讓亞當沉睡，取出一根肋骨，創
造了夏娃。亞當一睜開眼睛看見夏娃時，就知道她才是長
久以來，一直在他心中的答案。[26]

　　神學理論從宗教的觀點來重新詮釋生命，它看著生命的「孤獨、
貪婪、野蠻和齷齪」[27]，表達出更豐富的意義，並承諾會有一種更好
的生活方式，在現世或死後提供救贖之道。

---

[26] ＜創世紀＞2: 4-25。
[27] 霍布斯（Thomas Hobbes），《利維坦》（*Leviathan*, New York: E. P. Dutton, 1950）。

名詞解釋

◆ Antioch **安提阿**・古代敘利亞的首都，位於現今土耳其南部，奧蘭提斯河（the Orantes River）畔。

◆ Benedictine **本篤會**・約公元五二九年由努爾西亞的本篤（Benedict of Nursia）所創建的羅馬天主教派。

◆ Canterbury **坎特伯利**・是一個教區總教堂的所在地，位於英格蘭東南部的肯特郡（Kent），自公元五九七年就成爲英國基督教教會的中心。

◆ Constantinople **君士坦丁堡**・土耳其的一個城市，以前稱爲拜占庭（Byzantium），現稱伊斯坦堡（Istanbul）。使基督教成爲法定宗教，並且是羅馬帝國國教的君士坦丁大帝，也把首都定在這裡。

◆ Existentialism **存在主義**・十九和二十世紀的一種哲學，有鑒於人類乃「存在先於本質」，存在主義努力要解決人類獨特性與孤立感的問題。不同於其他動物，人類要對自己成爲哪一種「人的動物」負責。

◆ Immanentalism **內在論**・把上帝看成是自然、宇宙程序中的一面，就像這裡所指的意思一樣。

◆ Incarnation **化爲肉身**・指上帝化身爲人形。例如基督徒主張拿撒勒（Nazareth）來的耶穌就是上帝的化身。另一個例子是古代埃及宗教，對一位名喚奧希里斯（Osiris）的人，所作的相同主張。

◆ Metaphysical **形而上的**・針對被認定是終極存在（本體論）並/或萬物結構（宇宙論）的基本事實所作的評論。

◆ Nicaea **尼西亞**・小亞細亞西北方的一個古城。小亞細亞是介於黑海和地中海之間的半島，包括大部分的亞洲土耳其。

◆ Ontological **本體論的**・源於本體論，一種關於存在本質的哲學。

◆ Pantheism **泛神論**・一切即是上帝的信仰：上帝是看待萬事萬物的一種方式。

◆ Phenomenology **現象學**・哲學的一個派別，主要根據胡塞爾
（Edmund Husserl, 1859-1938）發展出來的方法，努力要使哲
學擺脫所有心理學方面的錯誤。其目的在於描述意識所直接產生
的資料，不管事物如何，只在乎我們對它的體驗。我們所體驗的，
不是事物的本質，而是我們對它的觀感。現象學不談直接現象經
驗本身以外的東西。

◆ Theist **有神論者**・指一個人相信有上帝存在，同時上帝具備人的
特質。

◆ Teleology **目的論**・指一種追尋目的的活動；一種對大自然的安
排與目的之研究，相信既定的目的與安排乃自然的一部份。

第十一章
救贖神學論／死亡

初冬的某個夜晚
我將聽見貓頭鷹
在空中呼喚我的名字
　　　　——崔默（*William Calloley Tremmel*）

　　爲了進一步探究神學理論，我們將採用第五章結尾的提議，觀察各種不同宗教所構想的「得救」之道。人們該相信什麼？面對 (1) 日常生活中，可怕而無法操縱的情況和 (2)生命的盡頭——死亡時，該怎麼辦？

第一節　以虔誠接受的態度來面對生命

一、禁慾式的（stoic）順從

　　公元一世紀的羅馬哲學家愛比克泰德（Epictetus），大半生爲奴隸（因而體會到生命中一切不如意，卻也無法逃避的事實），他提出的解答是，要活得成功就得「接受」，儘管：

　　　　我們必須盡人事，聽其自然。那麼，自然為何呢？即
　　上帝的旨意。[1]

---

[1] 阿利安（Arrian）編纂之《愛比克泰德語錄》（*Discourses of Epictetus*），歐法德（W.

較現代的人說：

> 請主賜給我安寧，以接受不能改變的事，賜給我勇
> 氣，以改變我能改變的事，並賜給我智慧，以分辨出兩者
> 的差異。[2]

二、命運（Kismet）

土耳其回教徒用一個字來代表這一切：kismet（天命、運氣）。推撞而來的力量，你可以頂回去，但是要知道什麼時候頂了也沒用，就得靠智慧。這時，只有「命運」加聳聳肩，無法避免的，就接受吧！

一旦被解釋成順著上帝的旨意時，這種宿命論便成為神學理論了。不管發生什麼事，順著它，把它當作上帝不可解的計劃中，某個有意義的部份。

三、約伯不可知式的接受

在重新編寫的古代以色列約伯的故事中，接受命運的主題，以宏偉的形式，徹底的被表現出來。可能於公元前六世紀，由一位詩人重寫的，他關心人的痛苦，並關心宗教對這種痛苦的適當反應。那是關於一個正直的人（約伯），一生言行符合上帝要求，卻因為上帝在天庭的檢察官撒旦，說服了上帝試驗他的正直與忠誠，而遭受災禍的故事。於是約伯的財富和家庭全毀了，身體也垮了，變得一貧如洗，十分悲慘。所有的人都不懂為什麼會這樣。

在原來的故事——「約伯的耐性」——中，約伯耐心地默默忍受，但公元前六世紀的詩人／神學家所重述的故事，則呈現出一個截然不同的約伯：一個「開口咀咒自己生日」的約伯（＜約伯記＞3:1）。

A. Oldfather）譯（London: William Heineman, 1926）第一部，i. 17。
[2] 這段禱詞有時被認為出自尼布爾（Reinhold Niebuhr）。

他對天呼喊，尋求問題的答案：爲什麼上帝創造並統治的世界，會有痛苦存在？爲什麼上帝會容許這樣的痛苦，尤其是在祂最虔誠的僕人身上？

在長達二十五章的抱怨之後，約伯得到了一個解答，或者更確切地說，他得到了一個「無解之解」。上帝以極其戲劇化的方式對約伯說話，祂「從旋風中出來：『你是誰，竟說無知的話，來模糊我的計劃？』」換言之：你是什麼東西，竟敢來懷疑上帝？上帝用四章的篇幅，以高度戲劇化而挑釁的語氣，證明人類無知得「不知所以然」，也不知道「目的何在」，所以有智慧的人，還是要接受並相信上帝知道自己在做什麼。

真理一度就像給了約伯一記當頭棒喝。在上帝的長篇激烈演說中，約伯大聲喊：

> 我這麼卑賤，
> 能回答什麼？
> 只得以手掩口。
> 我說過一次，今後不敢再
> 重覆；我再說一遍：
> 我不敢再說什麼了！[3]

接著當上帝演說完畢，約伯以更謙卑、更順從的語氣說：

> 我知道你事事都能，
> 你所有的計劃，沒有不實現的。
> 我說了自己根本就不明白的事，
> 太過神奇，非我所能領悟。
> 以前我只聽過有關你的事，
> 如今我親眼目睹。

---

[3] 引述自《英國新譯本聖經》(*The New English Bible*, New York: Cambridge University Press, 1971)，<約伯記>40: 3-5。

　　　　為此，我收回我所說過的話，

　　　　坐在灰塵中懺悔。[4]

約伯領會了自己的脆弱與上帝的大能，領會了自己的需求與上帝的
關懷，其它的知識都不需要了。他並不了解，但是卻相信。至少在
心理上，信任使他得救。虔誠的不可知論（agnosticism）使他安於
現狀，並給他力量。

四、研習得來的哲學式的冷漠

　　許多人試圖維持一種不管死亡與救贖神學理論的態度（冷漠的
態度），試著不去談論或思考這類的事。做得到的話，這倒是個不錯
的技巧。另一個方法是努力用談論和思考，來建立一種冷漠的哲學，
如果做得到的話，這也是一個不錯的技巧。

　　來自薩摩斯島（Samos）與雅典的伊比鳩魯（Epicurus），於公
元前四世紀，建立一了派哲學，後來被稱為伊比鳩魯學說
（Epicureanism），所採用的就是這種辦法。伊比鳩魯要人們快樂，
無憂無慮地生活。他注意到使人們煩惱、不安，甚至畏懼的，有時
就是因為害怕上帝（上帝會懲罰人），和害怕死亡（當懲罰發生時）。
在寫給米諾西奧斯（Menoeceus）的信中，他試著要平息這兩種恐懼。
他說，上帝並沒有把處罰人類的事放在心上，上帝是幸福的，並且
忙著照料自己的幸福。從祂那裡，人們沒什麼好害怕的，同時也不
必害怕死亡。我們不用害怕死亡，不是因為死亡是幸運的，而是因
為死亡沒什麼，也不會造成傷害。在信中，伊比鳩魯提出這個建議：

　　　　要逐漸習慣於相信死亡沒什麼，因為善惡均來自感
　　官，而死亡正是感官的喪失。所以，正確了解死亡對我們
　　沒什麼，會使得終歸一死的生命令人覺得愉快。並非因為
　　正確的了解，會使生命增添無限的時間，而是它消除了對

---

[4] 同上。＜約伯記＞42: 1-6。

不朽的貪念。一個真正了解死亡沒什麼好怕的人，對他來
說，生命也沒什麼好怕的……只要我們存在，死亡就不會
跟著我們，所以最可怕的疾病──死亡，對我們來說沒什
麼；而當死亡來臨時，我們也就不存在了。死亡根本不在
乎活人或死人，因為對於前者來說，它是沒有的事，而後
者則已不復存在了。[5]

　　我們永遠也無法得知，米諾西奧斯是否覺得伊比鳩魯的冷漠論
好用，如果他覺得好用，那麼他就是少數能練成此一絕技的人。多
數人似乎都無法做到這種研習得來的冷漠，我們都比較像哈姆雷特
（Hamlet）──免不了會與死亡的恐懼搏鬥：

　　　……懼怕不可知的死後──
　　　那不為人知的國度，沒有旅人
　　　能從那裡回來──它麻痺了我們的意志，
　　　使我們寧可忍受目前的疾苦，
　　　也不願飛向未知的疾苦？
　　　這樣反覆的思索使我們全成了懦夫，
　　　決心的自然光采，
　　　蒙上了一層顧慮的蒼白……[6]。

　　總的來看，禁慾主義者、土耳其回教徒、贊同約伯者都說：不
論悲哀的事實為何（即使是所愛的人，悲哀而又無意義的英年早
逝），鬆開雙手，讓它去吧！深信不疑地說出：「我不知道為什麼會
發生這種事，但上帝知道，那是上帝的旨意。」就可以得到意想不
到的信心和精神上的支持。這種毫不懷疑地把「過錯」推給上帝的

─────────────

[5] 伊比鳩魯（Epicurus），＜伊比鳩魯致米諾西奧斯＞，《倫理學》（*Ethics*），詹森（Oliver
　A. Johnson）編纂（New York: Holt, Rinehart and Winston, 1974），p. 78。
[6] 莎士比亞（William Shakespeare），《哈姆雷特》（*Hamlet*），第三幕，第一場，78-85
　行。

鬆開你的手，放了吧！
放了吧！那些麻雀也似的
煩憂，讓它們都去吧！
　　　　——崔默（William Calloley Tremmel）

作法，使得無窮的層面，變成悲哀而有限的情況，同時顯然也使得真正相信這些話的人，有力量「走路而不至於暈倒」。

第二節　以神學觀點看死亡

海德格（Martin Heidegger）把人類的存在，定義成受制於對死亡的預期。他告訴我們：「生是到死為止的存在」。因為是生命的共通性、無法避免而可怕的情況，死亡在所有神學理論中，居首要地位。

一、死後的生命——轉世（Reincarnation）的形式

關於死的問題，最常見的答案就是否定它最終的真實性。死亡並不是生命的結束——不是有意識的生活的結束。

古代有種廣被使用的遺忘性否定方式，叫做轉世。我們會很快地把轉世說（或靈魂轉世）和東方的大教（印度教與佛教）聯想在

一起，但是有許多其它宗教，也以這種方式，來探討死亡以及死後生命的問題。實際上，儘管我們西方對轉世抱持懷疑態度，湯恩比（Arnold Toynbee）也已經說過基督教是不講這種教義的一些「古怪宗教」之一。

要了解這種神學理論如何運作，應檢視一個簡單的轉世說的形式：一個在新幾內亞（New Guinea）東邊，特洛布里安群島（Trobriand Islands）的克里維那島（Kiriwina），島上居民的神學理論中，所發現的形式。資料來源是人類學家馬林諾夫斯基（Bronislaw Malinowski）的研究結果。克里維那島的居民相信人人有靈魂，他們稱之為「貝洛瑪」（baloma）。臨終時，靈魂（顯然是人縹緲的複製品），也就是鬼魂，離開了軀體，隨即來到一座特殊的島〔圖瑪（Tuma）〕，進入一種和先前的物質生活極相似的精神生活：吃、喝、社交、戀愛並結婚。提供資料給馬林諾夫斯基的當地居民告訴他，圖瑪島上的女性靈魂美麗而性感，她們費盡苦心，要使新來的男性鬼魂，忘記俗世的妻子，通常她們都會成功：男性鬼魂忘掉了以前的妻子，和新的靈魂妻子定居下來。然而馬林諾夫斯敘述道：

> 男人也可以等候他的寡婦來圖瑪島和他一起生活，但提供我資料的當地居民似乎不太認為有多少人會這麼做……無論如何靈魂定居下來，在圖瑪島過著快樂的生活，度過另一生直到他再次死亡。但這個死亡……不是全然滅絕。[7]

在圖瑪島上「死亡」時，貝洛瑪（靈魂）又投胎成為人，回到前世的島上[8]。

---

[7] 馬林諾夫斯基（Bronislaw Malinowski），《巫術、科學與宗教》（*Magic, Science and Religion*, Boston: Beacon Press, 1948），p.135。

[8] 克里維那島民對於懷孕，以及懷孕與先前就已經存在的貝洛瑪有何關聯，有一些有趣的想法。他們相信在受孕的過程中，男性唯一的功能就是開啟女人，好讓貝洛瑪胚胎〔懷懷兒（waiwaia）〕進入女人的子宮。懷懷兒是轉世過程中一個變形的階段，它就是準備要回來做人的貝洛瑪鬼魂。

　　貝洛瑪在圖瑪島上的生命逐漸老化，視茫茫，齒牙掉落，沒力氣，最後到海裡，像蛇一樣，蛻下它的皮，剩下的就是「懷懷兒」（waiwaia），亦即將要被生出的嬰兒的胚胎。胚胎由一位貝洛瑪女子拾起，帶回原來居住的島上，悄悄地植入一個先前已因交媾而開啓的女人的子宮裡。或者可能（另一種解釋）那個貝洛瑪到海裡，在那裡變成懷懷兒，然後被沖上海岸，被一個貝洛瑪女子發現，或漂流至先前居住的島嶼，自己在來海中沐浴的女孩或女人中，尋找開啓的陰道，生命於是重新開始。在地球上有一個循環的生命，然後過渡到靈魂那一個循環的生命，最後又回到再生的人的生命：投胎轉世。

　　有了特洛布里安人簡短的投胎轉世說，我們就能了解原始人類能夠有，也真的有詳細的神學理論系統。雖然對我們來說，許多他們所相信的東西，在神學理論上顯得幼稚，同時在科學上顯得不正確，但在神學上卻不是沒有深度的。這些人看著生死交替的問題，而主張它形成了一種有意義的秩序。他們看著死亡（看著死亡在進行），而主張死亡不可怕也非無意義。他們已經超脫有限性，已經處理了可怕而無法操縱的死亡問題，同時還完成了可行的救贖神學論。

　　特洛布里安神學理論中轉世的觀念，與印度教和佛教更詳盡的轉世說，主要有一點不同。南太平洋的神學理論，並沒有賞罰的質素牽扯在生死輪迴之中。東方的神學理論就不是這樣，在東方，轉世是指根據業報法則（The Law of Karma）來重生。業報是根據前世因果，來支配重生的法則。因爲業報的原則，好人來世命更好，壞人來世命更壞。每一次轉世均取決於前世的品德，直到最後達到完美的境界，度過完美的一生，業報法則就不再要求重生，靈魂便可進入涅槃（Nirvana）與梵上帝（God Brahman）合而爲一。

二、涅槃

　　在印度教，針對死亡的問題，復活（重生）並不是最終被渴望的答案。超越俗世不停的去－來－重覆－改變－提升－解體－滅絕

[被稱爲輪迴（samsara）]的生命循環，是一種完美寧靜的境界叫做涅槃。這是一種人的靈魂（atman）與神聖的存在事實（梵）完全合而爲一的境界。如果藉著獻身投入、勤勞研習、冥想和寧靜，終於有了與梵合一的體驗，輪迴轉世便結束而進入涅槃。涅槃是一種有著完美自由與完美平和的存在。

某些形式的印度教　[吠檀多[9]（Vedanta）]　認爲，領悟了神聖存在的普遍性，才能得救。一切真實的存在都是梵，因此，人的存在事實就是神聖的存在事實。問題是，人並不知道這個事實，卻相信自己是分別獨立的人，生活在其他分別獨立的人群中——物中之物。但這是一個幻象，一個錯誤。只有一個存在事實——梵，當一個人終於徹底認識這個事實時，就得救了。

涅槃的事實和體驗並非藉著輪迴轉世才能完成，而是被認定爲一種本來就已經存在的東西，只不過在美感經驗上，在理智上（noetically），在心靈的神祕經驗上，尚未被體認而已。並非輪迴轉世到完美的境界，就能與梵結合，必須體驗解放[擺脫生死輪迴（moksha）]——在這一世及其他任何一世，從自覺中解放出來，才能得救：才能真正領會自己與上帝（梵）是同一個存在事實。

這有點像海浪拍擊岩石之後，一滴海水飛濺到空中一般，那滴水只是一滴水而已，直到它領悟到事實的真相。它是大海的一滴水，於是它可以說「汝即彼」（tat tvam asi）。

三、人生的路上

雖然印度教終究是一種超脫俗世的理論體系，卻沒有陰沉消極的特性，它並不譴責俗世喜樂的生活，只不過最後強調，終極喜樂不在於人們通常所追求的事物。本著有耐心的智慧，印度教體認人類自然地，也因此合理地追求許多種人生的目標，追求享樂（kama）、權力（artha）、道德完整（dharma），以及在許多次重生的過程中，最後追求的得救[擺脫生死輪迴（moksha）]。

---

[9] 吠檀多談到印度教最圓熟的經典——《奧義書》（*Upanishads*）的教導。

　　對於人類自然的需求與慾望，沒有宗教比印度教更敏感了。它了解人類自然而然地要享樂，因此不加以詆毀，還把它視爲人生四個適當的目標之一。當然，享樂主義（hedonism）必須在好的判斷力之下來追求，人不能只是「吃、喝、玩、樂」──否則明天也許就會希望自己不如早死算了。只要合乎明智的放縱和正確的道德規範這些基本準則，印度教容許人們有追求各種享樂的自由。如果享樂是人們所渴求的，就不要讓他們壓抑這種慾望。印度教提倡享樂，然後便等著，等追求享樂的人，體認到不管有多麼享樂，終究不是美滿而喜樂的人生的答案。

　　開始體認這個事實的人，印度宗教哲學家（所有的印度哲學家都是宗教哲學家）就會教導他去嘗試第二種適當的人生目標。假定那個人嘗試追求成功好了，財富、名望和權力形式的成功，都被肯定是極自然並且值得追求的目標。有很多富有的人都是好人，同時有錢而又是好人，沒什麼不對，但是講到享樂，有財富以及有權力的人終究會感嘆「人生的目的一定不止這樣」。

　　這時，印度教會建議嘗試一種新的方式，轉而向外以利他的態度待人，而不是追求自私的享樂以及權力和財富。從以自我爲中心的人生，開始轉變成爲別人謀福利的人生：結婚、爲人父母、盡責任、維持家計、逐漸關心社區的生活和人類的需求。這樣的人生可以是好的、富有的、值得的，也許好得足以使一個人（約莫）到了生命的盡頭，都一直感到滿足。

　　可是，唉！即使這樣的人生，還不是真的足夠，而這個事實會在這一世，或未來的某一世逐漸變得明顯。利他的確可以獲得自尊以及同儕的讚美，但最後還是不能滿足人類最深沉，又要求最嚴格的渴望：要成爲無窮而不變、永恆的極樂並至美的一份子。總有一天，我們會覺得世界上，如現象界所顯現者，彷彿沒什麼令人滿意的。並非這世界真的很糟，實際上，有很多都是不錯的、令人興奮的、奇妙的，但最後我們還是會提出這個問題：「難道這真的就是全部？」

　　印度教[尤其是吠檀多印度教（Hinduism）]等待的正是這一刻。從剛開始主張有適當的人生目標，印度教循循善誘的就是要導向這

一個時刻。現在印度教終於可以說出想要說的話了。不，這不是全部，因為超越享樂和成功，甚至於責任的，有一種「超越」(beyond)，它不存在於外在世界的某處，而是在你自己生命的深處。因為在你之內，有一個自我，一個靈魂 (the atman)，它本身就是上帝。它是無窮的、絕對的、完整的。把生命集中在這個靈魂上，就再也不必為了滿足一個需求，而尋尋覓覓，因為一切需求會自動得到滿足。你不再為任何有限性的事物而苦惱，甚至於根本就沒興趣，因為你知道你不是有範圍、有限度，或受約束的。你是自由的，完整的，你就是上帝。你的魂，你的靈並未和梵上帝的靈與魂分離，兩者也沒有什麼不同之處。在本質上，你和上帝是一體的。

小結　我們總共碰到五個術語，就某種意義而言，它們概略地敘述了印度教——輪迴 (samsara)、業報 (karma)、擺脫生死輪迴 (moksha)、涅槃 (Nirvana)、梵 (Brahman)。「輪迴」主張一切地球上的生命經驗，基本上似乎都是無窮無盡的生命循環中的一次轉世與重生，而每一世生活的水平均取決於「業報」——前世的所作所為決定今生的層次：出身、身體、心智、地位、性格。新的業報 (New karma) 也正在形成——一個人現在的行為和經歷將決定來生的層次。不只在俗世的層面，同時還有在天堂的層面，想獲得自由，不受制於轉世，那就要尋求「擺脫生死輪迴」。涅槃 (Nirvana) 是一種智識的、情感的、精神的 (完整的)，與梵，與上帝合一的經驗。

四、梵的白晝與黑夜

此外，貫穿所有這些救贖理念的是一個信念，即整個宇宙 (動物、人、神、世界) 也是以一連串的循環系統在運作。首先是大時代 (Maha Yuga) 的循環系統，由四個時代組成。(1)黃金時代 (Sarya Yuga)，是一個道德完善，充滿喜樂的年代，持續了 1,728,000 年。(2)接著是微明時代 (Treta Yuga)，持續了 1,296,000 年，人類正義的衰微為其特徵。(3)再來是薄暗時代 (Dvapara Yuga)，持續了 864,000 年，在這段期間，人類的正義減縮了一半，是個充滿疾病、

災難與痛苦的年代。(4)然後是黑暗時代（Kali Yuga），是大時代的最後一個時代，持續了 432,000 年，焦慮、恐懼、饑餓和人爲的災禍爲其特徵。它就是當今的時代。經過四個時代（大時代）4,320,000年以後，整個系列又重新開始。

不止這樣，在稱爲劫（kalpa）或梵的白晝（the Day of Brahman）的一千個大時代過後（四十三億年以後），宇宙溶化進入等長的虛無叫做寂滅（pralaya），或梵的黑夜（The Night of Brahman）。梵的黑夜同樣持續四十三億年，之後，宇宙又再度出現，產生萬物，於是大時代又重新開始。

五、猶太人與基督徒對死亡的觀念

死後有生命的神學論，顯然不是早期以色列宗教傳統的一部份[10]。早期的聖經文學，對這個主題始終保持沉默，以致於有些學者認爲，死後有生的觀念不是早期希伯來人信仰的一部份。然而，情形可能不是這樣。就像其他的閃語系（Semitic）民族一樣，早期的以色列人，可能相信身體死後，魂（nephesh）與靈（ruach）仍繼續存活，存活的地點被稱爲陰間（Sheol）。死人的陰魂或鬼魂在陰間生存，可能處於一種類似睡眠的狀態。如同一些希伯來人生動地描述道：死者的魂，長眠於亞伯拉罕的胸膛即和祖先在一起。陰間顯然不是個賞善罰惡的地方。

不論在歸之於摩西筆下的著述，或在先知的著述中，所呈現出來的陰間，怎麼看都不像後來的天堂或地獄。復活的概念在早期希伯來人的思想中，也沒有什麼重要的地位。事實上，希伯來人的思想體系，主要關心的是這一世的生命，尤其關心上帝選民——即以色列王國——的興盛與前途。這些古代的民族，似乎把死者分配到「亞伯拉罕的胸膛」，就已經覺得十分滿意了。

同時，在古代希伯來人的思想中，如早在八世紀的先知書（Prophets），就有末世論（eschatology）的種子，有待後來的法

---

[10] 有關「以色列人」（Israelite）和「希伯來人」（Hebrew）的定義，見第九章213頁。

利賽人（Pharisees）和早期的基督徒加以發展。首先是耶和華日（the Day of Yahweh）的理念。希伯來人開始相信，有一天上帝會從敵人手中，解救祂的王國，並懲罰那些敵人──那些壓迫他們的非猶太（Gentile）國家。這個理念最後經過修改〔尤其始於先知阿摩司（Amos）〕，上帝所有的敵人，包括邪惡的希伯來人和非猶太人的壓迫者，一律要遭受懲罰。阿摩司預言，耶和華日對所有邪惡的人來說，將會是可怕的審判日。第二，在古代希伯來人的思想中，有希伯來王國將復興的理念，亦即他們的國家終究會「復活」。如果國家會復活，那麼亞伯拉罕、以撒、約伯還有摩西難道不會嗎？期盼一些死去而在陰間的正直好人，過去的一些英雄，也一樣以新的軀體復活，難道不合理嗎？而如果英雄能，為什麼好人，甚至於每一個人就不能呢？

　　巴比倫囚虜期（Babylonian Captivity）之後，這些理念迅速而令人印象深刻的發展開來。公元前五八六年，希伯來人（南方猶大國的希伯來人）被巴比倫的尼布甲尼撒（Nebuchadnezzar）打敗，主要的猶太（Judean）家族都被帶去巴比倫作奴隸。他們在巴比倫先是由巴比倫人統治，而在波斯國王居魯士（Cyrus）征服巴比倫之後，又由波斯人統治。與波斯的接觸，對希伯來人的思想特別重要。在巴比倫，猶太人〔（Jews）囚虜期間被用來指希伯來人的名稱〕受影響的觀念顯然有 (1)上帝與超自然大敵人〔尤其包含了祆教的惡靈（Angra Mainyu），又稱撒旦〕之間的鬥爭。(2)邪惡靈魂在地球下面一個地方，依照其在陽世的惡行接受處罰。

　　這時，或者在稍後，一種新型態的著述開始出現在猶太人的文化中：啟示錄。舊約的＜但以理書＞（Daniel）和後來新約的＜啟示錄＞（Revelation）都是很好的例子。關於這一種形式的著述，李思特（Martin Rist）告訴我們：

　　　　啟示錄相信，現在控制在撒旦手中，邪惡而腐敗的世界，很快就會連撒旦並其惡魔與人類代理人，一起直接由迄今仍保持超凡的上帝滅絕，然後上帝會建立一個完美的新時代，和一個完美的新世界，兩者均直接由祂控制，生

者逝者之中，正直人士將永無止境地享受幸福、公平的存
在。[11]

從這個分析中，我們可以看出，啓示錄是一種末世論
（eschatology），也就是一種對世界末日的描述。在囚虜期後的猶
太教和早期的基督教信仰中，世界末日包含(1)所有死者都將復活，
(2)全面性的審判，(3)所有邪惡的人會被毀滅或處罰，(4)正直的人
將蒙天恩並得永生。

邪惡的人死後下地獄的觀念，出現在巴勒斯坦猶太教末期和早
期的基督教。一個有火刑的地方這樣的觀念，顯然來自希伯來人的
新嫩子谷（Gehenna）。新嫩子谷是在耶路撒冷西方的一處山谷，希
伯來人在那裡焚燒城市的垃圾，和死刑犯的屍體。更早的時候，亞
述人（Assyrian）也在這裡膜拜摩洛神（Moloch），把要作爲獻祭的
人，丟進祭拜摩洛神的火燄裡。末世論中，新嫩子谷（煉獄）成了
處罰罪人的地方，同時它也不在耶路撒冷的垃圾堆裡，而是在地底
下。

雖然猶太人最後終於發展出一套死後有生命的神學理論，但這
個概念從來沒有成爲猶太教的重要主題。猶太教一直都忠於早期聖
經所強調的主張，它是關於上帝及其選民的宗教。它不是關於死後
有生命的救贖，而是關於道德正義與解救國家。猶太人可能相信，
也可能不信自己死後仍有生命，但身爲猶太人，他們堅定地遵守上
帝神聖的律法，同時深信上帝的王國以色列，終必實現，並且能夠
獲得最後的勝利。

基督教　是基督教把個人的復活與不朽，加入到宗教的中心位置，
使得死後有生命成爲宗教的大目標與期望。在基督教，因爲耶穌替
人們贖罪而被釘死在十字架的行爲，人的靈魂才能藉著對罪惡的懺

---

[11] 李思特（Martin Rist），《但以理書與啟示錄》（*Daniel and Revelatin*, Nashville: Abingdon-Cokesbury Press, 1947），p. 3.

悔，藉著信仰以及上帝的恩典，從分離（墮落）的情況，轉化成一種超自然的情況，在其中享受著以靈的軀體，獲得重生的不朽生命，永遠與上帝生活在一起。所有希伯來民族主義的質素，都被刪除了。基督徒的上帝國度「不在這世上」（＜約翰福音＞18：36）。基督徒所關心與盼望的，不是要住在一個有正義的國家，而是要活在一種無法形容的喜樂之中，那是在直接與上帝居住於天堂，才能體會的感覺：即活在「真福直觀」（Beatific Vision）之中。

六、不朽與／或復活

雖然「不朽」和「復活」都是指死後的生命，但兩者有所不同。事實上，根據某些神學家的看法，它們非常不一樣。一個是希臘人的觀念，另一個則屬於希伯來基督徒。希臘的 ［柏拉圖式的（Platonic）］哲學主張，靈魂在本質上沒有開始，因此是不滅的。猶太-基督教神學否定這一點，他們認為靈魂是上帝創造的，當然也可以被上帝摧毀。此外，在柏拉圖思想中，靈魂的宿命，就是要逃離軀體的陷井，重獲自由。在猶太人，尤其是基督徒的思想中，靈魂的宿命則要和軀體復合（復活），才能再度擁有完整的生命。

柏拉圖對於不朽的主張，在他的《斐多篇》（Phaedo）中透露了出來。故事中，把蘇格拉底（Socrates）生命的最後幾天，戲劇化地呈現出來。蘇格拉底被控冒犯上帝，判處死刑──喝毒芹鉤吻汁。然而，因一時的衝動，決定要殺死這位最傑出的雅典公民，官員們頗為尷尬，於是提出，要是蘇格拉底公開聲明放棄他所教導的主張，他們就收回成命。蘇格拉底拒絕了。然後他們又提出，只要蘇格拉底離開雅典，就給他自由。蘇格拉底又拒絕了。

根據柏拉圖的敘述，實情是蘇格拉底已經老了，充滿了智慧，根本就不怕死。死亡能把不朽的靈魂（心智），從肉體的陷阱中解放出來。一旦獲得自由，不朽的靈魂／心智擺脫了肉體的阻礙，回歸到它根源的所在──各種形式、理念與理想的國度。死亡是個朋友。

朋友！對猶太人或基督徒來說可不是了。死亡是個敵人，因為亞當和夏娃的抗命，才被帶進人類的生命。基督徒，尤其在他們傳

統的神學理論中，把肉體看成是復活重要的一部份。釋義新約的各
種聲明，當「你死了，就死了。」並且持續死亡狀態，直到最後的
復活[12]。死亡是摧毀生命的敵人，只有上帝可以恢復生命，根本就沒
有固定不變的不朽存在。

　　只不過，一個死後住在某處的不朽靈魂的景象，比一具持續腐
爛的屍體，在墳墓裡等待著復活和最後審判，要來的更加吸引人。

　　在相當早期的基督教神學思辯中，可以感覺得到蘇格拉底／柏拉
圖思想的影響，而基督教神學家也在基督教信仰中，給予不朽像復
活一樣的一席之地。對他們來說，在死亡到復活之間，靈魂有它自
己獨立的生命———一種「不朽」。但是在有關不朽的神學理論中，早
期的基督教神學家，在一個重要的點上，脫離了柏拉圖的理論：他
們不贊成靈魂因其不滅的本質而不朽。不論靈魂具備哪一種不朽，
都是上帝賜予的。上帝創造靈魂，並且能毀滅它。殉教者聖賈斯丁
（Justin Martyr）、伊里奈烏斯（Irenaeus）、德爾圖良
（Tertullian）、西奧菲勒（Theophilus）、阿諾比烏斯（Arnobius）、
雷克坦提烏斯（Lactantius），都認為靈魂之所以能存活，是因為上
帝的旨意如此，如果上帝高興，就可以終止他繼續存活。甚至連採
用柏拉圖的論據，來證明靈魂不朽本質的奧古斯丁（Augustine）仍
然強調：雖然人類就某種奇怪的意義來說，擁有不朽，它卻不像上
帝的不朽那樣，是絕對的。

　　關於不朽，基督教神學家可以從希臘哲學中，得到豐富的理論
支持，可是針對復活神學論，除了能把靈魂轉世比擬成復活神學論
以外，所能找到的論據就很少了。復活不屬於希臘人的理念，在基
督教神學中，它來自於猶太教。

　　許多現代基督徒輕忽死後有生命的說法，而特別去強調現世—
—尤其是經過道德修練的現世——通常是一種注重社會責任的人
生。未來個人死後如何，有待去觀察。然而，在過去和現在，大部
分的基督教，都是以未來的生命為方針。「現在」所做的宗教奉獻，

---

[12] 見＜得撒洛尼前書＞（1 Thessalonians）4: 14-17，及＜啟示錄＞（Revelation）
　　20: 11-15。

都是著眼於將來的永恆。

但在日常基督教神學論中，將來的永恆究竟爲何？　關於死後的生命，有一系列的日常觀點。許多人認爲，在另一個世界，個人的身份，將以頗爲類似現世的情況延續下去。像現在的樣子獲得重生，在不同世界復活的人，這在基督教信仰與希望的歷史上，是一種不斷延續的主題。基督教神學論主張，基督的復活與昇天，使那些相信自己會復活並住在天堂的人，也有了這樣的可能性。

　　另一個世界究竟像什麼樣子，基督教並沒有明確的解釋。有時候，人們把那個美好的世界（天堂），想成會見上帝的地方。通常更直接地，人們會把它想成是家人重聚的地方。也許大部分的人把天堂的生活，想成類似俗世的生活——只不過沒有了擾亂現世的種種苦惱（戰爭、疾病、傷悲）。對許多人來說，天堂是「嗯！你知道就像我生長的地方——丹佛（Denver）一樣，有著美麗的山色，冬天的氣候，比現在暖和，夏季在市立公園，還會再有樂團的演奏會。」而地獄當然就完全像地獄了。

　　當然，在這一段，我們先假設上帝創造了某一事物，因此該物一定有不止於「灰燼上的灰燼」的目的，然後再探討死後有生命的問題。馮內果（Kurt Vonnegut）在他的《貓的搖籃》（*Cat's Cradle*）中，也對此感到好奇。亞當和上帝正在交談：

> 男人眨眨眼，有禮貌地問：「這一切的目的何在？」
> 「每一件事物都一定要有目的嗎？」上帝問。
> 「那當然。」男人答。
> 「那麼，我就把一切都留給你去想出一個目的來吧！」上帝說完，就離開了。[13]

---

[13] 馮內果（Kurt Vonnegut），《貓的搖籃》（*Cat's Cradle*, New York: Dell, 1965），p. 215。

第三節　死亡的問題

一、一個特別的問題

　　受苦與死亡是神學理論必須處理兩個的問題，但是它們所引起的疑問卻不相同。受苦所引起的疑問是：何以一個有上帝關懷的世界，會存在這麼多的痛苦？痛苦挑戰著上帝的存在與本質。另一方面，死亡所引起的疑問是：既然難免一死，那麼生命的意義何在[14]？尼布爾（Reinhold Niebuhr）在他的《人的本質與命運》中說：「當生命被切斷時……生命的意義就會被質疑。」[15] 前面有一章已經研究過上帝和痛苦的問題，現在我們要研究的，就是這個生命的意義的問題。

　　針對死亡這個問題（死後會發生什麼？）所得到的答案，會爲「我們從哪裡來？爲什麼會在這裡？」這些問題的解答，設定條件。譬如說，有人告訴我們，死後不是上天堂，就是下地獄，那意味著我們原來來自上帝，是上帝救贖計劃中的一部份，而此時此地，我們要依照上帝的旨意，去追求那個救贖計劃。當然，如果不這麼做的話，在救贖的方程式裡，就注定要下地獄了。

　　另一方面，也有人可能會說，人死時，並沒有被徹底毀滅，或被遣往天堂或地獄，只是一再地回歸生命，直到以精神上極大的努力，幾乎是在無窮盡的轉世（reincarnations）以後，終於達到和上帝合而爲一──涅槃的境界。由此我們也許可以推斷，人來自於無窮盡的輪迴轉世，並且要活在現世，還有每一個緊接著的來世。

---

[14] 面對死亡時，人們不太會去懷疑上帝的存在，反而比較急於要肯定上帝的存在。必須要解答以下問題：我們從哪裡來？爲什麼會在這裡？我們將往何處去？肯定上帝的存在，在推演正面而有益的神學理論時，有很大的幫助。

[15] 尼布爾（Reinhold Niebuhr），《人的本質與命運》（*The Nature and Destiny of Man, New York: Scribner's Sons, 1943*），第二冊，p. 293。

這麼一來，他們的善終究會勝過業障，擺脫輪迴，而進入非人格並永恆的極樂世界。

　　但是另外一個例子，假如有人告訴我們，這就是結束——一切到此為止——死亡真的就是我們的終點，該怎麼辦？在神學理論上，這種說法或許不能解釋我們從哪裡來，或為什麼的問題，但是生命的意義仍然包含在內。如果這就是全部，最好要使它有意義。把每一天都當做是一輩子，現在就要好好的生活！別浪費一分一秒，這一次不只是「大約這一次」，而是唯一的一次。雖然持反面的說法，這類的意見也是「一種神學論」，一樣因為死亡而企圖要使「生命有意義」。

　　由於帶來了生命的意義的問題，死亡是人類的一個難題。所有生物終歸一死，這當然是個事實，但就我們所知，只有人類知道這個可怕的事實。作為人，要付出的代價之一是，無法避免地知道，每一個人總有一天會死。

　　當然我們盡可能努力不去想它，以抑制這個知覺、這個知識。其他生物會死，甚至於人也一樣，還有我們所愛的人。這些我們可以想，但是自己的死就不行了。就像狄更生（Emily Dickinson）曾經說：「我無法想像……自己死亡的情景。」然而，狄更生知道，我們也知道，我們會在「晴朗的、或暴風雨的某一天」死亡。和任何人一樣，竇恩（John Donne）也這麼說。他說當教堂的鐘聲響起，你不必「派人去打聽是為了誰」——「它是為你而響的。」鐘聲為我們而響，在這樣的響聲中，至少可以聽到兩種恐懼的聲音。

　　首先是對毀滅、虛無的恐懼。死亡，以冷酷的眼光來看，就是世界末日。一旦死亡，我的世界就結束了，而我也完了。但是這樣的想法是難以理解的，我怎麼也無法想像自己的死亡。當我讓自己的感覺，朝向那一個難以接受的念頭時，我顫慄了。

　　沒有人是一座孤島，完全獨自一個。每個人都是陸地的一小塊，大陸的一部份。就像先前一個海岬被沖走一般，如果有一塊土地要被大海沖走，歐洲的可能性較小，……任何人的死都會減損到我，因為我和人類牽扯在一起，所以，別派人去打聽鐘聲為誰響，它為你而響。

——竇恩（John Donne）[16]

　　儘管伊比鳩魯的反駁，與涅槃的消極承諾，或者是「道」溫和的冷漠，當我們滅絕時，我們的世界也跟著滅絕，這樣的思考已足以使我們猶豫不決。這是奇怪的，這種場景的奇怪，誠如維根斯坦（Wittgenstein）所言，在某種程度上，是因為死亡不是一件可以經驗的事而引起的。不同於生日，可以自己慶祝、回憶，死亡是一切慶祝與回憶的結束。維根斯坦說：「死亡的時候，世界並沒有改變，只不過到了盡頭。」[17]

　　第二，很矛盾的，死亡不只以毀滅的前景，還以死後有生命的可能性，來威脅我們。但這不好嗎？死後有生命？也許「有」，也許「沒有」。死亡可能不是個光榮的經驗，也不是個無夢的睡眠，它可能像哈姆雷特（Hamlet）所擔心的，是一場可怕的夢魘。

---

16 竇恩（John Donne），〈冥想十七〉（Meditation XVII），收錄於艾伯瑞（M. H. Abrams）編纂之《諾頓英國文學選集》（The Norton Anthology of English Literature, New York: W. W. Norton & Company, 1968），p. 528。

17 維根斯坦（Ludwig Wittgenstein），《邏輯哲學論叢》（Tractatus Logico-Philosophicus, New York: Humanistic Press, 1963）p. 147，沛爾思（D. F. Pears）與馬今思（B. F. McGinnes）譯。

死了，睡著了，

睡著了，也許還會做夢。唉！阻礙就在這兒。

因為當我們擺脫了終歸一死的生之紛擾，

在死亡的睡眠裡，將做些什麼夢，

必定會使我們躊躇不前……

……恐懼不可知的死後……[18]。

　　人們非常害怕「虛無」的光景，所以就不去想它，而往往卻又以審判和下地獄的威脅來替代。根據尼布爾（Reinhold Niebuhr）的說法，「沒有什麼比混合在死亡的恐懼中，有滅絕與審判的恐懼這個事實，更能深刻地表達出人類生存中的缺乏安全感與焦慮了。」[19]

　　不過在最後的分析中，神學論以較正面的語氣，解決了死亡的問題。生命也許會結束，但那一個結束不是，或未必是「你」的結束，還有更多的說法。實際上，在現有的許多神學理論中，包含各式各樣「更多的說法」，並且大都是有利的或者可能的。

第四節　關於死亡這個問題的其他解答

一、因影響力而不朽

　　讓死亡有意義的一種說法是，一個人的成就若持續產生影響力，就能使生命超越死亡。譬如希臘詩人荷馬（Homer）與赫希奧德（Hesiod）便是以這種方式來描述古希臘英雄。相信只有上帝才會不朽的古希臘人認為，像奧狄賽（Odysseus）、阿契里斯（Achilles）、

---

[18] 莎士比亞（William Shakespeare），《哈姆雷特》（*Hamlet*），第三幕，第一場，64-67，78行。

[19] 尼布爾（Reinhold Niebuhr），《人的本質與命運》（*The Nature and Destiny of Man*），第二冊，p. 393。

海克特（Hector）這些英雄，至少繼續活在故事中。他們繼續活在「栩栩如生的傳說」中，只要他們的故事被傳述，他們的名字被提起，他們就繼續存在。

　　在基督教世界中，具影響力而最偉大的偉人，當然是拿撒勒（Nazareth）來的耶穌。他影響力之大，可直接由年代日期的算法看出來。耶穌曾經存活過，同時也因為他存活過，西方世界重新定義時間的算法——BC是「基督以前」（before Christ），而AD（anno Domini）則是「天主之年」，即「基督以後」（after Christ）。如果只考慮他在世俗方面的影響（所有基督的奉獻都擱在一旁），耶穌今天活得比他生前還要更加深刻，不是因為在一個可笑的小地方，類似沒沒無聞的小鎮，有少數幾個人認識他——而是因為今天！同樣

噢！願我能加入不朽的逝者
所組成的隱形唱詩班
他們重生於因為有了他們而更善的心靈中
活在慷慨激昂的脈動中
在大膽正義的行為中
在對可悲而自私的目標的不屑之中
在至高無上如星辰劃破夜空的思想中
並以溫和的堅持，激勵人們追求
更浩瀚的問題
　　　　　　　　——艾略特（George Eliot）

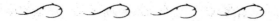

地對柏拉圖和亞里斯多德，對聖保羅和聖奧古斯丁，對牛頓（Sir Issac Newton）、艾迪生（Thomas Edison）來說，也是這樣，或許比較微妙，卻一樣的真實。他們繼續活在我們每天的生活中。

對所有人來說，這或多或少都是真的。我們所認識的，有影響力的人，繼續活在我們當中。

君士坦丁堡大主教克里索斯托（John Chrysostom, 345?-407），說得再簡潔不過了：「我們所愛卻失去的人，不復存在於以前的地方，如今我們在哪裡，他們就在哪裡。」多加了一些字，季樂（Lajos Zilahy）以故事的形式，說得再好不過了[20]。故事的名稱極其重要：**「就因為這樣」**。

故事是關於一位雇傭木匠，他已經工作了一整天……覺得不太舒服，把圍裙掛起來，向店東老師傅道一聲「晚安」，便回家吃晚飯。他住在包寡婦家的小房間裡。當天晚上，一八七四年十月四日，凌晨 1 時 15 分，木匠柯發強去世，享年三十五歲。

兩天後，大家把他安葬。他沒有家庭，只有一位住在布達佩斯（Budapest）的堂兄。

五年後，老師傅死了。九年後，包寡婦死了。十四年後，柯發強的堂兄也死了。

一八九五年三月，一些出租馬車車夫坐在一起喝酒，緬懷軍中的歲月。其中一個講了一則關於一位全副武裝，看起來很可憐的新兵的故事，他記不起他的名字。另一位車夫想起來，他說：「嗯……柯發……柯發強。」那是最後一次有人說出柯發強的名字。

一八九九年十一月九日，一個心臟病發作的女人，躺在歐布達（Ó Buda）的聖約翰醫院裡，她知道自己就要死了。以前的種種，一一掠過腦海，她想起一個夏夜，在鄉下和一位溫文年輕的男子，兩人手牽手在田野間漫步，那天晚上，她成為女人。她死了，沒說出他的名字。這是對柯發強的最後一次回憶。

一九〇〇年喀爾文教區首席神父的住所發生火災，所有出生並

---

[20] 季樂的故事出現在一本很老的書中，書名叫做《臥病的鄉紳》，1940 出版，1933 年初版。

安葬的記錄均付之一炬。一九〇一年一月，有人從柯發強的墳上偷走了十字架，拿去當柴燒。一九二〇年，在科克斯克米特（Kercskemet），一位年輕的律師正在擬一份父親的財物清單，發現一張便條：「收到四弗羅林，六十克雷西爾，兩把上了光漆的椅子的價錢。　柯發強敬上」年輕律師把便條扔進垃圾桶裡。一天後，女僕把垃圾桶內的東西清出去。三天後，下起雨來，縐巴巴的紙濕透了，只剩下「……柯發……弓……」。幾天以後，又下雨了。

> 　那一個下午，雨水洗掉了剩下的字，「發」這個字抵抗最久……後來雨水也把它洗掉了。在那一刻（他死後的四十六年）雇傭木匠的生命終止存在，永遠在地球上消失……就因為這樣……[21]。

二、因後代而不朽

　　另一個「欺騙」死亡的辦法是在子孫身上。上帝並未向希伯來人的祖先亞伯拉罕（又稱亞伯）承諾死後有生命，或承諾永恆的天恩，但卻給了他子子孫孫。

> 　亞伯九十九歲時，上主向他顯現，對他說：「我是全能的上帝，你要服從我，作個誠實正直的人。我要與你立約，使你子孫滿堂。……你將成為許多國家的祖宗。」
> 　　　　　　　　　　　　　　　　　　（＜創世紀＞17:1-4）

為了證明自己的誠信，雖然撒拉（Sarah，又稱 Sarai）年事已高，上帝仍使她懷孕，為亞伯拉罕生下第一個答應要給他的生命的延續，取名為以撒（Issac）。一直到今天（亞伯拉罕死亡並消失以後，

---

[21] 季樂（Lojos Zilah），＜就因為這樣＞（But For This），收錄於《臥病的鄉紳》（*Bedside Esquire*, New York: Tudor Publishing, 1933, 1940），p. 316。

不論是個允諾的狂喜，或者是個慘痛的損失，死亡讓生命
激起生動的思考。

> 我還記得
> 一雙棕色的眼眸
> 一抹精靈般調皮的笑意
> 我如何地把他摟在懷裡
> 如何地想像著我們會出人頭地
>
> 記得我曾經說：
> 「嘿！小子，」
> 更確切地是：「強恩，」
> 但在內心深處
> 大部分始終是
> 「小不點兒！」*
>
> 多久以前的事卻彷彿像今日
> 然而一點也不是很久
> 我把他蕩到我的肩膀
> 好讓他和爸爸一般高

當時擁著他
緊緊地，緊緊地，甜蜜地

反抗上帝
反抗人類
那不會發生在我兒身上！
我要把它趕回去
也不讓它來——
那一個黑暗的世界
降臨在小不點兒身上

　　　　　還記得一雙棕色的眼眸
　　　　　一抹精靈般調皮的笑意
　　　　　而我是如何地想像著
　　　　　是的，如何地想像著
　　　　　我是如何地想像著我們會出人頭地

　　——崔默（William Calloley Tremmel）

*小不點兒：強恩・馬克・崔默（John Mark Tremmel），1955
年 11 月 15 日生於堪薩斯州安姆波麗亞城(Emporia, Kansas)
的紐曼紀念醫院（Newman Memorial Hospital），卒於 1956
年 12 月 26 日。

過了 3,500 年），亞伯的子孫仍活著、愛著、工作並遊戲，同時也很
尊敬地提起他的名字。

三、不朽與虔誠奉獻

　　亞伯拉罕也可以作為一個因虔誠奉獻而不朽的例子。他（和其
他以色列的祖先與先知如摩西、約書亞、大衛、以撒、約伯、阿摩
司、以賽亞、耶利米）在免除罪惡後，看到了救贖。服從上帝律法，
服從上帝的指示和訓誡，而得到罪惡的免除。救贖是現在正在發生，
不是死後才發生的事。

四、死後有生命

　　如我們所觀察的，眾多的人（今日世界的主要宗教）不僅肯定
死後有生命，而且還肯定它是個旺盛的生命，以此來應付死亡問題。

死亡當然充滿了危險，但是有了適當的神學理論，適當地加以運用，就可以避開危險，而不朽的理智-靈魂（譬如像柏拉圖）就能回歸到純淨的心靈———一個永恆的理想境地。（在印度教）人的靈魂，用適當的神學理論，適當地加以運用，就可以悄悄地脫離輪迴轉世而進入涅槃。我們也可以正確地運用適當的神學理論，向自己保證，有一天超越了死亡，我們的肉體與靈魂將再造，永遠活在上帝身旁（我們是這麼聽說的）。這些神學理論（不朽、轉世／涅槃、重生）看似截然不同，基本上卻都承諾同樣的事。每一個理論都承諾至福，都承諾與上帝一起生活的難以言喻的經驗。

名詞解釋

◆ Agnosticism **不可知論**‧相信某些真理不可得，只有感覺得到的現象，才是確切的知識。在神學上，不可知論並不否定上帝的存在，只不過否定知道上帝是否存在的可能性而已。

◆ Eschatology **末世論**‧指死後的存在。在神學理論上，更廣義地指任何有關最終事務的思想體系，諸如死亡、審判（如果有的話）、未來存在狀況（如果有的話）。

◆ Hinduism **印度教**‧見吠檀多（Vedanta）。

◆ Noetic **理智的**‧以理智來了解。源於希臘文 "nous"，「心智」的意思。

◆ Pharisees **法利賽人**‧古代猶太人的一支，強調要嚴謹地詮釋並遵守摩西的律法。

◆ Platonic **柏拉圖式的**‧以柏拉圖（約公元前 427-347 年）的哲學為基礎，與柏拉圖的教導和人格有關。

◆ Reincarnation **轉世**‧以另一個肉身來重生。

◆ Stoic **禁慾主義者**‧對喜樂、悲傷、歡愉、痛苦不在乎或不受影響，或至少看起來如此。

◆ Upanishads **《奧義書》**‧字面意思是「侍坐於老師身旁」。《奧義書》是《吠陀本集》（最早的的印度經典）之補充，大部分是關於宗教的哲學論文，特別是關於終極存在事實之本質。

◆ Vedanta **吠檀多**‧一種印度教哲學系統，提升了《奧義書》中，認為所有的存在事實都是一個簡單的原則──梵，這樣的觀念。人生的目標應該是超越自我身份，並領悟到與梵的一體性。

第十二章

啟示與經典

這部書是耶利米的語錄……上主向他說話是……在約
西亞（Josiah）執政的第十三年。
　　　　　　　——〈耶利米書〉（Jeremiah）1: 1

親愛的上帝，在聖經的時代，人們講話真的那麼玄嗎？
　　　　　　　　　　　　——珍妮佛（Jennifer）[1]

　　在第十章，神學被定義成：有關上帝以及上帝與世界和人類關係的系統陳述。神學理論分為三類：(1)詮釋／信條神學論，(2)系統神學論，以及(3)神話神學論。前面兩種是第三種的詮釋。由於詮釋/信條神學論與系統神學論兩者，都以信仰的故事，來作解釋，因此，顯然是先有神話故事。但是，神話從何而來？神學家從哪裡得到他們所要詮釋的「事實真相」呢？從信仰本身，從啟示。

　　第十章所引述的安塞姆（Anselm）的聲明（「我並非想要了解之後，才可能相信，而是我相信之後，才能去了解。」）顯示：神學理論並非從無開始解釋上帝和宗教的種種，而是始於某種被披露出來的知識。如田立克（Paul Tillich）於《系統神學論》（*Systematic Theology*）第一冊首頁指出，神學家站在一個神學理論的範圍內，來推演他們的神學論，他們的理論以一種「神祕的先驗」，一種「啟示」得來的知識為基礎，同時還要受它的約束。如同安塞姆和阿奎

---

[1] 引述自《兒童給上帝的信》（*Children's Letters to God*, New York: Workman Publishing, 1991）韓波（Stuard Hample）與馬修（Eric Marshall）編纂。

納（Thomas Aquinas）的本體論（ontology）和宇宙論（cosmology），
精密的神學思辯可以普遍被運用，但是它始於一個得來的啓示，且
不會蓄意去拋棄或違反那一個啓示。我們現在就來看看兩種由啓示
得來，可以歸類成一般啓示和特殊啓示的宗教知識。

第一節　一般啓示

　　我們已經知道，阿奎納相信上帝的知識與宗教的種種，有一部
分是人們在運用理智時發現的。十六世紀時，喀爾文（John Calvin）
也有類似的主張：上帝如此地謀劃，「是爲了要證明祂在整個宇宙結
構中的完美性，每天都把自己呈現在我們眼前，以致於我們一睜開
眼，就不得不看見祂。」[2]＜詩篇＞（Psalm）19的希伯來作者聲稱：
「諸天宣佈上帝的榮耀，蒼穹傳揚祂的手工。」卡魯斯（William
Carruth）在他「各以自己的語言」（Each in His Own Tongue）一
詩中，表達了相同的看法：

　　　　遠方地平線一片煙霧
　　　　　無垠柔和的天際
　　　　玉米田染上豐富成熟的色彩
　　　　　野雁翱翔高飛
　　　　所有的高原和低地
　　　　　滿佈著金黃梗莖迷人的風采
　　　　有人稱之為秋
　　　　　有人說是上帝 [3]

---

[2] 喀爾文（John Calvin）《基督教原理》（*Institutes of Christian Religion*, Grand Rapids,
　　Mich. : Eerdman, 1953 ），第一冊，p. 51。
[3] 卡魯斯（William Carruth）《各以自己的語言並其它詩》（*Each in His Own Tongue and
　　Other Poems*, New York: G. P. Putnam's Sons, 1909）。

這種形式的啟示，叫做一般的啟示或自然神學論。贊成這種說法的人相信，人們有能力自己去發現宗教的知識。這似乎是一種倍受推崇且獲益匪淺的追求目標，事實卻不然，雖說它普遍受到肯定。

一、排斥的看法

印度重要的哲學家喬羯羅（Sankara, AD 788-820），堅決排斥一般的啟示。基於類似下列《奧義書》中的陳述：

> 現在我們應該知道自然是幻影
> 而偉大的上主即是幻影的製造者。

喬羯羅以非二元論的世界觀，提出他的理由。他認為最終的存在事實，只有梵上帝（God Brahman）。世界並不是一個分割的存在狀況，人也一樣，只不過看起來好似分割一般。人們活在幻影〔幻界（maya）〕之中。用幻影這個字眼，喬羯羅所指的，在某種意義上，就是偉大的西方哲學家康德（Immanuel Kant），把我們所經驗的世界稱為「表象」時，所指的東西。康德的立場是：人們所體驗或化為概念的，並不是世界真正的樣子，只不過是它的表象而已。他認為「本體」（thing-in-itself）超越了思考的領域。康德的現象世界與本體世界的對立，和喬羯羅的幻象世界與梵上帝世界的對立是一致的。喬羯羅堅決主張：依賴感官取得知識的人，註定要活在無明（avidya，非關知識）之中。活在無明之中，就只是以「實用真理」的低等形式存在，無法得救。人們只有在掙脫幻象，以深刻的洞察力得到啟示，了解分割的自我並非真的割離，而是等同於神聖的自我時，才能獲得真正的知識，有了真正的知識，才能得救。

早期有些基督徒也排斥一般的啟示，倒不是因為世界是一個幻象，而是因為它根本就是個邪惡的世界。早期基督教歷史上的諾斯替派（Gnostic）基督徒，接受了靈與肉、天與地、自然與超自然之間的極端二元論，所以排斥任何在自然界隨處皆可察覺上帝的想法，甚至連基督也不能被看成一個自然的人，他只是看起來像一個

自然人而已。他們主張基督是隱匿了身份的上帝，只不過看起來像被生出來，像是活著，並且像遭受苦難而死亡的樣子[4]。

這種排斥的態度，在某些基督教神學論中，仍然可以發現。那些強調「人的墮落」的現代基督徒，往往真的認爲有一道鴻溝，把有限而脆弱的人類，與無限而絕對的上帝分隔開來。只有在上帝以某種特殊形式的啓示中揭露自己時，我們才能認識祂。

第二節　特殊的啓示

除了一般的啓示以外，關於如何獲得上帝的言談，還有一種更嚴謹的觀念。那就是特殊的啓示：在這種啓示中，人們透過特殊的方法，認識了上帝和終極真理。上帝以直接或比喻的方式說話，聽見的人就告訴其他人上帝所說的話，以及祂所要傳達的訊息。有些聽到聲音，或者在意識裡有一種開悟經驗的人，漸逐相信他們和神有特殊的交流。據說上帝真的對摩西說話，而對佛陀喬答摩來說，顯然真理的啓示是以頓悟的方式出現。無論以何種方式，先知們似乎始終被迫要與別人分享所得到的啓示。先知對社區的民眾說出來，即使大家都不願意聽，而情況往往是如此。不過，大家還是聽到了，並且遲早會有一批支持者把它當真。有時，支持者一開始很少，甚至只有一個人，就像穆罕默德的妻子赫蒂徹（Khadīja），她甚至在穆罕默德自己都沒有真正確定以前，就已經相信他所得到的啓示。最後，支持者越來越多，不僅聆聽先知的話，同時還把先知得自上帝的訊息告訴別人。在適當的時機，先知的話就被寫下來，成爲經典。

---

[4] 這就叫幻影說（docetism），源於希臘文的 "dokein"，「彷彿、看似」的意思。

第三節 啟示與經典

經典不是啟示本身，而是關於啟示的報導，並且是一個不僅得到先知認可，同時也得到社區大眾認可的報導。它是一個為某宗教團體所接受，認定是披露有關上帝的事實真相，並／或披露上帝為人類的規劃行事，並/或上帝期許人類為自己做些什麼的文獻。先是以保存的方式，然後再加上官方正式的背書，如此，信眾便確立了一部經典。例如，猶太聖經不僅是先知的話，同時也是一部先知的特殊陳述，還有以色列歷史上，上帝偉大行動的紀錄。它也是箴言、頌詩和受推崇的故事的合集，由猶太社區民眾保存下來，最後約於公元九〇年，經過拉比在耶米尼亞（Jamnia）鎮開會，才給予正式的、公認的地位。啟示於人神偶然相遇的一刻產生，而經典則須經過專家，以及真正的信仰者更多的努力，才能確立。

一、新經與經典的觀念

世界現存宗教有某些聖典非常的古老。希伯來聖經有些部份要追溯到三千年前，印度某些吠陀經約追溯到四千年前，但並非所有的聖典都是古老的。例如在伊朗，於一八四四年，有一個叫穆罕默德（Mirza Ali Muhammad）的人，自稱為「巴布丁」（Bab-ud-Din，信仰之門），並宣稱他的使命就是要為一位即將來到地球，完成上帝完美工程的人鋪路。巴布丁宣稱他的著述等同於可蘭經的啟示，這使得他冒犯了回教當局，於是在一八五〇年以異教徒與擾亂安寧的罪名將他處決。然而，巴布丁的宗教運動並沒有結束。他的追隨者因他的名字，被稱為巴布信徒（Babis），而他所提倡的宗教就叫巴哈依教派（Baha'i）。巴布丁的一位年輕的追隨者，用了巴哈歐拉（Baha'u'llah，神的榮耀）這個名字，十年後，宣稱自己就是那個要來完成上帝工程的人。他的著述也被認定是聖典，其中有一本《必

然之書》(*Kitáb-i-iqán, The Book of Certitude*)，是巴哈歐拉在
一八六二年兩天兩夜間，得到啓示而寫成的。

　　同樣於一八二七年，據報導在紐約州安大略縣(Ontario County,
New York)，史密斯（Joseph Smith）發現了一部刻在金板上的書。
「上帝送來這份禮物」，授權給他譯這部書。結果證明這部書是一些
住在美國的古人（約公元前六○○年到公元四二○年），和巴勒斯坦
人一樣，見證了「耶穌就是基督，永恆的上帝」的記錄。這本書被
稱爲《摩門經》(*The Book of Mormon*)，後期聖徒教會（the Church
of the Latter-Day Saints 即摩門教會）把它連同《舊約》和《新
約》，一起當作神聖的啓示與聖典。它是來自上帝的啓示，並經過一
批信眾的認可，根據這個事實——它就是經典。

　　沒有什麼可以阻止新聖典的著述，畢竟聖典只是某個宗教團體
認定爲一本包含上帝的事實真相，還有上帝對人類的關懷的著述。
聖典首先是一種觀念。「經典」這個字，其世界性共通意義，首先並
非指一套文獻，而是有關特定文獻的性質的觀念。它指的是上帝這
個字眼、神聖的真理、終極存在事實，必須在特定文獻中，才得以
辨識的觀念；它指的是宗教真理總會以某種方法，被謄寫下來。這
是《聖經》的觀念，或者更正確地說，經典的觀念。

　　在近東世界的宗教中[5]，經典的觀念最晚似乎在公元前七世紀，
就已經發展出來。希伯來《聖經》＜列王紀下＞（2 Kings）告訴我
們，在約西亞（Josiah）王執政的第十八年（公元前六一二年），有
人在聖殿發現了一本書，現在稱之爲＜申命記＞（the Book of
Deuteronomy），書中解釋道：以色列全國接二連三的災難，是因爲
不斷違反與上帝立下的神聖契約的結果。這本書由一位女先知［胡
耳達（Hulda）］證實爲神聖的啓示，並且成爲猶大國因宗教啓發而
產生的政治改革的基準。經年累月，「上帝之書」的觀念擴展到最後，
希伯來人終於收藏了大量的上帝之書：聖書（ta biblia, the books）
——《聖經》。

---

[5] 猶太教、基督教和回教。

第四節　東西方的經典

　　世界上所有偉大的宗教，都有它們的經典，同時這些經典都被認爲在某種程度上是啓發得來的，人們相信經典包含了終極存在事實的啓示，不過大致上，東方經典的產生，及其所要傳達的訊息，與西方經典大異其趣，有著不同的理念，即不同的世界觀。西方宗教通常被認爲屬於「歷史性的宗教」，說到「歷史性」，意指用時間的觀點來看世界，直線式地從特定的起點到一定的終點。世界被看成起於伊甸園的天真無邪，最後走向神聖王國的實現。從這方面看來，東方宗教並非歷史性的，而是屬於週期性的循環。世界並非在開始之後，便走向一種完美的實現，而是永遠一再地回歸到自我。例如約公元前七百年至三百年間的印度教[印度人在恆河流域（the Ganges Valley）定居以後才發展出來的]，尤其在他們稱爲《奧義書》（Upanishads）的聖典中，闡述了一種世界週期性的毀滅與再造的學說。在每一劫（kalpa）結束時，世界便溶解消失，宇宙所有靈魂均進入一種暫時性的沉睡狀態，經過一段被稱爲「寂滅」（pralaya）的「虛無」期之後，世界又重生，休眠狀態的靈魂，找到新的動植物、人神並惡魔來附身，吠陀聖典再度被編纂而成，另一個劫繼續走向它無可避免的終點。

　　依據這種世界觀，印度人對生命、宗教和經典的看法，有別於把世界看成由起點，隨時間向前推進，最後結束並永遠停留在一個理想國的狀況。西方人有一位歷史上帝：一個與歷史有牽連，同時關心歷史、保佑人類的上帝。雖然他們的神也常常介入人類的生活，但東方人並不把世界看成是至高而偉大的上帝庇蔭下的「歷史事件」。耶和華留意人間並予以回應，梵或道則不然。梵泰然自若地接納任何在劫後餘生發現了得救祕密的靈魂，道把力量與圓滿借給任何能辨識真道的人，兩者都不像西方的耶和華，當祂的子民背棄了祂的法令時，便感到憂心痛苦，甚至在一個罪人悔悟時，也會和祂

所有的天使歡欣不已。

　　依據這種形而上的差異，我們可能會預料東方人對經典的態度，與西方人不同，而經典本身也會有很大的差異。一般而言，確實是如此。要描述兩者在態度與文字上的差異，最好的辦法也許就是這麼說：東方宗教的態度與經典，有較多的冥想與哲學性，西方宗教則較講求實際與歷史性。西方經典當然也有想像文學──例如＜以西結書＞（Ezekiel）、＜但以理書＞（Daniel），和＜啓示錄＞（Revelation）──卻都非常注重歷史，並將來完美世界中民族的命運。此外，還有詩篇以及適合冥思的段落，但絕對不像諸如印度《梨俱吠陀》（Rig Veda）中所能看到的，共 1,028 首頌詩的十卷書。

　　東西方經典最明顯的差異，或許在其對哲學思辯的關注程度。西方經典少有哲學思辯，乃不爭的事實。在希伯來基督教聖經中，找不到任何關於上帝的存在，或上帝終極本質的哲學思辯，這點頗為令人驚訝。西方人單純地承認上帝是某種強而有力，至高無上，並人格化的存在體，而經典就從祂那裡延伸下去。在東方，則不然。印度教兩百部卷帙浩繁，被稱為《奧義書》的經典中，從頭到尾幾乎都有一種對神聖存在體（Divine Being）的存在與本質，無窮盡的追尋。在更遙遠東方的中國，道家的兩部基本經典是《道德經》和《莊子》，這些經典都深奧地寫下針對上帝的事實或存在，或兩者的範圍內，有關地點與意義的哲學尋思。

　　東西方的差異是千真萬確的，我們幾乎要贊同吉卜林（Rudyard Kipling）的說法：「兩者永遠不可能有交集。」但事實上，就啓示原則而言，兩者的確在經典與神學論方面有交集。東西方宗教的經典與神學理論，都是以「啓發得來」的知識為根基。道家用啓發得來的著述，來解釋自己和世界，進而獲得得救與道德（甚至於藝術創作）的原則。在印度，印度神學家（甚至那些奧義書的作者）都回頭參考一些紀錄了啓示的原始著作（吠陀經）。而西方像麥蒙尼德（Maimonides）、魯賓斯坦（Richard Rubenstein）、安塞姆（Anselm）和奧蒂澤爾（Thomas Altizer）如此不同的神學家，在試圖推演神學論以前，也都回頭去參考種種的啓示來源。

第五節　世界現存的經典

一、猶太經典

猶太人的聖經由三十六部書組成，即一般基督徒所知的《舊約》，但是對猶太人來說，簡單而確切的就是《聖經》（the Bible）[6]。這些書被分成三類：

1. 托拉（Torah）或律法：＜創世紀＞、＜出埃及記＞、＜利未記＞（Leviticus）、＜民數記＞（Numbers）、＜申命記＞。

2. 預言書（Nebi'im）或先知書：＜約書亞記＞（Joshua）、＜士師記＞（Judges）、＜撒母耳記＞（Samuel）、＜列王記＞（Kings）、＜以賽亞書＞（Isaiah）、＜耶利米書＞（Jeremiah）、＜以西結書＞（Ezekiel）、＜何西阿書＞（Hosea）、＜約珥書＞（Joel），＜阿摩司書＞（Amos）、＜俄巴底亞書＞（Obadiah）、＜約拿書＞（Jonah）、＜彌迦書＞（Micah）、＜那鴻書＞（Nahum）、＜哈巴谷書＞（Habakkuk）、＜西番亞書＞（Zephaniah）、＜哈該書＞（Haggai）、＜撒加利亞書＞（Zachariah）、＜瑪拉基書＞（Malachi）。

3. 雜集（Kethubim）或聖作：＜詩篇＞（Psalms）、＜箴言＞（Proverbs）、＜約伯記＞（Job）、＜雅歌＞（Song of Solomon）、＜路得記＞（Ruth）、＜哀歌＞（Lamentations）、＜傳道書＞（Ecclesiastes）、＜以斯帖記＞（Esther）、＜但以理書＞（Daniel）、＜以斯拉記＞（Ezra）、＜尼希米記＞（Nehemiah）、＜編年記＞（Chronicles）。

---

[6] 在基督教舊約中，＜撒母耳記＞（Samuel）、＜列王記＞（Kings）、和＜編年記＞（Chronicles）皆分為兩部，因此，新教徒版本的舊約增加到三十九部。除了這三十九部以外，羅馬天主教版的舊約，還包括了另外的七部書。

這些書原來大部分是以希伯來文編寫，約一半的＜但以理書＞、部分的＜以斯拉記＞，和＜耶利米書＞的一首詩是以阿拉姆文（Aramaic）寫成。

　　活躍於公元前八世紀和七世紀的＜出埃及記＞作者，以及先知彌迦（Micah），把猶太教的神學理論加以濃縮：

> 　　我是上主——你的上帝，我曾領你從被奴役之地埃及出來。除我以外，你不可有別的神。（＜出埃及記＞20:2-3）

> 　　我該帶什麼禮物來見上主呢？我該怎樣來敬拜天上的上帝呢？……人啊！上主已經指示我們什麼是善，祂要求我們的無非就是履行正義，愛好慈善，虛心地與上帝來往。（＜彌迦書＞6:6,8-9）。

　　猶太人還讀《塔木德經》（Talmud），並認為它至少接近經典，且具有特殊的宗教價值。公元七十年到五世紀末間，耶米尼亞（Jamnia 或 Jabneh）、加利利（Galilee）、和巴比倫王國（Babylonia）的猶太學者，共同編纂了大量的拉比教材。第一本是《密西拿教本》（Mishna，指導），大部分是拉比對《托拉》（律法）的詮釋。第二本是《革馬拉》（Gemara，完成），大部分是針對《密西拿》作評論。這兩本書合稱為《塔木德經》（教導），是拉比對律法 ［哈拉卡（Halakah）］、歷史、道德規範的教導，並一般性的宗教指導 ［哈革達（Haggadah）］ 的紀錄。《塔木德經》分為三十六部書或論文，共約二百五十萬字。

　　除了《聖經》和後來的《塔木德經》以外，還有許多著作被某些猶太人認定為經典，尤其是在亞歷山大城（Alexandria）。這些著作現今被稱為次經（隱經）。次經包括十五個作品，有的是整本書，有的是現存聖經書的增添部分。最早的《多比傳》（Tobit），約寫於公元前二百年，是一部教導猶太人道德觀的短篇小說。最晚的《巴錄書》（Baruch），約寫於公元前一百年，是一本混合了先知的言談與箴言的書，被認為出自耶利米的書記筆下。在許多早期的希伯來

聖經中，次經也被包含在內，卻有很多拉比認爲不妥。

　　約公元九十年的耶米尼亞大公會議（the Council of Jamnia）中，拉比們決定了哪些書應該納入《聖經》，並宣佈正統猶太教的正典是前面提到的那三十六本，附加的次經（Apocrypha）被排除在外。此一《聖經》的正規書目現今被稱爲「馬索拉本」（Masoretic）《聖經》，但它並非在任何地方都取代了包含次經的擴充本，尤其像在稱爲「七十子」（Septuagint）的希臘文本《聖經》更是如此。

二、《七十子希臘文本聖經》

　　始於公元前三世紀，在埃及亞歷山大城的猶太人，把希伯來《聖經》譯成希臘文，其中包括了大部分現在被稱爲次經的著述。這部譯本因爲傳說中，被認爲是譯者的七十（或七十二）位學者，而稱爲《七十子聖經》。公元一世紀中葉，非猶太人開始加入註定要成爲基督教會的改革運動，對他們來說，這就是最容易取得（同時因爲是希臘文，所以也是可以用）的一本《聖經》了。

　　公元五世紀，哲羅姆（Jerome）把《聖經》譯成拉丁文，其中也包括了一些在《七十子希臘文本聖經》看得到的次經。這些次經殘存的部分，從其它古老的拉丁文譯本，被納入《羅馬天主教欽定本聖經》（the Vulgate），迄今仍保留在羅馬天主教《舊約聖經》中。

　　但是在十六世紀時，改革派新教徒決定把《舊約》限定在耶米尼亞大公會議所確定的希伯來正典的範圍內。除了一些例外，新教徒仍認爲，《七十子希臘文本聖經》多出來的書，值得閱讀，並且把它們區隔開來，包括在《聖經》裡面，不是放在新舊約中間，就是在《聖經》的結尾，稱之爲次經，這個名字是哲羅姆取的。

三、新約

　　原來基督徒對於聖經的觀念，限定在《七十子希臘文本聖經》，基督徒不斷有作品產生，卻沒有被認定爲經典。然後在公元一四〇年，一位諾斯替派（Gnostic）基督徒，錫諾普（Sinope）的馬西昂

（Marcion），想要把基督教和在神學理論上有關聯的猶太教區隔開來，於是主張把猶太《聖經》擱在一旁，當作偽經，然後把一些基督徒的著述——亦即＜路加福音＞和＜保羅書＞（the Letters of Paul）——放進去補位。

馬西昂的諾斯替派神學論，還有他排斥猶太《聖經》的作風，無法被正教基督徒所接受，不過他的新基督教經典的理念，顯然被大家採納了。在很短的時間內，正教當局就忙著辨識那些將要被視爲基督徒新經典的著作。這些新經典包括故事、書信和文章，得自於被講述並用來教導的非猶太基督徒的啓示。

到了公元二世紀末時，蒐集基督教作品，並且把它們視爲經典的觀念，已經擴散到整個教會。里昂的伊里奈烏斯（Irenaeus of Lyons）、安提阿的西奧菲勒斯（Theophilus of Antioch）、北非的德爾圖良（Tertullian）、亞歷山大城的克雷芒（Clement）和奧利金（Origen），都去挑選並提倡基督教經典。各地當局對於所有要包括在正典以內，或排除在外的書目，看法並非始終一致，卻都同意馬可、馬太、路加和約翰福音，以及保羅的羅馬書，應該包含在內。同時「新約」這個名稱顯然已經產生，成爲這本集子的名字。（約公元一八○年）薩迪斯（Sardis）的主教梅禮托（Melito），寫了一封信［被優西比烏斯（Eusebius）保存下來］，特別提到「舊約書目」一詞，而這也就隱含了對「新約」一詞的認可。

幸好有馬西昂屬於異端的努力，基督教經典中聖經觀念才告確立，剩下的就是等教會最後決定哪些要納入經典之中了。這倒是頗費周章，不過幾年以後，便逐漸達成共識。公元四世紀下半葉，亞歷山大城的亞大納西（Athanasius），在他一封很有名的「節慶書」（Festal Letter）中列選爲新約者，正是我們現在所接受的二十七部書。他還說：「這些是救贖之泉，口渴的人可以從其言論中，得到滿足。單憑這些，真教教導之福音，就在其中，不要有人再加以增添或刪除。」公元三九七年，迦太基（Carthage）第三次會議決定，只有教會規定的著述，才能在教堂中當作聖典來閱讀。《新約》總算是塵埃落定了。

按照摩西的法律，潔淨的日期滿了以後，他們就帶著〔嬰兒耶穌〕上耶路撒冷去獻給上主。……當時，在耶路撒冷有一個人，名叫西面（Simeon）……他得到聖靈的啟示，知道自己在離世以前，會看見上主所允諾的基督。由於聖靈的感動，他來到聖殿。這時後，耶穌的父母剛抱著孩子耶穌進來，要按照法律為他行禮。西面把孩子抱在懷裡，讚頌上帝說：「主啊，如今可讓你的僕人平安歸去……因為我親眼看見了你的救援，就是你為萬民所預備的：他要成為啟示外邦的光明，成為你的子民以色列的榮耀。」

（〈路加福音〉2：22，25-31）

起初已有聖言，聖言與上帝同在，聖言就是上帝。……於是聖言成為血肉，住在我們當中……

（〈約翰福音〉1：1，14）

瑪利亞還站在墳墓外面哭泣……她轉身看見耶穌站在那裡，卻沒認出他就是耶穌。耶穌問她：「婦人，你為什麼哭呢？你在找誰？」瑪利亞以為是園丁，就對他說：「先生，如果是你把他移走的，請你告訴我，你把他放在那裡……。」耶穌對她說：「瑪利亞！」瑪利亞轉身，用希伯來語對他說：「拉波尼！」（意思就是「老師」）

（〈約翰福音〉20：11-16）

耶穌來時，綽號雙胞胎，十二門徒之一的多馬（Thomas），沒有跟他們在一起。所以其他的門徒告訴他：「我們看見主了。」但多馬對他們說：「除非我親眼看見他手上的釘痕……否則我絕對不信。」八天以後，門徒又在屋裡聚集……耶穌來了，站在他們當中。他對多馬說：「看看我的手吧……不要疑惑，只

要信！」多馬回答：「我的主，我的上帝！」耶穌對他說：「你
因為看見了我，才相信嗎？那些沒有看見就信的，是多麼有福
啊！」

（＜約翰福音＞20: 24-29）

　　我若會說人間的語言，和天使的語言，卻沒有愛，那麼我
就成了吵鬧的鑼和響亮的鈸。我若有先知的才能，又明白一切
奧祕和各種知識……卻沒有愛，那麼我什麼也不是……愛是忍
耐的、仁慈的；愛不忌妒、不自誇、不驕傲、不做無禮的事……
凡事包容，凡是相信，凡事盼望，凡事忍耐……因而信、望、
愛，這三樣是永存的，而其中最大的是愛。

　　[＜哥多林前書＞（1 Corinthians）13: 1-3, 4, 7, 13]

四、回教的經典

　　回教也肯定猶太經典與基督教《新約》都是神聖的，這些經典
代表早期上帝要給人類，由先知所傳達的啓示。然而穆罕默德
（Muhammad）是上帝派來的先知，也是最後的一位先知，他要來糾
正以前一些預言中有扭曲的部分，同時給予世界一部最終而又宏偉
的經典：《可蘭經》（Qur'an 或 Koran）。《可蘭經》對所有真正的回
教徒來說，是一本包含絕對真理的書，因為它是上帝本人所講的話，
它是最後一個來自上帝的啓示，完美而徹底地向穆罕默德披露出
來。

奉大仁大慈的安拉之名。讚頌歸主──萬物之主，大仁大
慈，執掌還報日的主。

我們唯獨崇奉你，唯獨向你禱告……

引領我們至正道……　（可蘭經卷一）

公元六三二年，穆罕默德死後不久，阿布‧伯克爾（Abū Bakr）
領導此一宗教運動，監督教徒把穆罕默德所得到的啟示，蒐集並記
錄下來。十餘年後，第三位哈里發（caliph）奧斯曼（Othman）重
新檢驗這些啟示，並編寫一部可信的版本。可蘭經最後敲定爲 114
回，第一回是一則簡短的禱詞，其餘 113 回按長短編排，第一回是
286 行詩，最後一回只有三行。

五、祆教的經典

另一個源於近東（波斯/伊朗）的現存宗教是祆教。這個於公元
前七世紀由瑣羅亞斯德所創立的宗教，目前大都存留於印度，爲一
支稱爲帕西人（Parsee，即波斯人）的民族所信仰。在印度約有
125,000 個帕西人，大都分布於孟買（Bombay）及其臨近地區。

許多猶太教和基督教的理念，均直接來自祆教，雖然在希伯來
基督教經典中，並沒有提起這個宗教本身。舊約中提起的許多波斯
國王，都是祆教徒：居魯士（Cyrus）、阿塔澤克西茲（Artaxerxes）、
阿哈隨魯（Ahasuerus），和大流士（Darius）。據說在耶穌誕生時，
前來探望的東方三賢（the Magi），是祆教的祭司。正如天使與惡魔
的詳盡規劃、救世主的觀念、復活與最後審判的教義，還有未來生

活在天堂的想法一樣，希伯來僞經（pseudepigrapha）以及新約所
描述的撒旦，也是一種首度出現在祆教思想中的概念。這些瑣羅亞
斯德及其信徒的理念和其它思想，逐漸被納入稱爲《阿維斯陀》
（Avesta，知識）的祆教聖典中。

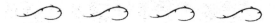

　　兩個主要的靈，以雙胞胎的形象顯現，一個是聖者，
一個是惡者……
　　我要談論太初時的這兩個靈。聖靈如此對惡靈說：「不
論在思想、教導、意願、信仰、言辭、行為上，我們倆都
不一致。」

　　　　　　　　　　　　[＜亞斯納＞（Yasna）30.3，45.2]

　　《阿維斯陀》包括四個主要部分：有關敬拜與獻祭，同時包含
了十七首伽泰（Gartha，頌歌）的＜亞斯納＞（The Yasna），大
致由祈禱、懺悔、祈求、勸誡，和讚美詞所組成，混合了許多種文
學形式。＜毗濕帕拉德＞（The Visperat）是一部對所有神明祈求
的文集。＜唯恩蒂達德＞（The Vendidad）是祭司處理各種宗教儀
式與民事的法規。＜耶希茲＞（The Yashts）是一部宗教詩與讚美
詩的詩集。另一部《可爾達－阿維斯陀》（Khorda-Avesta）或稱「小
阿維斯陀」（Little Avesta），是平常敬拜祈禱用的連禱文和禱詞手
冊。

六、印度的經典

　　始於公元前二千年到一千年間的《吠陀本集》（*The Vedas*）或稱「知識之書」，爲所有的印度教派奠定了基礎。吠陀本集有四部：《梨俱吠陀》，是詩歌的吠陀；《耶柔吠陀》（*Yajur Veda*），是祭祀儀式的吠陀；《娑摩吠陀》（*Sama Veda*）是吟誦的吠陀；還有《阿闥婆吠陀》（*Atharva Veda*）是咒文的吠陀。這些經典完成以後的 750 年間，印度教歷經幾次重要的變革，每一次變革都產生了一部以原來的《吠陀本集》爲基礎，卻不相同的新典籍。公元前一千年到八百年間，印度教發展出一種結構健全的僧侶組織，「梵書」（Brahmanas）也在這期間發展出來。僧侶組織期之後，接著發展出來的是哲學思想期（公元前八百年至六百年），這段期間產生了深奧的哲學經典《奧義書》。

　　的確，整個世界就是梵。安寧使我們去敬拜梵，就像我們是從那裡產生，並將回歸到那裡一般。

　　　　《錢多貴耶奧義書》（*Chandogya Upanishad*）*iii.14*

　　約公元前二五〇年，印度教特別強調法制，因而產生了《摩奴法典》[*The Law of Manu*（*Dharmashastras*）]，其中，開始重視女性在萬物規劃中的地位。

　　妻子是男人的一半，最好的朋⋯⋯想到愛、幸福和美
德的喜悅都要依賴她，一個男人即使在盛怒之中，也不會
對女人粗暴。

　　　　《摩訶婆羅多》（*Mahabharata*）1，74：40

　　此外，約完成於公元一世紀的史詩創作中，有一部戲劇化，充
滿雄渾美感，並具高度道德誡律的史詩，出現在印度宗教中：《薄伽
梵歌》（*Bhagavad Gita*，意譯爲「世尊之歌」）。《薄伽梵歌》試圖把
印度教中，傳統的三個得救之道——知識之道、行動之道（善行）
與虔誠奉獻之道——合併起來。事實上，這部史詩視奉獻爲較崇高
之道，並以戲劇化的方式，把這一點表現出來。黑天（Krishna）是
班度族（Pandavas）王子阿朱那（Arjuna）的戰車駕馭者，當時班
度族與同種的庫魯族（Kurus）發生戰爭。正要開戰，阿朱那突然想
到親人自相殘殺這個可怕的念頭，於是轉而和黑天商量。這一位戰
車駕者提醒他身爲戰士與王子的職責，還有死亡畢竟只是幻象而
已，生命不會因死亡毀滅，死的只是肉體，靈魂繼續存活下去。
　　黑天繼續提醒阿朱那許多能達到靈魂解放的目標——即印度教
所謂得救——的方法，有冥思而來的知識之道（*Jnana Marga*）、行
動之道（*Karma Marga*），兩者均通往最終的平和。還有一個更崇高
的方法——即虔誠奉獻之道（*Bhakti Marga*）。黑天於是開始朗誦：

　　　我即爲犧牲！我即爲禱告⋯⋯
　　　在此無窮的宇宙間，我即爲
　　　天父、天母、祖宗並守護者！

知識的終點！在淨水中

滌盡塵垢！我是唵（OM）！我是……

道、養育者、上主，並審判者

…………

死亡是我，不朽是我……

……看的見的生命

與看不見的生命。[7]

這時黑天現出他原來毗濕奴（Vishnu）的神聖面貌——上帝形式的永恆之梵（Brahman）——此一顯現令人十分驚異，阿朱那不僅表達了傚仰之意，同時還請求將如此過於崇高的景象消除，並且回復到黑天的樣貌。黑天照辦，以化身（avatar，一個化作人形的神）顯現，並傳達《薄伽梵歌》的中心訊息——對毗濕奴全心全意的奉獻。

　　這部劇力萬鈞的史詩，堪稱宗教文學史上，最偉大的經典之一，雄渾壯麗，即使是英譯本也一樣。有一次，我問一位虔誠的印度教徒，真的認爲有一位阿朱那王子？他擁有一名戰車馭者叫做黑天，實際上卻是毗濕奴。我得到了一個拐彎抹角卻值得重視的答案。他反問道：「像《薄伽梵歌》這般完美的，有可能造假嗎？」就這樣吧！

七、佛教的經典

　　在印度發展出來的另一個宗教，卻註定要在中國、日本、東南亞而非印度，持續發揮它的力量的是佛教。佛教由喬答摩（Gautama，563-483 BC）創立。此一率先跨國的偉大宗教的經典爲《三藏》（Tripitaka）。第一藏是《毗奈耶藏》（Vinaya Pitaka，或譯《律藏》），即寺院誡規，它包含許多對高階佛教徒的強制性規定。第二藏是《素怛纜藏》（Sutta Pitaka，或譯《經藏》），即講道。這部經特別重要，因爲主要都是佛陀本人所說的話。另外還包含了非常重

---

[7] 阿諾德爵士（Sir Edwin Arnold），《薄伽梵歌：天國之歌》（The Bhagavad Gita：The Song Celestial），9：16-19。

要的道德條款——「法句經」(*Dhammapada*),即有關律法的詩歌。
第三藏是《阿毗達摩藏》(*Abhidharama Pitaka*,或譯《論藏》),即
形而上藏,是針對佛教教義與心理的詳細解釋。

不論在《三藏》的其它地方,出現了什麼不同的看法,第
二藏中,針對佛陀本身對自己的教導所提出的說法(如先
前在第六章和第八章所提到的),有一番明確的敘述。佛
陀並未宣稱世界是永恆的或非永恆的,也沒有宣稱它是無
窮的或有限的。他並未闡明死後生命的問題。為什麼不
呢?因為(又如我們先前所觀察到的)他相信這類事情並
不是宗教生活中的基本問題。那麼,什麼才是宗教生活中
的根本問題呢?悲慘的事情才是根本問題——它從何而
來,該如何處理。

另外在印度發展出來的經典有 (1)《阿含經》(*Agamas*),即耆
那教的理念,該教由筏馱摩那大雄(Vardhamana Mahavira, 599-527
BC)在印度創立 (2)《格蘭特經》(*Granth*),是錫克教的聖經,該
教於公元五世紀在旁遮普(Punjab)由那納克(Nanak)所創。

八、遠東的經典

在遠東的中國,有一些本土宗教——道教(或道家)與儒教—
—的經典。道家有一部經典叫《道德經》,是道與其力量之專題論述。
這本經書,傳統歸之於道家創始者老子(公元前 604-531 年)筆下,
不過按今日面貌看來,已經不像一人所作,雖然基本上可能出自一
個人的手筆。插入的文字,加上一再的修改,原貌已不復存在。現
存版本大部分出於公元前四世紀,約五千個中文字,是一本很難翻

譯的書。它著重於「道」（存在事實之道）的本質，和屬於道的清靜無爲、非侵略性、不事干預的道德學。

　　另一本古代道家的重要典籍是哲學家莊子所著的《莊子》，謎一般的莊子約存活於公元前 369-286 年間。《道德經》似乎強調萬物瓦解消失，進入虛無（無）；而《莊子》則強調從一物到另一物的轉變（化）。因此，在敘述中國的神與宗教逐漸成熟時（見第九章），我們可以從中國典籍中，抽出那一個有關蝴蝶夢見自己是人，或者人夢見自己是蝴蝶的玄妙故事。

　　另一個中國本土的宗教是儒教。孔丘（551-479 BC）或稱孔夫子，也深爲道所吸引，但是他的興趣主要不在道的本質，而是在人的行爲之道。人的行爲有其正確模式，而儒家則有九部經書指導人的行爲模式：「四書」（The Four Books）──《論語》（*Anelects*）、《孟子》（*The Works of Mencius*）、《大學》（*Great Learning*）、《中庸》（*Doctrine of Mean*）；和「五經」（The Five Books）──《史記》（*History*）、《詩經》（*Poetry*）、《易經》（*Changes*）、《禮記》（*Rites*）、《春秋》（*Annals of Spring and Autumn*）。

　　君子之道四……所求乎子以事父……所求乎臣以事君……所求乎弟以事兄……所求乎朋友先施之……

《中庸》，第十三章

　　妻子好合，如鼓琴瑟。

　　兄弟既翕，和樂且眈。

　　宜爾室家，樂爾妻帑。

《中庸》，第十五章

第六節　讀經的態度與期望

　　一個小男孩上完主日學回家，被問學到了什麼，他說：「我們學到了有關摩西的事。」進一步問他，他答：「摩西是個希伯來人，在埃及領導一支游擊隊，埃及軍隊把他們困在紅海邊。摩西見他們遇到麻煩，於是叫工程師搭起浮橋，橫跨海面，希伯來人過橋到對岸，摩西回頭看見埃及人跟隨過來，就下令空中襲擊，炸毀浮橋，埃及人全都淹死了。」母親嚇了一跳問：「強尼，那個故事，主日學的老師是這麼說的嗎？」強尼答：「不是啦，但如果我按照她的說法，你永遠也不會相信啊！」

　　有時，我們對經書的含意究竟為何，感到困惑。有人稱之為「上帝的言論」，彷彿意味著應該要按照字面上的意思。有的說因為經書寫於科學以前的古代，所以應該去除神話色彩，才能釋出其真正意義——深刻的心靈見解。還有人彷彿主要是以接近神祕奉獻的虔誠態度來讀經。以此看來，人們讀經時，傾向於三種型式的態度與期望：(1)以速記法的方式來了解「上帝的言論」。(2)針對上帝與人生，來獲得有意義的深刻見解。(3)要產生神親臨的體驗。

　　所有善於著述的宗教（有聖典之宗教）的信徒，均以這三種態度和期待來讀經，不過，正統派猶太人、保守派和基本教義派的基督徒，還有遜尼派（Sunni）和什葉特派（Shi'ite）回教徒，特別注重「上帝的言論」。「深刻的見解」這一個途徑，是自由派基督徒與自由派（改革派）猶太人，以及一些印度教與佛教哲學家所特別關注的。「神的親臨」這一個途徑，則是哈西德派（Hasidic）猶太人、蘇非派（Sufi）回教徒，以及虔誠奉獻派（Bhakti Marga）印度教徒所特別關注的。

一、上帝的言論

許多人視經典爲真正來自上帝的訊息，他們相信上帝總會以某種方式，把特殊的訊息傳達給一位「會速記的」人，他忠實的把上帝所說的話，譯成人類的語言。譬如在《出埃及記》中，我們讀到上帝對摩西說話，把所有的十誡和法規呈現在希伯來人面前。上帝對摩西說話，摩西則盡職且確切地把上帝的話，重覆給希伯來人聽。另外，在以賽亞要開始傳道時，我們讀到這位先知大聲喊：「天哪，地呀，都來聽！因爲耶和華這樣宣佈。」<啓示錄>的作者一點也不懷疑他所得到的訊息的來源與性質。在開頭的一段文字，他把這本書定義成：

> 耶穌基督的啟示，是上帝賜給他的，要他把那些很快必然要發生的事，指示給祂的僕人們。於是基督差遣天使，告訴他的僕人約翰，約翰便爲上帝的言論和爲耶穌基督作見證，把他所見到的一切告訴大家。
>
> <啟示錄>1:1-2（標準譯本修定版）

在這類啓示中，上帝被認爲是用了人類代理人，確實幫祂寫下所想、所說，或對爲祂傳達訊息的選民所要顯示的。這類說法當然不限定在希伯來基督教經典，對於史密斯（Joseph Smith）和《摩門經》，對於穆罕默德和《可蘭經》，還有其它，也有同樣的說法。

這種立場的力量是：一個人所屬教派的信仰和信條，可以迅速而有效地以既定的標準——即經典所說的標準——來加以評估。例如：猶太人聲稱是上帝的選民，就可以立刻引用適當的經文，加以評估並辯護。基督徒聲稱耶穌爲童真女所生，並且死而復活，就可以引用那些如此聲稱的經文，來加以「證明」。對於聲稱穆罕默德爲安拉的先知，回教徒同樣有確切的判斷標準。《可蘭經》是這麼說的。經典所言即此一立場的力量所在。

　　有趣的是，它也是這種立場的弱點，因爲經典所言，並非始終清楚明確。例如：耶穌最後的逾越晚餐與制定聖餐的描述，對羅馬天主教用來聲稱絕對是一件事（所使用的麵包和酒，其實是基督的身體和血），以及大部分新教徒用來聲稱絕對不是同一件事來說，都非常的不明確。另外，對羅馬天主教徒來說，聖經中沒有比耶穌認可彼得這個議題更清楚明確的了，因此，所有羅馬的主教都是地球上基督教會的領袖。然而，絕大多數的新教徒（除了極少數例外，如果有的話），卻堅信當天耶穌與彼德的談話，根本就不是這個意思。

　　另一個缺點，不在於如何詮釋聖經的議題，而是在於同樣一部經，一處敘述似乎有與他處敘述出現矛盾的情形。例如：＜馬太福音＞中，看起來像是耶穌一家人，在耶穌誕生的那天，逃離巴勒斯坦，前往埃及。但在＜路加福音＞中，他們卻留在巴勒斯坦，四十天後，約瑟夫和瑪利亞把耶穌帶到耶路撒冷聖殿。關於加略人猶大（Judas Iscariot）的死 [＜馬太福音＞17:5 和＜使徒行傳＞（Acts）.1:18]，有兩種不同的敘述。耶穌復活那天，在墳墓發生的事情，有四種不同的敘述：誰看到了什麼？何時？在什麼情況下？另外，那些動物如何進入方舟？每一種一對，或每一種七對 [8]？宇宙萬物創造的順序爲何？尤其是＜創世記＞第一章、第二章所述的男人、動物和女人。

二、深刻見解的取向

　　第二種讀經的取向認爲，經典並非真的是上帝要給人類的訊息，而是一些關於人類對上帝的關係，以及上帝對人類的關係，有著深刻見解的著述。譬如在猶太教兼基督教傳統中，經典被看成是一個民族（古希伯來人）對宗教特別有天份的證據，很像希臘人對哲學，羅馬人對實用政治，現代西方人對科技有天份一樣。經典不是一種上帝親自對人類所提出的速記形式的建議，而是某些古人目

---

[8] 見＜創世紀＞6:19-20 和 7:2-3。

睹上帝的揭示，把它記錄下來，但卻是容易出錯的詮釋。因此，經典同時包含了深奧的宗教見解，以及許多古代無意義的神話。現代讀者要面對的問題是：如何從神話中，將真正的宗教見解區分出來。

　　大部分的經典，均爲一個不同的時代而作，一個科學以前的時代，一個期待奇蹟出現，並習以爲常的世界，一個天堂在上，地獄在下的世界（即簡單的三層樓世界）。在那一個世界裡，邪惡的鬼魔侵入人體，造成疾病，然後信仰療法的術士，以及奇蹟創造者再把它驅除。那是一個人們相信各種超自然事物隨時可以發生的世界，因此（或看起來似乎）各種超自然事物也就發生了。當時用的是科學發展以前的語言。要應付這種情況，巴特曼（Rudolf Bultmann）及其他人主張要放棄這種神話的型式。他們說，聖經必須要「去除神話色彩」，不是要撇開聖經，不是貶損或否認聖經的啓示，而是要使它在一個現代、科學取向的世界中，顯得有意義。如先前（在第六章）提到的福斯迪克（Henry Emerson Fosdick），或許他說得再簡潔不過了：「聖經是一本教我們如何才能上天堂，而不是天堂如何運作的書。」

　　以下詮釋聖經經文的例子，不用逐字解釋的方式，而是用深刻的見解來加以解釋。在＜創世紀＞第二章，有一則關於創造夏娃的神奇故事。上帝把亞當安置在伊甸園生活，並照料園子。結果證明伊甸園對亞當來說，是一個寂寞的地方，因爲他是那裡唯一的動物。爲了解決亞當寂寞的問題，上帝創造了其它動物，把每一隻都帶到亞當面前，讓他取名字。但如經文所述：「找不到一個適合他的幫手。」（2:20b 標準譯本修訂版）直到上帝使亞當沉睡，取他的一根肋骨，造了一個女人。

　　這是個引人入勝的故事，但如何叫人把它當真？尤其如果無法接受它真的就是女人第一次出現在地球上的描述，而顯然隱含在內，女人不過是男人的幫手———根賦予生命的男人肋骨——的意思，就更不用說了。當然，我們也可以斥之爲根本就是錯誤的神話。但是針對這件事情，我們可能要問的，不是這裡提到了什麼重要的科學議題，而是提到了什麼重要的宗教議題。如此，我們也許可以看到故事的作者本身，從中辨識出了一種深刻的見解。他結束這則

故事說道：「因此，男人要離開父母，依附妻子，倆人成為一體⋯⋯。」
這則故事的重點，與其說是關於女人的創造，還不如說是男女婚配
的意義。多一分的觀察，或許會產生更進一步的見解，諸如：男女
婚配不僅是男女之間的問題，甚至不只是該男女並雙方家庭，或整
個社區的問題。它是某種有關上帝的問題！某種自有人類以來，就
由上帝所制定的東西，某種神聖的東西，恰如結婚宣誓：「不是魯莽
行事，而是虔誠、僅慎，並浸淫於上帝之愛中。」

　　不以字面意思，而是以基本宗教見解來解讀經典的，有一個非
西方的例子可以在印度經典《薄伽梵歌》（世尊之歌）的某些愛好者
中看到。如前所見，這是一部戲劇化的史詩，有關兩支雅利安部族
（Aryan）──庫魯王子和親族班度族 [Pandavas，班度（Pandu）
的子孫] 之間的衝突，還有黑天在這些英勇事跡中，所扮演的角
色。班度族的英勇戰士阿朱那領著他的兄弟及盟軍，將要和盲眼叔
叔德里特拉須綽（Dhritirashtra）的兒子，庫魯族的王子們開戰，
在這一個場景中，有一個主要的神學見解呈現出來。在場擔任阿朱
那戰車駕禦手的黑天，試圖激勵不太想打仗的戰士阿朱那採取行
動，可是阿朱那仍然猶豫不決，還說：「財富見毀／有何益，何得補
償；生似美矣，奈何以此血腥易之？」他找黑天商量，得到了長篇
大論的建議，他首先申明種姓的責任。阿朱那是一個刹帝利
[Kshatriya（貴族戰士）]，在一場正義的戰爭中，不論是否要殺親
滅族，奮戰到底是他的責任。更甚者，他應該記住（印度教的）基
本真理：陣亡族人的靈魂，是不會被殺死的，死的只是他們的軀體
而已。黑天聲稱：

> 「汝為不應悲者而悲，言語無智！
> 　蓋智者不哀生者，亦不悼死者。
> 　不哀己，不悼人，
> 　古往今來，皆如是。
> 　凡生者，必得永生！⋯⋯
> 　　　　⋯⋯不滅，
> 　汝習之！生者，佈生機及萬物⋯⋯

至於瞬間即逝之軀，

懷不死之靈，無窮無盡，

爾等逝者，殿下當任其消逝，起而奮戰！

言：『瞧！吾殺一人！』者，

思：『噫！吾被殺矣！』」者，

焉知耶！生不能殺人，亦不遭殺戮。」[9]

有些印度人把《薄伽梵歌》當成毗濕奴化身爲阿朱那禦車手——黑天——的真實描述；有的則把它當作一則對於人類的責任，以及持續「不滅」的生命特質，有著深刻宗教見解的故事。

經典不可與科學混爲一談，它不是關於自然界科學事實的書。一般而言，經典的作者，甚至於沒有接近現代科學的資訊——天文、生物、醫療、社會、心理各方面，其所知或所有的，只是要給人類的訊息，即上帝真理的啓示。

反對這種立場的人說，這無異是給經典一個不適當而強制性的標準。科學與現代思想被當成矯正《聖經》的良方，《聖經》彷彿只是另一部古代文獻而已。然而這些人強調，《聖經》不只是一部古代文獻而已，我們沒有權利刪除任何不合乎現代「神話」的部份。要嘛就接受《聖經》所要表明的（上帝的言論），否則乾脆拒絕它，但是不要把它肢解的面目全非。這一個立場還是遭到批評，因爲在神話背後的福音佈道（真正的訊息），即使不是始終，也常常被認爲正是「自由派」神學家所追求的目標。

三、存在的偶遇

特殊啓示的第三種觀點是存在的偶遇。不按照字面的意思來讀經典是可能的，不過不是單純地把它們當成人類對上帝本質的見解。我們可以把經典當作與上帝偶遇的冥思論述。它們是一種寫作，

---

[9] 同上，2:11-20。

但也可能變成不僅僅是寫作而已。就著述而言，它們可以被看成是見證了自己與上帝偶遇，卻容易出錯的人的產物。在文字方面，經典展現出某些古人是多麼熱切地相信他們與上帝相遇，同時還把它記錄下來，這是吸引人並且能激發靈感的。在另一方面，就經典的批評層面，即科學的層面而言，有關經典的內容，要去了解可以了解的一切，是很重要的──各部分作者是誰？目的何在？何地？何時？根據自然界的何種理念？這些資料會幫助我們免於淪為容易受騙的迷信者，輕易就相信經典中的一切都是經過神的啟示，並且忠實地被記錄下來，也許甚至連標點符號都包括在內。

雖然說了這麼多，有的人仍堅持，真宗教、或經典的真正目的，根本就沒有說出來。真宗教不是一整套的主張，甚或一些深刻的見解，而是一種活生生的投入。經典是一種工具，並非從中就可以看見上帝的自我揭示，而是要藉著經典，上帝的自我揭示才會發生。上帝不是在經典中，對著人們的頭說話，而是透過經典，對著人們的心說話。

從這個觀點來看，啟示不被當做是上帝實際用來「拯救靈魂」的訊息；也不像見解論一般，企圖使之適用並相關於現代。更確切地說，從存在偶遇的立場看來，啟示是一種人與上帝的奧祕偶然相遇的經驗，同時人會發現這種經驗確實，並且有予人活力、淨化人心，和使人振奮的感覺。上帝奧祕並非不可解，面紗已被揭去。上帝的「我是」被直接體驗，雖然這種經驗難以言喻，卻是使人信服的。

領略到經典可用各種不同的態度和期待來閱讀，應能鼓勵初學者，不致為了一個經典為何的無法接受的概念，而失去興趣。當然，有許多人在讀經時，相信自己讀的真的是上帝的言語，這種人毫無疑問地會覺得受益良多，但是無法拘泥於字面解釋的人，也不必因此把經典放在書櫃不顯眼，擺著過時老古董的地方。我們可以採取其它的態度和期望，讀經可以了解宗教欽定的基本思想，認識心靈的深刻見解，或用來冥思、奉獻，或者純粹為了好奇。不論原因為何，都是值得的。

名詞解釋

◆ Cosmology **宇宙論**・探討宇宙的起源、過程和結構的哲學派別。

◆ Gnostic **諾斯替教的**・源於希臘文 "gnosis"，「知識」的意思。諾斯替教（Gnosticism）是一種宗教或哲學思想體系，主張心靈上的真理和救贖只能透過神祕不為人知的方法獲得。救贖只有藉著特殊、祕傳的知識和修習才可得。

◆ Hasidic **猶太教哈西德派的**・哈西德派（Hasidism 或 Hassidum、Cassidim）指的是波蘭猶太教神祕主義者。此一教派約始於公元一七五○年，反對當時拘泥形式的猶太教。該教派不僅仍存留於波蘭，在紐約市、以色列及其它地方也有。

◆ Ontological **本體論的**・出於本體論，為探討存在本質的哲學派別。

◆ Rig-Veda **梨俱吠陀**・（讚美詩的吠陀）一本印度宗教詩的選集，是印度教的經典，寫於公元前一千五百年至九百年間，是最早的吠陀（印度教經典），也是世界最古老的宗教典籍之一。

◆ Shi'ite **什葉教派**・回教的一個主要的少數團體，由穆罕默德的遠親兼女婿阿里（Ali）的追隨者所組成。什葉派教徒視阿里及其繼任者為回教正統，因此不承認始於穆罕默德友人阿布・伯克爾（Abu Bakr）和遜尼教派（Sunni）的哈里發（回教的精神領袖）為合法的政治制度。

◆ Sufi **蘇非派信徒**・回教神祕教派的信徒。名為蘇非，可能是因蘇非派信徒所穿的羊毛長袍。阿拉伯文中 "suf" 是羊毛的意思。

◆ Sunni **遜尼教派**・回教正統且最大宗的一派，承認穆罕默德之後的首四位哈里發（領袖）為合法的繼承人與當權者。

第十三章

神話與禮儀

禮儀是宗教的語言。

——艾德勒（Morris Adler）[1]

信奉宗教時，人們會把世界重新加以詮釋，這樣才能以較有意義和希望的角度，來看待其具有破壞力的層面。人們建立了宗教的世界觀，依此作出適當的舉止，爲的是要與支配生命和命運的力量，有正確的聯繫。這種適當的行爲模式之一，就叫禮儀。禮儀是（特定）宗教「事實」的戲劇式呈現，通常爲過去特殊事件的再度呈現，彼時上帝（或諸神）爲人類而有所行動。例如：天主教彌撒是基督在十字架上犧牲的再度呈現；逾越節（Passover）是戲劇式地再經歷希伯來人離開埃及的故事，是一個每年每個猶太教家庭與摩西共度的旅程。

因此，禮儀是一齣神聖的戲劇，而「神聖」者，就像我們用奧圖（Rudolf Otto）的說法所觀察的，是意識到那一個神祕超凡、強而有力、吸引人的東西存在著，對於它，所有的人爲了自己的利益，都必須小心地表示敬意。沒有人，尤其是原始人，敢隨便或粗心大意地對待它。聖地禁止〔禁忌（taboo）〕外人，或沒有資格的人進入。據說，摩西曾因爲站在聖地，而脫下鞋子（＜出埃及記＞3：5）。＜約翰啓示錄＞中，從寶座發出的聲音（19：5），指示所有敬畏上

---

[1] 艾德勒，《里克瑞德安息日》（*Likrat Shabbat*, Bridgeport, Conn.：Prayer Books Press, 1975），葛林堡（Rabbi Sidney Greenberg）編譯，p.85。

帝的人，都要讚美祂。只要有神明顯現，就會有焦慮。這種焦慮產
生了要採取行動的需求，同時還要採取適當的行動：不使神明生氣，
或者要讚美祂，不然至少得承認祂。進入羅馬天主教堂時，人們用
聖水在自己身上劃十字。在科羅拉多（Colorado）山腳下，新教徒
小教堂的門上，有個牌子寫著：「靜下心來，哪有入門不敬屋主。這
裡是上帝的家。」兩種情況都是要行止合宜，以免冒犯神明。

　　禮儀當然不只是個人在自己身上劃十字，或者靜下心來，它
是由社區民眾舉行，目的在於表明社區承認神明的存在，並基於
這樣的認知，希望能從神明那裡獲得福祉，同時也提醒大家，精
神生活和道德生活的基準和依據。許多宗教都有爲社區求繁榮健
康，使土地肥沃、牛群興旺、漁獲量豐盛的特殊儀式，還有爲了
讚頌神明、古代英雄、聖賢、季節、歷史上特殊的時刻（見 209
頁），或對神明獻祭，而定期舉行的儀式。其他儀式則慶祝社區生
活的特殊事件：嬰兒的誕生、成年禮、婚禮和葬禮。

第一節　神話

　　與禮儀有密切關聯的，是伴隨著禮儀的敘述——神話。在今天，
稱某事爲神話，通常指它是錯誤或虛構的想法。這樣的說法源遠流
長，至少要追溯到希臘哲學家瑟諾芬尼（Xenophanes，約公元前
565-470 年），他批評了詩人荷馬（Homer）和赫希奧德（Hesiod）
的神話故事。瑟諾芬尼曾說，這些神話故事不可能是真的。希臘人
承續瑟諾芬尼的作風，使神話變得毫無宗教與形而上的價值，到最
後，形成了現在凡是人們所相信，並構成其行爲模式的不實敘述，
皆爲「神話」的觀念。

　　可是，現代的宗教學者，以不同的方式，來運用這個名詞。
他們用它來表示基本的、原始的信仰故事，同時避免對這些故事
作出價值判斷。

第二節　神話的類別

神話是牽涉到宇宙事件的信仰故事，有的關於起源，敘述世界和生命如何開始；有的敘述上帝與人類之間的聯繫，如何遭到貶損和扭曲；還有的是「末日」的預言，敘述末世將如何降臨，新世界（在歷史性的宗教中），或新的開始（在永恆回歸原點的宗教中）會是什麼樣子。這些故事通常十分神奇，卻不被當作幻想，而被認定是神聖真理的陳述，並且要把它們看成是過去與未來的真實描述。

一、關於起源的神話

有些神話關於太初的時代，敘述世界如何產生。以下是印地安霍皮族（Hopi）的一個關於起源的故事。

故事是這樣開始的：起初只有一個創造者「泰歐華」（Taiowa），其餘便是無窮的太空，無始、無終、無形、無時，也沒有生命。於是泰歐華在心中構想世界的樣子，先造了「索塔克南」（Sótuknang），作為他的創造代理人。他告訴索塔克南：「我創造你來幫我執行生命的規劃。我是你的叔父，你是我的侄兒，現在就去創造吧！把宇宙展現出來，按照我的規劃，和諧地運作。」

於是索塔克南開始創造，他造了風、水，和世界。泰歐華很高興，他說：「做得很好，不過還沒完，必須要創造生命才行。」依照泰歐華的指示，索塔克南前往第一世界（Tokpela），造出「蜘蛛女」（kókyangwúti），她將居住在地球，並使其生生不息──使其充滿喜樂的活動和聲音。為了做到這點，索塔克南賦予她所需的知識和愛，來創造所有的生物。於是，她在地球上造了花草樹木和蟲魚鳥獸。

索塔克南對蜘蛛女所做的，感到滿意，一切真是美極了。他請

泰歐華來看已經完成的一切，泰歐華稱善，然後說：「現在我們可以做最後的一件事，以完成我的計劃。我們可以造人類了。」

於是蜘蛛女蒐集了黑、白、黃、紅四種顏色的泥土，用唾液沾濕泥土，塑成四個人形，蓋上具有創造智慧的白色斗蓬，然後就唱起創造之歌。當蜘蛛女掀開智慧斗蓬時，四個人形都變成索塔克南的樣貌。然後她又依照自己的形貌，創造另外四個人，她們是烏堤（wuti）——四位男性的女伴。掀開斗蓬後，這些人形就有了生命。這是在很早的時代，夢幻的時代，第一道紫光的時代，黎明的時代。這是一則有趣的故事，但它不僅是一則故事而已。它是一則關於上帝行止、上帝事物的故事。它是「神學」（theo-logos）——上帝的言論[2]。

二、疏離感的神話

有些神話敘述上帝與人類在很早的時候，如何變得疏遠的經過，訴說原來的「樂園」是如何失去的，或者起初與民同在的上帝，為什麼隱遁到別的地方去。

在當代西方宗教中，有關疏離的神話，大家最熟悉的，當然就是亞當和夏娃吃禁果的故事了。由於違背了該項禁令，人類和上帝面對面的親密關係終止了。亞當和夏娃，還有他們的後代子孫，從此被逐出樂園。

其他文化對於如何不再與上帝共同生活，有別的敘述。例如在阿善提（Ashanti）神話中，安晏可龐（Onyankopon）神原來居住在地球，可是祂逐漸受不了一個老婦的行為，於是就離開，住在天上。人們試圖築一座塔，通向天堂，以追隨安晏可龐。他們一層一層地建造，越來越高，最後幾乎接近天際。眼看就要達到目標時，磚塊和水泥卻用完了。大家採納了那一位老婦的建議，把塔的最底層拆下來，要鋪到上面去——結果便可想而知了。所以安晏可龐住在天

---

[2] 相關故事細節，及更多神話神學論方面的資料，見華特斯（Frank Waters）《霍皮族之書》（*The Book of the Hopi*, New York：Ballantine Books, 1971）。

上，而阿善提的居民並沒有。

　　納瓦霍人（Navaho 或 Navojo）也有一個類似卻略有不同的神話—— 一則解釋人如何失去俗世生活，而不是上帝如何離去的故事。在美洲土著的神話中，常被描述成喜歡騙人和惡作劇的草原野狼，有一年多季，發現食物的供應量逐漸減少，於是主張老人應該去死，他辯稱這只是暫時的情況，因為一旦多天過去，夏天食物更充裕時，族人就可以鋪一條路通往天上，好讓老人回來。可是，當那條路就要完成時，草原狼卻將底部拆掉，於是路便像阿善提的塔一樣，垮了下來，而死者也就永遠回不來了。

三、末世（eschatological）神話

　　有些神話著重於末日，通常在末日神話中，俗世的痛苦結束，重返「天堂」。這些末世論的故事，通常會有救世主的角色——來引導民眾回歸上帝，或在地球上，重新建立一個新的天堂。希伯來的彌賽亞，是這類神話的第一個代表。彌賽亞將親臨，引導人類，尤其是希伯來人，進入上帝在地球上的王國，如先知以賽亞（Isaiah）和彌迦（Micah）所預見的：

> 　　……上主的聖殿山必要矗立在群山之上，超乎一切山岳，萬民皆蜂擁而至。許多民族都要前往，說：「來吧！我們一起攀登上主的聖山，前往雅各伯（Jacob）上帝的殿堂！他會指引我們該走的路，我們要循他的途徑。……」
>
> 　　因為法律將出自錫安（Zion），上主的話將出自耶路撒冷。他要排解列國的爭端，解決民族的糾紛；人們會把刀劍鑄成鋤頭，槍矛製成鐮刀，國際間不再持刀相向，也不再聽聞戰爭。
>
> 　　（〈以賽亞〉2：2－4；〈彌迦〉4：1－3 標準修定譯本）

　　基督教末世神學論所描述的彌賽亞，屬於第二種類型——這一位彌賽亞（至少按＜啟示錄＞所描述）將以破壞的力量降臨，先毀

掉邪惡的世界，然後再創造一個新的天堂和新的地球。

　　基督教經典中的＜啓示錄＞，是典型的末日神話，它告訴我們，在天堂有一份卷軸，上面寫著世界的命運，共七層封緘，只有基督能開封閱卷。基督每開一個封緘，就會發生一次災難，地球上的居民忍受著極大的痛苦和折磨。第七個封緘撕開後，有七位天使吹著七支喇叭，又接連發生七次的災難，此先前的七次更具破壞力。接著天堂爆發戰爭，由天使米迦勒（Michael）所率領的上帝軍隊，攻擊撒旦的軍隊，不久便把撒旦從天堂摔落地球，撒旦隨即找上帝的子民出氣，但這並不會持續。地球上又發生了七次災難，然後上帝之道——基督，從天堂降臨，率領一支聖徒軍團，打敗了撒旦這頭野獸，將他監禁一千年。那一千年間，眾烈士與基督住在地球上的新耶路撒冷。故事還沒有結束，因爲一千年後，撒旦掙脫出來，肆虐橫行，到處破壞，還結集世界各國，襲擊住在聖城的基督和眾烈士，但是撒旦又失敗了。他被打敗——這一次永遠也爬不起來——並且被丟進火湖裡。接著，來自地球的各個角落，來自所有於過去時間死去的人，全都復活，集合在一起，等待審判——邪惡的人永遠被放逐到撒旦的地獄，善良的人永遠在天堂般的新耶路撒冷，和上帝共同生活。

　　十九世紀末，末世神話在西方的北美土著部落迅速蔓延，一個內華達州（Nevada）的派尤特人（Paiute）沃沃卡（Wovoka），看見大神（the Great Spirit）向他顯現一處特別的天堂，在那裡，所有的美洲土著既年輕又快樂，而這一個新天堂、新世界，很快就要來臨。在沃沃卡的傳道感召下，產生了「鬼舞道門」（the Ghost Dance Religion）——不僅是派尤特人，還有沙伊安人（Cheyenne）、阿拉巴霍人（Arapahoe）、蘇人（Sioux），都很快地就信奉了這個宗教。有些人（尤其是蘇人）漸漸相信，天堂時代來臨時，也就是那個毀了他們部落歡樂和豐收的日子的惡魔——他們所痛恨的白人——毀滅的時候。一八九〇年坐牛（Sitting Bull，蘇族領袖）和其他 150個蘇人在南達科塔州（South Dakoda）的翁第德尼（Wounded Knee）

慘遭屠殺，這個神話因此破滅，而「鬼舞」也隨之煙消雲散了。

　　在某些循環說宗教（認為世上發生的事情不斷在重複，不是單一的開始和最後的結束）中，有神話敘述上帝如何參與這種「永恆回歸」的程序。例如在毗濕奴印度教中，毗濕奴化身為動物或人形，在文化衰退時期，來到地球引導人類。還有在循環末世神話中，神通常會在死後一再復活，例如：春天從冬季的死亡中復活，白晝從黑夜的死亡中復活，或者新年從舊年的死亡中復活。

　　根據一則希臘神話，奧林匹斯（Olympus）天國的國王宙斯（Zeus）和玉米女神兼農作物與豐收的女神狄米特（Demeter）之女波希芬妮（Persephone），是一位絕世美女，她的確太美了，美得讓陰司的國王黑帝斯（Hades）慾火焚身，無法自制，於是他擄走了這一位妙人兒，把她帶到冥府，供他取樂。波希芬妮的母親狄米特為此傷心欲絕，在地球上徘徊，為失去的愛女哀嚎，地球遂變成一處寒冷的不毛之地。最後因為情況變得教人難以忍受，地球和人類都面臨滅絕的威脅，於是宙斯出面干預，他和他的弟弟黑帝斯達成協議：每年黑帝斯可以擁有波希芬妮四個月，其餘時間必須讓她回到地球上的母親身旁。所以，每年波希芬妮一回來，春天就到了，大地又肥沃起來，孕育著生命。可是，每逢秋天，波希芬妮回到黑帝斯那裡，狄米特的喜悅盡失，又進入了寒冷的冬季。

第三節　視神話禮儀為戲劇與象徵

　　光說故事還不夠，神話不只是故事而已，它也是戲劇──參與戲劇。宗教劇的參與人物，可以在每年十二月，基督教教會和主日學聖誕節故事的戲劇演出中看到。當敘事者讀到＜馬太福音＞和＜路加福音＞耶穌誕生的情形（耶穌誕生的神話）時，誕生的場景（上帝為人類所做的事）便由選出來的會眾成員，以儀式化的動作和姿

態表演出來，有時可能看起來很不自然。這幾乎就是民間宗教儀式典型的例子了。此一神話，此一人神相會的戲劇性陳述，結合了儀式化的動作，格式化的演出，爲的是要所有「看到並且相信」的人，經歷神奇而喜悅的體驗。

此時，我們要做一個重要的觀察。耶穌誕生這個故事的演出，不只是一齣戲而已，它是一齣民間劇，一齣參與劇。其演員、敘事者，還有觀眾全都融入該事件的發展、生命與精神之中，也就是說，該儀式雖然通常很壯觀，但是它原來的目的，並不是要製造這樣的場面。它是一種手段，要把所有的教友都牽扯進來傳達訊息。他們都是當事人，因爲他們都參與了。

關於這種儀式的參與，其不同場景的例子是猶太人的逾越節。在這個儀式化的夜晚，猶太家庭齊聚於節慶宴會桌旁，其中一個小孩提出這個傳統的問題：「爲什麼今天晚上不一樣？」於是一家之主回答：「以前我們在埃及時，是法老（Pharaoh）的奴隸，我們永恆的上帝毅然決然領著我們離開邪個地方。」於是就揭開了逾越節參與劇的序幕，儀式化的動作結合了神話／敘述，再一次重現上帝親臨，以及上帝支持猶太人生活的感覺。

一、宗教的象徵

如參與劇一般，禮儀保存並傳達宗教的故事和意義，因此是一種宗教的象徵。田立克在他的《系統神學論》中，對於象徵的本質，有一些有趣的觀察。他強調：「象徵與符號不同……符號與其所指者，沒有必然的關聯性，而象徵則參與了其所代表的事實。」[3]他在同一冊書的其他地方說：

> 語言含意的力量，在於掌握並傳達一般意義；語言表達的力量，在於披露並傳達個人的情況……大部分的言

---

[3] 田立克（Paul Tillich），《系統神學論》（*Systematic Theology*, Chicago: University of Chicago Press, 1951），共三冊，第一冊，p. 239。

談，均游移於這兩個極端之間：越是科學技術者，越接近
含意的極端；越是富詩意而大眾化者，越接近表達的極
端。[4]

　　這也就是說，含意是符號的主要功能，而表達則是象徵的主要
功能。符號絕對是用來傳遞訊息的：馬路一角閃爍的紅燈，指示著
停止；而綠燈也有其相應的指示功能。但象徵就不是這樣，因為象
徵的功能不在於傳遞確切的意義，而是要傳達感覺和思想的
（aesthe-noetic）經驗，一旦達到完整的象徵地位，就絕對不容更
改，不能只因為有共識，而遭替代。譬如美國國旗，雖然在代表這
個國家，而非別的國家這件事情上，的確有一種含意的功能，它卻
不只是這個國家的符號而已，因為它代表、描繪、激勵，並參與了

　　　神話可以從其所屬的禮儀中脫離出來，繼續以神仙故
事、民間故事、傳奇的形式獨立存在。例如：耶誕節的聖
誕老人、復活節的兔子。此外，即使原來的神話敘述已經
脫離，禮儀仍可以繼續存在。人們用手碰木頭來避邪、把
鹽撒在肩上、放一株長青樹、為新建築封頂（最後一支鋼
架）；有人打了噴嚏，便喃喃念著：「長命百歲！」做這些
事時，根本不記得這些行為背後神話故事的意義。有時也
有殘存下來的禮儀，雖顯得毫無意義，卻仍繼續被認真地
執行。例如：在婚禮中交換戒指、撒米等。如果把交換戒
指和撒米從婚禮中刪除，有些人會很不高興——雖然這種
禮儀的意義何在？從哪裡來？還有為什麼要繼續存在？
早已不為人所知。戒指和米顯然不會減低婚禮進行的宗教
效力，於是人們繼續不明所以地任它們自在參與其中。

---

[4]　同上，p. 123。

這個國家從頭到尾的整個歷史和生命。美國國旗的象徵，對觀旗者講述美國全部的事實真相（事實與精神），而象徵本身，也是事實真相的一部分。國旗是一塊華麗的布，也是一個國家，而後者的意義更勝於前者。

　　禮儀是一種象徵，不是一種符號，所注重的不是要製造場面，或只是傳達一個訊息，而是要參與一個完整的事件，雖然它在歷史上已經十分遙遠，現在卻又重現，使得教友們如身歷其境一般，體驗該偉大事件。他們與牧羊人和三位賢哲一起目睹了奇妙、簡單而又重要的誕生；他們目睹了耶穌被釘上十字架，並目睹了他從墳墓中復活；他們和摩西一起越過紅海，站在山上。

　　宗教的神學與哲學，也許用符號處理問題——分析、批評、系統整理——可是禮儀是一種藝術形式，它對心說話，要引出「理智所不知道」的理由。這麼說，並非意謂著禮儀是非理性的，甚或不理智的，或者指神學和哲學不利於禮儀。禮儀純粹不同於神學和哲學，它有屬於自己的邏輯，也就是啓發性並細緻入微的邏輯，就像任何藝術形式一樣。

二、神話、禮儀，或神學，何者爲先？

　　禮儀和神話何者爲先的問題，產生了許多的爭論。先有敬神的演出，或者先有表現於敬神演出中，古代神明事蹟的傳說？史前的事蹟太過於遙遠，無從判斷哪一種說法正確，但在現存的土著社會中，分辨得出來的事實顯示，可能兩者都未必先有，而是兩者似乎皆依附在先前就有的信仰體系上——在已經爲部落所接受的宗教信仰上。也許就像梅爾飛特（Annamarie de Waal Malefijt）所提出的：「神話和禮儀並非因爲兩者……相互補強而產生關係，而是因爲兩者皆以教義爲基礎。」[5]

---

[5] 梅爾飛特，《宗教與文化》（*Religion and Culture*, New York：Macmillan, 1968, p. 186）。

　　由於對自己以及所在的世界有某種信念，人們行止虔誠，並且藉著把這種虔誠的行爲納入他們的神學理論——其社會與宗教信仰的一般模式——來證明這種行爲是正確可靠的。這種說法，不僅把禮儀和神話都當成宗教行爲的原始形式，同時也把神學放在起始的位置。不能把神學（即神之道、有關上帝的言論）貶成是在宗教從人類的情感產生，並發展出禮儀和神話很久以後，某種強行加諸於宗教「感覺」的智識約束；反倒要將它想成是人們一開始就相信，並且把這些信念告訴自己，同時用屬於他們的「信仰詞藻」，來信奉他們的宗教。人們製作宗教戲劇（禮儀），這些戲劇敘述了神聖力量如何建立（並重建）生命、習俗、制度、信念，還有社區生活規範的過程。

　　可能就像前面所提的，那一位史前人類在前往沼澤地，並發現那棵樹以前，就已經生活在一種與其所在世界的力量有關的信仰體系之中。這種信仰體系，使其生活與社區成爲一個充滿普通和非比尋常的事物的世界。他不僅是一隻對環境作出反應的動物，同時也是一個開始要「去理解」社會系統，去理解俗世環境，甚至去理解那一個驚人、不可思議、迷人、神祕超凡（numinous）而充滿神聖事物的世界的人。他可能原來就處於一種神學的心境，而他敬樹的禮儀，正好符合這種心境。有一天晚上，在營火旁，因爲被質問而必須爲這個禮儀作辯護，他的方法是在他神學化的靈魂中，搜尋很早以前，太初的一個景象。彼時天父（the Old Man）在地球上行走，來到了沼澤地，發現它十分險惡，於是造了那棵樹，把它放在那裡，好讓獵人們看著它、觸摸它而後變得強壯，以抵抗沼澤的險惡。

　　沒有證據好讓我們相信史前人類是沒有思想的生物，沒有神學理論可爲他們的生活提供訊息，並制定宗教禮儀。田立克認爲神學和宗教一樣古老；思想滲透了所有人類的心靈活動。神話本身難道不正是神學——關於上帝的言論嗎？詹姆士（E. O. James）在其《古代近東之神話與禮儀》（*Myth and Ritual in the Ancient Near East*）中指出：

　　　即使是澳洲的土著部落，雖然沒有文字記載的歷史，

也有一個預先假定確實承襲自過去的傳統，……在很久以
前的夢幻時代，他們的文化英雄居住在地球上，決定了現
存的社會架構，為他們的祖先制定不容更改的法律、習俗
和組織……因此，從重大事件之過程的意義來看，歷史是
部落傳統——就保存社會關係網狀系統與維持部落穩定
平衡狀態的神話/禮儀而言——不可或缺的一部分。[6]

馬林諾夫斯基（Bronislaw Malinowski）在〈原始心理的神話〉
（Myth in Primitive Psychology）這一章，提及原始人類的神話/
禮儀所傳達的，要比被戲劇化的故事所包含的還多時，提出了相同
的看法。神話/禮儀劇適合古代人類從部落生活中學得的結構較大的
信仰。「換句話說，神話/禮儀是土著社會生活的內容。土著逐漸領
悟到每一件被告知應做的事，原來在過去就有先例與模式存在，這
使他深切地體會到關於自己起源的神話，其完整的敘述和完整的意
義。」[7]

關於這一點，坎貝爾（Joseph Campbell）把神話禮儀神學論
的構造，看成是極為重要而有意義的運作體系：(1)當面臨無法控
制的力量和情況時，在人們心中創造出一種敬畏的感覺；(2)使人
們更瞭解周遭的自然規律；(3)提供參考依據，使他們看得出來，
社會是和諧而有意義的；提供一個使他們瞭解自己內在生命的方
法[8]。

三、神話－禮儀－神學的形成

針對新興宗教之神祕、儀式化，以及神學三方面的密切關係，

---

[6] 詹姆士，《古代近東之神話與禮儀》（*Myth and Ritual in the Ancient Near East*, New York：Barnes and Noble, 1958, pp. 18-19）。

[7] 馬林諾夫斯基，《巫術、科學與宗教》（*Magic, Science, and Religion*, New York：Free Press, 1948, p. 93）。

[8] 見坎貝爾《上帝的面具：西方的神話》（*The Masks of God：Occidental Mythology*, New York：Viking, 1964, pp. 518-523）。

貨物崇拜（Cargo Cults）或許可以提供我們一個線索。

　　梅特樂（Ruben Mettler）在加州理工學院（the California Institute of Technology）所作的一場演講內容，後來刊登於《商業週刊》（Business Week）。文中，他回想起一九四〇年代末期，有一天在南太平洋的一個小島上，第一次見識到貨物崇拜。島上居民接管了一座廢棄的機場，同時正在表演二次大戰期間看到的美軍之作為。土著們穿著美軍丟棄的制服，拿著木槍四處行進，操縱塔臺，仰望天空，有個人戴著一個木雕的耳機，對著木製的麥克風說話，還在一個彈簧夾寫字板上作記號。他們試圖要變法術——與美軍所變過的法術相同——如此一來，銀色的飛機才會帶來豐富的貨品。如梅特樂所報導：

> 　　貨物崇拜者見到美軍顯然不必真的做什麼，只不過對著小小的盒子說話，用旗子打信號，列陣行進，甚或坐在裝飾著花瓶的桌旁，用高腳杯儀式化地啜飲，就能從天上召喚下來許多的禮物。由於不了解促成大批貨品到來所需的複雜之製作、分配、運輸，以及通訊技術，這些貨物崇拜者把一切都歸功於他們所看到的，並且試圖以儀式性的模仿，達到同樣的效果。[9]

　　白人穿著制服、四處行進、對著盒子說話、簽署文件、發號施令、舉杯飲酒、桌上擺著盆花——貨品（kago，"cargo"的洋涇濱英文）就來了。但是，它們從哪裡來呢？土著們經過思考後，用表面上看見的事物來作結論。這些東西來自白人在海洋彼岸已故的祖先，白人發現了如何和另一個世界聯絡的方法。土著們在海洋彼岸一樣有死去的祖先，所以他們也開始穿上制服、行進、攀上塔臺、飲酒——用這種方法把訊息傳達給他們的祖先。至於花呢？土著們

---

[9]　梅特樂，＜美國的貨物崇拜心理＞（Cargo Cult Mentality in America），特許引述自一九八〇年九月二十二日發行的《商業週刊》（Business Week）。版權©MaGraw-Hill, New York, N. Y., 1980。保留所有版權。

一定是把花看得非常重要，因爲他們不僅用花來佈置房子，有時還用花來裝飾整個村落。

梅特樂所說的南太平洋貨物崇拜者，並不是唯一爲白人的繁榮而著魔的原始民族。殖民期間及其後，在非洲和東南亞，出現了許多的貨物崇拜者。有些原始民族開始修改其傳統的神話－禮儀－神學，以促成黃金盛世的到來：一個滿是貨品的世界。這類宗教崇拜的目的，是要改變、修正，甚至要以一個嶄新而更有遠景的秩序，來毀滅舊有的宗教秩序。

第四節　禮儀的種類

社會通常會把俗世生活的型態與價值儀式化。同樣地，各種不同宗教的社會，均以儀式化的方式，來描述宗教的型態與價值。因此有各種爲了世俗的目的，所舉行的世俗禮儀，也有各種爲了宗教的目的，所舉行的宗教禮儀；另外還有一些兼具雙重性質的禮儀，擺盪在兩者之間，混合著世俗與宗教兩種質素。

一、世俗的禮儀

握握手、友善的擁抱、揮手告別——這些都是日常的世俗禮儀。較不常見，卻具同等禮儀性質的是，一手置於聖經上，另一手高舉，然後說：「我鄭重發誓……請上帝助我。」這種就職典禮，宣告了國家的團結一致與多樣性，它充滿生氣且事關重大，同時實際上使得宣誓者成爲美國總統。

七月四日獨立紀念日和感恩節慶典，同樣具世俗味，各自以其禮儀化的形式，認證並鞏固社會，賦予社會古代目標重生的氣息，並作爲公眾的互動基礎。

這類禮儀在性質上，主要屬於世俗的事。總統就職典禮的確以「請上帝助我」作結束，但其主要目的，並非要取得超自然力量的

協助，而是要在良辰吉日，發出「虔誠的聲音」[10]。感恩節在含義上，應該更富宗教色彩才是，然而其宗教意味卻顯得不十分濃厚──也許不超出餐桌上的謝恩禱告；而七月四日獨立紀念日，就完全沒有宗教的虛飾了。

這些認為宗教與政府相關事務，都只有表面關係的影射說法，社會學家貝樂（Robert Bellah）並不贊同。他主張：美國有一種公民宗教（civil religion），感染了人民的生活，並且把人民的生活和宗教氣息結合在一起。它明顯地出現在提及上帝與信仰的官方陳述與活動中，諸如憲法中確認信仰上帝的敘述；出現在美國的幣制上，以及建國元老的宣言中；此外，亦出現在陣亡將士追悼日（Memorial Day）和感恩節，以及在總統偶爾為了國家福祉，對神所作的祈禱中[11]。

不過，此際我們認為，貝樂所稱的公民宗教，不太像是國家所認證並揚頌的宗教。由於延襲猶太教兼基督教的傳統（尤有甚者，被詮釋成自然神論者或新教徒），美國國家的故事和象徵（美國的神話），蒙上了一層宗教的氣息。但這不太像一種認可、認證並頌揚國家的宗教。一個真正的宗教，要想辦法超脫人的有限性，處理個人生命與意義中，可怕而無法掌握的情況，它是有關救贖的事。如同真正的宗教明顯地影響了政府的運作一樣，公民宗教顯然也影響了真正的宗教。但是，挪用一些宗教象徵和禮儀，甚至於一些宗教的態度，並不能把國家轉變成有運作功能的宗教。我們可以為黑猩猩穿上小孩的衣服，但這並不能使牠變成一個小孩。

---

[10] 事實上，這些宗教字眼並非憲法所規定的──它們並未出現在憲法第二條中，成為法定誓詞的一部分。只因當年華盛頓（George Washington）在他第一次就職大典中，加進了這樣的說辭。

[11] 有關此一問題，詳見貝樂之〈美國的公民宗教〉（Civil Religion in America），收錄於卡特勒（Donald R. Cutler）編著，布雷根（D. W. Bragan）、朴飛福（Lee Pfeffer）、韋特尼（John Witney），以及黑夢德（Phillip Hammond）評論之《宗教情況》（*The Religious Situation*, Boston：Beacon Press, 1968, pp. 331-393）。另收錄於《代達羅斯》（*Daedalus*）96冊1號（1967），及威爾遜（John F. Wilson）之《美國文化中的公共宗教》（*Public Religion in American Culture*, Philadelphia：Temple University Press, 1979）。

對於公民宗教（亦即被視爲美國政治秩序之根本的「信條與規範的綜合體」）永遠也不可能取代真正宗教的說法，柏格（Peter Berger）提出他的質疑。他寫道：

> 我對於世俗世界觀，在本質上無法回答人類處境的深刻問題——從哪裡來，往何處去，和爲什麼的問題——印象深刻。這些問題似乎是根深蒂固的，且千篇一律都只能以國家與宗教職能分離論之下的代用宗教來加以回答。[12]

二、兩面性的禮儀

有些儀式能世俗化與宗教性兼備。例如在澳洲東南艾耳湖（Lake Eyre）村的本地人，叫作代爾里人（Dieri），他們有一些複雜的禮儀，這些禮儀以宗教信仰爲基礎，目的卻是要青春期男女長大成人，擁有部落成人的權利與義務——世俗與宗教兩方面的權利和義務。

當然，我們不需遠赴澳洲，才能見到這種情況。猶太人有奇特的「成人儀式」，稱爲「十三歲男孩成人禮」（Bar Mitzvah），和「十三歲女孩成人禮」（Bas Mitzvah）；許多基督教派也有堅信禮（Confirmation）——同時宣告並確立社會地位成熟與精神責任的兩面性禮儀。

另一個可以學得世俗與宗教的兩面性禮儀爲婚禮——一個可由法官、治安法官、船長、拉比、希臘正教神父，有效地加以執行的儀式[13]（rite）。它可以在法庭、院子、游泳池、寺廟、教堂舉行，可以有首席女儐相、伴娘、男儐相、伴郎、哭泣的母親、鬆了一口氣的父親、風琴、歌聲、燭光、象徵豐饒的米，還有數量驚人的香檳來陪襯——一個始終經過簽名蓋章，並有法院登記的證書，而後

---

[12] 柏格，《正視現代》（*Facing Up to Modernity*, New York：Basic Books, 1977, p.160）。

[13] 此處用儀式這個字眼，純粹是指要舉行的禮儀所規定之形式。

產生法定效力的儀式。

　　政府堅持婚禮是社會秩序安定與延續所必須的一種合法的安排，同時，教會回顧婚禮的神話，宣稱它是一種最神聖的儀式。這麼一來，婚禮就不只是由兩個家庭所認可，社會所促成的安排，也不只是兩人之間愛的宣誓，而是甚至在太初時，就已經「由上帝所制定的一種神聖的狀態」。

三、宗教的禮儀

　　雖然所有的禮儀都有寶貴的社會和政治含意，有些卻極端注重宗教，以致必須把它們看成是神聖的，或屬於崇拜儀式的[14]（cultic），而非社會政治的。我們要看看三種真正屬於神話禮儀的崇拜式類型，並以其能反映出羅馬天主教、禪宗佛教和回教來看待它們。首先是它們的神話——基督教、佛教和回教的神話，再來是各個神話分別依基督徒、佛教徒和回教徒所做出的戲劇化（禮儀化）呈現。

第五節　古典的神話和禮儀

一、基督教的神話：基督教的信仰故事

　　基督徒告訴我們，當天使加百利（Gabriel）來到一位年輕的以色列女人面前，告訴她已經獲選，將成為一位非常特殊的孩子的母親時，一切就開始了。

　　時間一到，耶穌就在伯利恆（Bethlehem）的一個馬廄誕生，「因為旅館都沒有房間好讓他們住」——牧羊人來到，三賢人來到，天使唱著歌，世界充滿了喜悅。

---

[14] 有關於一種宗教行為的體系，尤其是崇拜的儀式和典禮。

　　耶穌「成長的歲月」和母親瑪利亞，以及她的丈夫木匠約瑟夫共度，因而耶穌也有可能成爲一位木匠或石工。

　　橫在他面前的，是一種與眾不同的命運，一種哀傷痛苦的命運，因爲他是來拯救世人，並替世人贖罪的，他必須付出壯烈的死亡代價。

　　沙漠中，有一位同胞訓誡著「懺悔吧！因爲上帝的王國就要來了！」耶穌前往該地受洗，並開始他的使命，收了一些門徒，男女都有，其中十二位親近的門徒，不管他到哪裡都跟著他。耶穌在加利利（Galilee）傳道，呼籲大家擯棄俗世的野心，立刻信仰上帝。他講述的是一種愛的新法則，一種無窮寬恕的法則。他治癒了生病的人，餵飽了飢餓的人，最後走向在耶路撒冷（Jerusalem），被釘上十字架的命運。

　　首先有一些場景要表演出來：耶穌騎著驢進城的場景；耶穌在聖殿庭院講道，並且把貨幣兌換商驅離聖殿的場景；耶穌在伯大尼（Bethany）附近受膏，象徵他的死亡和葬禮即將到來的場景；在樓上那個房間慶祝逾越節時，給十二位親近門徒一種新的神聖儀式；還有在花園中痛苦的場景；審判的場景；一路跌跌撞撞來到名爲「骷髏地」（Skull）的刑場；以及他的死和世界的空虛——直到明朗的第三天清晨，墳墓空了，同時傳言：「他復活了！」的時候。

二、演出耶穌神話的禮儀（羅馬天主教）

　　傳統上，頌揚耶穌生、死，以及復活故事的禮儀，始於耶誕節的前四個星期日，降臨節（Advent Season）之初。降臨節時，「真正的信徒」準備慶祝耶穌十二月二十五日的誕辰。耶穌生日後的第一個星期日，則是頌揚耶穌的神聖家庭。耶誕節過後十二天（元月六日）慶祝主顯節（Epiphany）。主顯節紀念基督神聖的本質對外邦人的顯現，東方三賢（the Magi）的到來，即爲其象徵。

　　有關耶穌故事的禮儀，從耶穌的降臨、誕生、指認，最後轉移到他的受難、死亡、和復活。這些禮儀始於強調道德的聖灰星期三

（Ash Wednesday）：塵歸於塵，土歸於土。聖灰星期三之後，有五個星期日並四十個工作日的大齋節（Lent），目的在使虔誠的信徒，每天更加意識到基督所作的犧牲。

耶穌受難與犧牲的最神聖的日子，始於棕櫚主日（Palm Sunday），共持續一星期，特別強調聖星期四（Holy Thursday）和受難星期五（Good Friday）。聖週（Holy Week）星期四和星期五，在某種意義上，代表天主教徒眼中基督神話的精髓旨要。聖餐（Eucharist 或 Communion）與犧牲就是整套禮儀的精神所在：上帝為人類奉獻出自己。

在我們所舉出的，展現耶穌神話的禮儀中，應該特別注意羅馬天主教形式的聖週三節慶——棕櫚主日、聖星期四，和受難星期五。

聖週禮儀　聖週禮儀始於耶穌來到耶路撒冷的棕櫚日。為準備這一天的來臨，有一個受難週（Passion Week，聖週的前一個星期）儀式，其中作為聖禮的不是麵包和酒，而是棕櫚和橄欖樹的樹枝；不僅要紀念耶穌最後一次進耶路撒冷時，民眾以棕櫚枝來歡迎他，同時還要紀念鴿子給諾亞（Noah）帶來橄欖枝，代表洪水結束，上帝與人類新契約的開始。棕櫚枝發給信眾，好讓他們帶去參加棕櫚主日彌撒。

在棕櫚主日彌撒，唸誦福音時，教牧人員和唱詩班，按照馬太福音，唱著耶穌受難的故事。在星期二、三、五的彌撒中，則按照馬可、路加和約翰福音，唱出耶穌受難的故事。

星期四不同，因為那是按照第一個聖星期四的聖餐（the Lord's Supper）所舉行的禮儀。此一儀式慶祝彌撒本身的制定。真正的彌撒儀式分成兩部分：第一部分專為慕道友（在成為教友以前，接受羅馬天主教基本教義所指導者）而舉行，這部分改編自猶太教堂禮拜式，包含祈禱與閱讀。真正的彌撒從第二部分開始，它是由奉獻儀式（Offertory）、祝聖儀式（Consecration），和聖餐儀式（Communion）所組成。奉獻儀式是獻出麵包和酒，在這個階段，代表虔誠的信徒把自己獻給上帝。祝聖儀式中，神父假扮成基督的角色，重複最後晚餐的種種行動，包括基督宣稱麵包真的是他的身體，

酒真的是他的血這些話。彌撒最後的聖餐儀式中，神父和信眾聚集在講壇，吃聖體飲聖血，就像傳言中，門徒在樓上那個房間的舉止一般。

當神父說出基督的話：「這是我的身體……這是我的血」時，信眾相信奉獻儀式中的麵包和酒，在此刻已變（變體）成基督真正的身體和寶血，只不過還保留麵包和酒的外表而已。這樣的信念使得此一主要儀式不僅紀念過去的神聖行止，同時也是它當今的再現。

在聖星期四的彌撒，神父將一塊特殊麵餅祝聖成聖體，彌撒結束時，把它放在旁邊聖壇的聖體架（monstrance）上，整個聖星期四晚上，信眾輪流在那裡守夜，就像在客西馬尼花園（Gethsemane），睏倦的門徒和基督一起守夜一樣。

在聖星期四，代表基督受難的紫色聖壇布，被換成雪白的布，代表基督以聖餐奉獻的形式獻出自己，這樣的美感與喜悅。聖星期四夜的晚禱過後，這些象徵喜悅的雪白布塊被除去，使人想起基督在上十字架以前，被剝光衣服的情形。神父留下光禿禿的聖壇，然後轉向信眾，拿了一桶水和毛巾，著手做洗腳禮儀，使人想起基督死前的一夜，為門徒洗腳的情形。

接著命中註定的災難日降臨——糟糕的一天被稱為「善」——即耶穌被釘上十字架的那一天。在這一個星期五，神父一身肅穆的黑色，站在光禿禿的聖壇，舉行先前祝聖過的聖餐（Presanctified）彌撒，時間在沉寂哀痛中度過。此一儀式劇中，受難情節按照約翰福音的描述，從客西馬尼花園（the Garden of Gethsemane）的沉痛，到墳墓的葬禮。這段敘述結束時，神父拿起一支以黑布蓋住的木製大十字架，在信眾面前高舉，慢慢揭開黑布，露出十字架，於是唱道：

　　　　看這十字架的木頭
　　　　救世主曾被吊在上頭

揭開黑布後，十字架放在聖壇前，神父脫鞋，跪下，親吻十字架。然後信眾列隊至教堂中間的走道，在到達十字架以前，下跪三次，

就像聖經故事中，基督背著十字架前往各各他（Golgotha）途中，跌倒三次一般。

基督在星期五下午逝世時，受難儀式劇便結束了。蠟燭被熄滅，信眾離開教堂，教堂（世界）空了——等待著。

我們在說明宗教禮儀時，是以羅馬天主教傳統為例，因為它能展現出如此詳盡，同時在我們西方世界又不太陌生的儀式。猶太教詳盡的禮儀中，也可以舉出一系列類似而不陌生的例子。新教徒的傳統，尤其從左派（農民）改革運動發展出來者，較不普遍，且較不具形式，但是也有伴隨著敘述（神話）的儀典。就連極端即興的五旬節（或聖靈降臨節）派教徒（Pentecostals）聚集在一起舉行的精神禮拜，也都屬於禮儀神話的導向。該禮拜或許看起來像一種不具形式的連續（甚至是混雜的）吟唱、講道、勸誡和祈禱，但卻是在基督復活以後五十天，第一次聖靈降臨時，極其嚴肅的「教會誕生」的重現與重生。它是聖靈降臨的再現，甚至到了神靈附身並且「說別種語言」[15]的狂喜狀態。五旬節禮拜的活動，也許比天主教彌撒來得即興，但禮儀神話的色彩卻絲毫不減。

同時我們也應該注意，是否稱得上是宗教禮儀，並非取決於活動量之多寡，也不是取決於活動的形式化程度，或者即興的演出。有些非常令人震撼的禮儀，只不過是「靜靜地坐著，什麼也不做」，就像貴格教徒的聚會或坐禪（Zazen）一般。

三、佛教的神話：佛教的信仰故事

在拿撒勒（Nazareth）的耶穌出生前五個半世紀，有個小孩誕生了。這是在印度，距貝拿勒斯（Benares）約 100 英哩處，一位姓喬達摩（Gautama）的貴族的孩子，名叫悉達多（Siddhartha）。悉達多誕生時，並沒有像耶穌的故事一般，天使們唱著歌；卻有賢人

---

[15] ＜使徒行傳＞（Acts）所描述的聖靈降臨日，並非真是說出無人能解的語言之經驗——雖然有許多人似乎都抱持這種觀點。根據《使徒行傳》2：6，在聖靈降臨日這天，十二門徒講的話，每個人都聽得懂，他們說的話並非難以理解，是共通的；他們用的是大家都能懂，而不是大家聽不懂的語言。

來到，並作了預言。他們告訴悉達多的父親，這孩子真的很特別，可以成為全印度的帝王，但先決條件是要說服他不要成為——他的命運的另一種可能——黃袍僧。

悉達多的父親當然望子成龍，他相信兒子將是帝王，而非和尚。於是，他想出了一個妙計：在兒子的成長過程中，絕對不讓他經歷悲慘的事情，那些事情會讓敏感的人極度沮喪，有時還會向宗教尋求生死的意義。這位貴族父親建造了三座宮殿，好讓兒子在不同的季節都住得舒適，並且只讓年輕、健康又快樂的人和他作伴。甚至在兒子沿著街道出遊時，也安排僕人走在王子座車前面，先把路上的老人、病人和窮人驅離。

這位高貴的父親，成功地使兒子看不到人生的陰暗面，以致悉達多長大成人後，仍全然不知人生的真實情況。更甚者，他的生活因為和一位非常可愛的女孩結了婚，而過得更加愉快。女孩適時為他生了個孩子，益發增添了他的喜樂。悉達多正朝著他的帝國之路邁進。

然而，神選擇了另外一條路。眼看著悉達多的父親為避免兒子見到真實的人生、見到真實宗教所承諾的遠景，而製造出的幻象，他們決定要干涉。他們要喚醒王子，走向真正屬於他的命運。於是有一天，當悉達多乘著他的座車前行時，一位神明降臨，並非以神的形貌，而是化身為一個衰弱的老人。看見老人，王子要車夫告訴他那是什麼？如此，悉達多第一次學到世上有痛苦和悲慘存在。另一天，王子乘車時，看到了第二個景象——另一位神明化身為一個得了惡疾的人。又另一天——第三個景象——一個死人被抬在架上。這三個景象奪走了王子平和的心境。他說：「我終必也有腐朽的一天，並且要受制於年老、病痛和死亡，看見別人陷入這種苦境時，覺得恐懼、反感，以及厭惡，這樣對嗎？」

經過這三次令人震驚的體驗後，悉達多變得十分沮喪，什麼也安慰不了他。然後，他看到了第四個景象。有一天在路上，他看見一位穿著黃色袈裟的僧侶徒步而行。悉達多向他攀談，對他的平靜，尤其留下了極深刻的印象，以致他發誓不再過王子的生活，要去尋求宗教平和的珍寶。

他離開家，離開雙親、妻兒，去追尋其真正的命運。首先他旅行到拉雅加哈市（Rajagaha），先後成爲兩位賢人的門徒，跟他們學習哲學，並接受瑜珈訓練，結果卻令人失望。他學了很多，卻都不能解除他對於人生的焦慮。

於是他離開，轉而尋求不同的宗教方式，成了一位禁慾的苦行者。在烏魯維拉（Uruvel）附近的樹林裡，他開始一種嚴厲的自我否定訓練，訓練不斷地持續著，直到他幾乎只剩下皮包骨。但是終究又失敗了。

先是哲學，再來是禁慾苦行，他耗費六年的時間尋求救贖，精神上卻沒得到什麼結果。於是悉達多回歸常理，放棄了追尋，準備要回家；路上停留在一處靠近菩提加耶（Buddh Gaya）的地方，進入一個小樹林，坐在一棵樹下休息。這棵樹後來被稱爲菩提樹（the Bodhi 或 Bo-tree），因爲喬達摩悉達多在這裡突然開悟；在這裡，終止了他的宗教追尋；在這裡成佛──成爲醒悟的人。

四、一個反映喬達摩悉達多（佛陀）神話的禮儀

正如佛陀的神話所告訴我們的，在很久以前，歷經多年苦求真正的宗教，偉大的喬達摩有一回放棄了追尋、放棄了掙扎、行動和努力，坐在一棵樹下。他靜靜地坐著，什麼事也不做，就像「靜坐閒無事，春來草自生」。突然間，喬達摩不再求索的答案，在頓悟中，有了結論。喬達摩進入佛的境界，人世間一個新的宏大宗教誕生了。從那時起，這個神話就配備了所有能想像到的最詳盡的禮儀，不過，同時亦衍生一種幾乎沒有細節的禮儀──坐禪。

坐禪（字面意思是「打坐冥想」）是稱爲禪宗佛教的冥想教派的主要禮儀，就像在日本寺院中所演練的一般。這種儀式在寺院的主要建築──禪堂（Zen-do）中進行。禪堂內有一個寬廣的平台，一直延伸到兩邊，唯一的飾物是置於中央的佛陀神龕（Butsudan），前方或許還擺了一枝花。打坐時，僧眾列隊進入禪堂，在狹窄的房內，面對面成兩排，坐在平台上。他們以傳統的盤腿蓮花坐坐定，雙腳置於大腿上，手擺在膝部，手心朝上，眼睛盯著地板。帶隊的僧侶

往前匍伏在神龕前，然後點一炷香來計算時間，接著回到自己的位子，於是坐禪就開始了。除了外面傳來的聲音以外，沒人說話，房內一片靜寂。打坐時，要控制呼吸，使呼吸和緩，不緊張，並藉著由腹部而非胸部吐納的方式，來稍微強調呼氣。兩位隨從緩緩來回走動於兩排打坐的僧眾之間，各持一支木棒，一看到有人坐姿不正確或打盹，就在他面前停下來，很講究地鞠個恭，隨後以警告用的木棍痛打，直到違規者回復到完全清醒的狀態爲止。一炷香過後，領隊便搖鈴，放鬆筋骨並操練的時間到了，僧眾從蓮花坐起身，排成縱隊，開始迅速安靜地在房內四周行進。操練結束後，繼續以一炷香的時間冥想。坐禪的時間前後共持續三個小時。

　　坐禪的目的，很明顯地是要還原並再經歷佛陀悟道的體驗，這在禪宗稱爲開悟（Satori）。開悟是一種心境，在這種心境中，日常生活慣有的主客體二分法突然瓦解，而「開悟者」則憑直覺，感受到萬物皆爲佛，萬物和諧地成爲一體。這樣的「存在方式」，並非一般觀念所能習得的，亦即非一般觀念所能思考而得的。思考所得到的知識（想法）確實是開悟的反題，開悟的勁敵。我們可以像喬達摩一樣，靜靜地坐著，什麼也不做，在一種最不尋常而且心智瓦解的狀態中，達到開悟（菩提）的境界。

　　這裡我們所關心的，不是要探究禪的本質[16]，我們的目的純粹是要說明一種遵循佛教創始人的原始經驗，屬於靜默、不講究排場、非西方的神話禮儀形式。

五、回教的神話：回教的信仰故事

　　有一個沙漠地區的族長，名叫亞伯拉罕[17]（Abraham），與兩位妻

---

[16] 要探究禪的本質，可參閱華茲（Alan Watts）的《禪之道》（*The Way of Zen*）或《禪的精神》（*Spirit of Zen*），或者費樓思（Ward J. Fellows）的《東西方宗教》（*Religions East and West*），尤其是鈴木（D. T. Suzuki）的《禪的研究》（*Studies of Zen*）。

[17] 根據回教經典《可蘭經》：「亞伯拉罕不是猶太人或基督徒，而是一位正直的人，一個回教徒，並且不崇拜偶像。」

子撒拉（Sarah）和夏甲（Hagar）住在一起。大老婆撒拉沒生小孩，二老婆夏甲生了個兒子，亞伯拉罕取名爲以實瑪利（Ishmael）；十年後，撒拉也懷孕生子，亞伯拉罕取名爲以撒（Isaac）。

撒拉開始擔心雖然自己是正室，以撒卻是次子，他有可能無法繼承亞伯拉罕的產業，而由以實瑪利獲得。於是，撒拉說服亞伯拉罕，把夏甲和以實瑪利趕出去。亞伯拉罕照辦，把兩人趕到沙漠上。夏甲和幼子漫無目的地走著，覺得很害怕。此外，他們到哪裡去找水呢？她在兩個山坡〔馬爾瓦（Marwah）和沙伐（Safa）〕之間的沙漠上，爲了找水，來回走了七趟。後來，惟恐真的會渴死，就坐在一顆石頭上哭了起來。以實瑪利站在一旁，開始用腳踢沙，那地方立刻就有水流出來——從此，那兒一直都有水流出來。

亞伯拉罕聽到這個奇蹟，就來到這片沙漠，找到了夏甲和以實瑪利，把泉水取名爲札木札木（Zamzam），意思是以實瑪利之泉。在幼子的幫忙下，亞伯拉罕在附近造了一座立方體聖殿，即「卡巴」聖殿〔the Kaaba（the Cube）〕。傳說中，亞伯拉罕還在卡巴聖殿的東邊角落，立了個黑色石碑，那顆石頭原來是在伊甸園內，代代相傳，傳給了他。卡巴聖殿周圍最後形成一個城市：麥加（Mecca）。

公元五七〇年，離麥加不遠處，一個小孩誕生於克萊希（Koreish）部落的一個貴族家庭。誕生的那一刻，星星唱著歌，山谷也跟著唱和，遠方的神殿都震坍了。在波斯的所瑣羅亞斯德神殿裡，燃燒了好幾世紀的「永恆之火」也熄滅了。地球喜悅地撼動著，到處都有徵兆預示著一位要來破除偶像崇拜，拯救世界，避免其腐敗的男孩之誕生，這個小孩的名字就叫穆罕默德。

六、反映回教神話的禮儀：朝聖（Hajj）

在回教的神話故事中，麥加占有一個特殊的地位。不論身在何處，回教徒每天都要面朝麥加的方向五次，同時禱唸讚美唯一的真神安拉，而祂最宏偉的神殿就在這個聖城中。麥加的重要性，在信仰與情感的回應上，都反映在回教的五大支柱（the Five Pillars）中。這五大支柱要求：(1)相信只有一個神；(2)每天朝麥加禱告五

次；(3)佈施；(4)齋月（Ramadan）期間行齋戒；(5)一生至少前往麥加朝聖一次。如此看來，朝聖是回教信仰的主要禮儀。

回教故事中，有關第五支柱，據說是上帝告訴亞伯拉罕：「向世人宣告要作朝聖之旅。」按照傳統說法，亞伯拉罕不僅是希伯來人的祖先，同時也是回教徒的祖先。此一指令由上帝傳達給亞伯拉罕，後來，這個指令也向先知穆罕默德披露。所謂朝聖之旅，就是要前往聖殿（卡巴）——相傳是亞伯拉罕和他的兒子以實瑪利，為了敬神，在一處為高低不平的山坡環繞，現稱為沙烏地阿拉伯（Saudi Arabia）的荒涼山谷，建造起來的。

時至今日，每年回曆十二月（Dhu-al-Hijja），都會有上百萬的回教徒，來這裡完成第五柱戒律。同時，當他們參與古代救世主穆罕默德[18]一生的戲劇——故事時，也體驗了必然近乎懾人的宗教激情。

朝聖的細節　前往麥加的朝聖之旅，並非只是要瞻仰卡巴神殿，同時在那裡敬拜而已。麥加城內及附近地區，尚有許多神聖的遺蹟。有夏甲為了找水，來回走了七趟的馬爾瓦和沙伐兩座山坡，迄今回教朝聖者，仍在此來回旅行七趟。他們也在札木札木聖泉邊，停下來喝水。有距麥加約十英哩的慈悲山（the Mount of Mercy），先知穆罕默德曾於此，坐在駱駝背上，發表他的再會演說；三個月後，於公元六三二年逝世。有三支撒旦石柱，供人們向魔王丟石頭。還有阿拉法特平原（the Plain of Arafat），從正午到日落，男女不拘，黑白不分，統治者或庶民，富人窮人，都穿著樸素的白袍，站在這裡禱告。

參與的喜悅　非回教徒無法體驗朝聖之旅，不過或許能領略一點朝聖者的感覺，同時幾乎可以感受到朝聖者的興奮與神奇的喜悅。

---

[18] 根據回教信仰，穆罕默德是上帝的最後一位先知，他來肯定之前的先知（包括亞伯拉罕、摩西和耶穌）所做的工作，同時也是來糾正後世對先知教導的任何扭曲，當然包括基督徒把耶穌詮釋成上帝化身的錯誤。

我們或許可以想像與阿卜杜勒－羅夫（Muhammad Abudul-Rauf）
同行，他曾經寫下自己和妻兒的朝聖經驗。他們一家人前往朝聖，
最後終於站在那個神聖之地，看著他們的歷史、他們的信仰、他們
的生命，全都在那 50 英呎高的立方體石頭建築——卡巴神殿之中，
他們相信那是亞伯拉罕和以實瑪利所建造，用以彰顯上帝的榮耀。
阿卜杜勒－羅夫寫著：

> 　　我突然覺得頭暈目眩，妻子緊挽著我的手臂，戰慄並
> 啜泣著……女兒渾身顫動，彷彿觸電一般，我的兒子則說
> 不出話來。後來，他告訴我，當時他感受到一種深沉的寧
> 靜……。
> 　　卡巴周圍的人潮（在朝聖的開始並結束時，各繞行七
> 次）停止移動。人群如塵埃，在神殿周圍形成許多同心圓，
> 誦經聲融入寂靜中。所能聽到的只有遠方伊瑪目[19]（imam）
> 領著信眾作晨禱的聲音……還有我心中的回音：噢，上
> 帝！莫讓此成為我們最後一次在卡巴前的禱告啊！[20]

如此的戲劇！如此的禮儀！如此的收穫！

第六節　禮儀的目的

　　舉行儀式的理由繁多——爲了要慶祝季節的變換，造成世界
奇蹟似的改變，在精神上改變一個人，建立人神之間的交流關係，
或使土地肥沃，使雨水降臨等等。各種不同型態的儀式，依其功

---

[19] 伊瑪目乃清真寺內，領著信眾作禮拜的人——譯註。
[20] 見《國家地理雜誌》（*National Geographic*），1975 年 11 月份，第 154 冊，
　　第五號，pp. 584-589。

能可分爲：(1)超自然技術類；(2)聖禮類；(3)經驗類。

一、超自然技術功能

　　不管在古代或現代，儀式都被用來將超自然或自然以外的力量，引進自然的程序中。換言之，儀式是用來製造法力和神蹟的。我們已經在特洛布里安（Trobriand）島民的宗教活動中，觀察過這類事情。另一個例子是美國大平原土著的太陽舞（Sun Dance）。這種舞蹈表演，是爲了確保秋季打獵時，野牛還會再回來，同時庇護部落不受敵人侵擾。儀式中包含了齋戒、自我折磨、凝視太陽、唱歌、跳舞並祈禱，全部落的人都要參加。目的是要把超自然的力量引入對部落生活關係重大，卻有些岌岌可危的情況。我們也觀察到，由於現代科技、農業和醫藥技術的提升，在現代文化中，這類儀式逐漸減少；但在原始文化以及現代技術缺乏的地方，仍有舉行。另外，在技術先進的文化中，也殘留著這類儀式的痕跡。在美國有專門從事信仰療法的人；另有許多人相信「祈禱可以改變事情」。由於人們對於將神聖力量引進自然程序的儀式，投入到這種程度，所以具超自然技術功能的儀式仍然存在。

二、聖禮的功能

　　禮儀的超自然技術功能，是要將力量引進自然環境中；而其聖禮的功能，則是要把神聖的力量引入人的靈魂。在這類禮儀中，信仰者得到神的「恩典」，它也許是純真、正直，或賢德，而通常——且是最重要的——是死後的生命。敬拜者得到上帝所擁有的：永生。

　　五千年前，埃及人努力想成爲奧希里斯神（Osiris）。奧希里斯是一位人神，被殺死後又復活；復活後，離開人間，前往不朽的世界（Khenti-Amenti），成爲死者的判官，並統治死後的生命。今生修得像神一般的人——如果真的變得像奧希里斯——就可以前往神聖的國度。這可不是一件容易的事。要變成奧希里斯，就必須參加奧希里斯崇拜式，同時還必須爲人清白，有一顆純潔的心。另外，

還必須藉著吃聖餐——代表奧希里斯血肉的麵包和酒——變成具有奧希里斯的神性。古代那些經過聖餐儀式的埃及人，就會變成神。

這種儀式在希臘神祕宗教中，也很常見，例如在依洛西斯（Eleusinian）、戴奧尼西奧斯（Dionysian）和奧菲士（Orphic）的崇拜式中。在這類崇拜式中，新會員經過引導性的潔淨禮後，被引介認識該教派的奧祕，目睹聖物，同時觀賞神聖的故事，像儀式劇一般地演出，該敬拜者這才完全被接納成為會員，並享有成為像所敬拜的神——也就是不朽——的特權。在許多崇拜式中，新入會者會藉著飲聖酒（神的血），或吃一種神聖牲畜的肉（神的身體），或兼食兩者，而得到這種偉大的力量。在這些儀式過程中，產生了一種神聖力量的輸入，參加者變得像所敬拜的神一般。

基督教在非猶太世界興起時，對於崇拜聖禮的觀念，印象十分深刻。保羅在寫給羅馬教會的書信中，對於基督徒內在生活如何受洗禮的改變，有著戲劇化的描述。

> 藉著洗禮，我們已經和「基督」一起埋葬，同歸於死，為的是要我們也能過著新的生活，正如天父以榮耀的大能，使祂從死裡復活一樣……你們也一定要把自己當作死於罪惡，卻在基督耶穌的生命裡，活於上帝的人。
>
> （〈羅馬書〉6：4，11）[21]

這類禮儀變成基督教活動的主要形式，同時在羅馬天主教會也一直是如此。基本上，羅馬天主教會就是珍藏著七種聖餐禮的寶庫，藉著它，神聖力量被引入人們的內在生命，人們也因此得到一種類似基督所擁有的力量——即死後復活。

---

[21] 引述自《聖經全集：美國譯本》（The Complete Bible, An American Translation, Chicago：University of Chicago Press, 1939），舊約由史密斯（J. M. Smith）譯，新約由古斯比德（Edgar J. Goodspeed）譯。

三、經驗的功能

　　通常禮儀的目的，就是要使人們對於上帝存在的感覺，生動起來。敬拜者設法去體驗上帝，就好像和上帝面對面一樣。這類禮儀之極端者，可以造成一種令人震懾並且與上帝合而爲一的感覺。到了這種層次，通常就被稱爲神祕主義。經驗式禮儀更常要建立的，似乎不是一種敬拜者對神認同的感覺，而是要建立一種共同生活的感覺。例如在蘇非教派（Sufi）的舞蹈中，信眾相信安拉也在場。這種舞蹈就是上帝的一個活動。另外，根據一九六五年第二次梵蒂岡會議所頒布的禮拜儀式（the Sacred Liturgy）章程之序文，基督「出席了彌撒的聖餐禮，祂不僅在牧師的身上」，同時也在聖餐的成分——麵包和酒之中。用禮儀來表達上帝和人類共同生活，一直是猶太教的主要動力。就像其合乎倫理的單一有神論一樣有特色的，是猶太人一直都能感覺到上帝就在他們的生活之中——上帝從燃燒的灌木叢中，從西奈山的煙霧中，藉著先知的聲音、聖殿的禮儀、祭司的禱告，還有點亮安息日的燭光，來對他們說話。了解上帝和他們同在，並了解上帝對他們有責任和使命，也就概括了猶太人三千年來的生活與信仰。

　　經驗式禮儀的目的，是要感覺到上帝就在「真正的信仰者」身邊，同時要因爲這個經驗，而有一種個人思想改變，一種寬恕與重生的感覺。

第七節　總評

　　神學和禮儀（將神話理性化並戲劇化）是宗教的兩個現象性特徵。這些其實已經足以構成完整的宗教。認識上帝（或諸神），並以經過深思熟慮的關注，和虔誠、討好，甚至於仰慕的行爲，來證明這樣的認知，這些就足以構成宗教。必須要認識超自然的

力量，同時必須以崇拜的態度和禮儀式的戲劇表演，適當地加以表示尊敬。神學和禮儀，特別在原始宗教中，是與神建立正確關係的重要方法。

名詞解釋

◆ Aesthe-noetic **感覺和思想的**‧屬於感覺和思想的經驗。

◆ Ashanti **阿善提**‧在西非，以前受英國保護的一個國家，現爲加納領土的中間地帶，人口約一百萬。

◆ Bodhi **菩提**‧北印度用語，爲「悟道」的意思。

◆ Dionysian **戴奧尼修斯的**‧戴奧尼修斯（Dionysius）是希臘掌管植物生長的神，尤其爲葡萄神和酒神，他並且是一個狂歡縱慾之崇拜式的由來，同時也是戲劇的保護神。

◆ Eleusis **依洛西斯**‧位於阿提卡〔Attica（希臘）〕的一個古城，在古代形成了最有名的祕密儀式中心。

◆ Eschatology **末世論**‧希臘文 "eskatos" 是「末」的意思，"logos" 是「研究」的意思。末世論是有關於終極事物，如死亡、審判、地獄和世界末日的一派神學理論。

◆ Monstrance **聖體架**‧羅馬天主教禮儀中，用來陳列聖體的容器。

◆ Numinous **神祕超凡的** ‧奧圖（Rudolf Otto）按拉丁文的 "numen" 所造的字，意指「神聖的力量」、「神性」、「神」。神祕超凡的經驗是一種有神聖力量存在，或者有神明親臨的經驗。

◆ Orphic **奧菲士的**‧有關於人/神奧菲士（Orpheus）所創的神祕崇拜式。奧菲士是一位希臘詩人，爲太陽神阿波羅和仙女柯萊娥琵（Calliope）之子。

◆ Passover **逾越節**‧始於猶太教曆法尼散月（Nisan，猶太教曆一月）第十四天的節日，傳統上慶祝八天，紀念猶太人逃離埃及的事蹟。有關聖經對逃離埃及的敘述，見〈出埃及記〉第十二章。

◆ Presanctified **事先祝聖過的**‧前一天經過神聖化的聖餐成分（聖體的麵包和酒），準備在受難星期五給信眾。在受難節當天上帝走了，死了，屆時聖餐的聖化就不可能了。

◆ Ramadan **齋月**‧在回曆的第九個月，虔誠的回教徒從日出到日落都禁食，許多回教徒在這個月，前往聖城麥加朝覲。

◆　**Rite 儀式**・「儀式」（rite）和「禮儀」（ritual）這兩個語詞有著密切的關聯，通常可以交換使用，因此我們會聽到 "rite of matrimony" 以及 "ritual of matrimony"（婚禮）的說法。更專業地說，儀式是典禮的指定形式，而禮儀則是許多儀式的集成。例如基督教傳統的聖週禮儀，就是由許多在該週期間所舉行的儀式（典禮）組成──棕櫚日的儀式、聖星期四、受難日還有復活節。

◆　**Satori 開悟**・禪宗的一種心靈啓發的境界，是北印度語 "bodhi"（菩提）的日文名稱，也就是像佛陀喬達摩在菩提樹下醒悟的一刻，所經驗的「悟道」一樣。

◆　**Sufi（Soofē）蘇非教派信徒**・回教神祕教派的信徒。名爲蘇非，可能是因蘇非教派信徒所穿的羊毛長袍。阿拉伯文中，"suf" 是羊毛的意思。

◆　**Taboo 禁忌**・由於某物的神聖本質，禁止使用、觸摸或提到它。

◆　**Zazen 坐禪**・日本禪宗佛教的冥想技巧。

第十四章

道　德

「你們聽說過古人曾被禁戒，
　不可殺人，殺人者
　將有遭審判的危險。」
　　—〈馬太福音〉 5:21（詹姆士一世欽定英譯本）

「如果上帝不存在，那麼就可以為所欲為了。」
　　—杜斯妥也夫斯基（*Fyodor Dostoevsky*）

　　在杜斯妥也夫斯基的《卡拉馬助夫兄弟》（*Brothers Karamazov*）中，伊凡宣稱「如果上帝不存在，那麼就可以為所欲為了。」很多人都有這樣的感想：「如果沒有上帝，為什麼要做好人？如果沒有地獄的威脅，有什麼能阻止我們去做壞事？沒有上帝，人類的道德註定要徹底崩潰。」但這種危險性是假的，為所欲為是行不通的——倒不是因為宗教不允許，而是因為社會不允許。人類生存的道德面，基本上不屬於宗教性質：它是社會性的。僅管德國哲學家康德（Immanuel Kant）持相反論調（隨後我們再探討這點），宗教與道德的意義並不相同。不論涂爾幹（Émile Durkheim）把社會看成宗教的起源是否正確，他認為宗教的道德規範來自社會的論點，肯定是對的。「除了我，你們不可以有別的神」，可能是希伯來人的上帝耶和華「發明的」，但是「你不可以殺人」，在比西奈山（Mount Sinai）的十誡更早以前，就有了。假使以色列人沒有在摩西傳達神的訊息更早以前，就強制執行禁止濫殺的規定，那麼也就沒有「希伯來人的國家」好來接受這個誡律了。

　　我們使用「宗教技巧」這個名稱，指的是信仰宗教的一個方法。如我們觀察到的，神學理論是人們信仰宗教時，所要做的事情之一，它是一種技巧。而禮儀也是人們信仰宗教時，所要做的事情之一，它是另外一種技巧。我們正在說的道德，則是宗教所採用的第三種技巧。把道德規範保存在任何宗教中，是另外一種實現宗教，並從宗教既有的價值中獲益的方法。道德性宗教的要求之一是：信眾必須依特定的道德規範和準則來生活。宗教性的道德是用來取悅所敬拜的神，或者和諧地與祂生活在一起的方法之一，藉此得以享受宗教所承諾的益處。道德性宗教是一個所敬拜的神明，直接或間接關懷人際道德關係的宗教。它是一個所敬拜的神「在乎」張三如何對待李四，張三和李四在社會的行為表現如何，還有社會與兩人的關係如何的宗教。

　　雖然道德在宗教中，可以是極為重要的技巧，但它卻不是必要的技巧。誠如艾德華茲（Rem Edwards）所言，「如果我們『看清』人的宗教裡頭，究竟有些什麼，我們就會發現，有的宗教根本就沒有道德存在……」[1]有些宗教不採用道德作為它的技巧，這種宗教並非不道德的宗教，它們與道德無關（amoral）。任何沒有特定道德要求體系作為信仰技巧的宗教，都可以被稱為無關乎道德的宗教[2]。在這類宗教中，神明只關心他們有否被承認，並且得到適當的尊敬。

　　雖然這類宗教並沒有提出一套道德學說，卻未必沒有道德影響力。它們可能會影響社會道德標準，只不過是間接造成的。

---

[1] 艾德華茲（Rem B. Edwards），《理性與宗教》（*Reason and Religion*, New York: Harcourt Brace Jovanovich, 1972 ），p. 54。

[2] 信仰無關乎道德的宗教者，本身並非與道德無關，或沒有道德，只不過他們有不同的道德來源──來自於他們所居住的社會結構。

第一節　無關乎道德的宗教
對道德的影響

　　無關乎道德的宗教並沒有倫理規範加諸於信眾，然而它們還是可以間接透過該宗教的程序，以及薩滿巫師的影響，造成道德的行為表現。在許多原始（原始型態）宗教中，薩滿不僅在超自然技術的（metatechnological）事務上，是首要人物，同時在維持社會秩序上，也扮演著主要的角色。他通常不只是宗教領袖，同時也是部落的首席律師兼法官，運用他身為薩滿的權威，來解決社會和道德的問題。

　　劉易士（I. M. Lewis）在其《恍惚神迷的宗教》（*Ecstatic Religion*）中，有許多這類的實例說明。其一是出自南美洲北部蓋亞那（Guiana）的阿卡維歐加勒比人（Akawaio Caribs）。阿卡維歐加勒比人相信，如果有人違反禁忌，觸怒超自然神靈時，部落就會發生不好的事情。當神靈開始製造麻煩（例如傳染病的流行，食物供應有短缺之虞）時，薩滿首先必須要判斷原由。這要舉行公開的降神會（seance）才能做到。薩滿讓自己進入一種恍惚的狀態，使神靈附身，透過薩滿，神靈變成調查員，搜尋違反禁忌，給社區帶來麻煩的罪魁禍首。神靈提出搜尋罪源的問題，回答者必須據實以對。這些問題和回答都寫在公家記錄上，每一個人都在場聆聽。另外，與會的人也可以提出自己的問題。如此一來，醞釀中的紛爭與敵意得到了疏通，社會膿瘡被切開，膿流了出來；蜚言醜聞予以確認或駁斥；所採取的行動經過解釋，並合理化；要指控的罪名也公開地加以考量。有時神靈會使用薩滿的聲音說教，講述「正確行為的重要性，駁斥道德過失，譴責不法，且通常會很有技巧地結合暗

示性的探查、諷刺和挖苦，使得犯錯的人不得不默然悔罪……」[3]

如此一來，宗教性的降神會，變成一種把隱藏的社會和道德的問題，攤在陽光下的程序。問題一旦被披露出來，神靈便藉著薩滿的口來宣判。如果降神會成功，判決就會成為社區的共識。所以一個擁抱對人類道德沒有真正興趣的神靈的宗教——一個無關乎道德的宗教——對部落的和諧、團結與倫理有極大的影響力。

第二節　原始的道德性宗教

並非所有的原始宗教都與道德無關。有些宗教也有特定的道德要求，有倫理為其宗教體系的一部份。這種特徵可能透過與其他較先進宗教的接觸而得，或者也有可能是本土的。

一、外來的源頭

有時候，原始宗教透過與較先進文化的宗教的接觸，而獲得道德層面。外界的人來到，原始生活型態就遭到宣傳或利誘的侵襲了。

東非肯亞（Kenya）的葛里亞馬（Giriama）部落，說明了在社會改變與外來宗教影響的衝擊下，從無關乎道德的宗教，轉移成道德性宗教的過程。在一九二〇年代，葛里亞馬人開使把拘謹的糊口耕作文化，轉變成嚴肅的商品作物文化。有了這種改變，他們開始與沿海的回教徒斯瓦希里人（Swahili）和阿拉伯人大量交易。這麼一來，葛里亞馬人對回教徒的生活方式，便發展出濃厚的興趣。然而，大部分的葛里亞馬人並沒有立即轉而信奉回教，反倒是以一種迂迴的方式，來擁抱回教的信念與道德要求。許多葛里亞馬人開使遭到回教惡魔的侵擾，至少他們相信如此。只有採用回教的方法，

---

[3] 劉易士（I. M. Lewis），《恍惚神迷的宗教》（*Ecstatic Religion*, Harmondsworth, England: Penguin, 1971），p. 161。

才能驅魔的惡靈附身事件發生了。擾人的妖靈「僞裝成與道德無關的外來惡魔」[4]，但是要擺脫他們，葛里亞馬人就得成爲回教徒，遵循回教的許多道德要求。有趣的是，這些改信回教的人，漸漸被看成是「有治療能力的回教徒」。由於治療的原因，他們同時是原始人類和回教徒。作爲回教徒，不管是爲了治療，或其它原因，都會有繁重的道德要求加諸於身，同時他們還會將道德注入本土宗教。

二、本土的道德性宗教

並非所有原始宗教的道德技巧，皆來自其他較先進的宗教。有時，道德技巧在那些不僅崇拜神靈，同時也敬拜祖先的原始宗教中，會很自然地產生。薩滿不僅可以是通靈（非源於人類的超自然存在體）大師，同時也可以是通魂（源於人類的超自然存在體——祖先）大師。通常在同一個原始社會中，事實上有兩種宗教膜拜式存在：神靈膜拜與敬祖儀式。通常兩種膜拜式都是由同一位薩滿來主持。神靈膜拜主要是關心非道德因素所產生的問題：違反禁忌、敵方巫醫施法、外來妖靈的侵襲。敬祖儀式則是關心道德缺失的問題：亂倫關係、通姦、謀殺。

衣索匹亞（Ethiopia）西南部的卡發人（Kaffa），雖然大多是衣索匹亞教會列名的基督徒，卻都堅定地恪守著當地古老的敬祖儀式，該儀式保存並加強了他們古代宗教的道德要求。卡發人的每一個父系（patrilineal）宗族皆由一位薩滿［稱爲阿拉摩（Alamo）］領導，他是自家父系祖先靈魂的媒介。「在此，他作爲一位先知，以宗族成員犯罪，觸怒了祖先的說法，來診斷族人的病因和災禍的原由。」[5]祖先所關心的是要維繫宗族與部落的團結和凝聚力。每一個星期五，卡發人都向薩滿諮詢，問一些對他們來說很重要的問題。第二天，再回去找已經和祖先諮商過的薩滿，薩滿會回答部分或所

---

[4] 同上，p. 130。
[5] 同上，p. 144。

有他們所提出的問題。另外，需要的時候，他們也會請祖先診斷並
開藥方治療疾病，同時處理其他不幸的事情。假如祖先告訴薩滿，
災病的原因是宗族的一個或更多成員在道德上的疏失，薩滿就會以
祖先的名義，要求有罪的人奉上適當的獻祭，以平息被激怒的祖先。

　　卡發人的祖先要求品德端正，在卡發人成為衣索匹亞基督教會
會員更早以前，他們便如此要求。卡發人的道德性宗教，是一種本
土的宗教，並非得自於別人。

　　在有些宗教，憤怒的祖先會親自攻擊冒犯者，並以疾病、災禍
和不幸來處罰他們。但有些宗教則不是祖先，而是由外來的邪魔妖
道作出懲罰。在這種情況下，假使有人違返道德規範，犯了罪，平
常保護家族部落的祖先，會撤消他們的保護，讓恣意而行的人任憑
外來惡靈的擺佈。津巴布韋 [Zimbabwe(以前的羅得西亞(Rhodesia)]
南部的蔻爾蔻紹那人（Korekore Shona）和柴主拉紹那人（Zezura
Shona）也是這樣。

　　「原始希伯來人」也有超自然保護會被撤消的觀念。在＜士師
記＞（ Judges 2:11-15）中，敘述著古代以色列人，背棄了祖先的
上帝，去敬拜其他民族諸神，引燃了耶和華的怒火，來對付他們，
於是耶和華使以色列人落在敵人手中。我們可以看出來，原始以色
列民族所使用的懲罰工具不同：不是妖魔鬼怪，而是屬於人類的掠
奪者與敵人。此外，更重要的，我們可以看見，施罰者也不一樣，
不是祖先，而是一個神靈：耶和華上帝。

　　講到這裡，我們開始要探討不同型態的道德性宗教，也就是一
個它的神有道德要求，並且以道德為主要技巧的宗教。在這類宗教
中，不僅必須採用神學與禮儀，來完成宗教需求，同時還必須遵循
一套道德法規來生活。這一套道德法規被披露或辨識為一種要求，
它不是由祖先，而是由在一切生命和社會的背後，具支配力量的靈
體——即高高在上的上帝——以直接或推論的方式，所提出來的。
在這裡，道德被看成是必要的技巧，如果不是必要的技巧，也是為

了要「取悅上帝」並完成宗教價值，也就是爲了要得救。

第三節　道德技巧

　　道德在較先進的宗教中，隨著正確的神學與適當的禮儀，一起成爲第三種取悅諸神，並實現宗教價值的方法。

　　古埃及人或許是率先把道德法規看成神的要求的民族。把道德看成是宗教技巧的想法，至少早在公元前二五〇〇年的奧希里斯（Osiris）教派就有了。要進入不朽的世界（Khenti-Amenti），（除了儀式化地入會以外）必須爲人淸白，還要有純潔的心靈。按照埃及的《亡者之書》（*The Book of the Dead*），人的靈魂必須面對奧希里斯神，還有埃及四十二省諸神，這些神分別打擊特定的罪行。靈魂必須作出否定式的告白，說出它所沒有做的事，以避免諸神定罪。以下是根據《亡者之書》[6]，靈魂所必須要說的部分告白：

> 　　偉大的神，真理之主，我為你歡呼！……瞧，我來到你面前，帶來了正義。我不認識過失，沒做過壞事……我沒做過神所憎惡的事……我不許有人挨餓，我不曾使人哭泣，我沒有殺人，我沒有減縮聖殿裡的伙食……我沒拿走給亡者的供品……我沒有通姦……我沒有少算穀物的斤兩……我沒有灌鉛增加磅秤的重量，我沒弄偏磅秤的指標，我沒從那個小孩嘴邊拿走牛奶，我沒把牛群驅離牠們的牧場……我沒築壩攔水〔如此洪水氾濫時，會把別人灌溉渠道的水引進來〕……神作出償罰時，我沒去干擾。我做過四次的潔淨禮，我是純潔的。[7]

---

[6] 125 卷，底比斯校訂本（Theban Recension）。

[7] 布雷斯泰德（J. H. Breasted），《古埃及宗教與思想的發展》（*The Development of Religon and Thought in Ancient Egypt*, New York: Scribner's, 1912）pp. 299-300。摘自第十八王朝＜有關努神之古代文獻＞（Papyrus of Nu）。

埃及人顯然開始領會宗教技巧並不侷限於認識諸神，並虔敬地承認祂們，還包括了遵守神的道德法規。

　　古代巴比倫對於宗教與道德，顯然有相同的解讀，因為我們發現，在公元前十七世紀，偉大的太陽神沙瑪什（Shamash）給漢穆拉比（Hammurabi）王一部法典，就像耶和華上帝後來給摩西十誡一樣。顯然在埃及和美索不達米亞（Mesopotamia），道德都成了宗教生活的主要層面。然而，為後來西方世界的宗教，深具意義地建立起道德與宗教之聯繫者，卻是在南北眾多大國之間，這一個動盪不安的小國。不過，我們要記得，亞伯拉罕與美所索不達米亞，摩西與埃及，都有密切的關聯。

　　希伯來人漸漸把上帝看成道德的存在體，當人們以效法祂的道德，來表示對祂的敬仰時，祂就會很高興。希伯來人把道德法規，想成是宗教行為表現的一種必要形式。人與人之間的關係，會使上帝高興或不高興。公元前一千年，道德層面在希伯來人生活中的重要程度，甚至已足以成為國王頒佈的法令。例如在＜撒母耳下＞（2 Samuel），第十一、十二章，有一段耶和華因為大衛王漠視屬下的權益而不悅的敘述。我們讀到大衛王趁他的士兵，赫人（Hittite）烏利亞（Uriah）在外征戰時，引誘了他的妻子。當烏利亞的妻子拔示芭（Bathsheba）發現自己懷孕時，大衛就從前線把烏利亞召回來，希望這位沒有起疑心的丈夫和妻子取樂，然後以為孩子是他的。可是烏利亞拒絕在同袍忍受戰爭的痛苦時，享受家庭生活的樂趣，他拒絕進自己的家門。大衛原先的詭計，因此無法得逞。於是他又遣烏利亞回前線，要他帶著封好的命令給將軍約押（Joab）。命令指示約押，把烏利亞暴露在戰場上，好讓他陣亡。事成之後，大衛把拔示芭接進宮裡，作他的妻子，她替他生了個兒子。
　　可是，「上主差拿單（Nathan）到大衛那裡」，去譴責他，並且預言了孩子的死亡，以作為大衛不道德行為的懲罰。不久後，孩子果真死亡，因為如＜撒母耳下＞的作者所言：「大衛所做的事，使上帝不悅。」或許我們會質疑大衛的通姦行為和謀殺烏利亞的罪，是

否比上帝謀殺嬰兒，更應受到指責，不過，重點不在這裡。重點是：
早在公元前一千年，耶和華就被看成是一位關心人類道德行為的上
帝。上帝確實在乎大衛如何對待烏利亞（張三如何對待李四）。那種
關心的細膩程度，如今卻只是歷史的進展而已。希伯來人逐漸相信，
除了禮儀規則以外，上帝還有一套道德法，加諸於他們。他們把這
些法規載入《聖經》，而該部《聖經》便成了基督教世界的舊約經典
了。

　　希伯來人繼續保持他們正確的知識與適當禮儀對宗教的重要性
這種觀念，但是也逐漸特別強調倫理生活，直到最後，套句彌迦
（Micah）的話來說，他們宣布（至少作為一種理想）道德是取悅上
帝的不二法門。

　　　　我去見上主，跪在至高無上的上帝面前，該帶什麼禮
　　物呢？
　　　　該進獻全燔祭，或一歲的牛犢？
　　　　上主會喜歡我獻上千萬隻公羊，或萬道河流的油？
　　　　我是否該獻上親生的長子，來替我贖罪，洗清我靈魂
　　的罪惡？
　　　　人啊！上主已經指示我們什麼是善。他要求我們的，
　　無非就是伸張正義，愛好慈善，虛心地與上帝來往。
　　　　＜彌迦書＞6：6-8 標準譯本修訂版（作者用斜體字）

　　與其希伯來人先驅一般，基督徒主張上帝不僅會因錯誤的信仰
和不正確的敬拜，同時也會因任何違背神聖道德的行為而生氣。與
知識和儀典一樣，道德也成為要達到堅信上帝者所擁有的高度道德
勇氣的方法之一。

第四節　道德層面

　　圓滿型態[8]宗教體系一般的論點是：不僅在社會中，在宇宙本身的結構中，也有一個道德秩序存在。這類宗教通常認為，人類的行為與生命最廣義的範圍，是如此地契合，以致人類任何違規的行為，不僅有個人與社會的含意，同時還有形而上的含意。如蓋禮森（Winfred Garrison）所言，人類生命中，有一個基本道德結構存在，「它超出了社會所能製造或修改的範圍。」此一結構是：

　　　　首先，要有行為準則存在，以良知與「義務」感為其後盾，如此人類社會才不致處於道德混亂的無政府狀態。第二，這些準則不論出自習俗、法令或啟示，都要能貫徹人本身有獨特價值的基本真理，並要求行為須符合人必要的價值與尊嚴。耶穌對十誡所作的概述，其中第二條：「愛鄰人如愛己」，就已經達到了這些要求。[9]

第五節　經驗法則

　　大部分圓滿宗教都強調共同的道德秩序，而且在其教義中，都有一個經驗法則，以維持共同的道德秩序。此一經驗法則的慣用語句，在基督教稱為「金科玉律」（The Golden Rule）：「要人家怎麼待你，就要怎麼待人。」世界上其他宗教也都有性質相同的法則：

---

[8] 有關圓滿宗教體系，見第九章。

[9] 蓋禮森（Winfred Garrison），《新教徒宣言》（*Protestant Manifesto*, Nashville, Tenn.,: Abingdon, 1952），p. 67。

印度教：加諸於你，會使你感到痛苦的事，不要加諸
　　　　於人。

佛　　教：族人應以五種方式幫助親友──慷慨、殷
　　　　勤、慈愛、待親友如待己，並要言而有信。

猶太教：會傷害自己的事，就不要加諸於人。

道　　家：視鄰人所得如己之得，鄰人所失如己之失。

儒　　家：己所不欲，勿施於人。

錫克教：看待別人如看待自己。

耆那教：不論處於快樂或痛苦，喜悅或悲傷，都應看
　　　　待萬物如看待自己。

祆　　教：對己不利者，不加諸於人，是唯一的善。

第六節　康德的立場

　　康德甚至於說，宗教不過是「領略出我們的責任就是神的旨意。」這位固守著認識論（epistomology）的哲學家，從人類有道德天性的事實，找到他用來證明宗教、上帝、人類自由以及死後生命的證據。康德的理論大致為：人具有道德天性，道德天性把一種義務感加諸於人，人被自己追求神聖的良知驅使著，亦即完全服膺至善、服膺最高的價值。在回應這種與生俱來的「絕對命令」（categorical imperative）時，人對於所居住的世界的本質，必然會導向某種合理的推論。良知要求人追求最高的價值，每個人都要追求神聖，但無人能奢望達到完美神聖的境界，因為：(1)每個人都是不完美的──儘管人生以道德中心，人類卻易受感官刺激，而且是叛逆的。(2)人們生存在一個顯然不受制於道德準則的世界。簡言之，每個人都是罪人，而自然或歷史是不公平，或者至少是與道德無關的。具有正義感的人類，居住於一個並非始終公平的世界裡，在這種情況下，如果不想讓自己的道德生活，被當作一場鬧劇，就必須假定下列事項的存在：(a)本身的道德自由意志。(b)今生不公不義之事，在死

後生命中，能獲得平反。(c)當人們努力遵循道德法，來完成責任時，有一個具有完美善意而至高無上的存在體，好讓他們對其旨意作出回應。自由、死後的生命，以及上帝，都無法以邏輯結構「得知」，但透過實際的理由，各個都稱得上是道德信仰的成分。在宗教事務上，康德把「實際理由」（道德良知）放在高於「純粹理由」（科學與哲學的智識）的位置。具有善意而至高無上的存在體——上帝，是人類與生俱來的道德天性必然有的假設，而宗教則是「領略出責任就是神的旨意。」

第七節　詹姆士的實用（Pragmatic）論

　　美國哲學家詹姆士（William James），在他的論文＜道德哲學家與道德生活＞（The Moral Philosopher and the Moral Life）[10]中，提出了一個有趣而實際的請求，希望有一個超凡的道德秩序存在，亦即希望有一位具自我意識，且道德要求嚴格的上帝。詹姆士的理論是：宗教包含了主要是為了提升道德勇氣的道德層面。

　　首先詹姆士指出，只要有具有意識的存在體的地方，就會有道德秩序。「當一個有感知的生物……成為宇宙一份子的那一刻，善與惡便真的有存在的機會。道德關係這時候在該生物的意識中，爭得了一席之地。任何東西只要他覺得好，他就會使它成為好的。對他來說，它就是好的。」[11]在一個有大量具感知的生物的世界中，代表有更多的欲求，倫理哲學家必須努力去找出，什麼級系的欲求與義務應該優先，同時在個人與社會關係的安排上，又佔有最重的份量。要為至善下定義，倫理哲學家必須在某一存在意識中，找到「該當者」的源頭，因為沒有道德不是以某種有自我意識的心智為其根基

---

[10] 詹姆士（William James），＜道德哲學家與道德生活＞（The Moral Philosopher and the Moral Life），收錄於《實用主義論文集》（*Essays in Pragmatism*, New York: Hafner Pub., 1951）。

[11] 同上，p. 70。

的。當然，我們也可以下結論說，道德只要透過人類的生命，就可以在宇宙中立足，因爲「不管是否有上帝存在……無論如何我們都會在這塵世，形成一個倫理共和國。」[12]但如果我們不排斥一般人相信有一個獨立於人以外的道德秩序這種想法，就必須把這個獨立的道德秩序，同樣放在一個會思考的心智中。假使有一個超凡的，人類以外的道德秩序存在，那麼就會有一個具感知的上帝，其心智即爲該道德秩序的根基，因爲「該當者」根本不可能存在於虛空之中。

再來的問題是：有這樣一個獨立於人以外的道德秩序存在嗎？詹姆士提出最好是有，不然至少我們要相信有比較好。爲了避免社會混亂以及個人的迷失，人們把生活規範——風俗習慣、法律與倫理規範，還有一般道德態度——加諸於己。這麼一來，有些人的行爲舉止與生活規範一致，只是爲了要避免社會反對所帶來的困擾而已。但是還有些想法不同的人，他們之所以擁抱倫理準則，與其說是爲了自己的利益，還不如說是爲了一個尚未誕生的「期盼中的世界」。他們有著狂熱的夢想，像是人類生來就有某些不可剝奪的權利；有一天人們真的會把刀劍打造成犂鏵；痛苦、饑餓、罪惡、殘酷與暴行，總有一天會被征服。爲了這些夢想，他們願意流血流汗，甚至犧牲性命，也在所不惜。

詹姆士把這兩種人歸類爲他所稱的「隨遇而安的心境」以及「艱苦奮發的心境」。他更進一步地認爲，人人都隱藏著艱苦奮發的心境，只不過這種潛能始終不易被喚醒罷了！它需要更狂野的熱情來喚醒，即更大的恐懼、愛與憤怒，否則就要能深入人心，屬於更高層次，像是對正義、真理，或自由這類堅貞情操的籲求[13]。它特別需要對上帝的信仰。當然，在只有人的世界裡，生命被譜成一曲「倫理交響樂」，但如詹姆士所言：「它是以少得可憐的幾個高八度音演奏出來的。」[14]高度倫理生活之艱苦奮發的心境，並非真的只是爲了朝九晚五的日常需求，或者爲了那些從現在起還要活 100 年或 200

---

[12] 同上，p. 75。

[13] 同上，p. 85。

[14] 同上。

年的人的榮昌，才被召喚出來的。這一切都太有限了，缺乏無窮要
求所能帶來的興奮刺激，這種無窮要求必須在人們相信活著不只是
爲了自己，或爲了後世子孫，而是爲了一位有無窮要求者的道德期
盼，同時必須活在他的期盼中，才會被喚醒。一旦相信有一位上帝
在號召每一個人奉行高度道德時，人們自然而然地就會從生命中得
到啓示。如詹姆士所言：「在有宗教信仰的人身上，各式各樣的能量、
忍耐力，還有各種應付災變的勇氣和潛力，都會釋放出來。」[15]

　　詹姆士認爲人們需要相信有一位期望他們遵循道德，甚至遵循
歷史來生活的上帝。詹姆士甚至提出（先前我們也探討過），即使沒
有這樣的上帝存在，這種需求仍大得足以使我們「以生活艱苦，並
要擺脫生存這個遊戲可能有的最辛辣的氣味爲口實，假定有一位上
帝存在。」[16]或許我們已經這麼做了。詹姆士以一些給道德哲學家的
建議，作爲他論文的結論：「由於對有系統地整合道德真理的理想，
抱持著興趣，所以我們這些想要成爲哲學家的人，必須要假定有一
個神聖的思想家，並且要爲此一宗教原由的勝利而祈禱。」[17]

　　在這種思想之下，詹姆士（反對康德的立場）支持不是道德，
而是道德勇氣，才是宗教的主要功能這樣的論點。利用強烈地相信
上帝有道德意志這種想法，所激發出來的道德觀，宗教確認並證明
信教的人有一個引力中心，它平衡了內在生命，對抗外在的逆境，
使得他們能平靜地接受人生的挫折，優雅地面對人生的喜劇，並以
無窮而非有限的精力，迎接人生的挑戰。

一、在願望與信念之間的某處

　　詹姆士有一個願望和一個祈禱，康德則有一個絕對的信念。如
其一貫的實用主義方法學，詹姆士運用的前提是：缺乏確切的反面
證據，我們就有權利去相信（他稱之爲「相信的意願」）我們所需要

---

[15] 同上，p. 86。

[16] 同上。

[17] 同上。

相信的事情，這樣才能淋漓盡致地度過一生。如其一慣可明確論證的（apodictic）、先驗的（a priori）方法學（methodology），康德堅持要用正面的證據；反面證據完全不予考慮。

或許在詹姆士的願望與康德的信念之間，有某處合理的地方。康德在強調宗教是領略出責任乃神的旨意時，可能言過其實，但他的主張——「履行責任對生命非常重要」——則是一語中的。道德（做該做的事）是生命的根本，而我們也都有這麼說的本能。

首先，各個生物天生就有「具侵略性的求生本能」，以及「支配求生行為的自然行為模式」——雪兔積極外出尋找食物，感覺到有危險，於是立刻蜷曲身子，躲進雪堆裡；灰熊覺得冬天就要來到，於是拼命狼吞虎嚥，然後到山洞去冬眠；人警覺到有個叫做「退休」的冬天，於是把食物存放在一個叫做「銀行」，或「公債」，或「定期存款單」的特殊儲藏室裡。

再來，眾多種類的生物，天生還有一種叫做「愛」的「本能」，同時也有執行並保護那種「愛」的規則——知更鳥餵養她的幼鳥；灰熊在春天時，引領她的熊寶寶離開山洞；人類的母親，在耶誕節早晨，帶著她的孩子去教堂看馬槽場景中，另一位母親和她的嬰兒。凡此種種我們都看得到。萬物天性中，有某種東西在表達需求和關懷。

假使上帝是促成萬物存在者，不論它如何被定義，自然秩序必須是在神聖價值的範圍內，如此，我們的地球也必須是在我們道德責任的範圍內。

康德的前提把這一個觀念，更進一步地推回到萬物的天性中，同時也開拓出一條更深遠，而又可能值得遵循的道德關懷之路。假使需求與關懷在生物被看成是很自然的，那麼這種需求與關懷，在我們世界的其他地方，難道就找不到嗎？進化的過程本身，從創世大爆炸一直到地球的產生，難道不是與生俱來的侵略性與關懷的證據嗎？現代哲學〔懷海德（Alfred North Whitehead）的風格〕與現代物理學兩者皆有的吸引人的趨勢之一，是一種有機的、活的宇宙觀念：一個浩瀚的相互關係。事出必有因，絕不是偶然發生的。

當代程序神學論領域中的一位主要哲學家兼神學家魯模（Bernard Loomer），把愛視為構成整個宇宙特徵之相互關係網中的一個主要層面。在他的＜論上帝的大小＞（On the Size of God）文中，他寫道：「……有一個愛的原則存在……我們之所以會愛，因為我們相互依賴，因為我們相互進入對方的生命中。愛並沒有創造我們之間重要的相互關係，愛是對它的認可。我們之所以會愛，因為我們相互糾結在一起……我們之所以會愛，因為不愛就是在否定對方，否定自己，還有否定我們的關係。它所造成的結果是把我們全都涵蓋在一起，包括上帝……愛（有人稱之為生命的法則）是強制性的，因為我們互為對方的一份子，也因為我們全都是這個相互關係網的成員……」[18]

懷海德宣稱，宇宙程序中的每一件事，都是過去的集成，同時也是一種為了更新，而向外對始終存在的各種可能性的伸展。戴維思（Paul Davis）在他的《宇宙程序》一書中，大約也在說同樣的事情，只不過用的是物理學家的語言罷了。

關於宗教、道德，還有自然環境，米樂耕（Charles S. Milligan）在蘇格蘭聖安德魯斯的聖安德魯斯大學所發表的一場演講中說到，任何宗教體系如果「對關懷地球的健康，並其生態系統和資源，生命的種種形式和多樣性，抱持敵對或冷漠的態度，那麼它就是後世子孫的敵人。假使環境嚴重遭到破壞，那麼正義與和平也就別提了……任何為了滿足對今日權力的貪求，而助長環境剝削的宗教，……和那些偏好以壓迫女人、頌揚奴役，還有支持戰爭，來解

---

[18] 魯模（Bernard Loomer），＜上帝的大小＞（The Size of God），刊載於《美國神學與哲學雜誌》（*American Journal of Theology and Philosophy*），1987.第八冊，1&2。

決問題的人，一樣的病態。」[19]

　　任何違反自然秩序，破壞未來生命繁衍的行為，就是犯了對地球上後世子孫——動物與人類的子孫皆是——不利的罪。這是一個顯而易見的罪。但除此以外，我們在這裡要提出的是：違反自然秩序的行為，同時也是違反神聖秩序的罪。如果增強複雜性、統一性與美感的程序，就是有關上帝創作程序的基本藍圖〔如德日進（Teilhard）、懷海德、戴維斯和其他許多人所說的〕，那麼違反該計劃的複雜性、統一性與美感的行為，就是違反上帝的罪。為了將來地球上生命的利益，也為了我們自己靈魂的利益，或許記住上帝的磨坊雖然磨得慢，卻真的磨得非常好，才是明智的。

　　我們的主張是：違背自然秩序不只是不利於後世子孫（包括動物和人類）的罪，同時也是反抗神聖秩序的罪。上帝愛上帝的地球，逆它者都應遭到天譴。

第八節　道德抉擇的型態

　　道德抉擇大致有三種方式來取捨——依照法律的決定、唯信仰論式的決定，或者隨機應變。這三種方法在弗雷徹（Joseph Fletcher）的《新道德觀：道德應變論》（*Situation Ethics, The New Morality*）第一章，有簡明的敘述[20]。

---

19 摘自 1993 年 8 月 5-9 日，在蘇格蘭的聖安德魯斯大學（St. Andrews University）所舉行的哲學性神學第二次國際研討會的一場演講。該研討會的共同主題是：＜宗教經驗與生態責任＞（Religious Experience and Ecological Responsibility）。

20 弗雷徹（Joseph Fletcher），《新道德觀：道德應變論》（*Situation Ethics, The New Morality*）（Philadelphia: Westminster Press, 1966）。

一、法律至上論（Legalism）

　　在法律至上的倫理學中，道德抉擇依道德法並其條例章程來決定。譬如猶太人，特別是那些遵循「托拉」[Torah（律法）] 並其「正確」詮釋──《塔木德經》（*Talmud*）──的古代猶太人及現代正統派猶太教信徒。自耶穌的時代並保羅傳教以後，法律至上論突顯出來，同時成為基督教主要的道德判斷途徑。回教也是一種法律至上論的體系。

　　如果耶和華上帝把祂的誡律、法規和條例，交給摩西，並且命令他教給民眾，而安拉對穆罕默德，還有別的神對其他民族也做了同樣的事，那麼人們除了奉行這些律法以外，又能如何？如果這是一個上帝創造的，有道德的宇宙，那麼遵行神聖的道德規範，便是唯一的選擇。如果第六誡說：「你不可以殺人」，而第七誡說：「你不可以通姦」，那麼原則上，根據道德法，你就不可以殺人，也不可以通姦。任何東西、任何人都不能殺嗎？連自衛也不准？戰爭也不行嗎？嗯……或許……有時候可以。這意思是說，法律至上論的「你不可以殺人」，必須按情況，「以法律至上論的觀點」來加以考慮。通常道德原則必須依照事情的來龍去脈來加以詮釋，這叫決疑法 [（casuistry）出自拉丁文 "casus"，是「選擇」或「事例」的意思]。有關不可殺人，法律至上論有例外；關於不可通姦（在法律至上論），顯然毫無例外可言。

　　像在摩西和穆罕默德的例子，法律至上論的法規與條例，得自於啟示；在原始文化，則來自口述傳統；在羅馬天主教，得自於教規以及對自然或自然法則的合理詮釋；在新教徒，則來自《聖經》。

　　弗雷徹這位道德應變論的倫理學家在提及此一體系時，引述紅衣主教紐曼（Newman）的話說：「教會認為寧可日月墜落，地球停轉，並地球上數百萬計的人，在饑餓的極度痛苦中死亡……也不要有一個靈魂，我不講迷失，而是犯了一個輕微的罪。」[21]

---

[21] 紐曼（J. H. Newman），《聖公會信徒在天主教教義中感覺到的某些難題》（*Certain*

　　一個法律至上的體系的確能穩定並統一社會系統，這畢竟是倫理學的基本目的——確保社會秩序，不致淪為混亂的無政府狀態。但有時候，道德要求不僅隱含著命令和禁令，同時還有懲罰，有的甚至於殘酷無比。根據希伯來的神聖律法，「女巫必須處死」（＜出埃及記＞22:18）。根據回教的神聖律法，小偷的手要被砍斷。當然，嚴格的法律至上論者，也許真會為道德法有時需要用如此殘酷的刑罰而感到遺憾，可是，即使天塌下來，做正確的事，恪遵上帝的律法，維護社會道德組織，難道不重要嗎？弗雷徹說，針對這個問題，有兩種倫理學家會說「不！」——即反律法主義者以及道德應變論者。

二、反律法主義（Antinomianism）

　　反律法主義者［（antinomians），"anti"是「反對」的意思，"nomos"是「法律」的意思]在進入道德抉擇狀況時，根本就不採用道德原則，也不採取道德的角色。不論神聖與否，他們沒有任何的道德原則，好用來判斷道德抉擇的情況，他們只考慮當時的情況。在早期的基督教社會，可以辨識出反律法主義的一個古老例子。當時有些人顯然開始相信，聖靈的降臨不僅使他們從猶太律法中解放出來，同時也使他們擺脫了平常壓制感官欲求的束縛。他們的靈魂自由了，他們的身體做什麼，在道德上來說，都沒有關係[22]。

　　有一種反律法主義的變化形式，在保羅與科林斯（Corinth）教會的往來信件中，可以看出來。那些人當中，有的在擺脫了猶太人的托拉律法之後，堅持主張已經沒有法律在支配他們。每當有道德要求的情況時，他們的道德選擇便完全仰賴精神的引導。他們自認在精神方面有人引導（pneumatikoi）。如果道德選擇有了上帝的精

Difficulties Felt by Anglican in Catholic Teaching, New York: Longmans, Green, 1918），p. 190。引述於弗雷徹的《新道德觀：道德應變論》（Philadelphia: Westminster Press, 1966），p. 20。

[22] 此乃出自諾斯替教派（Gnosticism），該教派是一種把靈肉解釋為極端二元論的哲學性神學論。

神來引導，就不需要預先制定的準則與法規了。有些人（古今皆同）相信，如果他們要的話，就會有一個「道德官能」或「道德直覺」使人作出適當的道德選擇。

　　某些現代存在主義（existentialism）哲學家，相信他們不是因爲選擇，而是因爲需要，才成爲反律法主義者。他們認爲沒有事先制定的道德秩序存在，沒有神聖的道德存在，同時人生根本就沒有終極意義。他們說，我們居住在一個冷漠的宇宙之中，不論有什麼樣的道德存在，都是人類編造，並且是以自我爲中心而自私的。沙特（Jean-Paul Sartre）把人類生存的真實情況，看成是完全沒有條理的。他的小說《嘔吐》（Nausea）清楚而令人沮喪地表現出他所看到的真實情況：在一個沒有真正意義的世界中，與生俱來的焦慮情況。按照沙特的說法，假裝人生有意義、秩序與目的存在，是活在「不好的信仰」之中，活在癡心妄想的夢幻之中。他寫著，在要作出道德選擇的每一刻，「我們的前面沒有正當理由來維護，後面也沒有藉口作靠山。」[23] 他堅決排斥以普遍原則作爲人類嚮導的觀念，甚至還排斥宇宙道德法的觀念。

三、道德應變論（Situation Ethics）

　　一九六〇年代，弗雷徹成爲「現代倫理學」（modern ethics）運動的非正式代言人，而該運動其實並不怎麼現代[24]。道德應變論的基本概念是：倫理學中有一個主要原則，那就是「愛」，「愛」是每一種道德情境的最後仲裁。如弗雷徹所言；

　　　道德應變論一方面循自然法，客觀地排除萬物天賦善

---

[23] 沙特（Jean-Paul Sartre），《存在主義》（Existentialism）費曲蒙（B. Frechtman）
　　譯，（New York: Philosophical Library, 1947），p. 27。

[24] 其他支持現代倫理學，或稱背景倫理學，或稱道德應變論者有布朗諾（Emil
　　Brunner）、巴特（Karl Barth）、巴特曼（Rudolf Bultmann）、尼布爾（Reinhold
　　Niebuhr）、考夫曼（Godon Kaufman）、田立克（Paul Tillich），以及羅賓森
　　（A. T. Robinson）

性的觀念時，採用理智作為道德判斷的工具；一方面循經
典的法規［法律至上論］，除了「愛鄰人如愛上帝」這條
誡律以外，在排斥所有「啟示得來」的準則或規範時，採
納啟示作為準則的來源。道德應變論者，根據愛的需求，
遵循或違抗道德法規……唯有愛的誡律是絕對好的。[25]

　　在道德應變論中，必須檢驗道德抉擇事例的相關情況。通常我
們可以遵循既定的準則（透過法律至上倫理學，或者社會上可以接
受的道德行為規範得來的準則），但是這些準則一定得經過詮釋；同
時依據「愛鄰人如愛上帝」的基本原則，在必要的時候，把它們擱
在一旁。也許你會逮到小偷，但是不假思索地砍斷他的手，絕非立
即而不可避免的解決之道，或者永遠也不會是一種真正有道德的態
度。也許採取道德行動的正確途徑，是出於愛的關懷的再教育，或
者像哈吉（Hajj）的辦法——讓他騎著你的驢離開鎮上[26]。很難想像
如何以愛的態度來殺人，可是，有一位現代基督教倫理學家賈霍華
（Dietrich Bonhoeffer），卻因為基於道德的謀殺企圖，而遭到處
決。他計劃要殺希特勒（Adolf Hitler）。每一個情況都必須被當作
獨特的情況來處理。本著愛心作出你的道德抉擇，但是也要考慮當
下情況的來龍去脈。希特勒該死，才可以中止大屠殺，聽起來好像
合乎道德。
　　至於歷史久遠的法律至上式的禁止通姦——違背對人類社會
（原始、古代、現代、東西方，和各個地方）來說極為重要的婚姻
條例的行為——又如何呢？道德應變論者宣稱它一樣要仰賴神聖的
愛（agapé），藉著愛鄰居來表現上帝的愛。作為通姦（在這個例子
裡是姦淫）行為偶爾的道德正當性論據，弗雷徹提到邪煦（N.
Richard Nash）的戲劇《雷馬克》（*The Rainmaker*）。該劇在舞臺上
以及電影的描述中，都有一個場景：

---

[25] 弗雷徹，《新道德觀：道德應變論》，p. 26。

[26] 見 30 頁。

　　　　一位寂寞老處女的哥哥，被不道德的行為激怒，威脅
　　要射殺那位有同情心卻不「正經」的雷馬克，因為他半夜
　　在穀倉和妹妹做愛。雷馬克的目的是要恢復她身為女人的
　　感覺，以及結婚生子的希望。她的父親，一位年紀大而有
　　智慧的牧場主人，從兒子手中奪走槍說：「諾亞，你滿腦
　　子什麼才是對的，所以根本看不出什麼才是好的。」我要
　　提名這位德州牧場主人，和那位計程車司機一起當英雄。
　　27

　　弗雷徹提到的計程車司機是這樣的：一個人在總統大選期間來
到聖路易斯（St. Louis）。他的計程車司機對選戰並未置身事外，
並且主動提出他和他父親還有祖父全支持共和黨。這位訪客就問：
「那麼，想必你也會投給共和黨參議員候選人某某參議員囉？」「才
不！」司機回答，「有時候，人還是要把原則推開擺在一旁，做對的
事啊！」按照弗雷徹的說法，這個人是草根性道德應變論的英雄人
物。

第九節　上帝與戰爭

一、經過背書與不經過背書的戰爭

　　宗教所允許的，令人震驚的事情之一（特別是西方世界的主要
宗教），一直是並且持續是以上帝的名義，爲暴力背書。希伯來經典
所記錄的以色列人的行為，從摩西（逃離埃及）到尼布甲尼撒（巴
比倫囚虜期），都充斥著神爲戰爭背書，並且還參與戰事的描述。雖
然創立於和平之中，基督教卻在四世紀時，開始著手從耶穌愛與寬

---

27 弗雷徹，《新道德觀：道德應變論》，p. 13-14。另見那煦（N. Richard Nash），
　　《雷馬克》（The Rainmaker, New York: Bantam Books, 1957），p. 99。

恕的型態，轉變成羅馬帝王以大棒政策求興盛的型態。而回教徒，
雖然對投降的敵人，通常採取非暴力的方式，卻從來也不假裝上帝
（在精神上或別的方面）曾經反對爲土地或榮昌而殺人。如此，猶
太人、基督徒，和回教徒統統有上帝在身旁，陪著他們向前邁進——
——即使在他們相互打鬥的時候。

　　不管西方人的行爲如何，用大棒政策推行宗教並非唯一的方
法。東方的一個偉大宗教便是逆向溫和地推行宗教——根本就不拿
棒子。在典型的中國道家，道是萬事萬物難以定義的神祕之氣與原
由。道無法真正加以定義，但在被造成的事，在萬物的形貌風格之
中，就可以看見道。不論有什麼紛爭或災禍，當一個人以離開，或
等待事情過去的方式，來接受一切，這時後，救贖便產生了。假如
道家有一根棒子，那會是一根用來幫助人順應自然規律的方向——
順著道的方式——行走的棒子，永遠也不會被用來把敵人打倒在地
上，搶他們的錢包，或救他們的靈魂---譬如像回教徒有安拉陪同，
邁向君士坦丁堡（Constantinople）、北非和科爾多瓦（Cordova）；
基督教十字軍有基督陪同，邁向耶路撒冷；古代以色列人有耶和華
陪同，邁向上帝允諾的樂土。

　　另一個東方宗教，則拿著一支掃把形狀的小棍子。佛陀喬答摩
坐在那棵樹下，突然就知道了答案：一切痛苦是貪求——貪求土地，
貪求榮華，貪圖一切——的結果。把這些統統掃開，不值得爲它們
而活，當然也不值得爲它們而死——不管是誰的旗幟在揮舞。

　　沒有戰爭，西方三大宗教（猶太教、基督教、回教）就看不出
一個地方的道德與智慧。但誰知道呢？有一天，我們也許會了解道
德與宗教對保存人類和地球的重要性，並且懂得用溫和的方式，來
解決我們的問題。我們也許決定要以適當的法律至上論，來嚴肅地
推行，但一定要讓它先經過愛的調和。

第十節　主旨

道德與道德勇氣

在宗教上，道德訓練（宗教倫理學）的重要性是不容否認的。但是，道德並非宗教的替代品，或者宗教的總結，它是宗教的一個技巧。康德告訴我們，宗教是領略出我們的道德責任乃神的旨意。阿諾德（Matthew Arnold）曾說它是「帶著情感的道德」。海登（A. E. Haydon）說它是「共同追求美好的生活」。可是，他們全錯了。宗教的功能不是要使人品德良好，而是要使人超脫凡俗，使其能應付人的力量有限的感覺；在面對人類處境時，給人希望、勇氣和信心。宗教是以道德勇氣爲中心的。倫理生活可以是宗教的果實（如保羅和喀爾文的看法），或者是一種進入宗教的途徑（如猶太教和基督教），但它卻不是人們何以信奉宗教的原因。我們期望「高等宗教」，以高道德標準來表達自己。高等宗教產生高度的倫理價值，就像有些農場能生產優良的混種玉米一般。但如果把宗教定義成倫理道德，則只是在混淆事實罷了。就好像把農場定義成長混種玉米的地方，會混淆事實一樣。另外，我們可以參考耶穌在客西馬尼花園（Gethsemane）的敘述。當然耶穌在進入花園時，與他出來時一樣地有品德，但是他的道德勇氣就不可同日而語了。他進去時十分害怕，是一個極度需要宗教給予希望、信心和勇氣的人。他祈求的不是道德完美，而是宗教的勇氣，而如果我們能相信那段敘述的話，他顯然是得到了。

名詞解釋

◆ Agapé **神聖之愛**。

◆ Amoral **非關道德的**·非關（A）＋道德（moral）。

◆ A priori **先驗的**·從已知或假定的來源，推出必要結果的思考過程；演繹。

◆ Apodictic **可明確論證的**·完全可以證明或證實的；無庸置疑的；不言而喻的。

◆ Existentialism **存在主義**·存在主義是十九至二十世紀的哲學思想，主要內容是：在冷漠甚或充滿敵意的宇宙間，個人的獨特性與孤立感。它強調人有選擇的自由，並且要對自己的選擇負責。

◆ Gnosticism **諾斯替教**·源於希臘文 "gnosis"，「知識」的意思。諾斯替教是一種宗教或哲學的思想體系，主張心靈上的真理和救贖只能透過神祕不為人知的方法獲得。救贖只有藉著特殊祕傳的知識和修習才可得。

◆ Metatechnology **超自然技術**·將自然以外/超自然的活動，引進自然界程序的任何嘗試。

◆ Patrilineal **父系的**·依據或追溯男性血統的脈絡。

◆ Seance **降神會**·意圖接收來自靈魂的訊息的聚會。

第四部
以經驗論宗教

……夜乘著黑色羽翼

*　　在灰暗陰沉的*

埃里伯斯（Erebus）[渾沌之子]胸懷

產下一顆風生的卵，當四季

*　　輪轉*

被渴望的，閃著黃金羽翼的愛

*　　跳躍出來*

*　　　　——亞里斯多芬尼（Aristophanes）*

Ⅳ. 儘管這些（尤其是相信生命基本上有其神聖的秩序存在時），宗教終究不只是
　人們處理宗教問題（生命中可怕而無法操縱的情況）的方法而已。宗教本身
　也是一種宏大的滿足經驗，以及無限的個人價值，它不僅可以「從事」又能
　「使用」，並且還是發生在人們身上的事。它是一種經驗──一種十分珍貴的
　經驗，有時甚至於完全是一種恍惚神迷的經驗。[見第 10 頁]

第十五章

宗教：外在的經驗

慶祝是
希臘人舞出主顯節
或是黎明的麻雀

　　　　　——崔　默（*William C. Tremmel*）

第一節　宗教假設

　　首先我們應該觀察一件明顯的事。在面對宗教問題（可怕而無法操縱的問題），或極度神祕超凡的（numinous）經驗時，個人並不會去編造神學理論、禮儀和道德規範。這些宗教技巧在每個人出生地的傳統中，都已經具備。除了極少數例外，人們所接納的宗教，都是原來就已經存在的宗教。最常發生的是「宗教家庭」中的小孩，所做的一些簡單的修改。兒童會把從父母家中並父母的世界中承襲而來，還有學得的宗教假設內化、私人化並個人化。他們可能會更改一些細節（即使成為長老會教徒而非浸信會教徒），卻很少更改任何主要特徵。一個生下來就是回教徒的人，通常都不會改變，猶太人或原始人類也一樣。一個人會信什麼教，通常是出生偶然造成的。它是一種在感情上與智識上，得自於父母的潛移默化。一個人對於宗教的需求，是合乎人性的，但是這種內在需求的解答，則始於其出生地的宗教假設與修習，並且通常會維持不變。

　　社會因素造成的宗教特性，在原始型態的宗教，看起來特別清楚。在這類宗教中，一個人會成爲教徒，與其說是「自願的」，倒不如說是「自然而然的」。人並沒有選擇宗教，或者加入一種宗教。其實，根本沒有什麼宗教好加入，只有一個你一生下來就置身其中的宗教。例如在美國的土著部落，作爲部落與圖騰之一部份的宗教，和每位成員生存的各個層面——出生、社會地位、婚姻、工作以及死亡——都有關聯。在這樣的社會出生成長，而各方面卻不受宗教感染，是不可能的。

第二節　以共享經驗論宗教

　　當宗教儀式爲集體公開的形式，例如上教堂或猶太會堂作禮拜時，宗教的社會特性也很明顯。這在有堅固共同禮儀的宗教團體（系統）特別明顯，諸如羅馬天主教與希臘正教（Greek Orthodox）教會。參與社區禮儀比神學信仰，更能提供賦予團體明確特性的凝聚力，同時在其中，個人的宗教經驗最能鮮活地產生。譬如在猶太教，與其說是對神學理論的信仰，不如說是參與禮儀，同時奉行社區可以接受的行爲表現，才是虔誠猶太人的表徵。其基本問題並非：「你像一位猶太人那樣地信仰嗎？」而是：「你的宗教行爲表現，像個猶太人嗎？」「你覺得自己像個猶太人嗎？」猶太人主要是把宗教修習[機械矯形術（orthopraxis）]包含在信仰之中，而不是去確定信仰[正統信念（orthodoxy）]。要成爲一個猶太人，與其說是私人的信仰告白，還不如說要奉行傳統的共同禮拜儀式。例如隆重的贖罪日（Yom Kippur, The Day of Atonement）慶典，與其說是私人滌罪，不如說是共同滌罪，不是以撒（Isaac）而是以色列人在祈求寬恕。贖罪日的禱詞是「我們」，不是「我」。

　　　　噢！天主，我們的上帝並我們祖先的上帝！但願那
　　就是你的旨意，要寬恕我們的罪，原諒我們的惡，賜給我

們彌補過失的機會。[1]

（作者斜體字）

在社會關係主要取決於親族的原始社會中，神聖的存在事實——神，通常是以一種社會（家庭）關係來加以體驗。例如奧加拉蘇人（Oglala Sioux）稱大神（the Great Spirit）為祖父，稱地球為母親，天為父，六個方位（東、西、南、北、天、地）為眾祖父[2]。

在同樣以親族為社會關係之主要取決因素的儒家，孔子宣稱「古代帝王收編天堂法，並用來規範人性表現的準則」——禮（合宜），在宗教-社會關係與人際經驗中，極為重要。這種關係和經驗共五項：即父子、夫妻、兄弟、長幼、君臣的關係和經驗。在禮記中，這五倫被描述成：

父慈子孝
兄良弟弟
夫義婦聽
長惠幼順
君仁臣忠[3]

如果社會生活秉持這五倫所陳述的十種態度，上天（Heaven）就會善待人類。孔子是這麼說的。紛爭或不公的事不復存在，家裡內外將是一片詳和，就像在天堂一般，人人都覺得舒適自在。

---

[1] 米樂耕（Abraham Milligram），《猶太教敬神活動》（*Jewish Worship*, Philadelphia: Jewish Publication Society of America, 1971），p. 306。

[2] 見倪哈特（John G. Neihardt），《黑麋鹿開講》（*Black Elk Speaks*, New York: Pocket Boks, 1972 年再版）pp. 2, 4, 5, 21-27。

[3] 孔子是否真的闡述了這五倫對待關係的方案，還有待商榷，不過，它們出自孔子的教導卻是合理的。

第三節 共享經驗的私人層面

　　我們在說的是，宗教是一種有社會共同基體的私人經驗。先前我們提出（特別在第一和第三章），宗教源於人類的挫折，它要駁回焦慮與無意義，以具支撐力量的道德勇氣來架構生命；它在最高的道德要求、抱負，與實踐之中，達到頂點；它能辨識並描繪上帝。然而，我們同時也指出，任何對深刻的宗教經驗敏感的人，都不願意就此罷休，因為這並未說明宗教的私人層面（情懷、熱情、愛、精神知識、歡欣、恍惚神迷），那些對信仰者、敬拜者來說是最神祕、最珍貴，並且是決定性的特徵。即使我們能在技術上解決人類有限性的所有問題，仍會有為宗教奉獻的人，因為還是會有某些人發現：宗教不只是人們所做的事，同時也是發生在人們身上的事。它是一個經驗，甚至是一種恍惚神迷的狀態。關於這點，劉易士（I. M. Lewis）翻開他《恍惚神迷的宗教》（*Ecstatic Religion*）這本書，斷然宣稱：「信仰、禮儀，以及神靈經驗：這些都是宗教的基石，其中最大者，為最後一項。」[4]檢視過前面兩塊基石——信仰/神學理論與神話/禮儀——以後，我們現在要檢視最後這一塊，沒有它，宗教就只是企業或遊戲而已。

　　在嘗試要分辨出宗教經驗的層面時，我們首先要探討許多特別屬於外在宗教經驗的表現，亦即可以從外在觀察並描述者：以感官的層面論宗教，以性的層面論宗教，以愛的層面論宗教，還有以慈愛/神聖的愛論宗教。再來，在下一章，我們要探討許多在性質上屬於神祕難懂的宗教經驗，亦即屬於個人私下的經驗：以理智經驗論宗教（思想改變的內在知識），還有以神迷恍惚的經驗論宗教（神靈附身、敬拜與神祕主義）。

---

[4] 劉易士（I. M. Lewis），《恍惚神迷的宗教》（*Ecstatic Religion*, Middlesex, England: Penguin, 1971），p. 11。

第四節　感官性

宗教具有感官性是極爲明顯的。人類最偉大（有時雖然沒那麼偉大，卻始終眞誠）的藝術努力，一直都投注於如何使宗教成爲在感官上吸引人的經驗。壯觀的建築、賞心悅目的色彩、精美的展示、豪華的戲劇效果，還有最好的音樂、舞蹈和詩篇。的確，人類卓越的藝術成就，點綴並加強了宗教在感官上所能帶來的喜悅。即使是較單調乏味的基督教虔敬主義和長老會福音派傳統，也都以活潑的頌詩和生動而予人感官刺激，甚至於煽動性的講道來加強感官的享受。

我清楚地記得曾震驚地發現，嗅覺對自己宗教生活的重要性。我從小被教養成爲羅馬天主教徒，最後卻離開教會，成爲福音派新教徒，但不知怎的，在新教徒禮拜中，我從未「有宗教的感覺」，然而，只要一進入天主教堂，就會立刻感受到某種神祕的宗教氣息。我開始警覺到這種奇怪的情形，偶而甚至懷疑是不是「天主教上帝」並不因爲我背棄「聖母與教會」，而剝奪了我的資格。後來有一天，我走進一座美麗的天主教堂，感受到那種非比尋常的宗教經驗時，我的理智問自己爲什麼，我立刻就知道答案了。那是因爲味道：香以及燃燒的蠟燭，徘徊不去的味道。它的味道對了！衛理公會教堂不對勁的地方是：它聞不出宗教的味道。感官性肯定是宗教經驗的一部分。

誠如我們在第十三章詳盡說明的，禮儀和神話都是藝術的形式。史崔恩（Frederick Streng）在其《了解信仰者》（*Understanding Religious Man*）中，稱呼這種禮拜式的藝術爲視覺神學（visual theology）。這是一種有自我意識地嘗試要表達宗教傳統內容的藝術。它「尤其包括諸神、救世主和聖徒的形貌，還有聖地的建築。」

[5]在這類藝術中,藝術家就像先知一般,努力要成為一名媒介,透過他,向世人證明上帝,或無窮的存在事實。透過戲劇化的表演,把上帝的行為顯露出來。例如在宗教舞蹈,上帝的一舉一動都被展現出來。

> 圍成圓圈或成蛇形舞蹈,戲劇化地呈現神創造天地的
> 行動,或者呈現生命的力量與自然的黑暗力量之間的搏
> 鬥。古代戲劇與舞蹈的動作,以及言辭的表達,不僅根據
> 這種藝術形式所顯示的正規要素,同時也根據神話及其他
> 禮儀所顯示的正規要素。在此,我們可以舞出祈禱。[6]

不同的宗教傳統,有不同的藝術表達型式。例如在基督教,許多藝術品都以耶穌基督為焦點,集中在他的形貌、他的十字架,還有代表他各種不同類型的樣貌──一隻綿羊,一個嬰兒,或一條魚。在印度教,宗教藝術的焦點廣泛而分散,有許多樣貌和形式來「描繪神的無窮性」。

> 神的「不同性質」也透過各種不同的「非自然」暗示
> 表現出來:許多手臂或很多眼睛,金色或暗藍的皮膚。把
> 印度獨特性質表現的最淋漓盡致的,或許就是男神與女神
> 兩性交合的形像了[例如濕婆(Shiva)與鑠乞底
> (Shakti)]。[7]

回教藝術代表另外一種宗教藝術的型態。遵循《聖經》對神的形貌的限制,回教藝術家發展出一種奇特出色的阿拉伯圖樣。剛開始是一種簡單的馬賽克圖案,圖案不斷地重覆,到最後產生了原來圖案的無窮變化形式。在回教思想中,與人的生活和命運有著密切

---

[5] 史崔恩(Frederick J. Streng),《了解信仰者》(*Understanding Religious Man*, Belmont, Calif.: Dickenson, 1969),p. 85。

[6] 同上,p. 86。

[7] 同上,p. 86。

關聯的上帝，視覺上顯現出來的，不是人形，而是一個壯觀的圖形，一個永無止境的圖案。

史崔恩也注意到：當某些宗教思想家[田立克（Paul Tillich）、馬里丹（Jacques Maritain）、庫馬拉斯瓦米（Ananda K. Coomaraswamy，和鈴木（D. T. Suzuki）]，以及某些宗教傳統，用藝術來表達宗教時，並非直接以宗教性的主題，而是以普通、日常的主題。

> 任何美感表現，儘管有明確的內容，均源於終極事實所衍生的人生經驗之壓力。當藝術家和觀察者，對美的事物感覺靈敏時，所參與的就是這種終極根據與精神本質。[8]

一位年輕的教授，有一次被一個焦燥的大二學生竭力要求說明，為什麼他必須閱讀柏拉圖的《蒂邁烏斯》（*Timaeus*），或齊克果（Kierkegaard）的《不合乎科學的補充說明》（*Unscientific Postscript*）這類書並且和它們搏鬥。這位教授用一個問題來回答：為什麼要有一盆花呢？我們通常會以為，哲學教授會告訴學生，柏拉圖和齊克果都有值得一「聽」的地方。可是，這位教授選擇用一種較有深度的回答來暗示。也許即使在具體經驗中，也有可能體驗終極且深奧的宗教事物。

柏拉圖和齊克果對很多人來說，或許不算普通而具體的經驗，但喝茶對任何人來說，就一定是了。按照日本習俗，喝茶可以同時是一種藝術形式與宗教的經驗。著名的禪宗學者鈴木，在他的《禪宗佛教》（Zen Buddhism）中，說明了這點。在書中，他描述了鄰近大東九慈（Daitokuji）一座寺廟中的茶室，所舉行的茶道。該寺為茶道的大本營。

茶室本身不過是一間草堂，卻是個人或三五好友可以靜靜地坐下來，喝杯茶，把經常壓抑著靈魂，使人生變得紛擾無趣的塵世煩

---

[8] 同上，p. 87。

憂，暫時拋諸腦後的地方。那兒有插在花瓶上一朵白色菊花，有從香爐散發出來，令人心曠神怡的香味，還有盆火上三腳架懸掛著的茶壺，發出沸水的聲音。鈴木解釋那聲音與其說是滾水聲，還不如說是蒸氣從厚重的鐵水壺跑出來的聲音，同時也「最常被鑑賞家比作吹過松林的一陣微風。它大大地增添了茶室內的幽靜，因為在這裡讓人覺得彷彿是一個人獨自在山上的小屋，只有松音與一片白雲來安慰陪伴一般。」鈴木宣稱，在這樣的地方，和朋友安靜地交談，或只是默默地放鬆，心靈就可以很神奇的除卻生活中的煩憂。鈴木接著溫和地問：「其實這不就是在此塵世中，我們想要找的嗎？……一個角落……在那裡我們可以超越事實的限制，甚至瞥見永恆。」[9]

這純粹是一種用感受力，把某件事做得很好的藝術形式。它使人獲得啟示，具療效並有救贖的功能，因此是日常生活中，有感官在運作的宗教表現和經驗。

同樣的，農夫把田地犁成筆直的溝槽，不只是因為這樣會使種植與收成更好，或更容易，而是因為，如農夫所言：「一個筆直犁過的田地，看起來賞心悅目，就像上教堂一樣。」

第五節　性

宗教以感官效果的方式來表達，這是非常清楚的。說它有性方面的表白，或許就沒有那麼明顯，但卻也是一個事實。

性的刺激與神祕感，一定是令古人、原始人類，既著迷又敬畏。性的本能，其無孔不入的本質、其迫切的需求、神祕感，以及樂趣，一定使得它在很早的時候，就進入了宗教信仰和宗教禮儀的範疇之中。性驚人的本質對原始人來說，一定顯得相當神奇，其實就像文

---

[9] 鈴木（D. T. Suzuki）對茶道的敘述，包括這裡引用的兩段簡短文字，都可以在其《禪宗佛教》（*Zen Buddhism*）中找到。（Garden City, N. Y. : Doubleday Anchor, 1956），pp. 293-294。

明人也有相同的觀感一樣。大自然到處都有繁衍的奇蹟茂盛地進行著，透過動、植物和女人，展現出新生命的豐沛。圍繞著這種現象，自然會發展出宗教的氣息，同時在許多例子裡，還有神職人員來加以系統整理。一旦禮儀化之後，生殖器崇拜就會在宗教的許多方面產生影響，從處女的初夜權，到每年春祭儀式化的描繪天神（Sky God）使大地（Mother Earth）受孕的情形，還有諸如在巴比倫（Babylon）、科林斯（Corinth）等地，甚至一度在耶路撒冷（Jerusalem）所實行的精密的神殿娼妓規制。

我們將探討過去與現在的世界宗教中，幾個有關於性的例子，但不會作沒有必要地追根究底。

一、希臘：諸神的性關係

在許多創造天地的神話中，性行為說明了世界的起源。例如在希臘羅馬神話中，混沌太初受到愛的影響，形成天地，然後天地交配，生出元老諸神〔泰坦（Titan）〕，兩位元老神交配，生下五個子女：宙斯（Zeus）、波賽頓（Poseidon）、黑帝斯（Hades）、狄米特（Demeter），以及希拉（Hera），他們和他們的子女成為奧林匹斯山（Mount Olympus）眾神。這些神都是「放大的」希臘人，十二英呎高，具備一切希臘人誇大了的優缺點，包括對性的偏好。

眾神當中，宙斯的權力最大，他是人與神至高無上的統治者，儘管有這種權力，他還是有一些弱點。命運常和他唱反調，而他也並非全能。有時，他會被眾神還有人類捉弄，另外，如果算不上缺點的話，他還有一個癖好：喜歡身材姣好的女性，人神不拘。由於此一癖好，宙斯有許多風流韻事，生下了許多有名的子女（人神皆有）：美惠三女神（The Three Graces）、九位繆斯女神（Nine Muses）、阿特米斯（Artemis）、阿波羅（Apollo）、赫米斯（Hermes）、雅典娜（Athena）、赫拉克里斯（Herakles）、波修斯（Perseus）等等。宙斯實際上和希拉結婚，育三名子女：艾力斯（Ares）、青春女神希比（Hebe），和希菲斯托斯（Hephaistos）。可想而知，希拉對宙斯出軌的行為，當然會吃醋，有些宙斯的女伴，就得承受來自希拉的

在女神的性行為這方面，當然非聲名狼籍的艾佛若黛緹（APhrodite）莫屬了。她並非生來就是奧林匹亞人（甚至也不是希臘人），可能源於美索不達米亞的豐產女神伊師塔（Ishtar）。希臘神話上說，她是從塞浦路斯（Cyprus）島附近海水的泡沫中生出來的。溫和的西風之神載拂（Zephyr）接納了她，使她成為奧林匹亞的客人，奧林匹亞眾神為她的美麗傾倒，大家都想和她結婚，可是，宙斯卻配給她最醜的一個──他的兒子，跛腳的希菲斯托斯。這可能不是艾佛若黛緹所願，因為她很快就養成了對丈夫不貞的習慣，或者並非因為怨恨，而是天生感情衝動，使得她步入歧途。總之，她真的是離經叛道，有一次還搞得相當尷尬。

阿波羅是第一個發現艾佛若黛緹和艾力斯偷偷摸摸約會的神，甚至就在她和希菲斯托斯家中的臥室裡。阿波羅把這件事告訴希菲斯托斯，起初他很生氣，後來就心存報復。他設計的處罰，是一種要讓她出醜的方式。眾神中最善於發明，手最巧的希菲斯托斯，著手做一個銅製的網，網結線細得連肉眼都看不到。他把銅網鋪在新婚臥榻上，然後自己躲在附近。當艾佛若黛緹和她的情人偷偷溜進臥室，開始在床上做愛時，希菲斯托斯很快地收網，擒住兩位羞愧尷尬的戀人。然後他把房門打開，請男女諸神進來參觀。（據說奧林匹亞男女諸神全都很喜歡這段軼事，拿它來當作茶餘飯後的話題，因此這故事永遠不會褪色。）

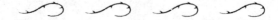

妒火，甚至超出她們應得的程度。寧芙仙女（nymph）卡麗絲朵（Callisto）就是其中一個。

　　卡麗絲朵是一位與女獵神阿特米斯同夥的絕色寧芙仙女，有一天卡麗絲朵在一處林間空地躺下休息，宙斯一窺見她，立即慾火焚身，於是就變成阿特米斯的模樣，喚醒熟睡的卡麗絲朵。起初不疑有他，卡麗絲朵便容許這位「阿特米斯」擁抱她，但是很快地，這位可愛的仙女就警覺到一股過度而不像姊妹愛的激情。她開始拼命反抗，卻沒有用，宙斯得逞了。阿特米斯發現卡麗絲朵不再是處女，便把這位可憐的仙女驅離。她產下宙斯的孩子時，希拉發現了丈夫與卡麗絲朵有染的不忠行為，於是採取報復行動，把這位無助的仙女，變成一隻毛絨絨的熊。卡麗絲朵的兒子，名喚阿卡斯（Arcas），長大後成為一位獵人。有一天，他在林中打獵，遇到一隻熊，正要殺她的最後關頭，宙斯終於悔過並且插手干預。他遣來一陣龍捲風，捕住母子二人，把他們安置於天邊的星空。現在我們仍然可以在天邊看見他們：大熊星座與小熊星座。

　　這也許像 X 級電影，不過，我們的目的不是色情，而是要說明，在某些宗教的某些神，性是非常活躍的一環。

二、宗教性的娼妓行為

　　我們已經探討過，古代巴勒斯坦的巴力（Baal）教，每年都會舉行豐產祭典。在古代及原始世界，相同的豐產祭典是很平常，而且幾乎到處都有的。除了像豐產祭典這種跟性有關的宗教活動以外，成年禮（從兒童過度到成人）、處女的初夜權、婚禮，還有神殿的娼妓行為，在許多宗教都有發展出來。誠如我們所觀察到的，就連敬拜耶和華，關心道德問題的猶太人，都免不了會有這種事情。在瑪拿西（Manasseh）的時代，尤其在耶路撒冷被豐產神侵入時，隨同這些神，神殿的男女娼妓，也都一起進來[10]。不過，公開的性行為在希伯來宗教，很少不是外來的，而神殿的娼妓行為也維持不久。

----

[10] 見＜列王記下＞（2 Kings）23:7。

公元前六二一年，瑪拿西的孫子約西亞（Josiah），崇尙耶和華而作全面性改革時，就把它終止了。不過，以色列北邊相鄰的大國就不是這樣了。

在米莉塔〔Mylitta（巴比倫的艾佛若黛緹）〕異教崇拜中，娼妓行爲是公眾敬拜式中，完全被認定爲正規的部分。當時除了平常不是宗教娼妓的男女，基於宗教理由而舉行的性聚會以外，還有神殿的娼妓。希臘史學家希羅多德（Herodotus），對這種以性爲中心的敬拜式，提供了一段生動甚至可能是親眼目睹的描述：

> 巴比倫人有一種最無恥的習俗。在這個國家出生的每一個女人，一生必須要去一趟艾佛若黛緹神殿，坐在裡面，然後和一位陌生人性交。許多有錢人家，不屑與別人雜處，乘著遮蔽好的馬車來到神殿，後面跟著一大群隨從，然後就地設站。不過，大部分的人都坐在神殿圍場內，頭上裹著細繩護套。這裡始終有許多來來往往的群眾，在這些女人之間，有繩子從各個方向圍出一條條的通道，陌生人便沿著通道挑選。女人一旦坐下來，就不准回家，要一直等到有陌生人丟一枚銀幣在她膝腿上，然後帶她一起離開神殿圍場。男人投幣時，會說：「我奉米莉塔女神之名召妳。」任何大小的銀幣都可以，同時不能拒絕，因為法律禁止這麼做，銀幣一旦被擲出去，就是神聖的。女人跟第一位丟錢給她的男人走，不得拒絕任何人。和男人性交完畢，女神滿意之後，她就回家。從此，再大的禮物也無法收買她。高大漂亮的女人，很快就能獲得解脫，可是那些醜的，就得待上好長的時間，才能完成法律的規定，有的在神殿一等就是三、四年。塞浦路斯島某些地方，也有非常類似的習俗。[11]

---

[11] 羅林森（Geo Rawlinson）譯，《波斯戰爭史》（*History of the Persian Wars*），共二冊，（Chicago: Regnery, 1949），第二冊，199 節。

　　我們應該特別觀察宗教行為中的性行為。淫逸的性行為，和在舉行宗教儀式中，有性行為，或以性行為為主，兩者有顯著的差異。宗教中的性行為，創造了屬於自己的「神祕氣氛」，而淫逸的性行為則否。古羅馬縱慾狂歡的活動與古代的豐產祭典，大不相同。羅馬的狂歡活動，是夾雜著其他感官享樂的飲酒大賽，目的純粹為了享樂，頂多也只有某種宣洩作用，不過是一種釋放情緒的方法而已。在採用性行為的崇拜式中，目的就不是性愛享樂，而是宗教狂喜了。後者表現的是一種超自然的狀態，其中的性行為，是一種用來提高宗教神祕感的方法，目的並不在於享受性愛刺激，而是為了要體驗宗教情感。戴奧尼修斯（Dionysius）教派的形式之一——米娜德[Maenad（瘋狂激動的女人）]，以身體處於性高潮狀態的抽搐動作來舞蹈，據說不是因為「性愛」，而是出於「狂熱」（enthusiasm），該字希臘文的意思是「神靈附身」。即使在中古時代的女巫夜半集會（Sabbat），據說也是參與者處於「狂熱」，處於一種恍惚並精神分裂的狀態。

三、回教與性

　　在回教的可蘭經中，感官享受與性愛享樂兩者，都是對真正的信仰者所承諾的報酬。正直的人在天堂「將會有令人喜悅的生活，在一個高高的花園，果實就近可採——『飲食好消化，這全是過去言行舉止的緣故』」[<不犯錯的人>（The Infallible）]。「虔敬的人真的　[將]在花園與喜樂之中，享受主所賜予的……躺在床上……有大眼貌美的女子作配偶。」[<山>（The Mount）]

四、性壓抑

　　嚴峻的基督教，向來都把宗教中的性趕到地下，趕到潛意識中。一個年長而非常討人喜歡的羅馬天主教修女，在對一大群聽眾演說時，就會提起身為教會一份子的喜悅。她生動地描述著不同於大部分女子的事，按照她所信仰的宗教習俗，她被埋藏在「結婚禮服」

之中，也就是她所說的，在她成為「基督的新娘」那天所穿的長袍。
她的陳述，並沒有什麼不得體或不莊重之處，只是在說明，如果嫁
給上帝，雖為人妻，仍舊可以保持處女之身。上帝可以具象徵意義
地與婚姻有關係，這點的確在婚禮進行中，就會被宣佈出來。

> 蒙主深愛，我們齊聚一堂……參加這對男女神聖的結
> 褵，這是上帝所制定的光榮情狀，向我們指出基督與教會
> 之間神祕的結合。

<詩篇>（Song of Songs 或 Solomon's Songs）中提到了相同
的事，很有意思。那是一位皮膚黝黑的絕色美女，與一位健美、膚
色白晰的男子之間熱情而富詩意的對白，屬於猶太《聖經》與基督
教《舊約》的一部分。這首詩的含意何在，有許多詮釋，曾被稱作
是人神關係的寓言（果真如此，那麼它就是一個極度煽情，並且是
有關性的寓言。），也曾被稱作是讚頌所羅門王與埃及法老的女兒結
婚的一齣戲。它曾被稱作是為皇室婚禮而作的新婚頌詩
（epithalamium），也曾被稱作情詩。有些學者相信它原來是近東盛
行的豐產神崇拜（cult）中的豐產儀式，同時在猶太教歷史中，甚
至到了公元前五世紀，都還在舉行。此一崇拜式主要是關於天上的
巴力神（Baal）和大地女神的結合，它包含了目的在提倡草木復甦
並確保豐收的禮儀。它有一個顯著的特徵是巴力神的死亡與復活。
春天時，祂死於播入土中的種子，或在夏天時，亡於被烈日烤焦的
草木之中。這時，祂的妻子兼愛人，即大地女神就去地底下找祂，
當她找到祂並使祂復活後，便歡歡喜喜的慶祝他們的婚禮。不論贊
同哪一種詮釋，都必須承認在這部經典中，性與宗教有密切的關聯，
就像在婚禮，還有至少對某些人來說，在修女的貞潔中一般。

五、耶和華仍保持與性無關

　　儘管有脫軌的時候（如容許以色列有豐產神崇拜，及神殿娼妓
行為這類事情發生），猶太人仍是在各宗教建立者當中，率先把上帝

去勢的民族，亦即把性從神性中抽離。耶和華上帝孤零零地離群索居，沒有配偶，沒有生殖器象徵。當然身爲創造天地的上帝，祂是性愛程序的發明人，但是自己卻從來不做。祂說：「你們要繁衍許多子孫。」同時又稱許他所創造的一切「善」。性是經過神聖規制的，只有濫用性才稱得上邪惡。

猶太人應該結婚並享受親暱性行爲的樂趣，這是上帝律法的一部分。的確有許多拉比告訴我們，夫妻歡喜交合，才是過安息日的適當方式。做愛是適當的，並且是好的，它是上帝規定的，但卻不是上帝直接親自從事的活動。

基督教之所以爲猶太教的奇恥大辱，原因之一，就是上帝的聖靈使瑪利亞受孕的說法。主張瑪利亞懷孕是上帝所爲，簡直是極度的瀆神。希伯來宗教已經與異教神明的性行爲，對抗了一千二百年，因此，希伯來人將不會回復到以前「在上帝眼中爲惡」者，也就不足爲奇了。

我們應該注意，雖然猶太教的創立者與擁護者，都避免讓生殖器象徵，成爲上帝的一個象徵，他們卻在許多場合中，用結婚的比喻提到上帝。例如常被稱爲愛的先知的何西阿（Hosea），講了一則美麗故事：一位剛愎自負的妻子，拋夫棄子，和別的男人私奔，婚姻因而破碎。沒多久，她和情人的生活限入困境，她淪爲娼妓，最後被抓去賣掉做奴隸，以償還債務。儘管她違背婚姻，丈夫卻仍愛她，得知她的狀況，就把她買回來，解救了她，然後，回復她原來在家中爲人妻母的位置。她所要做的就是懺悔，並且成爲一位忠貞的妻子了。何西阿的敘述，是在比喻耶和華與以色列的關係。只要以色列願意懺悔並且堅貞不移，慈愛的上帝將使祂淪爲娼妓的妻子——以色列，回復到原來的樣子。

在猶太教經典的許多地方，耶和華不是被描述成豐產神，也不是性愛神，而是一個民族——以色列——的丈夫。猶太人以愛的層面，而非性的層面來看待祂。

第六節　愛

　　宗教中有感官層面，還有它對性行為的背書，是不容否認的事實。艾佛若黛緹（性愛）雖然有時可能會喬裝，卻是宗教的一部分。另外，厄洛斯（愛）也是宗教的一部分。厄洛斯是享受「戀愛」者之神，而非只在享受「性愛」者之神。愛如同厄洛斯有別於性，並且超越性。劉易士（C. S. Lewis）探討厄洛斯與艾佛若黛緹之不同，在他的《四種愛》（*Four Loves*）中說：

> 　厄洛斯使一個男人真的想要一個特定的女人，而不是
> 隨便一個女人。愛戀者以一種神祕卻沒有爭議的方式，渴
> 望被愛者本身，而非只是她所能給予的享樂。[12]

　　談到宗教中的愛，艾文斯（William Evans）在他載於《國際標準聖經百科全書》（*The International Standard Bible Encyclopedia*）的文章中陳述著：

> 　愛不論為人或神使用，都是熱切而焦急地渴望被愛者
> 的健康幸福，同時還興致勃勃地為此，朝有利的方向採取
> 行動。

　　由於性愛存在於男女之間，所以它雖然是厄洛斯的一部分，卻不是愛的全部，甚至於也不是必要的部分。而愛所在的朋友與朋友之間，鄰居與鄰居之間，上帝與人之間（如友愛、兄弟之愛，神聖

---

[12] 劉易士（C. S. Lewis），《四種愛》（*The Four Loves*, New York: Harcourt Brace Jovanovich, 1960），p. 135。

的愛），性愛根本就不是其中的特徵。

　　愛是特定的人本身被珍惜、被渴望、被愛，而不只是他／她可以為愛慕者提供什麼樂趣。只求享樂並使用別人作為享樂的工具，與愛差距甚遠。愛是渴望一個人，而不是一件物品；要看到那個人快

　　　　我如何愛你？請容我細數
　　　　當感覺觸不到神的目的與完美的恩典
　　　　我愛你到靈魂所能及的
　　　　深、寬與高
　　　　我愛你的程度到了每天
　　　　如太陽與燭光一般最沉靜的需求
　　　　我自由地愛著你，就像人為權利而奮鬥
　　　　我純真地愛著你，當人們停止讚美
　　　　我以過往悲傷時所用的激動情緒
　　　　並以兒童時期的真摯愛著你
　　　　我以彷彿隨逝去的聖徒而失去的愛
　　　　愛著你——我以我全部的生命氣息、
　　　　微笑、眼淚來愛你！——而如果上帝允許
　　　　我死後將更加愛你*

*伯朗寧（Elizabeth Barrett Browning, 1806-1861）作，引述自《葡萄牙十四行詩》（*Sonnets from the Portuguese*），第43首。

樂，要給他幸福。在這種關係之下，性愛享樂甚至友誼，都只是附加價值。

　　另外，愛不是單向式的由愛慕者付出熱情，它同時也是愛慕者對歸宿的需求所激起的。當被愛者回報愛的時候，愛的能量才算完全發揮出來，同時渴望得到的奇蹟才會發生。一個愛人者，只要付出愛，就會感到喜悅，但是如果被愛者以同樣的方式回報，他就會得到更多的喜悅。這時，產生了相互的滲透，倆人有了交集，於是相愛的人在世上，或在自己心中，不再感到孤單，相互在對方身上，都找到了歸宿。有關從男人的肋骨，創造出第一個女人的故事，也許在科學上並非事實，但它卻是極為準確的比喻。上帝把亞當一個人置於花園，亞當覺得寂寞，所以上帝創造了各式各樣的動物來陪伴他──有會唱歌的鳥、各種靈巧美麗的動物，以及池塘中色彩迷人的魚。可是在那樣一個玲琅滿目的世界中，亞當依然鎖住自己：在充滿客體的世界中，一個孤單寂寞的主體，直到她──他的骨中骨，肉中肉──被造出來。她的來到，結束了寂寞。《聖經》告訴我們，這就是為什麼男女要離開父母和外面的世界，相互依靠，「結合成為一體」，並成為一個靈魂。

　　在宗教，被愛者是上帝，或上帝所愛的某人，或某物。這類例子，我們可以注意(1)聖經中的誡律：「你要全心全意，用你的靈魂，和你全部的力量，來愛上主，你的上帝。」在此，要愛的是上帝本身，但(2)在拉比的教導中，尤其要愛上帝的律法（托拉經）。的確，有人說如果信仰上帝，或遵守上帝的神聖律法，兩者只能選一，那麼就應該遵守律法，因為上帝要人們愛律法，更甚於愛祂。另外，(3)在基督教傳統中，基督才是真正被愛的人，基督是信徒奉獻的最大目標。顯然基督徒愛上帝之所愛，也就是祂的兒子。還有(4)基督徒不是唯一喜愛神在地球上顯現的民族，印度教毗濕奴－黑天（Vishnu-Krishna）信徒，也是如此。

　　一個人如何愛上帝，當然會受到傳統以及個人作風的影響。有人是崇敬地愛，就像黑天與基督的信徒。有人忠實地愛，就像猶太

人恪遵上帝所愛的律法。有人感傷地愛：獨自漫步在花園中，玫瑰花瓣滴著露珠；漫步與言談之間，流露出青少年愛的體驗。有的俯地痛哭，爲耶穌的受難星期五，與釘十字架的苦刑而傷心欲絕。有的藉著愛配偶、子女、鄰居、陌生人、敵人，以及所有需要幫助的人，來愛上帝：「我什麼時候看見你挨餓、口渴、赤身裸體，或遭囚禁？」（見＜馬太福音＞25:31-46）。

有關於最後一種對上帝的愛（藉著愛人們來愛上帝），我們也許又注意到，猶太人並基督徒，愛鄰人如愛己，以及要人家怎麼待你，就要怎麼待人的誡律，也可以在世界上所有主要宗教中，找到幾乎相同的形式。至少在近東宗教中，要愛別人的理由，是因爲上帝愛他們。同樣的，要愛上帝的理由，是因爲上帝愛我們。＜約翰一書＞（First John）的作者如是說：

> 親愛的朋友們，我們要彼此相愛，因為愛來自於上帝。凡有愛的人，皆為上帝的兒女，也都認識上帝；凡不愛者，就不認識上帝，因為上帝是愛。上帝用這個方法，來顯示祂對我們的愛：差祂的獨子到世上來，使我們藉著他得到生命。這就是愛：不是我們愛上帝，而是上帝愛我們，差了祂的兒子……
>
> ……既然上帝這樣愛我們，我們就應該彼此相愛。[13]

上帝愛祂迷失的孩子們，因此差來祂的獨子，基督徒如是說。黑天基於對人類的愛而來，還有其他毗濕奴的化身（Avatar）也一樣，印度人如是說。曾經有一個猶太人，熱切而生動地敍述了上帝對以色列人的愛，如今保存在共十一章的＜何西阿書＞（the Book of Hosea）中。

---

[13] ＜約翰一書＞（1 John）4:7-11，《現代人的福音》（*Good News For Modern Man*, New York: American Bible Society, 1966）。

以色列還是幼童時，我就愛他；
我召喚我的兒子，離開埃及。
……
以法蓮（E'phraim）哪！我怎能拋棄你？
以色列呀！我怎能丟開你？
……
我已經回心轉意，
我的五內已經感動。

我不在盛怒下行事，
我不會再次毀滅以法蓮
因為我是上帝，不是人。
是在你們當中的聖者，
我不會來毀滅你們。[14]

第七節　仁愛／神聖之愛

　　厄洛斯／愛雖然重要，卻不是愛最後的定論。有人主張有一種愛，愛人的一方絲毫沒有任何需求，完全是一種贈予的愛，而贈予者就是上帝，上帝就是愛人者。由於不需要被愛，上帝純粹是慷慨地愛。不管正義之士或不義之徒，雨露均霑。黑天為每個人而來，就像基督一樣。上帝透過穆罕默德傳達解救世人的訊息，是要給全人類的。佛陀的智慧，人人可求。以色列最終的國度，也不只是為了以色列人。

　　有人主張，上帝之所以愛，因為那是上帝的天性。上帝就是愛，祂的愛始終向外對著人們。在許多情況下，愛甚至不是上帝的意圖。上帝沒有事先考慮，不知不覺地給予，只因為祂就是祂那個樣子。

---

[14] ＜何西阿書＞（Hosea）11:1-9，標準修訂本。

根據希臘神話，太初的混沌，首先被愛驚動，從此才產生了一切。根據印度哲學，梵及其他的一切，都是梵本身給予的。在其他宗教體系中，上帝有意圖而慈愛地給予：祂在愛人類的渴望中，把摩西送給希伯來人，要解救他們擺脫埃及的束縛；基督徒說，祂透過祂的兒子，把自己奉獻出來，受苦難而後死亡，因爲他愛人類。

　　這種愛有它自己的名字，叫作仁愛或神聖之愛。兩者原來的用法，都是愛的意思。仁愛／神聖之愛是贈予的愛，尤其是生命這種神聖的禮物：現在的生命，還有在許多宗教中，未來的生命。

　　仁愛/神聖之愛，不只限定在上帝的行爲，人們也可以有贈予的愛，能做到這點，在許多宗教看來，就是最像上帝了。《新約》的

　　我若會說人間的語言，和天使的語言，卻沒有愛，那麼我就成了吵鬧的鑼和響亮的鈸。我若有先知的才能，又明白一切奧祕和各種知識；我若有全備的信心……卻沒有愛，那麼我什麼也不是……愛是忍耐的、仁慈的；愛不忌妒、不自誇、不驕傲、不做無禮的事。愛不求己益，不動怒……凡事包容，凡是相信，凡事盼望，凡事忍耐。愛是永恆的。至於先知之恩，終必消失，語言之恩，終必停止，知識之恩，終必消逝……因此信、望，愛，這三樣是永存的，而其中最大的是愛。

[＜保羅致哥多林前書＞（Paul's First Letter to the Corinthians）13: 1-2, 7-8, 13 標準譯本修訂版]

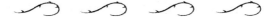

<約翰一書>（4:16）宣稱:「上帝是愛，活在愛之中的人，就活在上帝之中。」而活在愛之中的人，有時甚至渾然不知，這就比計劃並努力要做到仁愛的人，更像上帝了。

有一則故事講到:一位衛理公會主教、一位大學生，還有許多商人乘火車旅行，大家坐在俱樂部車箱內，互不相識，不過，那些商人開始談論商業方面的事情。有一個希望當初在一開始有機會時，就加入了麥當勞企業;一個希望當初有加入 IBM 企業，另一個希望他當初有簽署那份後來很賺錢的商業合同;另一個說希望他繼承了千萬財產，再也不必做任何生意。這些缺乏理想、缺乏人道關懷的談話，讓這位年輕人聽了很不高興，終於衝口說出，他希望知道自己做得很好，並且有幫助別人，如此度過一生。一陣沉寂之後，主教插入一個稍稍不同的觀點。他說:「要知道自己做得很好，有幫助別人，如此度過一生，是一個最令人欽佩的抱負，只有一個抱負比它偉大。」年輕人問那個「更偉大的」抱負是什麼，主教回答:「做得好，度過一生，卻渾然不知。」

名詞解釋

- ◆ Aphrodite 艾佛若黛緹・希臘神話中愛與美的女神，即羅馬神話中的維納斯（Venus），又叫做西瑟莉亞（Cytherea）。
- ◆ Avatar 化身・神在地球上以人或動物的形象顯現。
- ◆ Cult 崇拜・一個宗教儀式、信仰與敬拜的系統或團體。
- ◆ Dionysius 戴奧尼修斯・酒神並一種狂歡縱慾的宗教慶祝活動之神；他代表自然的力量與繁殖力。
- ◆ Epithalamium 新婚頌歌・爲新娘新郎而作的婚禮頌歌或頌詩。
- ◆ Eros 厄洛斯・希臘神話中的愛神，艾佛若黛緹之子。
- ◆ Greek Orthodox Churches 希臘正教教會・公元一〇五四年從羅馬天主教分裂出來的基督教的一支。希臘文爲其正式場合，並儀典中所用的語言。在蘇俄、喬治亞（Georgia）、希臘、塞浦路斯，及其他文化中都有。
- ◆ Heaven 天・上帝的中文同義字。在周朝（1122-255 BC）的中國古文中，天代表終極上帝，是孔子所敬拜，卻不談其本質者。
- ◆ Li Chi（The Book of Rites）禮記・中國的五經之一。
- ◆ Numinous 神祕超凡的・奧圖（Rudolf Otto）從拉丁文 "numen"（意指神聖力量、神性、神）所造出來的字。神祕超凡的經驗是一種有神的力量存在，或神明親臨的經驗。
- ◆ Oglala 奧加拉拉人・居住於南達科塔州（South Dakota）密蘇里（Missouri）河以西，屬於美國土著蒂頓達科塔族（Teton Dakota）的一支，講蘇語（Sioux）。
- ◆ Orthodoxy 正統信仰・希臘文 "ortho"是「正確」的意思，而 "doxa"是「看法」的意思。這裡用來指國家宗教當局認定爲正確教義者。
- ◆ Orthopraxis 機械矯形術・希臘文"ortho"是「正確」的意思，"prassein"是「去做」的意思。即正確的練習。這裡用來指適當的、經過認可的宗教行爲或表現。

◆ Shakti **鑠乞底**・印度教神明濕婆的妻子。鑠乞底是大自然力量以及繁殖力的象徵。

◆ Vishnu-Krishna **毗濕奴–黑天**・毗濕奴是印度教三位一體（另兩位是梵與濕婆）中的第二個神。黑天是毗濕奴的第八種化身。

◆ Yom Kippur **贖罪日**・猶太人最神聖的宗教節日，每年的提市黎月（Tishri，猶太國曆一月）十日爲贖罪日，是一個齋戒、祈禱並贖罪的日子。

第十六章

宗教：神祕難懂的經驗

我發現

被混亂圍繞

中心寂靜

暴風雨的眼睛

──崔默（W. C. Tremmel）

　　宗教經驗產生於一種特殊的意識，通常被稱爲神祕的意識。它是信仰者與神聖存在之本質，結合於某種化身時，所產生的意識。這可以發生在附體式的化身，如薩滿教（Shamanism）中，神靈會抓住一個人，並侵入他的身體。或者，也可能發生在親臨式的化身之中，如在敬神心境之中，就是會有神靈接近我們，在我們身邊親臨的感覺。或者，也可能發生在認同式的化身之中，如在神祕主義，正常人的意識破裂，而一個新的、無我的、難以形容的意識，把人的心智擴展成一種神聖的心智。

　　我們將直接檢視這三種宗教經驗（附身、敬神心境中的親臨，以及神祕的認同），不過，首先要花一點時間，探討宗教經驗的本質屬於理智（noetic）這一件事。宗教經驗不是單純的恍惚狀態，而是一種知的途徑。除了神學所提供的，經過合理化的知識以外，在宗教經驗中，還有一種直接由直覺而得的知識：藉著神祕難懂的經驗而知，直覺的知，不經正規邏輯或辯證便直接、強迫性，且通常是無法抗拒地得知其「真理」。

第一節　藉著神祕難懂的經驗而知

　　要獲得知識，除了第十章所探討的經驗論與基於理性的方法，以及第十二章所探討的啓示得來的知識之外，還有另一種出於內在，並且是直接經驗所得到的知識。例如：我們知道牙痛是什麼，害怕是什麼，或者戀愛、思考、得救是什麼，這種知識也許可以稱爲「開悟」。心中的一道光亮了起來，使人「看見」以前從未見過的事，直接知道用別的方法絕對無法得知的某事，這就是神祕難懂的知。它是主觀的，並且是私人的，同時意義非凡。它是那種能提供訊息，並確定某些價值的知：例如，美學價值──某樂曲是美的；倫理價值──人類有權利；宗教價值──上帝是真的；還有某人在精神上已經煥然一新。

　　宗教經驗固有的知識，主要是在私下察覺到人的意識時，所產生的。神祕主義的案例，特別是如此。神祕主義是藉著神祕難懂的經驗而知者，其地位最爲崇高。不過，由於稍後在本章將探討神祕主義，所以我們現在先談另外一種產生開悟的宗教經驗──思想改變（conversion），同時要探討三個例子。一個是關於一位愛斯基摩人思想改變與開悟的經過；一個是一位印度人思想改變與開悟的經過；另一個是衛斯理（John Wesley）關於自己的思想改變與開悟的自傳式敘述。

一、思想改變的知

　　丹麥的北極探險家兼人種學家雷斯穆森（Knud Rasmussen），記錄了以下一位愛斯基摩薩滿（shaman）向他所作的敘述。那位愛斯基摩人剛入教時，曾經去過荒野，想要在孤獨中尋求神靈的啓發。他告訴雷斯穆森：

我很快就變得憂鬱，有時哭泣，不知為何悶悶不樂。
然後突然又沒有道理地改變，覺得有一股莫名的喜悅，力
量大的使我不由得要唱歌，那是一首偉大的歌，只容得下
一個詞：就是喜悅，喜悅！而我必須盡力唱出我全部的聲
音。接著，就在這一陣神祕懾人的喜悅中，我便成為一位
薩滿了。我能以完全不同的方式來看和聽，我開悟了。[1]

　　這位薩滿經歷了開悟，那是一種內在的知，終極真理的顯現。
這段報導和佛教創始人喬答摩（Sidhartha Gautama）所敘述的，並
沒有什麼不同。喬答摩也是把自己孤立起來，去尋求神的啓發，花
了六年的時間，都沒成功。先是嚴格致力於冥想，然後是嚴苛的禁
慾苦行──在印度兩種普遍的得道方式。也許他努力過度，兩種方
法都徒勞無功。經過幾年莫大的努力，有一天，他放棄努力，坐在
一棵菩提樹下（Bodhi-tree），就在那裡，突然發生了：忽然間，他
完全知道答案。他經歷了開悟，同時也得到解脫，悉達多突然知道
了以前從來都不知道的事情。他知道了一個能立即撼動人類真相，
並使之更新的生命準則。有一則故事說，喬答摩悟道（即成佛）後，
被人問及是否爲神，他答：「不是」。那人又問他是否爲聖，他仍說：
「不是。」最後那人問：「那你是什麼？」於是他答：「我是清醒的。」
他的轉變就是一種醒悟，一種發現，發現了具改變力量的知識。他
看見了一個新的方法，看到它，使他成爲一個全新的人──一個獲
得解放的人。

　　雖然因爲英國人的保守，衛斯理神祕難懂的經驗，在《衛斯理
雜誌》（Wesley's Journal）上，只有極度地輕描淡寫，然而它和愛
斯基摩的薩滿，以及佛教創始人的經驗，一樣具震撼生命的特質。
和佛陀與愛斯基摩人一樣，衛斯理也是一個追尋神靈之光的人。他
是牛津大學的教授，由於對宗教的狂熱處於低調情況，因而放棄教
職，到新大陸去旅行，找尋某種他一直都沒有發現的東西。船上遇

---

[1] 雷斯穆森（Knud Rasmussen），《拱形冰屋愛斯基摩人的智識文化》（The Intellectual Culture of the Iglulik Eskimos）（Copenhagen, 1929），p. 119。

見純樸的摩拉維亞人〔(Moravians)特別是柏樂(Peter Böhler)〕，可以說除了遠遠地在他們的虔信中所看到的以外，衛斯理自己並不曾得過這樣的東西，直到他回倫敦途中，被人說服去參加一個再洗禮派的（Anabaptist）聚會。以下是衛斯理一七三八年五月二十四日日記的部分內容：

> 傍晚，我很不情願地去歐德思蓋（Aldersgate）街，參加一個聚會，當中有一個人在讀路德（Luther）致羅馬人書（Epistle to the Romans）的前言。約八時四十五分，他正描述上帝藉著人對基督的信仰，在人們心中造成改變時，心頭奇怪地有一陣溫暖的感覺，我覺得自己真的信任基督，只有基督能解救世人，即使有罪如我者，祂一樣保證已經消除了我的罪惡，把我從罪惡與死亡的律法之中，解救出來。[2]

二、具改變力量的知識

關於這類知識，有件重要的事要探討，那就是它不僅向心智提供訊息，同時還改變了人生。或者，更正確的說，造成改變的不是知識，而是知識湧現的一刻。事情發生了（例如思想改變），而它發生時，「被提供訊息」的當事人，同時也「改變」了。就是因為這種改變，一切才會有所不同。

三、具改變力量的薩滿教：圈內

我們稱雷斯穆森的愛斯基摩朋友為薩滿，但什麼是薩滿呢？在原始文化中，特別在原始時代，有許多種類的宗教專家。有向神靈獻祭的祭司，有監督年輕男性入會儀式的長者，有主持家族禮儀的

---

[2] 衛斯理（John Wesley），《約翰衛斯理雜誌》(*The Journal of John Wesley*)（London: Epworth Press, 1938），vol. 1, pp. 475-476。

家族長老，有專門治療病患的巫醫，有施咒爲人求好運或愛情的法師。特別還有宗教性執業者——薩滿，與其說他主持儀典，還不如說他是在宣布來自靈界的訊息。薩滿是一個曾經有過，並且能重覆一種特殊開悟經驗的人，在這種經驗中，他和靈界溝通，並且把靈界的訊息帶到這個世界上來。

另外，我們要認清薩滿與靈界的相遇，是一種私人的，也是一種共享的經驗。它們是薩滿的經驗，但是他的族人也分享了他來自靈界的知識、興奮和支持。我們在說的是，薩滿是一位能看見真正宗教的人。他的族人嚴肅地看待他所見到的幻象，賦予它意義，並把它併入生活之中。由於一次神祕的經驗，薩滿成了爲族人的宗教背書並/或再造的人。他確認信條，修正信條，影響精神與道德價值，改變了社區的視野。在他身上，的確埋藏著未來文化的種子。在他的幻象中，他始終以一種微妙、感覺不出來，而且不是故意的方式，創造一個新的宗教，還有一個隨之而來的新文化。

四、分裂的薩滿教：圈外

原始時代的薩滿，在原始世界，擔任預言者的角色。不過有時候，「與神靈相遇」的經驗與薩滿所在的宗教世界唱反調。有時薩滿所披露的事情，違背他的宗教傳統，令人無法接受。通常這樣的人，我們不稱他爲薩滿，而是導師、醒世者、彌賽亞，或先知。例如西奈山上，燃燒的灌木叢前的摩西；菩提加耶（Buddha Gaya）花園中的佛陀喬答摩，突然開悟；拿撒勒（Nazareth）的耶穌，在約旦河（the Jordan）受洗；穆罕默德坐在麥加附近的一個山洞；還有稍早探討過的，其他一些更近代的例子，如伊朗的巴哈歐拉（Baha'u'llah），以及紐約州安大略縣（Ontario County）的史密斯（Joseph Smith）。

五、目前的情況

在現代，傳統宗教的教派體系，通常都看不到極端的薩滿主義

在運作，只有傳統的信仰與敬拜形式，同時大部分的時間都在爲大
部分的人服務，雖然對許多人來說，大部分時間可能也沒有比耶誕
節、復活節、婚禮和葬禮來得頻繁。

　　不過，有時候要解決內心空虛的感覺，或者心理上的沮喪，人
們需要的不只是這些，不只是透過教會、會堂、清真寺而體會到的
敬神經驗。有時，這些額外的精神需求，是由傳統宗教信仰與形式
所組成的特殊團體，給予愛、關懷和協助，才得以解決。今天，在
精神需求方面，特別顯著的有十二步驟規劃（twelve step
program），諸如「嗜酒者互誡協會」（AA—Alcoholics Anonymous）、
「嗜酒者親友互助會」（ALANON）、「青少年嗜酒者互誡協會」
（ALATEEN）以及其他各種「自助」團體。這些團體並不需要薩滿來
提升精神層面，甚至解救靈魂，在這裡所需要的是愛的關懷，和善
解人意的聆聽、安慰的話語。

　　另外，在今天的美國，以及過去一百年當中，我們可以看見，
有些人在傳統宗教中，找不到精神滿足，於是便加入一般所謂的異
教崇拜──亦即加入不同信仰與敬拜體系的宗教團體。

　　根據艾五德（Robert Ellwood）教授和帕丁（Harry Partin）
教授的《現代美國宗教團體與精神團體》（*Religious and Spiritual
Groups in Modern America*），新興宗教運動（異教崇拜）在現代文
化中，代表對已確立的古老宗教的反動。到處都有薩滿忙著組織新
興宗教，有的成績斐然，吸引了許多的民眾參加。這在諸如科學論
教派（Scientology）、黑人回教派（The Black Muslim）、巫術教
派（Wicca）、新信念教派（New Thought）、我是教派（I Am）、自由
派天主教會（The Liberal Catholic Church）、統一教［Unification
Church（moonies，文鮮明的信徒）］的新興教派運動中，都可以看
到。很有意思的，還有陳述外太空訪客的飛碟協會（UFO Contactee）
──這些訪客爲外太空某處有一個更好、更安全的世界的夢想，帶
來神祕、超凡與新希望[3]。

---

[3] 有關現代宗教運動，詳見艾五德與帕丁之《現代美國宗教團體與精神團體》（Englewood
　　Cliffs, N.J.: Prentice Hall, 1988）。他們同時還列出目前存在於美國 46 個這類

　　有人宣稱，那個更好、更安全的世界，將在目前這個世界災難性的結束之後來臨——即啟示論（apocalypticism）。這是大衛・柯瑞希（David Koresh）講道的主旨，並且毫無疑問的是一九九三年四月十九日德州韋科大衛門派（the Waco, Texas, Branch Davidians）集體自殺不幸事件中的主要思想。

　　柯瑞希並非唯一宣揚「啟示性末日」的人。基督教歷史從頭到尾，每當世界彷彿脫序時，這樣的佈道就會產生。它理所當然始於約三世紀時，真正典型的啟示論傳道士，即撰寫＜啟示錄＞（the Book of Revelation）的派德摩斯之約翰（John of Patmos）。

六、改造體系

　　有些異教崇拜運動是針對傳統信仰體系的基本理念，重新加以詮釋。例如在基督教傳統中，自由派天主教會（The Liberal Catholic Church），穿戴基督教的服飾，卻把傳統基督教的中心理念——上帝的神聖人格論，轉換成神聖而非人格的絕對存在。還有統一教，儘管它怪異，卻是根據一位一九二〇年出生於韓國，改信基督教的亞洲人文鮮明（Sun Myung Moon）對基督教聖經所作的詮釋。一九三六年復活節那天，耶穌向他顯現，並且告訴他要「完成我的使命」。不管其他的基督徒怎麼想，統一教信徒（moonies）相信他一直在朝這個目標努力。

團體的名稱和地址。

七、拒絕體系

並非所有的異教崇拜運動都是在改革體系，有的堅決地排斥所處文化的宗教傳統。在西方世界，尤其是美國，有一種體系叫做新異教主義[4]（Neo-Paganism），堅決地排斥基督教。例如巫術教派[wicca（新異教派的女性團體）]排斥耶穌及其信徒，主張一種自然導向的信仰體系。一般而言，巫術教信徒以宗教的態度，認同月的盈虧與四季的轉換。他們敬拜一位長了角的神，和一位有少女、母親、並老嫗形貌的三面女神。長角的神每年於冬至出生，到了春天，便成為女神的愛人，然後在萬聖節，當女神變成乾癟，像巫婆一般，冬天的老女人──老嫗──時，便死去。

撒旦教更是堅決反對基督教。其創始人拉非（Anton La Vey），相信普通教會扭曲了人性，使人無法得到真正的喜樂。到處都看得出來，基督教上帝製造喜樂的能力不足。假如人類必得敬拜什麼，那就應該是以肉慾為中心的一股力量。基督教的反基督──撒旦，就是人生基本而重要的喜悅與樂趣的化身。因此，就讓撒旦成為以肉體的樂趣和刺激為中心的信仰的象徵。其主要敬拜儀式──黑色彌撒，描繪了這些情形。它是在歡樂的氣氛中舉行，由一位赤裸女子作為祭壇。只要不傷害別人，撒旦教贊同一切人類的放縱行為。

八、為什麼有這些宗教「脫軌」現象？

當然不是任何新的觀念都更適合二十世紀，這些異教崇拜大部分提出的理念，全然不顧現代科學、現代文化和常識。它們之所以不斷出現（這種情況至少已持續了一百年），是因為人們基於各種心理因素，不斷地針對沮喪，以及在心理上會造成破壞力的人類自我

---

[4] 新異教主義是一種新宇宙導向的宗教，基本上關心的不是歷史，而是自然──四季、四個方位，太陽的路徑、人類的心靈。它是一種擴展想像力的宗教，所關心的是要去感覺宇宙，而不是以其外殼來分析宇宙。

意識並想像力，尋求解答（自地球開始有人類以來，人們就一直這麼做）。在這些宗教經驗的新視野中，他們顯然找到了所要尋求的東西。

第二節　附身遊戲

坎貝爾（Joseph Campbell）在其《上帝的面具：原始神話》（*The Masks of God: Primitive Mythology*）中指出，「原始慶典中所戴的面具，受到尊敬，而且被當作是它所代表的神祕存在體的真正幽靈，來加以體驗——雖然大家都知道面具是人做的，同時戴著它的，也是一個人。」[5]這種深信不疑的能力，不單是原始人有，複雜的文明人，一樣會深信不疑。例如在聖餐（Eucharist）慶典中，基督徒知道自己吃的是麵包，並且通常是味道不好，索然無味的麵包，但是他們「假裝」相信，直到深信不疑，這和小孩假裝臥房裡有鬼，最後弄假成真，沒有什麼不同。即使知道宗教活動有別於其所代表者，但是當弄假成真之時，它們就成了宗教的活動，而戴面具的人就不只代表上帝，而是上帝了。聖餐麵包不僅使人想起基督，它就是基督。參加的人必須完全融入其中，這個遊戲才算得上是真正的宗教。

有些人無法把自己的心態，由「假」轉為「真」，必須要刻意地把現代人的懷疑態度擱在一旁。童稚的純真迷失在充滿陰謀詭計的現代社會中，（除了慶祝活動期間以外）只有少數情況容許深信不疑的那份天真，因此在回復到童稚的純真以前，必須放鬆自己，融入遊戲中，讓儀典的氣氛掌控一切。然而，這種苦惱，只會影響那些活在現代二十世紀的科技與商業領域的人，其餘很多人（還有以前的人）都沒有這種困難。

---

[5] 坎貝爾（Joseph Campbell），《上帝的面具：原始神話》（*The Masks of God: Primitive Mythology*）（New York: Viking, 1959），p. 21。

第三節　神靈附身的種類

一、職業性的附身

宗教現象中，隨處可見處於宗教興奮瘋狂狀態的人，他們成了所謂的被靈魂或魔鬼附身的人。有時，這種附身具有職業性特質，被附身的人出於自願，故意要被附身。在＜撒母耳上＞（1 Samuel），我們讀到在撒母耳、掃羅（Saul）與大衛（David）的時代，巴勒斯坦「先知的信徒」，如何地在山坡上的神殿聚會，在魯特琴、豎琴、橫笛和鼓聲的引導下，心中充滿了警世性的狂熱，赤身裸體在神迷恍惚之中舞蹈。當然，現今在近東的托缽僧（dervish），即回教各種不同等級的禁慾苦行者，他們有的藉著迴旋舞，以及唸誦宗教文句，以求達到集體恍惚神迷的境界。同時，在所有原始型態的社會中，都有薩滿和薩滿教存在。

劉易士（I. M. Lewis）在其《恍惚神迷的宗教》（Ecstatic Religion）一書中告訴我們，薩滿是一位擁有一個或多個靈魂，或者說是被一個或多個靈魂附身的祭司。他是靈魂大師，能隨意召喚靈魂，協助他完成宗教職責。

> 薩滿是位性別不拘，精通靈魂，能隨意將靈魂引入自己身體的人。實際上，他通常恆久為這些靈魂的化身，並且在進入掌握之中的恍惚狀態時，能控制靈魂的顯現形式。[6]

除了職業性的恍惚神迷狀態以外，在宗教並宗教歷史中，從頭

---

[6] 劉易士（I. M. Lewis），《恍惚神迷的宗教》（Ecstatic Religion，Harmondsworth, England: Penguin, 1971），p. 51。

到尾一直都有一種更普遍的靈魂附身形式，我們稱之爲補償性的附身。它之所以爲補償性質，是由於它通常在實際上，對於被附身的人而言，是一種充滿了補償作用的經驗，雖然這種經驗可能看起來像著了魔，並且是不受歡迎的。

二、惡魔／補償性的附身

宗教的歷史，一直都被惡魔入侵並折磨人類生命的故事和想法困擾著——妖怪、惡魔、食屍鬼、精靈，這些都被描述成惡運，應該要而且必須要加以控制。

關於控制靈魔的故事，在古代回教神話中，有一則所羅門王遺失戒指的敘述[7]。根據這個神話，精靈[jinn（單數 jinni）]由一系列稱爲蘇利曼（Suleiman）或所羅門（Solomon）的君王控制。根據這個故事，最後的一位君王就是舊約中的所羅門王。這位所羅門王有一枚戒指（所羅門戒指），具有控制善惡兩種精靈的力量。除了洗澡以外，所羅門王始終戴著它，洗澡時，他就把戒指交給寵妾阿米娜（Amina）。

聽到這樣的風聲，有一個叫做撒克亥（Sakhar）的惡靈（一個食屍魔），假裝成所羅門王的形貌，而得到戒指，擁有支配的力量，同時還篡了所羅門的王位。可是，過了一段時間（四十天）之後，撒克亥當膩了國王，於是就飛走了。他把戒指丟進海裡，被一隻魚吞了。後來那條魚被捕獲，煮好，呈給真正的所羅門王享用，因此所羅門王重獲戒指，再度統治一切。

最後，所羅門王不只重獲戒指，同時也得到一些「補償性的智慧」：與精靈、惡魔、食屍鬼和小妾有關的事，千萬大意不得。

在《恍惚神迷的宗教》一書中，劉易士講了一段發生於當代回教徒——東北非的索馬利人（Somalis）——具補償效果的敘述。索馬利人爲回教徒，屬於男性主宰一切的文化。索馬利的女性在任何

---

[7] 如古典的《天方夜譚》（*A Thousand and One Nights*）所述。該書於十八世紀首度由賈蘭德（A. Galland）以法文翻譯，介紹到基督教世界。

時候，都必須軟弱順從。然而，女性的順從並非始終能引發男性溫柔與關懷的回應，因為索馬利文化不僅極度的父權至上，同時也非常嚴厲刻板。任何公開表現男女情愛的行為，都被認為不適當，並且一定要加以壓制。更甚者，他們允許重婚，為人妻者，在家中隨時都可能要面對另一位比她年輕、貌美的妻子這樣的公然侮辱。

如同其它回教世界，索馬利人相信到處都有惡魔（邪惡精靈）隱藏，隨時準備攻擊並附身於沒有警覺心的人。這些惡魔有的被認為是女性，渴望美食、華服、珠寶、香水，還有其它高貴的物品。而或許不令人感到驚訝地，女人就是這些惡靈的主要目標了。這種惡靈被稱為莎爾（sar），受折磨的女子，據說就是被莎爾附身。妖靈莎爾會要求各式各樣奢華的禮物，這些要求由受折磨女子的口中說出，同時還帶著一種該女子在正常情況下，不敢表現出來的權威。不僅如此，妖靈還有屬於自己的語言——一種必須付費由女性薩滿加以詮釋的語言。一旦妖靈的索求定案後，受折磨女子的丈夫，除了要支付由薩滿引導，並由其他女子參加的驅魔舞所需的費用以外，還必須花錢滿足這些（通常十分昂貴的）要求。唯有如此，受害者才得以康復，而即使如此，康復情況也可能只是暫時的[8]。

因此，即使靈魔附身被認為是一種病、一種折磨，它還是可能在被附身者的生命中，造成某種用別的方法得不到的力量與重要性的感覺[9]。

三、恍惚神迷式的附身

然而，靈魔附身最大的報酬，並不在於幾件廉價首飾，或經由短暫逃離社會約束的壓迫感，而得到暫時的心理舒解。它來自於意識因錯亂而逃離至某種縹緲雲端，或者被一個能啟發人、並予人喜

---

[8] 劉易士，《恍惚神迷的宗教》，p. 31。

[9] 心智錯亂或靈魂附身有各種不同的解釋，有的以自然的觀點，有的則是以超自然的觀點來解釋。例如十五世紀襲捲整個歐洲的狂舞症，在荷蘭被診斷為惡魔附身，並施法予以驅除，而在義大利卻被診斷為遭毒蜘蛛咬傷所致，因此有毒蜘蛛狂舞症（tarantism）這樣的名字。

樂的靈體所盤據，然後進入狂喜狀態。我們提到過愛斯基摩薩滿的
「思想改變」，正如他所告訴雷斯穆森的，在即將成為薩滿時，他突
然從憂鬱和哭泣，轉變成無法形容的大喜樂。在神祕而令人震憾的
喜樂之中，他便成為薩滿了。他能以一種全然不同的方式來體驗事
物，這個也已經發生了，他接著說：「在這種情況下，我不只能看透
生命的黑暗，從我身上也發出同樣明亮的光，人類無法察覺，但所
有天、地、海洋的靈卻都看得見，而這些都來成為幫助我的靈。」[10]

　　湯普森（Francis Thompson）以帶著苦澀與甜美的流暢筆調，
道出抗拒神靈附身的悲劇，道出那些逃避窮追不捨的靈，「直奔向黑
夜，奔向白晝……奔向歲月的拱門，」像亡命之徒一般懇求的，逃
離天堂的獵犬：

> 那雙強健的腳不斷在後跟蹤，
> 　不慌不忙地追逐，
> 　不急不徐的步伐，
> 從容的速度，莊嚴的瞬息間
> 　拍擊著──擊出了說話的聲音，
> 　速度比那雙強健的腳還快──
> 「萬物將背叛你，因你背叛了我。」[11]

　　薩滿以及約伯在夜裡搏鬥，喬答摩蒼白而憔悴地坐在菩提樹
下，還有衛斯理離鄉背景前往喬治亞州殖民地，所要追求的報酬，
正是由於順從，由於讓追蹤的靈魂附身而得到的喜悅。

　　神靈附身的經驗如此的切身，以致於人們常以婚姻為其象徵。
在把何西阿（Hosea）關於一對夫妻的故事，詮釋為上帝和以色列的
關係，把基督教婚禮看成基督與教會間神祕結合的象徵時，我們已
經探討過這點了。

---

[10] 雷斯穆森（Rasmussen），《拱形冰屋愛斯基摩人的智識文化》（*The Intellectual Culture of the Iglulik Eskimo*），p. 119。

[11] 有關這首好詩的全文，請參閱希爾（Caroline Miles Hill）編著《世界偉大宗教詩選》（*The World's Great Religious Poetry*, New York: Macmillan, 1942），pp. 45-49。

第四節　神的親臨與認同

一、敬神心境中的親臨

　　有的人會認爲，不論每個人在獨處時，發生了什麼事，本書開始時所引述的懷海德（Whitehead）的說法（見第 3 頁）——宗教乃人們獨處時所做的事——比較正確。宗教不是獨處時所做的事，而是獨處時發生了什麼事，或者更確切的說，當我們真正獨處時，我們變成了什麼。它並非只是孤單一個人，而是一種靈魂獨處的情況，也就是《詩篇》作者道出「平靜下來，並知道我就是上帝」時，那份靈魂的平靜。它是一種敬神的心境，或者其更極端的層面，即神祕主義。

　　敬神的心境不應與敬拜儀式混淆。所有有組織的宗教，都有稱爲「敬拜」的形式和禮儀，不過，我們關心的不是形式與禮儀，而是人的經驗：一種全神貫注，甚至於出神的經驗，使敬神者感到與神靈有一種親密的私人關係。敬拜儀式有可能培養出這種經驗，甚至於達到宗教性的狂喜狀態，但是它不見得會構成這種經驗。敬神的心境並非形式化的表現，而是個人與宗教的盟約。敬神者不僅運用肢體的行爲表現，同時也投注了心靈活動與情感生活。他們覺得自己昇華進入一種宗教價值的領悟，感受到某種神祕、另人敬畏，同時又溫和、予人支持力量、並且充滿關懷的存在事實。他們覺得生氣蓬勃，得到啓發，並且滿心喜樂，甚至到了要哭的程度。這在唱聖歌，或星空之夜，或在雷聲隆隆時，都會發生。

　　敬神的心境不易定義，它不是每個人都有的經驗，同時對任何人在不同的時間，也不會有相同的強度與意義。的確，有時它彷彿只是稍稍多於看見耶穌被釘在十字架上的肖像，或看見一座教堂的尖塔，或者聽到能鼓動情緒的聖歌，甚或一首帶著宗教情懷的通俗流行歌曲，所引發出來的宗教刺激，造成稍多於短暫而充滿柔情的

　　主啊！我的上帝！當我滿懷敬畏與驚奇，想到你雙手
打造的整個世界：我看見星辰，我聽見雷聲隆隆，你的力
量在整個宇宙之中，呈現出來。
　　於是我的靈魂歌頌……你真偉大……你真偉大！

引述自基督教聖歌，「你真偉大」(How Great Thou Art)。

激勵而已。但有時候，它可以是協助達到神祕意識，而後進入全然
宗教狂喜狀態的一種調適。

二、宗教的神祕主義

　　要了解敬神的心境不僅止於「宗教刺激」，觀察它的一種極端形
式──即稱為神祕主義的形式──可能會有所幫助。這種程度的宗
教經驗非比尋常，並非每一個人都真正體驗過，但它卻是普遍性的。
它是在每一個時代，每一種宗教都報導過的經驗，而這些報導總結
說來，始終為同樣一種經驗。基督徒可能用基督教的措辭，印度教
徒用印度教的措辭，佛教徒則用佛教的措辭來加以陳述。但不論用
什麼方式，他們都在陳述相同的基本經驗：神祕主義者迷失於終極
的存在體之中，在上帝之中，享受一種無法形容的幸福經驗。這種
神祕的經驗本身是(1)萬物相互關係與一體性的知覺，氾濫著意識的
經驗：一種給予萬物，包括神祕主義者與上帝，一個共有認同感的
精神生態。(2)一種超出全人類理解範圍的幸福與滿足的經驗。套句

印度《滿都俉耶奧義書》(*Mandukya Upanishad*)的用語,它是一種
「超乎感官,超乎一切理解力,超乎一切表達⋯⋯它是純然單獨統
一的意識,在其中,對於世界與多樣性的知覺,被徹底消除。它是
難以形容的祥和,它是至善。」[12]

三、多種特性

美國最著名的哲學家兼實用主義哲學創始人之一的詹姆士
(William James, 1842-1910),於1901-1902年,在蘇格蘭愛丁堡
(Edinburgh)主持吉福德講座[13](Gifford Lectures)。他以神祕主
義做為演講的開頭,他說:「我想,我們真的可以說,個人的宗教經
驗,均能在意識的神祕狀態中,找到其根源與主旨⋯⋯」他接著問:
「『意識的神祕狀態』這個用語是什麼意思呢?」然後就率先提出意
識神祕狀態,或神祕經驗的「四項特徵」。

詹姆士解釋第一項特徵是「難以形容」(ineffability),有過
神祕經驗的人都說它難以表達。這種經驗無法與人分享,或者傳達
給別人,其本質必須要直接去體驗,因為除了其它因素以外,神祕
經驗也比較像感覺的狀態,而不像心智的狀態。如詹姆士所言,一
個人必須親自聆聽交響樂,「才能知道交響樂的價值;一個人必須要
親身愛過,才能了解箇中滋味。」

第二項特徵是「理智的特質」(noetic quality),這項特質本
章稍早已經探討過了。雖然基本上類似感覺的狀態,神祕的經驗也
具有深奧而屬於私人的智識層面。

詹姆士把第三項特徵等同於「轉瞬即逝」(transience)一詞,
純粹是指神祕的情境無法持久。他所沒有陳述(但我們將要陳述)
的是:雖然真正的神祕經驗很快就會消逝,卻會留下豐富的回憶。
的確,神祕的經驗不需重覆。如果你十分渴望,就永遠也不必失去

---

[12] 引用於史代思(Walter T. Stace)的《神祕主義學說》(*The Teachings of the Mystics*)
　　(New York: New American Library, Mentor, 1960),p. 20。
[13] 這些演講內容可在其著作《宗教經驗種種》(*The Varieties of Religious Experience*)
　　中找到。

這種經驗的宗教意義。如果你要的話，它就持續存在於記憶中。

第四項特徵爲「被動性」（passivity）。詹姆士陳述：雖然神祕的經驗可能起於「初始自動運作」（preliminary voluntary operations），但是當這種經驗發生時，「神祕主義者彷彿覺得自己的意志暫時中止一般。」

第五項特徵（非詹姆士所提出）也許就是「出乎預料」（unexpectedness）了。雖然有一些導引神祕經驗的訓練方法，但對許多人來說，這種經驗並非事先計劃好的，它就是發生了。丁尼生（Tennyson）在其「兩種聲音」的詩中，明確地道出這一點：

> 更甚者，某種什麼就是或彷彿是
> 那帶著神祕的微光碰觸了我的東西
> 就像瞥見已忘卻的夢境──
> 有關感受到的某種什麼，就像此處的某個什麼
> 有關某種不知在何處，曾經做過的什麼
> 這些皆非言語所能形容

詹姆士在其演講中作出了重要的論述：神祕意識深奧地來說，就是一種宇宙意識。在這種經驗中，不只覺的好，還會有歸屬感──覺得自己屬於萬物之總體。他引述了加拿大的精神科醫生柏克（R. M. Burke）寫道：

> 宇宙意識的主要特徵，是一種關於宇宙的意識，亦即關於宇宙的生命與秩序。隨著宇宙的意識，產生了一種智識的開悟，光是這點就可以使個人置身於一種新的存在面──使人幾乎成為新興種類的一員……。[14]

還有人說得更簡單：上帝在祂的天堂，世界一切都安然無恙。

---

[14] 柏克（R. M. Burke），《宇宙意識》（*Cosmic Consciousness*, Philadelphia, 1901），p. 2。

年歲方逢春
今日正值晨
山坡覆珠露
雲雀展翅飛
蝸牛爬荊棘
上帝居天堂
舉世安無恙
　　　——布朗寧（Robert Browning）

第五節　神祕主義的兩種形式：
外求與內求

　　如果向外求諸於世界，而達到神祕主義的統合與狂喜狀態，這種神祕主義，根據史代思（Walter T. Stace）的《神祕主義學說》（*Teaching of the Mystics*），就是外求的形式。如果是向內求諸己，藉著冥想訓練，穿透人類意識最深的層面而達到者，根據史代思的說法，就是內求的形式。

一、外求的神祕主義

　　外求的神祕主義仍是去感受世上的人、樹、天空、房屋，和蝴

蝶，但所看見的是它們的變形，不只明顯地在物質上與生物上具一
體性，同時還有一種精神層面的生態。關於這種經驗，艾克哈特
（Meister Eckhart）寫道：「在此，所有的草、木、石，並萬物均
爲一體。」另一位神祕主義者柏麥（Jacob Boehme）寫道：「在這道
光中，我的靈魂看穿一切事物，看透一切生物，在草木之中，我認
出了上帝。」一位現代神祕主義者佐佐木（Sokei-an Sasaki），敘
述了下列他自己的經驗：

> 有一天，我將腦袋掏空，摒除一切慾念，拋開所有用
> 來思考的字彙，保持平靜。我覺得有點怪異——就像被帶
> 入某種什麼境地，或像碰觸到某種我不知道的力量……然
> 後，噴！我就進去了。我失去了肉體的界限，當然我還有
> 皮膚，但是我覺得自己站在宇宙的中央。我說話，言語卻
> 失去了意義。我看見人們朝我走來，卻全部爲同一個人，
> 全都是我自己！……沒有個別的佐佐木存在。[15]

此一外求形式的神祕主義，顯然是一種世界變了形，並統合於一個
終極存在體之中的意識。

歐尼爾（Eugene O'Neill）極好的劇作《長日漫漫到黑夜》（*Long
Day's Journey into Night*）[16]中，出現了一個有關神祕經驗的真正
敏感的陳述。劇情將近尾聲時，有一幕父子交談的場景，這對父子
活在愛恨交織的關係中，相互要伸手迎向對方，卻從來沒有真正碰
觸過。

兒子艾德蒙說：

> 「剛才你已經告訴我，記憶中一些最精采的事，要不
> 要聽聽我的？我的全跟海有關，我現在就講一個。有一次

---

[15] 佐佐木（Sokei-an Sasaki），《禪宗隨筆》（*Zen Notes*）1, no. 9（1954）: 5 <先
驗世界>（The Transcendental World）。

[16] 歐尼爾（Eugene O'Neill），《長日漫漫到黑夜》（*Long Day's Journey into Night*, New
Haven: Yale University Press, 1956），pp. 153-154。

　　我搭乘『北歐佬』橫帆船前往布宜諾斯艾利斯（Buenos
Aires），信風中一輪明月，破舊的老船，航速達 14 節。
我躺在船頭斜桁木上，面對著船尾，海水在下方形成泡
沫，月光下船桅上的帆泛白，高高的聳立在我之上，於是
我沉醉在如此美景與歌聲般的旋律之中，剎那間失去了自
我──其實是失去了生命。我得到了解脫，融入大海之
中，變成了白色的帆與飛沫，變成了美景與旋律，變成了
月光與帆船，還有灰暗的星空！我有了歸屬感，沒有過去
或未來，在平和與合一，還有狂喜之中，在某種比自己的
生命，或人類的生命還偉大的什麼之中，朝向生命本身！
如果你喜歡的話，也可以說朝向上帝……」

　　「另一次，在『美國號』桅杆瞭望台上，擔任黎明望
哨，當時，海面平靜……在夢中而不是在望哨中，覺得孤
獨，高高在上，離群單獨一個人，望著黎明在海天共枕處，
像上了漆的夢一般地爬行。」

　　「然後便是狂喜解脫的一刻來臨。那種平和、追尋的
終點、最後停泊的港灣，那種屬於願望實現的喜樂，超脫
了人類粗鄙、可憐，並且貪婪的恐懼、希望和夢想！」

　　「在我的生命中，還有其他許多次，當我游到離岸很
遠的地方時，或者一個人獨自躺在海邊，也有過同樣的經
驗。我變成了太陽，變成燙人的沙灘，變成綠色的海帶，
附著在岩石上，隨著潮流搖擺。就像聖徒看見至福的景
象，就像一隻看不見的手，揭開了遮住事物的布幔。一秒
鐘內，你看見一切──而看見祕密，就是祕密。在這一秒
鐘，世界有了意義！然後，那隻手又覆上布幔，於是你又
孤獨一個人，迷失在霧中，跌跌撞撞地前行，不知往何處
去，也提不出一個好的理由！」

　　他齜牙咧嘴地笑了笑。

　　「我被生成人，是個很大的錯誤。作一隻海鷗、或一
條魚，我會更有成就。然而，事與願違，我將永遠成為一
個陌生人，不曾有回家一般自在的感覺，真的不想要，也

真的不被需要，永遠不會有歸屬感，始終必須和死亡有一
點談戀愛的感覺！」

記住，宗教不只是人們所做的事，同時也是可以發生在他們身上的
事，有時候，它會是一種狂喜的狀態。

二、內求的神祕主義

內求的神祕主義比外求的神祕主義更極端，因爲在這種形式
中，神祕主義者的自我完全中止運作。合一與狂喜的經驗產生，而
神祕主義者顯然還不知道自己正在體驗它。他不是在體驗合一與狂
喜，他就是合一與狂喜。他不是在體驗上帝，他就是上帝。運用高
難度的技巧（無師自通），神祕主義者有系統地關閉所有正常的感官
智識經驗。他感覺不到任何東西，看不見任何東西，聽不見任何東
西，什麼也不想，什麼也不體驗。當真正達到這種境界時，已經掏
空了的意識，突然氾濫著純粹、非客觀性的經驗，於是神祕主義者
便進入完美、喜樂、愛、狂喜、和上帝之中，全然沒有了自己。由
於這種神祕的經驗，法蘭德斯的（Flemish）神祕主義者魯伊斯博克
（Jan Van Ruysbroeck），在回到凡人俗世時寫道：

> 在黑暗的深淵中，充滿愛的靈魂消失於自身中，於是
> 上帝與永生開始得到證明。因為在這黑暗中，一道無法理
> 解的光誕生並閃耀著，那就是上帝之子，在祂身上，我們
> 看見了永生。在這一道光中，我們的眼開了。這道神聖之
> 光，被獻給靈魂單純的視野，靈魂處於悠閒的虛空中，藉
> 著開花結果的愛，失去自我，除了一切贈予並各種生物活
> 動以外，還得到了光亮，也就是上帝本身，同時不用手段，
> 就得到了上帝的光亮，不受干擾，就得到了改變，並融入
> 所接收的光亮之中……這光芒是如此的偉大，以致於這位
> 充滿愛，於其棲息之處沉思默想的人，只看到並且只感覺
> 到深不可測的光，而透過萬物單純的裸裎相見，他發現並

感覺自己就是他看見的那道光，其它的什麼也不是。[17]

外求的神祕主義可以自發性地產生。走路時、坐著或靜靜地站著，突然間它就發生了。如佐佐木所言：噴！它就發生了。但內求的神祕主義就不是這樣。內求的神祕經驗，只有藉著苦心修練，才能達成。印度的瑜珈修行者，經過艱辛的努力，而精通於關閉自己的思想和感覺，然後才能入定（samhadi）。修道院裡的基督教神祕主義，也有屬於自己的技巧。他們通常稱之爲「祈禱」，但在意義上，卻不是粗俗地向上帝要求什麼，它比較像印度神祕主義者的冥想。這種技巧得來不易。要停止思考、停止看、聽、感覺，或回憶，並不容易。要掏空所有感官智識的意識，也不簡單。因此，很少人屬於這種較艱難類型的神祕主義者。

三、神祕主義與宗教

一般人都以爲神祕主義是宗教經驗的一種形式，但這可能不確實。有人可以辯稱，神祕主義可能爲非宗教性的事實，而它與宗教的關係，是在有了這個事實以後的事。換言之，一個自發性的神祕經驗，可能有許多的宗教意義，因此可以用來支持並解釋宗教。有人可以辯稱，神祕經驗如果被剝奪了所有的宗教詮釋（諸如將它等同於涅盤、上帝或者絕對存在），就只剩下沒有差別的統一性的經驗了。萬物改變形狀，以達到完全統一的境界，這可能是一個重要的存在事實，然而或許未必是一個宗教性的事實。只有在統一性被詮釋爲上帝，或某種形式的神聖秩序時，它才能夠成爲一個宗教性的事實。

不過，就我們現在的目的而言，或許至少只要能看出，宗教把神祕主義據爲己有，同時神祕主義以許多重要的方式，貼切地論及宗教，也就夠了：(1)宗教關心的是要把人類生活的主軸，從以自我

---

[17] 魯伊思博克（Jan Van Ruysbroeck）《精神婚姻的裝飾》（*The Adornment of the Spiritual Marriage*），韋納群尼克（C. A. Wynachenek）譯（New York: Dutton, 1916）。

為中心，轉移到以上帝為中心；而神祕主義則是一種過程，在這種過程當中，自我彷彿消失，進入一種與無限並絕對的存在（通常稱為上帝）合一的境界。(2)生命往往看起來像是破碎的，而神祕主義使它看起來彷彿完整。(3)人類渴望身份認同，神祕主義使他們與看起來像總體真相，或事實真相，融合成為有意義的整體。(4)生命交織著悲劇與哀傷，神祕主義使人得以超脫悲劇和哀傷。如我們所見，宗教所關心的，是要克服人類的基本挫折；而根據神祕主義者的說法，神祕主義正好有這樣的功能，把人帶進一種平和、幸福和喜樂的經驗中。凡此種種，還有更多，神祕主義自然（如果非必然的話）與宗教有關。

此外，有個問題不該略而不談，因為神祕主義在一個關鍵上與宗教並非完全一致，尤其是與西方世界的宗教。依照猶太教、基督教和回教的說法，神祕主義有時會接近異端，因為神祕主義者往往強調，在神祕經驗中，他們與上帝合而為一。這對某些教導人們在末日（在得救）時，情況正是如此的亞洲宗教來說，是可以接受的。人們與無窮至福融合為一體，進入涅盤，變得與梵毫無二致。但是對猶太人、基督徒和回教徒來說，上帝與人之間，始終存在著一個你-我的關係，一段差異性的距離，如果有別的想法，那就真的是瀆神了。西方偉大宗教始終明確地主張，上帝是永恆的，並且是唯一的，而人類則是祂創造的生物。當佐佐木說，如今必須看出來自己「從未被創造過」時，他可能是在解釋某種類似禪宗，並具形而上重大意義的思想，但是對猶太人、基督徒和回教徒來說，這卻一定是異端的跡象。西方宗教有一種二元性，對於絕對合一的神祕經驗覺得不自在。聖保羅（St. Paul）可以說：「我活著，但不是我，是基督活在我的心中。」然而，這卻不是基督徒通常對自己，或對保羅的想法。即使在天堂，人也不會變成上帝。實際上，渴求達到如此輝煌的境界，有點像露曦浮（Lucifer）與亞當的罪。猶太人說：「噢！以色列人，聽哪！上主我們的上帝，是唯一的主。」，他們也真的認定是如此，基督徒也一樣。回教徒同樣頑固地宣稱：「只有一個上帝——安拉存在。」主張人與上帝結合為一體，等於是主張萬

物在某種程度上，皆爲上帝投影的泛神論（pantheism）；但是對主張上帝是離群索居孤單一個人的一神論（theism）而言，這種說法就不太對勁了。在西方，神祕主義得承受一些附加的解釋。雖然基督徒始終承認基督教神祕主義，基督教神祕主義者卻經常活在被懷疑是某種異端的陰影中，這才是事實。

不論神祕主義是否爲一種獨特的經驗，或者只是另一種形式的宗教經驗，它都和宗教經驗有緊要的關聯，因此在對宗教下定義時，必須加以考慮。

四、敬神的心境

即使在所有的歷史中，世界上也只有少數的神祕主義者。很少人曾經真正完全失去自己，處於和終極神祕存在（和上帝）的無窮境地，合而爲一的狂喜狀態。但是，有許多人在類似的經驗中，至少有點失去自我，他們有敬神的心境。

> 遠方塵世的喧囂平息
> 街道上的高聲吵嚷
> 變成模糊不清的咆哮
> 如此，當我每天進入這裡
> 把身上的負擔留在教堂門口
> 跪下禱告，毫不羞赧
> 彼時叫人鬱鬱寡歡的喧嘩騷亂
> 消逝成模糊不清的呢喃
> 永恆的時光觀望並等待著
> ——朗費羅（H. W. Longfellow），「神曲」
> （Divina Commedia）

許多人遠離了日常生活中的匆忙與紛亂，在平靜的一刻，當時間等待著，覺得自己和上帝的關係，如同「我」和「你」的關係。在這種經驗中（如神祕主義者所陳述的經驗中），自我爲中心的感覺

逐漸消退，但很少像神祕主義一般，產生自我知覺中止的情況。張三永遠是張三，上帝永遠是上帝。二極性繼續存在：敬神者和神聖的客體，我和你；自我並沒有暫時中止，有一種與上帝住在一起的感覺，卻沒有失去生命多樣性的感覺。主／客體關係依舊存在，萬物關係雖然變得親密，甚至於完美，但並未合而爲一。

　　稍早在本書中，我們說人類是信奉宗教的動物，同時也研究他們爲什麼信奉宗教，還有他們信奉宗教時，做些什麼，我們也觀察到一些信奉宗教所能獲得的實質益處。不過在本章中，我們一直在說的是，儘管這一切，宗教仍更甚於此。

　　即使藉著某種超自然技術，一切現在只能透過宗教才可得的實際價值，用技術就可以爲人類製造出來，宗教仍會被那些已經發現其更深奧層面的人，加以追求並珍惜。在那些侍奉上主，並展開鷹一般羽翼，攀上高峰的人的生活中；對那些「就在一朵紅百合花火燄般綻放的地方」[18]，發現祂的足跡；對那些採取愛與慈善的態度，忘卻自己，完整度過人生的人；還有或許最難得的是那些平靜且認識上帝的人來說，它仍是令人興奮而珍貴的。

---

[18] 卡爾曼（Bliss Carman），「痕跡」（Vestigia）第一首，第四行。見希爾（Caroline Miles Hill）編著的《世界偉大宗教詩選》（*The World's Great Religious Poetry*, New York: Macmillan, 1942），p. 431。

名詞解釋

◆　Anabaptist **再洗禮教派**・十六世紀新教徒的激烈改革運動。再洗禮派教徒相信只有成人的洗禮，才是適當的洗禮。他們是和平主義者，並且不在任何政府機關司職。

◆　Bodhi-tree **菩提樹**・菩提爲北印度用語，指「開悟」的意思。菩提樹在印度傳統中是一棵樹，喬答摩坐在該樹下，心靈獲得啓發，又稱菩樹（bo-tree）。

◆　Dervish **托缽僧**・波斯文爲 "darvish"，「托缽僧」或「乞丐」之意。回教各種不同等級的苦行者之一。有些托缽僧以表演迴旋舞，以及誦讀宗教文句的方式，作爲練習，以求達到集體出神的境界。

◆　 Eucharist **聖餐**・基督徒紀念耶穌最後晚餐的聖餐，又稱 "Communion"。

◆　Jinn **精靈（單數型爲 "jinni"）**・在回教傳說中，能假扮成人類形貌的靈。

◆　Noetic **理智的**・屬於或相關於心智者；起源於理智並經由理智來加以了解；相關於理智或以理智爲特徵，只有以理解力才看得清楚。

◆　Shaman **薩滿**・這個名稱來自俄文 "shaman"，是西伯利亞的祕教祭司，能直接和神或靈，或兩者溝通。在北美印地安部落，通常被稱爲「巫醫」。

◆　Upanishads **奧義書**・超越較早的《吠陀本集》（Veda）的印度教經典，主要談論梵（上帝）與人的靈魂（Atman）之一體性。

附錄一

西方、古典與當代之宗教研究

新的不斷發生
舊的始終與我們同在
　　　　——崔默（W. C. T.）

　　表面看來，宗教光輝燦爛，涵蓋了人類生命與活動的全部範圍，包括藝術、思想、文學和情感。它是一種社會結構，一種政治動力，是和平的理由，也是引發暴力的因素。這一切意味著，要充分探究宗教爲何，涉及了種類廣泛的學術訓練。這也就是爲什麼，在許多大專院校所謂的宗教科系的課程中，要運用很多不同的研究與方法，包括神學理論、哲學性神學論、聖經批評、宗教史（比較宗教學）、社會並行爲科學，以及考古學。

　　這些學科大部分是新發展出來的，現代聖經批評始於十八世紀中葉，宗教社會學和宗教史始於十九世紀，宗教心理學和聖經考古學始於二十世紀。哲學性神學論則不同，以哲學形式（依據理性原則與論證）來表達的神學（有關上帝與宗教事物的言論），要追溯到世紀初的基督教歷史，它始於早期重要的教會領袖，諸如亞歷山大城的奧利金（Origen of Alexandria，約 185-254），以及希波的奧古斯丁（Augustine of Hippo，354-430）。

　　這許多種學科是爲宗教下定義的重要基礎，因此，對於各個學科稍作論述，似乎是適當的。

第一節　哲學神學論

一、古代

　　早期重要的基督徒如保羅（Paul）等人，著重於把「耶穌」的故事說出來，並且以神學理論來加以描述。用哲學的標準來衡量其對新興基督教信仰所作的論述，這些還人稱不上是哲學家。他們並未正面反對古代諸如柏拉圖（Plato）或亞里斯多德（Aristotle）這些哲學家。的確，大部分早期的基督教神學理論，都不是衝著希臘羅馬哲學，而是衝著敵對的猶太教，打造出來的，而這些猶太人[除了少數例外，如亞歷山大城的斐洛（Philo of Alexandria）]也不是哲學家。早期基督教見證人的非哲學性陳述，在所謂的「使徒教父」（Apostolic Fathers）著作中延續下去：諸如羅馬主教克雷芒一世（Clement I）、安提阿（Antioch）主教伊格奈歇斯（Ignatius）、一一七至一一九年間，一封探討神學理論的重要書信作者巴拿巴（Barnabas）、約一五六年殉道的士每拿（Smyrna）主教波利卡普（Polycarp）等這些二世紀的教會領袖。這些早期的教會著作家，在面對古希臘歷史的（Hellenistic）威脅時，以「啟示得來的真理」，而非理性的哲學論述，作為他們的理論基礎。

　　　　到了三世紀，基督教會領袖才變成不只是信仰的見證人，同時也是運用各種哲學方法的哲學神學家，他們甚至還把希臘哲學觀念併入基督教智識（信仰）體系中。這些導師現今被稱為「護教論者」（Apologists），其中亞歷山大城的奧利金至今仍是同時期基督教導師中，最有系統、最具哲學理念的人[1]。他把柏拉圖、亞里斯多德、斐洛、

---

[1] 其他護教論者有殉教烈士查斯丁（Justine Martyr, 100-160）、亞山納萬拉斯

新柏拉圖主義者（Neo-Platonists）、以及諾斯替教徒
（Gnostics）的思想，融入他對基督教教義的闡述中。他
和他的老師克雷芒，這兩位在埃及亞歷山大城的導師，的
確加強了古埃及首都在智識與哲學方面的威望。

奧利金之後，有一些基督教神學家[2]，致力於處理內部神學方面
的緊張狀況，特別是有關三位一體與基督具人／神性質的教義。

這些後來被稱爲「早期基督教教父」（Patristic Fathers）者
當中，最令人振奮的是奧古斯丁（354-430）。奧古斯丁是早期思辯
哲學神學家當中最偉大的一個。他的基督教神學體系，包括基督教
啓示與柏拉圖哲學的特質，就是一直延續到中古時代並以後的早期
天主教信仰的系統神學論，甚至到今天，它都還有極爲深遠的影響
力。奧古斯丁在基督教神學家當中，不只是一位巨擘，同時也是世
界最偉大的哲學家之一。他的哲學神學論涵蓋了廣泛的哲學思辯，
舉例來說，他探究上帝這個概念、人類的靈魂、倫理學、辯證法
（dialectic）、神學、宇宙哲學，和心理學。

儘管奧古斯丁對宗教有哲學方面的興趣，卻不曾準確地闡明哲
學與神學的差異，此一辨識的工作，就留給另一位哲學兼神學巨擘：
十三世紀的才子──阿奎納（Thomas Aquinas，約 1225-1274）。和
所有早期的基督教教父一樣，阿奎納認爲柏拉圖在亞里斯多德之
上，不過（由於阿奎納）亞里斯多德在基督教，終究佔有一席之地。

（Athanagoras 約卒於 180 年）、提香（Titian, 二世紀末）、西奧菲勒斯（Theophilus,
二世紀末）、伊里奈烏斯（Irenaeus, 140-202）、希波里托斯（Hippolytus, 三世紀初）、
德爾圖良（Tertullian, 約 160-240），以及亞歷山大城的克雷芒（卒於 217 年）。

[2] 如亞歷山大城的亞大納西（Athanasius of Alexandria，卒於 373 年）、尼斯城的萬雷
高利（Gregory of Nyssa，約 331-394）、巴西略（Basil，卒於 379 年）、那西昂的萬
雷高利（Gregory of Nazianzen，生於 330 年），以及亞歷山大城的西里爾（Cyril of
Alexandria，卒於 444 年）。

第二節 中古世界：中古時代的
經院哲學（Scholasticism）

　　十一世紀前，哲學性神學論一度曾因教會當局的反對而式微。這種反對聲浪的產生，部分因爲一位九世紀初，在愛爾蘭出生，名叫埃里金納（Erigena）的人，試圖要爲理性（哲學思維）與啓示的結合，找出一個合乎理性的基礎，只不過他太過火了（或者教會領導階層這麼認爲），於是有一段時間，哲學性神學論遭到阻撓。然而，到了十一世紀，這種偏見已經消退，這從坎特伯利之安塞姆（Anselm of Canterbury, 1033-1109）的著作被重視的程度，可見一般。

一、安塞姆

　　通常被稱爲「經院哲學之父」的安塞姆，做了兩件對哲學性神學有恆久價值的事。他曾說：「我相信我可以知。」（credo ut intelligam）這麼說是主張：人在堅定的信仰中，比只站在外面客觀地檢驗，更能正確地看見並知道（研究）宗教或上帝，或兩者。安塞姆對（當時並現在）宗教思想的另一項貢獻，就是他有關上帝存在的本體論論證。

二、阿奎納

　　十一世紀的基督教神學，尤其在當時仍由回教徒統治的西班牙，因爲透過基督教與回教的接觸，有關柏拉圖與亞里斯多德的資料漸多[3]，而有了新的方向。此一新方向包括由重要的哲學神學家所

---

[3] 尤其是亞里斯多德，他的著作在西方基督教世界大量流失，藉著與廣泛保存其著作的

作的概論與系統神學論[4]，其中最重要的有阿奎納的《神學大綱》
（*The Summa Theologica*）。有了阿奎納，基督教神學宛若服下一劑
哲學猛藥，藥效一直延續到今，尤其是在羅馬天主教思想中。阿奎
納主張：藉著理智（哲學研究）就可以了解宗教和宗教事物。例如：
上帝的存在，透過理智——亦即依據經驗對周遭環境所做的研究——
——就能獲得印證[5]。這是自然神學論。但是諸如上帝的人格性質、耶
穌基督是救世主、三位一體、童貞聖母，都不是透過自然研究和理
智可以發現的事情，它們都要依賴啓示。這一切是在說：阿奎納清
晰地劃分了哲學與神學的領域。他把哲學的主題，限定在可以公開
論證的事物。他宣稱哲學的目的，在於確立運用人的理智，就可以
發現並證明的真理。另一方面，神學的主題是信仰的內容，或換言
之，它是一種啓示得來的真理，無法用理智來發現或證實，並且沒
有辯論的餘地。然而，這兩種領域卻有重疊的部分。由於真理不與
理智相抵觸，因此信仰的諸多「奧祕」不可能無法理解，只不過它
們超出了人類有限的理解力，所以，它們可以用理智來推論，而且
至少有部分是在人類理解力的範圍內。舉例來說，上帝的存在，除
了啓示，還可以用理智來加以證明，其它的神學觀點，也可以訴諸
理性的證明。的確，有很大部分的哲學（其實也是最重要的部分）
都投注在有關神學的事物上，然後形成一種阿奎納所謂的自然神學
論（natural theology），以別於啓示性神學論[6]（revealed
theology）。

回教世界的接觸，才再度被介紹到歐洲。在西方，此一亞里斯多德的重新發現，始於
十一世紀。

[4] 例如黑爾斯的亞歷山大（Alexander of Hales, 卒於 1245 年）、大艾伯特［（Albert the
Great）即大阿爾伯圖斯（Albertus Magnus），約 1206-1280 年］，以及波拿文都拉
（Bonaventura, 1221-1274）所寫的概論。

[5] 見 237-239 頁。

[6] 在其不朽的哲學神學論《神學大綱》（*The Summa Theologica*）中，阿奎納綜合了前一
世紀經院神學家慢慢累積起來，多少有些支離破碎的法則，以及在他所屬的十三世紀初
期，得自希臘和回教的思想原理。如此一來，除其它結果外，還構成了第一套完整的基
督教式亞里斯多德哲學，決定了信仰與理智的位置，並建立了基督教哲學神學論有史以
來最具權威的陳述之一。

三、司各脫（John Duns Scotus）

　　能夠與阿奎納的哲學神學論相匹敵者，便是才華洋溢，通常被稱爲「精密博士」（subtle doctor）的司各脫（約 1266-1308 年）的理論。司各脫接受了阿奎納對神學與哲學的區分法，然後就把哲學在宗教上的地位，貶得無足輕重。不像阿奎納把智識置於宗教的前線，司各脫把人類的意志擺在前面。在宗教，最主要的是意志，不是理智。阿奎納教導人們，救贖（終極幸福）要在「神聖本質」的冥想中尋求，它是屬於智識的事。司各脫反對這種說法，並教導人們要在一種完美的愛的行動中，才能獲得最終的幸福（救贖），它是屬於意志的事。

　　從阿奎納與司各脫的爭論中，我們可以看見一道縱貫基督教哲學神學論歷史的裂痕：如何才能達到最後的真理與終極救贖？可否像阿奎納所提出的，經由縝密的思考（理智），找到終極真理？抑或如司各脫所言，那是出於一種內在的感覺、經驗、直覺（信仰）？有一派神學家會說：「思考、理性判斷、哲學推理才是正道！」另一派卻反對這種論調說：「感覺才算數，直覺才是正確的方法。宗教的真理不在於思考正確，而是感覺對了！」

四、奧卡姆

　　奧卡姆[7]（William of Occam，約 1280-1349 年）的努力，使得哲學與神學之間的親密關係更加消退。奧卡姆主張事實真相不應被當作是普遍性的，它反而是屬於個人的。我們所知道的，都是特定的事實，一切真正的知識皆依據直覺。抽象概念無法呈現事實的真相，所以應該棄絕一切不必要的神學推理和假設，採用「奧卡姆的剃刀」[8]（Occam's Razor），一切知識均以經驗爲基礎。更甚者，知

---

[7] 又爲 "Ockham"。

[8] 又稱論題簡化原則（the Law of Parsimony），其條文爲：*除非必要，不應增加實體之*

識並未使我們直接感受客體，而是透過我們的感官，客體呈現在我們面前的是它的表象（奧卡姆稱之爲「符號」）。就其限制理智的力量而言，奧卡姆是一位懷疑論者。他並不否認確定性的可能，只是主張智識無法提供確定性。他列舉了人類理智無法證明的真理如下：人的靈魂、上帝的存在、上帝的無窮性、宇宙直接由上帝創造。

十六世紀新教徒改革一開始，哲學神學論的重要性便減弱。不管是從事改革的新教徒，或是反改革運動（Counter-Reformation）的天主教徒，都不依賴哲學來支持宗教信仰。新教徒直接以聖經的權威性，以及「唯獨信仰才能得救」的信條作爲論據。羅馬天主教則是以十二門徒教義的權威性，作爲反改革運動的依據。

十六世紀末，十七世紀初，馬丁路德（Martin Luther，1483-1546）與哥白尼（Nicolaus Copernicus，1473-1543）的時代，在歐洲大陸與英格蘭，是一個神學爭論十分激烈的時代。新教徒與天主教徒勢不兩立，不管是改革派新教徒，或者反改革的天主教徒，均不採用正在發展的新科學與哲學。不過，在新教徒的思想中，有些特質卻有助於十八世紀一種新哲學神學論的發展。首先，依據首要原理推演而來的法則，經院思想已是高度的理性至上。第二，時間是分割的，思想是多方向的，因而產生一種要找出某一共同交集的欲望，如此，儘管神學理念分歧，有理性的人也能達成共識[9]。

數量。意思是說，若非必要，勿以更複雜的方式來解釋事物。例如：存在若可用自然的因素來說明，就不要再增加超自然的解釋，切莫沒有必要地混合種種假設。雖然奧卡姆本人一直是信徒，但他這種思想，卻為後來的唯物懷疑論（materialistic skepticism）鋪好了路。

[9] 十七世紀時，被稱為自然神論（Deism）之父的賀伯特勛爵（Edward, Lord Herbert of Cherbury, 1583-1648）企圖要使宗教有合乎理性的普遍性。賀伯特勛爵相信某些原則是人類與生俱來，由上帝所賦予的，因此，全人類宗教傳統雖有歧異，一樣可以達成理性共識。賀伯特認為宗教信仰中，有五種固有的原則：(1)上帝的存在。(2)上帝應受敬拜。(3)敬拜上帝以實踐美德為主。(4)人永遠憎惡罪行，且有義務為自己的罪惡懺悔。(5)死後將有賞罰。

第三節　現代世界

一、笛卡兒

笛卡兒（René Descartes，1596-1650）使哲學全速轉進西方思想中。他的《方法談》（*Discource on Method*）名句「我思故我在」（Cogito ergo sum）爲現代理性哲學奠定基礎[10]。在他的小書《沉思錄》（*Meditations on First Philosophy*）中，笛卡兒回頭聆聽安塞姆，並提出自己的本體論論證[11]。他還主張，物質與心智是截然不同的，物質完全沒有心智，而心智是絕對非物質的。這種物質與心智的觀點，使笛卡兒堪稱爲現代哲學的建立者，因爲其心智非物質的概念，證明對現代唯心（以心智爲基礎的）哲學有暗示性的作用，同時他把物質與心智分開，對後來的自然主義哲學與唯物哲學的發展很重要。

二、布魯諾（Giordano Bruno）

實際上，第一位從中古時代思想解放出來的現代思想家代表人物並非笛卡兒，而是早了半個世紀的布魯諾（約 1548-1600 年）。至少在精神上，笛卡兒還是屬於經院哲學，他的本體論論證，確實回頭參考了安塞姆的理論。布魯諾就不同了。布魯諾非常「現代」，卻處於還不太能接納他的世界，因而命喪黃泉。布魯諾出生於義大利南部的諾拉（Nola），十六歲進修道院，十八歲就很嚴肅地對正統派天主教/基督教持懷疑的態度。三十歲逃離修道院前往羅馬，從此成

---

[10] 其他現代理性哲學的哲學家有史賓諾沙（Baruch Spinoza）、柏克萊（George Berkeley）、康德（Immanuel Kant）、施萊馬赫（Friedrich Schleiermacher）、孔德（Auguste Comte）、羅茲（Rudolph Lotze），以及李恕爾（Albrecht Ritschl）。
[11] 見 242-244 頁。

爲永遠被放逐的人，到處流浪，一度避居法國南部，在土魯斯大學
（University of Toulouse）任教，後來到巴黎，在巴黎大學
（University of Paris）是一位很受愛戴的老師，還曾經待在倫敦
和牛津，卻看不起英國人。回到巴黎時，他抨擊阿奎納所激賞，同
時在天主教神學中，還給予它顯著地位的亞里斯多德哲學思想。當
時布魯諾犯了一個致命的錯誤，他以清晰有力的言語，闡述哥白尼
的（Copernican）新世界觀。這個預示新世界來臨的觀點，在十六
世紀末卻不受歡迎。布魯諾遭到宗教法庭（Office of the
Inquisition)的逮捕，經過長期審訊後，被處以火刑。布魯諾死了，
但一個新的世界正要開始。

三、洛克（John Locke）

　　笛卡兒單憑理性——即正規的、演繹的、先驗的（a priori）
推理方式，來論證上帝。例如他說，我們可以單憑理性並固有的理
念，來證明上帝存在。英國人洛克（John Locke, 1632-1704）完全
無法接受這種邏輯。他認爲一切知識都必須以經驗爲準。他說，人
生下來，並沒有任何的理念。出生時，人的心智是一片白板（tabula
rasa），好讓經驗在上面書寫。所有理念，毫無例外的，皆由經驗而
來。例如上帝的存在，就可以單憑經驗論來加以證明[12]。
　　洛克的另一個論點，證明對後來的哲學神學論具有影響力，他
指出了「痴心妄想」的危險性。人們傾向於相信想要相信的事物，
不因爲它是真的，而是因爲他們要相信。按照洛克的說法，「人們之
所以確信，是因爲他們確信；他們的信念是正確的，因爲他們的信
念堅定。」人們所相信的「是一種啓示，因爲他們堅信如此，而他
們之所以相信，是因爲它是一種啓示。」洛克並不否認聖經啓示的
真實性，而是強調這種啓示，並沒有取代經驗主義的研究與結論。
上帝使一切真理合乎理性，因此，「理智必定是一切事物最終的仲裁

---

[12] 洛克主張人類的存在，使得一個至少等同於人類創造的創造者必需存在。這種論點其
　　實要追溯到聖阿奎納以及亞里斯多德。

與引導。」[13]

洛克試圖把科學的、經驗論的原則，應用在基督教信仰中，他想要用經驗研究的理性，而不是邏輯演繹法，讓基督教「合理化」。

笛卡兒、布魯諾、洛克，以及所有十七世紀的思想家，都站在現代世界的門檻，然而，在哲學神學論的領域裡，卻是下一個世紀的巨擘，跨越了那一道門檻[14]，尤其是康德（Immanuel Kant）、黑格爾（George Hegel）、施萊馬赫（Friedrich Schleiermacher）。不過，首先我們應該注意和他們一樣，踏出了重要第一步的休謨（David Hume，1711-1766）。

四、休謨

一七三九年休謨的《人性論》（*Treatise on Human Nature*）在倫敦出版，他預期會掀起一陣騷動，但卻沒有。然而，它應該引起騷動，因為它宣告了一種連根徹底撼動哲學思想的智識的來臨。休謨從極端經驗主義（empiricism）出發，對於哲學目標的理念，則是嚴謹的檢驗。嚴謹的檢驗使他首先推論到，人類的心智就是心智本身的內容。

因此，對於心智的分析，就是一紙內容清單，亦即感知。休謨宣稱感知有兩種型態：印象——當我們看、聽、運用意志力、愛，諸如此類較鮮明的感知經驗；思想或理念——感知的模糊影像。除了別的以外，這意思是說，我們一想到世界和世上的神，都會陷入一種「人形的陷阱」。我們按照自己的經驗，想像神明的樣子，可是我們的經驗——我們的意識——不過是一堆感覺而已，這些感覺或許告訴我們有關自己的事，卻無關乎世界或世上的神。

---

[13] 其他努力要使宗教以經驗為依據的重要哲學神學家包括戚林華斯（William Chillingworth）、提洛森（John Tillotson）、托藍（John Toland）、丁達爾（Matthew Tindal）、雷辛（G. E. Lessing）、阿魯埃特〔（François Marie Arouet），筆名伏爾泰（Voltaire）〕。

[14] 在稱為啟蒙時代的十八世紀，基督教思想呈現出它的現代面。最重要的，這是一個反抗威權的世紀，它同時也記錄了作為真理與行動主要仲裁的個人理智與良心的出現。

第二，休謨語出驚人地宣布：「因果」只是我們對一系列現象的感覺而已。我們察覺到 B 隨著 A 而來，如果這種情況一再發生，我們就說 A 導致 B 的產生。但休謨指出，我們並未察覺 A 導致 B 的產生，只察覺到 B 隨著 A 而來。他說：「當我們發現任何特定物體總是連結在一起時，這種關係（因果關係）的知識並非……由先驗推理而來，反而完全得自於經驗。」[15]

第三，休謨的道德哲學，把理智的角色限定為一種道德標準。道德特性反而被看成是取決於令人愉快以及令人不悅的感受。休謨認為道德價值屬於同情心，以下是他有關道德價值的最終分析：

> 對於他人的喜與悲，沒有人會完全無動於衷。前者自
> 然傾向於給人快樂，後者給人痛苦，此乃人之常情。這些
> 原則不可能再被分解成更簡單，而且更普遍的原則……。
> [16]

第四，在他兩本不斷被研讀，有關宗教的書之一的《宗教自然史》[17]（*The Natural History of Religion*）中，休謨特別抨擊他堅稱無法獲得經驗式證據的支持，卻普遍被接受的兩項信念。其一是假設一神信仰是人類普遍都有的直覺。他認為信神背後的因素，不是理智而是恐懼。害怕在自然界中運作的不可知因素，造就了原始人類的部落諸神。更甚者，他認為，即使在有一位至高無上的上帝這個理念確立以後，通俗宗教或多或少始終維持著多神信仰。另一個休謨抨擊的目標是所謂的高等宗教對社會有益的觀念。他反而發現這些宗教不僅造成迷信與狂熱，同時還造成一種責任體系，這種體系會削弱人類與正義並人道原則之間的聯繫。更重要的，休謨認為「高等宗教」顛覆了誠懇與知識。參與這種宗教，就必須強迫自己肯定一些信條，不管是否相信它們是真的。因此，「不同於人類

---

[15] 《休謨全集》（*Hume's Works*），第四冊，（London: Green and Grosse, 1889-1890），p. 24。

[16] 同上 208 頁註腳。

[17] 另一本是《自然宗教的對話》（*Dialogues Concerning Natural Religion*）。

無可避免地傾向於作出漫不經心的推斷，並傾向於相信一切行動有其遵循的自然秩序，一般宗教信仰都是一種假裝的形式，卻因爲被奉爲宗教義務，所以漸漸形成一條僞善的鎖鍊，一步步走向掩飾、欺騙和虛假。」[18]

休謨以這種批評方式，在新世界的哲學性神學領域，引發了一連串爆炸性的新發展，其一表現在傑出哲學家康德的著作之中。康德承認休謨把他從教條式的長眠中喚醒。休謨漫不經心的分析，動搖了康德對於哲學與宗教事物的確定性，他再也無法接受理性主義的信條，或者相信本體論哲學的原則，回應休謨便成爲康德哲學思想的主要目標了。

五、康德

康德（1724-1804）寫了兩本關於人類知識來源的書。在他的《純粹理性批評》（*Critique of Pure Reason*）中，康德以懷疑的態度，把古老的工具──理性──解體。他主張不論理性思考，或經驗式的證據，都提供我們確切的訊息，因爲理性與經驗兩者，都是人類心智的本性所形成的。心智使我們所知者成形，我們並未直接體驗世界，而是透過心智來體驗。我們對世界的認知，一如它所呈現的外觀，而事物本身（Ding-an-sich）卻可能大不相同。

在康德的第二部批評，《實用理性批判》（*Critique of Practical Reason*）中，要確認知的可能性大大提升。在這裡，康德仔細探究道德經驗的條件，透過「實用理性」，可以得知許多事情。例如，意識（實用理性的一個層面）告訴我應當採取哪些行動，避免哪些行動。一點點的思考，就說服我這個「應當性」是放諸四海皆準，在任何地方，對任何人來說都是真確的。此一「絕對命令」，以其抽象形式，要求我採取如此的行動，以便我運用意志力，使我的行動依據成爲大家通用的準則──普遍法則。由於這項道德法具

---

[18] 休謨（David Hume）《休謨之自然宗教的對話》（*Dialogues Concerning Natural Religion by David Hume*），艾肯（Henry D. Aiken）編，（New York: Hafner, 1951），p. ix。

普遍性，並且是不變的，所以必須置於必要的基石上，而它確實也是如此。它是自動自發，在自己的基石上安定下來，不受外來動機的強迫，也不是由理性推論出來的，它反倒是藉著實用理性來強迫意志，然後表現在直接意識中。

所以說，道德經驗是直接的、強制性的，它的根基就是自己。更甚者，由於道德是真實的，因此可以作出一些推論：(1)意志是自由的，否則，道德就不真實。(2)由於道德天平在今生常失去平衡，無辜的人往往受苦，邪惡的人卻獲得報酬，所以死後必定還有生命，以平衡道德天平。(3)必定有一個上帝存在，以負責最終的道德正義。

康德把宗教信仰植基於人類良心所體驗的事實，而非理性，因此，他可以明確地把宗教定義為：領略出責任就是神的旨意。

六、黑格爾（George Wilhelm Friedrich Hegel）

康德的神學演繹根據道德：宗教是領略出責任就是神的旨意。黑格爾（1770-1831）對宗教的看法不同，他不認為宗教是意志（道德力量）的產物，而是智識的產物。對黑格爾來說，宗教終究屬於純哲學，一種絕對理想主義的哲學。

黑格爾認為上帝（絕對存在）不是一個東西，不是一個生物，不是一種物質，而是一種程序。上帝就是世界的程序，藉著它，該程序固有的規劃或性質逐漸明確——漸漸達到完全的自我了解。由於自我了解意味著自我意識，因此世界程序（絕對存在）必須被看成一種發展自我意識的程序，它最後會達到徹底自我了解的境界。用純哲學的術語來說，上帝是生命程序的聖靈。沒有世界，上帝就不是完整的上帝。聖靈（上帝）與自我實現的程序之間，並無界限可言[19]。

黑格爾提議用三個步驟，就能提升到絕對聖靈的頂峰：即藝術、

---

[19] 這個理念特別在黑格爾的《聖靈之現象學》（*Phenomenology of the Spirit*, 1807）中可以找到，尤其在序文與導論。

　　黑格爾起初雖不贊同基督教，最後卻推論基督教是宗教最佳的表達形式，因為光是在基督教中，就可以看見聖靈（上帝）藉著辯證（反覆）的程序，在歷史上完全表達出自己。上帝是一個歷史的上帝，不只像猶太人和基督徒最初所假定的（只是世界的創造者並其命運的決定者），同時也是該世界並其歷史的一種非常內在的程序。黑格爾領略到基督教尚未以適當的哲學和冥想方式，把自己表現出來。事實上，基督教的確以感官的層面，以道德化並美學的形式，把自己表現出來。不過他認為，這些形式必須超脫（aufgehoben）到純思考（Begriffe）的境界。基督教終必要逃開所有的歷史比喻，成為絕對理念，它終必要領略出救贖不是道德或感覺的事，而是一種直接對上帝認知的冥思。

　　黑格爾最後終於肯定基督教神學的另一證據，可以從他對舊約亞當與夏娃墮落的故事，具深刻見解的詮釋中看出來。他不把亞當與夏娃的墮落，解釋成很久以前的一個孤立事件，而是把它解釋成人類跨越天真，朝向終極知識（救贖）的進展。動物「在天真之中」，與上帝生活在一起，以上帝為他們所設計的功能來運作。但是，人類跨越了天真，變成有自我意識，有真的靈魂和智識的生物。創世紀亞當墮落的故事，根本就是人類從野獸超脫成為智人（Homo sapiens）的神話。套句黑格爾的話：「因此，亞當的墮落，就是人類的神話──其實也就是他成為人的轉變過程。」這句話引述自黑格爾的《哲學的歷史》（The History of Philosophy），席博立（J. Sibree）譯，（New York, 1944），p. 321。

宗教，和哲學。在藝術，聖靈（上帝）可以用象徵來表現但不能完成。在宗教，可以提出客觀性質來證明聖靈。在此(1)上帝可以被看成超脫俗世，看成恆久不變，存在於其所創造的俗世以外的生物。(2)上帝可以被想成是世界上一種有化身的，無所不在的創造力量。(3)上帝可以被看成是一種有限事物(世界)所要回歸的無窮境地[20]。然而，哲學對上帝的觀點，高於藝術或宗教對上帝的觀點。結合了藝術中上帝的光輝，與宗教中有限世界爲上帝所創的定見，哲學宣稱絕對聖靈乃世界之程序，在其中，上帝實際上是在實現祂的自我了解，同時實際上終於成爲完整的上帝。

七、施萊馬赫

康德把宗教看成一種行爲方式———一種與倫理有關的事。黑格爾把它看成一種思考方式———一種與形而上有關的事。施萊馬赫（Friedrich Schleiermacher，1768-1834）卻作出極端的改變，他說，宗教「不可能是一種渴望一大堆形而上和倫理的瑣碎事物的本能。」[21] 他反倒認爲感覺是宗教生活中一個奇怪的官能。在這種情況下，施萊馬赫所說的感覺是指直接、直覺意識到「我們的存在與生存是藉著上帝而來的。」對施萊馬赫而言，宗教在於我們都有的那種無窮的感覺，還有在於我們依賴該無窮的感覺。他寫著：

　　……與虔誠信仰同質的是：絕對依賴的意識，或覺得
　　與上帝有關的意識，兩者意思相同。[22]

---

[20] 《聖靈之現象學》（*Phenomenology of the Spirit*），CC，VII，B。

[21] 施萊馬赫(Friedrich Schleiermacher)，《論宗教：致知識界蔑視宗教者》（*On Religion: Speeches to Its Cultured Despisers*），歐門（John Oman）譯，（New York: Harper& Row，1958），p. 31。

[22] 施萊馬赫的《基督教信仰》（*The Christian Faith*），麥金塔許（H. R. Mackintosh）與史都華（J. S. Steward）編，（Edinburgh，1948），p. 31。

近十八世紀末，在歐洲有一些看法不同的思想家和藝術家，逐漸獲得顯著的地位。他們反對當時理性主義的時代思潮（Zeitgeist），大開屬於個人的、情感的經驗之門。這些哲學家與藝術家包括像拜倫（Byron）、布萊克（Blake）、華茲華斯（Wordsworth）、柯立芝（Coleridge）、貝多芬（Bethoven）、蕭邦（Chopin）、巴爾札克（Balzac），還有歌德（Goethe）這些人。他們以「浪漫」的狂熱來回應生命，施萊馬赫也有相同的情懷。

　　施萊馬赫的著作在現代神學理論中，造成了一些極端的改變。施萊馬赫之後，人們以較科學的角度來看宗教：深蘊心理學（depth psychology）的新層面被加進來；宗教傳統與歷史的新批評研究產生了；更嚴僅的經典研究受到鼓勵；某些似乎已不重要的基督教信條，諸如耶穌為童真女之子、三位一體、基督復臨，都不再被強調（甚至於被撤消）；宗教比較研究，以及對宗教現象的科學分析與分類產生了。這一切當然說明了為何施萊馬赫會被稱為「現代自由主義神學之父」，並且也使得他成為現代新正統運動（Neo-Orthodoxy）之所以排斥現代自由主義神學，最初的原因所在了[23]。

四、二十世紀

　　由於休謨、康德、洛克，以及施萊馬赫、哥白尼、達爾文，還有整個現代世界科技大爆炸的啓發，某些哲學家和神學家已經在嘗

---

[23] 其他對哲學神學論有影響的十九世紀重要學者是齊克果（Søren Kierkegaard, 1813-1855）、費爾巴哈（Ludwig Feuerbach, 1804-1872）、李恕爾（Albrecht Ritschl, 1822-1889）、尼采（Friedrich Nietzsche, 1844-1900），和羅伊斯（Josiah Royce, 1855-1916）。

試詮釋宗教（尤其是基督教），要使它再度「有意義」，以因應一個新的時代思潮──屬於二十世紀的時代思潮。現代哲學神學論至少有三種方向已經（且正在）被嘗試：(1)人格主義導向的自由主義神學論。(2)屬於內在論（immanentalistic）、非人格主義、自然兼神祕層面的自由主義神學論。(3)反對一切稱為新正統運動的自由主義神學論。

　　首先，我們應該注意，兩種型態的自由派神學家（個人主義者與內在論者），都不是拘泥於對聖經作字面解釋的人，也不是教條主義的保守人士。他們認為《聖經》是一部極具宗教價值和精神價值的書，要嚴肅地加以看待，但絕非拘泥於字面的解釋。它是一部比現代科學時代更早以前寫成的書（涵蓋 1,500 年，有關一支富宗教天才的民族──古代以色列人──他們的生活系列全集）。它不是一部科學的書，因此不應被當作科學的書來使用。它是一部啟示與引導的書，教人如何過聖潔的生活，因此，應該抱持嚴肅、虔誠的態度，與充滿感激、喜樂的心情來使用它。至於基督教傳統，也一樣應該嚴肅以待。它是基本的信仰故事，是作為支柱的根，但卻不是神聖不可侵犯的（sacrosanct）。

　　第二，這兩種型態的自由派神學家，都是以二十世紀的知識觀點來看上帝：一個其所在宇宙，比過去所能想像者，更是不可思議的大、久遠，並且神祕而宏偉的上帝；一個其所在世界中的地球，實際上不值一提（一個五級恆星系中的二等行星），但人類生命卻使它成為一個具無窮價值的中心。

　　自由派神學家都同意這些，但是他們很快就會拆夥，因為繼續講到上帝像什麼時，他們就分道揚鑣了。一個團體說：「上帝像一個偉大的人，一個超自然的人格存在體。」另一個團體說：「上帝像一個偉大而具創造力的事件，一個包含創造活動的程序，這些創造活動可以從天體的運行、物種的進化、春天的來臨、嬰兒的誕生，還有在太令人驚嘆而無法形容的喜樂時刻中，窺出端倪。」一個團體可以稱之為個人主義有神論者，另一個團體則為內在論自然主義者。

一、人格主義有神論（Personalist Theism）

　　人格主義有神論者[24]著重於解釋上帝的本質，指出上帝和人類以及和世界的關係，並指出上帝爲世上人類所訂的目的爲何。針對這些問題，他們的回答是宣稱：這是個「眾人前面有一位至高無上者的世界。」[25]……「一個具體表現至善的至高無上者……[並且是]……存在與價值兩者的來源。」[26]對人格主義有神論者而言，上帝是獨立而自存的原由、境界，或宇宙的創造者，因此它超越宇宙。同時，身爲宇宙的驅動力，上帝是以某種方式存在於其內的。上帝是：

　　　　看似在推、或拉的內在力量或驅動力，即向前並向上
　　的進化過程，朝著價值領域的方向，追求更具意義的存在
　　形式，這種奮發向上的衝勁，就是上帝的目的。[27]

上帝因此被看成超越俗世，同時又存在於其中。
　　從這一個有神論的觀點看來，人類存在的目的，在於個人生活與社會生活到達完美的境界[28]。在其對近代有神論的批評中，賈哈特（William Henry Bernhardt）寫著：

　　　　簡言之，有神論相信，上帝的目的，就其影響這個星

---

[24] 屬於此一傳統的學者包括努森（Dean A. C. Knudson）、范達森（H. P. Van Dusen）、勞爾（H. F. Rall）、霍爾頓（Walter M. Horton）、布萊蒙（Edgar Sheffield Brightman）、弗陸偉林（R. T. Flewelling）、包納（Bordon Parker Bowne），以及布朗（William Adams Brown）。

[25] 包納（Bordon Parker Bowne），《人格主義》（*Personalism*, Boston: Houghton Mifflin, 1908），p. 277。

[26] 布萊蒙（Edgar Sheffield Brightman），《哲學入門》（*Introduction to Philosophy*）（New York: Henry Holt, 1925），p. 329。

[27] 范達森（H. P. Van Dusen），《平凡人追求上帝》（*The Plain Man Seeks for God*, New York: Scribner's, 1933），p. 105。

[28] 布萊蒙（Edgar Sheffield Brightman），《道德法》（*Moral Laws*, New York: Abingdon, 1933），pp. 242-255。

球的範圍所及，是要在一個理想的社會中，創造並發展完
美的人⋯⋯

　　[地球上的生命]為個人的目標而生存，可以稱之為人
類活動的劇場，即為了回應神的敦促，人類在上面扮演自
己角色的舞台。[29]

二、內在論（Immanentalism）或自然主義（Naturalism）

　　屬於內在論或自然主義型態的自由派神學家大致(1)摒棄超自
然主義（supernaturalism）的概念。一切事實，甚至於上帝，均在
自然秩序之內。(2)上帝被視為世界自然秩序的基本動力與方向。(3)
宗教被認為是人類對上帝的支持力量所付出的專注、虔誠、與信賴，
同時也是人類從那樣的關係中，所獲得的精神支柱與喜樂。

　　如懷海德（Alfred North Whitehead）所見：(1)世界是一個被
引導的活動的程序。就「活動」而言，可以把它看成始終在改變；
就「被引導」而言，可以把它看成提供了變動中的穩定性。(2)世界
也是一種生態的程序。萬物相隨相依，每件事物之所以然，皆因為
相互之間的關係。(3)每件事物不僅和環境（甚至於宇宙環境）息息
相關，同時還能善用環境以利己，能夠洞悉世界。在小宇宙中，就
有大宇宙。(4)另外每件事物都朝增添複雜性與和諧性的具體化（事
實存在）邁進。因此，自然是一個物理體系，也是一個美感體系。
(5)世界程序也是一個充滿可能性的體系——各種事物都會出現，它
們的外觀有持續性（型態性），各種新奇的變化會產生——有上帝存
在。上帝(a)包含各種可能性(b)創造事物(c)保存價值。在懷海德所
稱的「上帝的原始性質」（God's Primordial Nature）中，上帝包
含了所有的可能性，即每一件可能存在的事物。同樣以這種性質，
上帝指揮各種活動，祂也是具體化（創造）的準則和/或力量。根據
懷海德的說法，上帝還具有一種結果性質（Consequent Nature）。

---

[29] 貫哈特（William Henry Bernhardt），<近代有神論之邏輯>（The Logic of Recent
　　Theism），《依立福評論》（*Iliff Review*），4, 1（1947）：42。

這是把上帝看成活的生物，在其中並透過它，真實世界才有其各自
的存在。這是上帝在掌握世界，影響它的發展，了解它，並且在改
變它的價值。

帕德霍夫（Harvey Potthoff）指出這種哲學神學論的宗教面。
他寫道：「在萬物之道中，在我們身為一份子的整體宇宙之特質中，
我相信存在著人類希望的憑藉，同時對於事物的期盼，也有一條線
索指引人類通往最適當的方向……」[30]

帕德霍夫相信，要認識世界及其上帝，不僅可以用客觀的科學
和哲學研究，同時還可以用直接、個人的經驗。我們不僅在整個宇
宙的製造過程中，可以看見上帝，同時在回答宗教問題與滿足宗教
需求時，也可以看見上帝。人們對上帝表現出信賴與虔誠，所得到
的回應是解脫、完整與存在、信賴、寬恕、療傷止痛、自由、接納
並帶來完整性的愛、要求並召喚道德實踐、引領某些人肯定上帝的
存在為真等等的經驗，同時還有見證上帝持續啟示的意義和經驗[31]。

三、新正統運動（Neo-Orthodoxy）

一次世界大戰後，由於普遍產生幻滅的感覺，尤其在歐洲，特
別是德國，所以發展出一種反對自由主義神學論的運動。該運動由
常被人和奧古斯丁與施萊馬赫相提並論的巴特[32]（Karl Barth,
1886-1968）發起。巴特十分推崇奧古斯丁，對於施萊馬赫則是毀譽

---

[30] 帕德霍夫（Harvey Potthoff），＜上帝的真相＞（The Reality of God ），《依立福
評論》（The Iliff Review ）, 24, 2（Spring 1967）: 10。另見帕德霍夫《上帝與
生命的禮讚》（God and the Celebration of Life）（Chicago: Rand McNally, 1969）
及崔默的＜帕德霍夫：適用於今日之神學論＞（Harvey H. Potthoff: A Theology for
Today），《依立福評論》, 38, 1（Winter 1981: 23-40）。

[31] 帕德霍夫，＜上帝的真相＞，pp. 14-16。

[32] 十九世紀上半葉，丹麥的齊克果（Søren Kierkegaard）大聲疾呼反對哲學（他指的
是黑格爾哲學）代替宗教經驗。在神學領域，齊克果稱得上是新正統運動之父，因其
重要著作的主題，都繞著早期被稱為「危機神學論」（theology of crisis）的德國
神學家的著作。此一「危機」同時存在於他們所生存的時代，並存在於他們所相信的，
在人類某些危機的時刻，上帝便以其救贖的恩典，突破困境的方式。

參半。

　　新正統運動的主要原則是認識論式的超越，這意思是說，人類根本沒有辦法發現上帝。哲學沒有用，哲學神學論沒有用，純神學理論沒有用，甚至連拘泥於字面意義的《聖經》解讀也沒有用，而自由派的詮釋就更沒有用了。上帝只能透過上帝來了解，如果上帝要施恩，就可以在其施恩的行動中，被人了解。如果上帝選擇這麼做，祂就會向人顯現，而即使這樣的顯現，也是謎中之謎，因為它不只象徵上帝的隱密性，同時也象徵祂的顯現，是以一種隱密或晦澀的方式來進行。巴特把哲學神學論回歸到神學論，就是這麼回事。不是回歸到未真正描述上帝言論的神學理論，而是回歸到「只要上帝使之成為其言論者」，便要描述的神學理論和《聖經》[33]。

　　新正統運動的目的，在於糾正被巴特及其他人[34]發現已經站不住腳的理論——即現代新教徒自由主義神學論。巴特呼籲停止使用哲學、科學與文化，因為他相信這些根本就是為了要適應現代世界，而在削弱並扭曲基督教所傳達的訊息。

　　巴特終止了哲學神學論，不過，只限於巴特並其他新正統運動的信徒。雖然巴特要把哲學與神學分離的企圖，比二十世紀司各脫（Duns Scotus）更極端、更徹底，卻沒有比他更成功。即使沒有始終和睦共枕，哲學與神學若非永浴愛河，為了方便，也已結褵好長一段時間，它們的關係將持續下去。

---

[33] 巴特（Karl Barth）《基督教教義》（*Church Dogmatics*, New York: 1936），第一冊，p. 123。

[34] 布朗諾（Emile Brunner, 1889-1966）、巴特曼（Rudolf Bultmann, 1884-1976）、梅茲（George Merze, 1892-1959）、高更坦（Fredrich Goganten, 1887-1967），以及尼布爾（Reinhold Niebuhr, 1892-1971）。

第五節　宗教文學—經典

　　研究宗教主要的資料來源，當然就是世界圓滿宗教的聖典——除了猶太教與基督教經典之外，還有印度教的《吠陀經》、中國道家的《道德經》，和回教的《可蘭經》[35]。

　　另外對宗教研究也很重要的，是在過去 250 年發展出來，針對新、舊約聖經所作的廣泛的批評研究。這些研究試圖用歷史的觀點，而非福音佈道的觀點，來看猶太/基督教經典。也就是說，試圖把這些不同的經典，放在原來所屬的時代，然後提出類似以下的問題：造成文獻首度被寫成（或說出來，假如它原來屬於口述傳統）的生活條件為何？作者或編者主要想說的是什麼？他們是為了誰才說話或寫作？他們生活在，或者他們認為他們生活在什麼樣的世界？他們所生活的時代思潮為何？

　　顯然不論什麼樣的條件促成了經典的寫就，很快地在作者去世後，它們便不只是像摩西、以撒亞、耶穌、保羅、馬可、約翰，還有穆罕默德這些宗教權威所作的宗教陳述而已，它們本身就是權威。一旦領導人物去世，還有那些當面認識該領導人物的人也死了，該領導人物的言論（如果以前沒有，這時也已經寫成文字），可以說就會變成非人格化。誠如龍歌克立（Lindsay Longacre）在其《舊約聖經的形式與目的》中所言：當所有熟悉這些經典作者（包括口述或著作）的人都已不在了，這些「領導人物退居到歷史中時，他們便會呈現出英雄一般的形象」；其著作與學說「傾向於變成一種法定文獻，被用來當作已經發展成組織制度的運動，其正式根據的一部分。」[36]龍歌克立進一步指出，這個觀點似乎是大部分猶太人與基

---

[35] 神學家著重的也是這些寫作來源（經典）。

[36] 龍歌克立（Lindsay B. Longacre），《舊約聖經的形式與目的》（*The Old Testment —Its Form and Purpose*）（New York-Nashville: Abingdon-Cokesbury Press, 1945），pp. 200-204。

督徒甚至到今天，都還在採用的觀點：神聖的著述是具權威性的經典，絕對不容許任何質疑，它們屬於福音佈道，並且是最後的定局。但問題是，它們非常古老，寫於不同時空，即使以佈道福音的觀點，也非始終容易或能直接了解。

　　不論神聖與否，經典是歷史文獻，可以依照歷史研究與批評來加以修改。十八世紀中葉，開始有這類的研究。有些聖經學者開始用後來被稱爲「歷史批評」或「高等考證」（higher criticism）的方法來研究猶太教兼基督教經典，他們開始從事我們在第一章所指出的現象主義的批評。「這段時期的主要特色是，努力要追回當時的事實情況」——即最初寫作的時候[37]，試圖要回復到「神聖文獻」最初被表達和寫出時的歷史場景。

　　始於十八世紀中葉的法國物理學家亞斯卓克（Jean Astruc），接著在諸如艾曲霍恩（Johann G. Eichhorn）、維特的雷伯里契（Wilhelm Martin Leberech De Wette）、哈普菲爾德（Hermann Hupfield）、艾華德（George Von Ewald），以及魏豪森（Julius Wellhausen）這些學者的著作中，關於猶太教兼基督經典的重要資料，有極具影響力的發展，特別是指出了寫作的日期、寫作的風格、寫作的歷史原型等等。

　　這種大部分始於舊約研究的學術成就，最後當然轉移到新約的研究。一次世界大戰剛結束時，尤其有兩位德國學者，在這方面作出重大貢獻：海德堡大學（Heidelberg University）的狄貝利烏思（Martin Dibelius）和馬爾堡大學（Marburg University）的巴特曼（Rudolf Bultmann）[38]。他們針對福音書背後的口述形式，開始努力要回歸到原來說話的聲音。他們和一群學者把先前用之於舊約歷史批評的方法，帶入對新約的研究。結果造成把聖典當作基督教傳統的現象之一，這種非福音佈道的新了解方式。有關宗教文學的其它評論，請參閱第十二章。

---

[37] 同上，p. 204。

[38] 狄貝利烏思（Martin Dibelius）的《從傳統到福音》（*From Tradition to Gospel*）於 1919 年出版。兩年後，巴特曼的《對觀福音傳統之歷史》（*History of the Synoptic Tradition*）出版。

第六節　宗教史（比較宗教）

　　宗教歷史是了解宗教為何的豐富資料來源。應用於西方宗教，現代歷史研究方法強調以自由與嚴謹的態度，來研究猶太教兼基督教經典，並且以同樣的態度來研究其神學理論與歷史。自十九世紀以來，採用了比較方法的宗教歷史研究，已經把注意力轉向人類所有的宗教。結果在解釋西方並東方宗教意義上，頗有嶄獲，同時也的確解釋了宗教本身的意義。

　　宗教史是一門致力於比較宗教——原始、古代和現代的宗教，以求了解宗教為何的學問。在這種新型態的研究之前，縱觀大部分的基督教歷史，基督教領袖和學者通常都忽略或鄙視其它宗教。只有猶太教例外，它不是被忽略或鄙視，而是要加以糾正。但在一八七〇年間，並從那時起，新的研究發展出來了：一種辨識異同的比較宗教學，通常是為了要了解宗教的起源並其重要性特質，就像要了解宗教是什麼？這類問題。

　　一八七〇年繆勒（Friederich Max Müller, 1823-1900）在皇家學院（Royal Institute）發表四場有關宗教科學的演說，開創了比較宗教學（宗教史）。他「率先以科學的態度，對了解宗教的本質，作出有系統而完整的嘗試。」[39]這些演說，特別是在一八七三年[40]出版以後，開啟了繆勒對這方面的興趣之門，同時大家也都鼓勵他繼續努力。他也的確繼續從事這方面的研究，最後終於翻譯並編著了

---

[39] 龍恩（Charles H. Long），＜宗教史之史＞（The History of the History of Religions），收錄於《世界偉大宗教指南》（*A Reader's Guide to the Great Religions*），亞當斯（Charles J. Adams）編，（London: Collier Macmillan Publishers, 1977），p. 471。龍恩的論文（pp. 467-477）是相關此一主題極佳的大綱。

[40] 《宗教學入門：1870 年二月暨五月皇家學院四場演說》（*Introduction to the Science of Religion: Four Lectures Delivered at the Royal Institute in February and May, 1870*）（London: Longmans, Green, 1899）。

共五十一部的《東方聖典》(*The Sacred Books of the East*)。

當語言學家(philologist)繆勒藉著比較語言學,開創了比較宗教研究的同時,文化人類學家(ethnologist)泰勒(Edward Taylor)也開始對原始宗教做比較文化研究。他指出泛靈論(animism)爲宗教的雛形,他的研究結果,發表於一八七一年出版的重要著作《原始文化》(*Primitive Culture*)中[41]。

當繆勒與泰勒致力於比較研究之際,萊登的緹勒(Cornelius Tiele of Leiden)爲《大英百科全書》(*Encyclopaedia Britannica*, 1875)九版撰寫有關「宗教」的條文。出版超過一百年的《大英百科全書》,關於「宗教」的條文,一直都針對基督教神學作探討,這次(和新宗教運動科學一致)這篇條文,針對宗教行爲,從最原始的泛靈論到佛教、基督教與回教的圓滿宗教,作出公正的敘述。

另一位對此新運動的發展有貢獻的是馬瑞特(Robert R. Marett)。馬瑞特對於泛靈論的起源,有重要的評論,他非常有見解地推測靈魂的理念如何在人類思想中,首次被發展出來[42]。

宗教研究史,從其它同時發展的學科中,獲得很大的幫助,特別是雷爾德(Austen H. Layard, Jr. 1817-1894)對埃及象形文字(hieroglyphics)的研究,以及他率先在美索不達米亞所從事的考古活動。

第一位在新宗教史這門學科出書的美國學者是克拉克(James Freeman Clarke, 1810-1888),他寫了兩冊名曰《十大宗教》(*Ten Great Religions*)的書[43]。這類研究因爲《宗教研究》(*The Study of Religion*)的作者介思綽(Morris Jastrow Jr., 1861-1921)豐碩的工作成果,而在美國大有進展。介思綽和緹勒一樣,以一視同仁的客觀態度,來檢驗基督教和猶太教,就像看待別的宗教一般。

---

[41] 參閱泰勒(E. B. Taylor)《原始文化》(*Primitive Culture*)的兩冊著作,1871 年出版,今向哈波圖炬圖書公司(Harper Torchbooks)可購得,(New York: Harper & Brothers, 1958)。

[42] 見第 40-43 頁。

[43] 克拉克(James Freeman Clarke),《十大宗教》(*Ten Great Religions*)(Boston: Houghton Mifflin, 1971)。

　　別的宗教學者同步從比較研究的角度，對基督教的排他性提出
質疑，同時卻也在尋求持續基督教優越性的方法。這些學者包括施
密特（Wilhelm Schmidt, 1866-1954）、奧圖（Rudolf Otto,
1869-1937），以及賽德布洛姆（Nathan Soderblom, 1866-1931）。

　　然而，其他學者對基督教在世界各宗教中的優越性，卻抱著更
懷疑的態度，這些學者包括弗雷澤（James George Frazer, 1854-
1941）、鮑亞士（Franz Boas, 1858-1942），尤其是韋伯（Max Weber），
他對現代宗教研究的貢獻十分卓越。韋伯非常具說服力地描述宗教
最初如何因其極具性格魅力的創始人而形成，以及宗教如何被民眾
的日常生活方式塑造，同時又在塑造民眾的日常生活方式——即民
眾的態度、信仰以及社會並經濟體系。韋伯檢驗歐美的新教和資本
主義經濟學，並研究東方的儒家和道家，藉此他更能把焦點集中在
東西方生活方式與宗教的差異。觀察差異性，使他更能解釋自己所
熟悉的東西[44]。

　　更近代的宗教史上，有兩位重要的學者華啓（Joachim Wach,
1898-1995）和伊萊德（Mircea Eliadé）。

　　宗教史學者取材自各種不同的來源——除了歷史，還有哲學、
人類文化學、社會學、心理學——尤其在他們要從人類經驗中辨識
宗教之時[45]。

---

[44] 見韋伯（Max Weber）的《新教倫理與資本主義精神》（*The Protestant Ethic and the
Spirit of Capitalism*），帕深思（T. Parsons）譯，（London:George Allen & Unwin,
1930）；葛思（Hans H. Gerth）與米爾斯（C. Wright Mills）譯《韋伯：社會學論文
集》（*From Max Weber: Essays in Sociology*）中的＜新教與資本主義精神＞（The
Protestant Sects and the Spirit of Capitalism），（New York: Oxford University
Press, 1946），pp. 302-322；以及韋伯的《中國的宗教：儒家與道家》（*The Religions
of China, Confucianism and Taoism*），葛思（Hans H. Gerth）譯（New York: Free
Press, 1951）。

[45] 見柯雷布奇（William A. Clebsch）1980 年在美國宗教學會年會（the American Academy
of Religion Annual Meeting, 1980）的會長演說辭，＜蘋果、橘子與馬那：再談比
較宗教學＞（Apples、Oranges, and Manna：Comparative Religion Revisited），
1981 年三月《美國宗教學會期刊》（*Journal of the American Academy of Religion*）。

第七節　社會與行爲科學

宗教現象是由三種社會並行爲科學來加以研究，它們全產生於十九世紀——即心理學、社會學，和人類學。

一、心理學

宗教心理學著重於個人需求如何透過宗教獲得滿足。宗教經驗那種內在、私人的特性尤其適合心理學的研究。

一八七九年，馮特（Wilhelm Wundt）在德國萊比錫（Leipzig）建立了世界第一個心理學實驗室。在美國，這類實驗室則由康乃爾大學與哈佛大學的鐵欽納（E. B. Titchener）和詹姆士（William James）設立。詹姆士不僅對心理學有濃厚的興趣，對哲學和宗教也一樣。他的著作《宗教經驗種種》[（The Varieties of Religious Experience）他在 1901 至 1902 年間的吉福德講座（Gifford Lectures）]仍然是宗教研究領域中的經典之作[46]。

詹姆士概括性的推論，都是根據可以觀察的資料，做研究時，他喜歡運用哲學與心理學的原則，以科學的方法來了解宗教。柳巴（J. H. Leuba）和普拉特（J. B. Pratt）也同樣熱衷於把可以觀察、可以證明的資料，運用到宗教心理學研究。

最近的實驗心理學，尤其是行爲科學類，一般都對宗教很冷淡。不過其他對人格發展 [如榮格（Carl Jung）、奧波特（Gordon Allport）、弗洛姆（Erich Fromm）]有興趣的現代心理學家，還有那些關心心理分析的人，持續對宗教現象有濃厚的興趣。

---

[46] 寫《宗教經驗種種》時，詹姆士參考了史塔巴克（Edwin D. Starbuck）的著述，史氏編了一部有關宗教經驗的研究報導，範圍廣泛，其中有許多怪異極端的例子。有關史塔巴克對宗教研究的貢獻，詳見其《向今日看》（*Look to This Day*）（Los Angeles: University of Southern California Press, 1945）。

二、社會學

宗教社會學檢驗宗教在社會所扮演的角色。如果以 "religion" 這個字的詞源（etymology）作線索，這層關係對宗教的兩大目的之一，非常重要。"religion"這個名稱來自兩個拉丁字—"religare"，意指「結合」[47]，以及 "relegere"意指「集合」。合理推論之：宗教

有關社會動力對宗教的關係，尼布爾（Reinhold Neibuhr）寫道：

> 宗教生命力的一個重要來源，出自人類生存中的社會特質，出自人若非與同類有親密與負責的關係，就不能獨力做自己，或充分發揮自己的才能，這一個事實。由於這個事實，而非任何經典的認可，使得愛的律法成為人的基本律法。此一律法並非純粹源於宗教，同時也真的並非一定要有宗教信仰，才能確定其真實性。

尼布爾，＜美國的宗教情況＞（The Religious Situation in America），收錄於《宗教與當代社會》（*Religions and Contemporary Society*），史塔摩（Harold Stahmer）編著，（New York: Macmillan, 1963），p. 146。

---

[47] 拉丁文 "religio" 的意思是「人神之間的聯繫」。

企圖把人與神結合在一起，同時要集合眾人，成為一個社會體系，一個神聖的團體。宗教（由「relegere－集合」看來）有社會結構的含意在。

在完全孤立的情況下，人類的確不能有宗教性，甚或人性。我們之所以是我們現在的樣子（包括有宗教性與人性兩者），大部分是因為社會聯繫的關係。如竇恩（John Donne）宣稱：「沒有人是一座孤島」，我們全是「大陸的一部分」。我們是群居的動物，人的社會特性對於宗教研究，有著深奧的含義。誠如殷格（J. Milton Yinger）所言：「以文化的角度來看，宗教是在所有的社會中，引導人們互動的規定與禁令之複雜體系的一部分。」[48]

由孔德（Auguste Comte, 1789-1857）創立並命名的社會學，始於對宗教批評的興趣，始於對宗教信仰與修習的關注。自孔德以後的社會學家，通常都同意社會型態與社會價值廣泛地影響了宗教信仰與修習。

社會學家涂爾幹（Émile Durkheim, 1858-1917）在其《宗教生活的初步形式》（*Elementary Forms of Religious Life*），及心理學家佛洛依德（Sigmund Freud, 1859-1939）在其《圖騰與禁忌》（*Totem and Taboo*）中，都主張宗教信仰與修習全然屬於社交的產物。他們提出宗教實際上是社會的一個象徵，只不過把社會放大而已。「天國」其實是「人的國度」透過理想國的眼鏡看出來的。並非每個人都同意這種說法。重要的人類學家艾文斯－普里查德（E. E. Evans-Pritchard）堅決主張，沒有證據好讓人相信宗教就像涂爾幹和佛洛依德所說的，只是「社會秩序象徵性的再呈現而已」。

社會的結構與價值可以影響宗教，這不是事實的全部。顯然宗教也會影響社會，至少韋伯是這麼認為的。韋伯在其《新教倫理與資本主義精神》（*Protestant Ethic and the Spirit of Capitalism*）

---

[48] 殷格（J. Milton Yinger），《宗教之科學研究》（*The Scientific Study of Religion*）（New York: Macmillan, 1970），p. 203。

中，指出喀爾文新教倫理對資本主義興起的深刻影響[49]。

　　一九一二年，傑出的德國學者卓爾奇（Ernst Troeltsch）出版了《基督教的社會教義》（*The Social Teachings of the Christian Churches*），其中分析了基督教對古代、中古時期與現代世界的影響。卓爾奇的著作，影響後來的學者不僅要探討基督教，同時也要探討所有的宗教，把它們當作各自社會並文化體系中的創造動力。當代學者華啟（Joachim Wach）就是其中之一[50]。他承認卓爾奇對他的思想影響甚大，但認為韋伯是第一位發展出真正有系統的宗教社會學的人，亦功不可沒[51]。

　　顯然社會學家對於回答宗教為何的問題頗有貢獻。

三、人類學

　　始於達爾文的《人類的血源》（*The Descent of Man*, 1871）[52]，以及泰勒（Edwin B. Tylor）的《原始文化》（*Primitive Culture*, 1875），人類學一直對原始社會有興趣，這種興趣的學術產物，對宗教研究很重要。

　　另外，在文化人類學中所做的文化比較，對宗教研究特別珍貴。在二十世紀（超越其對十九世紀歷史發展的關注），人類學除了注重人在許多社會結構與程序中的位置（個人的功能）以外，也開始著重於檢驗各種人類的文化，以及一般人類文化的型態。

---

[49] 韋伯也對印度、中國，以及古代以色列的宗教，作了社會學的分析。

[50] 見華啟（Joachim Wach）《宗教社會學》（*The Sociology of Religion*, Chicago: University of Chicago Press, 1944）。

[51] 其他與韋伯研究相同主題的學者有陶尼（R. H. Tawney），《宗教與資本主義的興起》（*Religion and the Rise of Capitalism*）（London: John Murray, 1926）；狄蒙特（V. A. Demant），《宗教與資本主義之式微》（*Religion and the Decline of Capitalism*）（New York: Scribner's, 1952），以及尼布爾（H. R. Niebuhr），《宗派主義的社會資源》（*The Social Sources of Denominationalism*）（New York: Holt, Rinehart and Winston, 1929）。

[52] 達爾文早期的偉大著作當然是他的《物種源始》（*On the Origin of Species*, 1859）。

　　就社會的世俗與宗教兩個層面來說，這類研究對於在社會結構
與程序中，了解宗教信仰者很重要。

第八節　聖經考古學

　　聖經考古學對宗教研究很重要，因爲它(1)累積了古代迦南
（Canaan）以及後來羅馬統治下的巴勒斯坦的宗教信仰與修習的資
料。(2)對於古代以色列的社會結構與文化制度，提出更廣泛且更正
確的了解。(3)爲《聖經》及其它早期猶太／基督教文學的出現，提
供全盤的文化背景[53]。

---

[53] 感謝史翠居（James Strange）使我對聖經考古學的重要性，有這樣明確的陳述。此
一重要領域中，值得參考的著作有萊特（G. E. Wright）的《聖經考古學入門》（*An
Introduction to Biblical Archaeology*）（New York: Doubleday, 1960），及《聖
經考古學》（*Biblical Archaeology*, Philadelphia: Westminster Press, 1957）；
葉鼎（Yigael Yadin）的《從考古研究看戰爭藝術》（*The Art of Warfare in the Light
of Archaeological Study*），波爾門（M. Pearlman）譯，（New York: McGraw-Hill,
1963）；《舊約聖經與現代研究》（*The Old Testment and Modern Study*, Oxford:
Clarendon Press, 1951）；梅爾斯（Eric M. Meyers）與史翠居（James F. Strange），
《考古學：拉比和早期基督教》（*Archaeology: The Rabbis and Early Christianity*）
（Nashville, Tenn.: Abingdon, 1981）。

名詞解釋

◆ **Animism 泛靈論**‧相信萬物皆有生命或活力，或有一個存在於內的靈魂。"Anima" 是拉丁文，爲「氣息」或「靈魂」之意。

◆ **Apologist 護教論者**‧爲別人或某個原由辯護的人。

◆ **A priori 先驗的**‧(1)從已知或假定的原由，推出必然相關的結果。(2)描述非得自經驗的知識，在經驗之前的知識。

◆ **Copernican 哥白尼的**‧與創立太陽爲宇宙中心的天體運行論的波蘭天文學家哥白尼（Nicolaus Copernicus, 1473-1543）相關的。

◆ **Counter-Reformation 反改革運動**‧爲了回應馬丁路德（Martin Luther）所倡導的新教徒改革運動（Protestant Reformation），在十六世紀並十七世紀前葉期間，羅馬天主教會內部的改革運動。

◆ **Deism 自然神論**‧認爲上帝完全超凡，完全不同於俗世（祂的創作），並且和俗世也沒有密切聯繫的神學觀。

◆ **Dialectic 辯證法**‧揭開反論的缺失，加以克服，而求得真理的方法。一種改變的過程，在其中，理念存在體[命題（thesis）]轉變成反面說法[反題（antithesis）]，因而被保存下來，並加以執行[合題（synthesis）]。

◆ **Empiricism 經驗主義**‧認爲經驗，尤其感官經驗，是唯一知識來源的觀點。

◆ **Ethnology 文化人類學**‧有關社會經濟系統和文化的人類學研究。希臘文"ethnos"是「民族」的意思。

◆ **Gnosticism 諾斯替教**‧源於希臘文"gnosis"，「知識」的意思。諾斯替教是一種宗教或哲學的思想體系，主張心靈上的真理和救贖只能透過神祕不爲人知的方法獲得。救贖只有藉著祕傳的知識和修習才可得。

◆ **Hellenistic 古希臘史的**‧有關於從亞歷山大大帝（Alexander the Great，公元前 356-323 年）一直到公元前一世紀的希臘史。

- Hieroglyphics **象形文字**・例如在古埃及和墨西哥所發現的圖形文字。

- Homo sapiens **智人**・希臘文"Homo" 是「人」的意思，"sapiens" 是「有智慧」的意思。智人是唯一現存的人種。

- Immanentalism **內在論**・一種認為上帝完全存在於自然界以內的觀點，否定一般所謂的超自然主義的真實性。

- Inquisition, Office of **宗教法庭**・正式名稱為「神聖審訊法庭」（The Holy Tribunal of the Inquisition）。羅馬天主會在十字軍東征後所建立的機構，目的在處理異端邪說的問題，亦即處理非羅馬天主教體制所認可的信仰和行為。

- Neo-Platonism（New Platonism）**新柏拉圖主義**・西元三世紀在埃及的亞歷山大城（Alexandria），以稍早雅典的柏拉圖（427?-347 BC）哲學為基礎，發展而成的一種哲學神學論。新柏拉圖主義還包含其他希臘哲學家和東方神祕主義者的學說，以及一些猶太教和基督教的質素。

- Occam's Razor/Law of Parsimony **奧卡姆剃刀／論題簡化原則**・在理念上講求精簡的原則：一個充分的解釋，應儘量使用最少的理念（假設），也就是一個範圍與準確度兼顧的解釋。

- Philology **語言學**・對語言的研究，尤其是把它當做一門學問或科學者。

- Sacrosanct **神聖而不可侵犯的**・源於拉丁文 "sacer"──神聖，和 "sacare"──使神聖化，乃視為神聖之意。

- Scholasticism **經院哲學**・中世紀全盛時期主要的神學與哲學學派，所根據的是早期基督教拉丁文著作家的學術權威，以及亞里斯多德並各種亞氏之評論家的哲學。

- W. C. T. **崔默**・William C. Tremmel。

- Zeitgeist **時代思潮**・特定時期的文化智識特質，就像二十世紀美國的科技特質。

附錄二

兩種驅邪除魔法

約翰告訴他：「老師，我們看見有人
冒你的名驅魔，我們試圖要
阻止他……」耶穌說：「別阻止他……」
——＜馬可福音＞10: 38-39

　　在第一章和第五章，我們提出可用如下兩極化的方式，來分析宗教(1)努力將生命中的邪魔物質（生活中具威脅性而有限的層面）驅除。(2)努力去體驗生命中的神聖物質（超脫有限性）。如此把宗教看成一種有關驅邪除魔與神迷恍惚的事。

　　如此使用除魔法，是在以一種非常寬廣的筆觸，爲宗教下定義——宗教試圖要糾正，要驅除人類生存中可怕而無法操縱的層面。「驅邪除魔」一詞，如我們現在所要看的（並如一般更通俗的看法），目標就狹窄多了。它不過是指出那些目的在爲人、事、地驅除惡靈（邪魔）的宗教儀式，尤其當驅魔法被用來治療染上「附身疾病」的人，亦即被診斷爲遭靈魔附身的人的時候。猶太聖經（舊約）中，這方面的敘述很少，或許除了耶和華差一個邪靈去折磨掃羅（Saul），使其遭受被附身之苦以外[1]，並沒有因邪靈而引發疾病的暗示。惡魔附身的事在新約較爲普遍，這一定是大大受了新舊約中間這段時期的經驗與著作的影響。

　　根據新舊約之間的著述[2]，首批惡魔是墮落天使的後代，因爲對

---

[1] ＜撒母耳記上＞（Samuel）16: 14。
[2] 見第六章「僞經」。

人畜製造了太多的麻煩，所以上帝下令把它們逐出地球。不過根據
《禧年書》（*The Book of Jubilees*），邪飛靈〔Nephilim（諸魔）〕
最後遭到圍捕並逐出世界，人稱「眾靈之首」（chief of spirits）
的馬斯提馬撒旦（Mastema-Satan）來到上帝面前請求道：

> 留下一些〔惡靈〕來……聽命於我，依我的話行事，如
> 果不留給我一些人，我就無法對人子行使我的意志力量，
> 這些是針對腐敗與墮落……。」於是祂〔上帝〕說：「讓
> 他面前的十分之一留下來……」[3]

如此，馬斯提瑪撒旦得到了一支惡魔軍團，以引誘人類並懲罰罪人。

　　新約中，有關惡魔症（附身）的報導，限定在對觀福音書
（Synoptic）的作者——馬可、馬太、路加。約翰福音書並無惡魔
附身的例子。在這部福音書中，偶爾有人對耶穌作出「惡魔附身」
的指控[4]，但這可能只是一種質疑耶穌神智的方式而已。

　　在對觀福音書中，有些病症只是官能性的[5]，有的則被說成是邪
靈惡魔所引起的。這些惡魔似乎由撒旦統治，例如在＜馬可福音＞
中，經文抄寫者主張耶穌能驅魔，他們說因為耶穌本身「被別西卜
（Beelzebub）附身，藉由這位惡魔王子，他才能驅魔。」[6]從耶穌
的回答中，我們知道別西卜和撒旦為同一人[7]。根據對觀福音書，耶
穌是一位驅魔法師，同時還賦予門徒驅魔的力量[8]。

---

[3] 《禧年書》（*The Book of Jubilees*）10: 7-10。

[4] ＜約翰福音＞（John）7:20, 8:48。

[5] 例如痲瘋病（＜馬可福音＞1:40-42，＜路加福音＞5: 12-16）、麻痺症（＜馬可福音
　＞2: 1-12），＜馬太福音＞9: 1-8，＜路加福音＞5:17-26）、失明（＜馬可福音＞
　8:22-25, 10:46-52；＜馬太服福音＞20: 29-34；＜路加福音＞18:35-43）。

[6] ＜馬可福音＞3: 22（欽定英譯本），另見＜馬太福音＞12:22-32，以及＜路加福音＞
　11:14-23。也拼成 "Beelzebul"。

[7] 同上。

[8] ＜路加福音＞10:17，＜馬克福音＞1:21-28，＜路加福音＞4:31-47，＜馬可福音＞
　3:22-26，＜馬太福音＞ 12:22-32，＜路加福音＞11:14-23、12:10（別西卜）、9:

新約時期，相信有惡魔存在並相信驅魔法的觀念，繼續存在於基督教歷史中，同時一直延伸到早期基督教教父[德爾圖良（Tertullian）、斐利世（Minucius Felix）、西普里安（Cyprian）、奧利金（Origen）]的時代，當時這種觀念漸漸有組織性並且被制度化。到了三世紀中葉，教皇考瑞里烏斯（Correlius）在一封由優西比烏斯（Eusebius）保存下來的信中，敘述到驅魔法師是神職人員的規制之一[9]。

在歐洲和英國的反巫術狂熱期間（從十四世紀中葉到十七世紀末），基督教施行驅魔術是很平常的事。女巫常被控藉著惡魔的協助，使人畜[10]遭受病痛和傷害，而驅魔術則用來治療受害者。牲畜顯然是任其自生自滅，除非牠們被斷定遭惡魔附身才予以毀滅。

在新教徒改革期間（十六世紀始於德國），新教徒對驅魔術產生不滿，首先路德教派質疑羅馬天主教對物品施行驅邪法，例如：洗禮所用的水。然而，路德教派有一段時間，的確保留了洗禮中其它某些驅邪法事，並且也施行除魔術，從人身上驅除惡魔。但是到了十六世紀末，路德教派許多信徒摒棄了所有的驅邪除魔法，把它們當作迷信。喀爾文教派認為驅魔法在早期教會曾經發揮了功效，不過它再也不行了。英格蘭的史考特（Reginald Scott）在他的《巫術探索》（Discovery of Witchcraft, 1584）中，揶揄教宗的聲明、咀咒及其驅邪除魔法，並否定一切惡魔附身的事。一個世紀後，霍布斯（Thomas Hobbes）在《利維坦》（Leviathan）第四冊中，否定了惡魔的存在。

14-28，<馬太福音>17:14-21，<路加福音>9: 37-43a。

[9] 優西比烏斯（Eusebius），《基督教教會歷史》（Ecclesiastical History）6、43、11 GCS 9、618。

[10] 最早記錄在基督教歷史，有關牲畜被惡魔附身的敘述，是對觀福音書所說的，有一個人或數人（馬可與路加福音的敘述為一人，馬太福音則是兩個人）被一「群」惡魔附身的故事。耶穌從那人/兩人身上驅除惡魔，群魔於是進入豬隻體內，那些豬立刻衝向懸崖，落入湖裡淹死了。見<馬可福音>5: 1-20，<馬太福音>8: 27-32，<路加福音>8: 26-39。

第一節 羅馬天主教會的驅邪除魔法

然而，羅馬天主教會繼續相信有惡魔存在，並且相信驅魔法事，同時還一直延續到今天[11]。天主教文學有一本書叫做《羅馬禮儀》（*Roman Ritual*），大部分寫於十六世紀，原來以拉丁文寫成，人們仍閱讀原文，不過英文或其它現代語文譯本，也買得到[12]。這是一本羅馬天主教神父所使用，有關典禮和儀式的手冊，包括驅魔法事在內。不論惡魔「寄居」何處——人、物、地，都可以把它驅除。施法把惡魔從人體中驅除，仍被認為是很嚴肅的事，至於「地」則沒那麼嚴肅，到了「物」，就多少有點像例行公事了。

首先我們應該注意到，羅馬天主教會雖仍准許相信有惡魔附身的事，以及相信驅邪除魔術，卻已經越來越持謹慎的態度。的確早在一六一四年教宗保羅五世（Pope Paul V）將《羅馬禮儀》付梓之際，就有以下規定：

> 首先，他［驅魔法師］不應輕易相信有人遭到惡魔附身，但要知道被附身的徵兆是什麼，才能和那些［受疾病折磨，尤其因心理因素而發病的人，區隔開來。惡魔附身的徵兆有］：多話，或是說一種聽不懂的語言；顯示遙不可及而神祕難懂的事物；證明有超齡或超乎常情的力量；以及其它類似的事。而如果以上多種情況同時發生，那就更是決定性的跡象了。[13]

---

[11] 還有其它當代教派也很嚴肅地看待驅魔法。例如：各國基督教聖公會（英國國教會、美國新教聖公會），和「所有追求神授超凡力，今日仍施行驅魔法的基督教教派，其中有許多並沒有像《羅馬禮儀》這麼嚴謹的文獻來指導。」引文出自林德（Robert D. Linder）的私人來函。

[12] 《羅馬禮儀》（*Rituale romanum*）（Boston: Benziger Brothers, Inc., 1953）。

[13] 《羅馬禮儀》12, 1, 3。方括號內的文字添於一九五二年，以取代「那些受黑膽汁症

一九一七年梵諦岡又頒佈了一條誡令：

> 　　任何能施法驅魔的人，均不得擅自對被附身者施法，
> 除非教區長明確特准。[14]
> 　　唯獨教區長可以准許一位虔誠、謹慎，並終身正直的
> 神父行事，該神父並且要經過審慎調查，調查顯示要接受
> 施法者確實遭惡魔附身，然後才能施法。[15]

　　這些規制〔及其它由教區的[16]（diocesan）或地方的教會會議[17]
（synods）所頒佈者〕大大減少了判定爲附身事件的數量，與隨之
來的驅魔術，不過這種觀念繼續存在。例如：當代著名的天主教神
學家拉納（Karl Rahner）主張人世間一切「自然的邪惡」均受惡魔
力量的影響，但有時真的也有惡魔附身的事例可以被判定出來。

> 　　從宗教的觀點來看，人們不可能，也不想明確地區分
> 出附身與自然疾病的不同，尤其當後者可能是一種症狀，
> 同時又是附身的情況時……。即使嚴格說來，被認爲是附
> 身的現象，仍將是那基本惡魔支配力量的證明，唯有在這
> 種「被允許的」特定情況下，我們才感受得到它，但也只
> 是顯示出始終呈現在世上的事物，所以並沒有排除自然因
> 素，反倒是利用自然因素來達成它的目的。要充分辨別惡
> 魔的影響力，與一個人或一段時期的智識和想像世界，還
> 有癖性、可能的疾病，甚至於超自然特異功能，沒有必要，

或某種疾病折磨的患者」這段文字。

[14] 教區長（Ordinary）是指一位神職人員，諸如在特定區域內，具管轄權的主教。

[15] 《教會法典》（*Codex iuris canonic*）1151，加斯帕里（P. Gasparri）編，（Vatican
City: Vatican, 1963），pp. 385-386。

[16] 教區的（Diocesan）——屬於教區的，亦即由一位主教所管轄的區域。

[17] 教會會議（Synod）——教會或教會行政人員的會議或集會。

同時也不可能。[18]

　　拉納並未明確指出如何以嚴格的尺度來判定惡魔附身，他的確在這個主題上晃來晃去，一副暗示他寧可讓這整個理念悄然逝去的樣子，但他說完時，事實仍為：這位被高度重視的天主教神學家，承認真正被惡魔附身的事例的確存在。

　　以下概要是《羅馬禮儀》第一章，有關「羅馬天主教驅魔儀式」的規則：

1. 驅魔者必須得到「主教明確的許可」，同時必須是一位「虔誠、謹慎並且人格完整」的人。

2. 驅魔者必須熟諳「被認可作家所寫，主題為驅魔術的許多實用著述」。

3. 判定時，須持懷疑的態度，「絕不輕易相信某人遭惡靈附身，必須完全熟悉用來區別被附身者與受生理疾病折磨者之徵兆。」

4. 驅魔者必須謹防「惡靈為了要誤導他，而使用的詭計和騙術。」

5. 驅魔法可以在「教堂或其它能避開公眾耳目，屬於宗教的適當場所」舉行。

6. 「應鼓勵被附身者向上帝禱告、齋戒，並從懺悔的聖禮與聖餐禮中求得精神力量⋯⋯。」

7. 被附身者面前要有宗教象徵，諸如十字架和聖徒遺物。

8. 施行驅魔法時，「驅魔者要使用聖經的文句，而非自己或別人的文句。」

9. 如果驅魔法成功，被附身的人獲得解脫，「應告誡他努

---

[18] 拉納（Karl Rahner）與伏爾葛立姆勒（H. Vorgrimler），＜附身＞（Possession），收錄於恩思（C. Ernse）編，史翠群（R. Strachan）譯《神學字典》（*Theological Dictionary*），（New York: 1965），p. 365。另凱立修編（Henry Ansgar Kelly）的《惡魔、鬼魔學與巫術》（*Devil, Demonology and Withcraft*）（Garden City, New York: Doubleday, 1974），p. 91，也有引述。

力避免有罪的行為與思想」，否則「惡靈會再度趁虛而入」，屆時，情況會更加惡化。

第二章描述為被附身者所作的驅魔儀式。首先，由主教指定來主持驅魔法的神父，要「好好地懺悔禱告」[19]，然後合乎禮儀地穿好神職人員的服裝，站在被附身者的面前，「以劃十字架以及灑聖水的方式」[20]，祈求上主保護那個人，或他自己和他的助手。儀式於是以一段禱文和助手的回答開始，接著是一段禱告，部分禱文如下：

> 神聖的主！全能的天父！永恆的上帝！我們主耶穌基督之父……抓住……這位依你的形貌創造出來的男人（女人）……使其遠離毀滅，遠離惡魔。用恐怖籠罩這畜牲，牠正在毀滅屬於你的東西。賜給你的僕人信心，對抗這條最邪惡的毒蛇，奮勇搏鬥……讓你強大的力量迫使毒蛇放開你的僕人，不再盤據著他（她）……。

第二，驅魔者對惡靈如是說：

> 邪靈！不管你是誰，還有所有盤據著這位上主僕人的你的伙伴，藉著我主耶穌基督道成肉身之謎、死亡之苦難、復活並升天，藉著聖靈的差遣，並藉著最後審判日我主的到來，我命令你……不准傷害這個人（被附身者），或我的助手，或任何他們的物品。

第三，讀福音書的一些段落（＜約翰福音＞1: 1-12，＜馬可福音＞16: 15-18，＜路加福音＞10: 17-20）

第四，說出祈禱文及驅魔令，諸如：

---

[19] 行懺悔禱告禮。

[20] 驅魔者被指示，在從頭到尾的整個儀式中，要一再重覆劃十字架，這被認為具有強大的力量。

　　我驅除你！

　　因此，奉天父、聖子，並聖靈之名，你退下。

　　古老的蛇魔，我命令你接受懲罰。奉活人並死人的仲

裁者之名！……奉世界之創造者之名！奉有力量遣你入

地獄者之名！離開這一位求助於教會的上主的僕人……

　　驅魔法以信仰的表白（取自早期的基督教教父聖亞大納西），以
及朗讀八首舊約讚美詩，和一段結語禱文作結束，其部分內容如下：

　　全能的上主，我們向你禱告，祈求惡靈不再有力量支

配你的僕人，祈求它火速逃離，不再回來。讓主耶穌的善

與平和在你的命令下，進入他（她）的身體……

　　第三章，描述爲遭惡靈盤據的地點所做的驅魔儀式。首先，非
常貼切地就是請求「最光榮的天堂軍團王子——神聖的天使長米迦
勒（Michael）」（如故事所說的，很久以前在天堂的戰場上，他打敗
了撒旦。），再度來「對抗這個世界的黑暗王子、黑暗力量，並黑暗
統治者，對抗以前那些天使精神上的邪惡……擄獲……那古老的蛇
魔……使他淪爲永恆的虛無，如此他再也不能引誘邦國入歧途。」
　　第二，儀式以聖經選讀（＜詩篇67＞）和禱告持續進行，最後
是一段很長，用來召喚撒旦的驅魔咒：

　　主耶穌基督；

　　天父上帝，

　　「十字架的神聖象徵」。

　　……去吧！撒旦！一切虛妄之大師兼編造者！人類

救贖之敵！屈服於基督吧！……

　　第三，儀式以如下禱告作結束：

在您的莊嚴與榮耀之下，我們謙卑地祈求您：用您的
力量，把我們從惡靈的一切力量，從它的陷阱、欺騙、和
詭詐之中，解放出來，並賜我們平安。憑藉我主基督，阿
門。

施驅魔法的地點於是經由灑聖水而得到保佑。

第二節　黑色彌撒的驅邪除魔法

通常在驅魔法事中，是撒旦或某個撒旦代理者，或其操控的自
然力，奉基督之名被驅逐，但在以舊金山為基地的撒旦教會[21]，卻反
其道而行──基督被驅逐了！這是在一個叫做黑色彌撒（La Messe
Noire）的儀式中完成的。

中世紀巫術傳說的特徵之一，是一個瀆褻天主教聖餐禮的儀
式，叫做黑色彌撒。根據各種描述，這個對天主教彌撒作嘲弄式的
模仿，是在每次安息日的聚會中舉行。經過祝聖的聖體，不是從天
主教堂偷來，就是當場由叛教神父加以祝聖。有些敘述指出，在黑
色彌撒中，被用來當作聖體的，是一片染黑的白蘿蔔。不論以前如
何，現在倒有一本描述當代撒旦教會所舉行的黑色彌撒儀式的書，
可以供參考[22]。儀式中有一位祭司，在許多人的協助下（包括一名躺

---

[21] 根據林德（Robert D. Linder）的說法，以拉非（Anton La Vey）為首的撒旦教會，
只是現代撒旦教的一支。拉非聲稱他在全世界有十萬信徒。他的教會是經過內政部國
稅局〔（Internal Revenue Service）IRS〕，為了收稅的目的，而認可的正規教派，
這使得舊金山的撒旦教會，成為撒旦教正式成立的表徵。大部分的撒旦教徒，並不以
公開的態度，與內政部國稅局打交道而獲得認可，因此它們被歸類為沒有成立的教
派。有關今日的撒旦教，詳見賴恩思（Arthur Lyons）的《基督復臨：美國的撒旦教》
（*The Second Coming: Satanism in America*）（New York: Dodd, Mead, 1970）。

[22] 見拉非（Anton Szandor La Vey），《撒旦禮儀》（*The Satanic Rituals*），（New York:
Avon, 1972）。

在祭壇上的裸女），主持彌撒，讚頌撒旦。在儀式到達高潮時，基督被放逐、被遺忘──基督被驅除了。

　　首先，基督因為令人髮指的罪行而遭到譴責。他說謊、詐欺，承諾要拯救人類，並在榮耀中歸來，卻都沒做到；他鼓吹欺騙，要人們「心存希望、耐心等候，天堂的門是敞開的，天使將接待你。」可是，他知道根本不是這樣，他知道天使們憎惡他的冷漠、了無生氣，早已棄他而去。他是個江湖術士！是個騙子！等等。

　　被大大地譴責一番之後，基督就被驅除了。他們召喚「地獄之尊」撒旦來「宣判他下地獄，從此忍受永恆之苦。」他們懇求撒旦關上地獄之門，「為我們被殺害的祖先報仇！」

> 　　消逝於虛無之中吧！你這愚人中的愚人，你這邪惡又
> 令人厭惡的偽君子，消逝於你空洞天堂的虛無之中吧，因
> 為你過去不曾存在，以後也永遠不會。[23]

　　這的確是嘲弄式的模仿，因為這些撒旦教徒，不像天主教信徒，並非真的信仰撒旦。在其《撒旦聖經》（*Satanic Bible*）中，撒旦教創始人拉非（Anton Szandor La Vey）說：

> 　　大部分撒旦教徒並不接受撒旦是一個有偶蹄、倒鉤
> 尾，還長了角的人形生物這種說法。撒旦只是代表一種自
> 然的力量──黑暗的力量，之所以被如此稱呼，是因為沒
> 有一個宗教把這些力量從黑暗中取出來。[24]

這一陣對基督的撻伐，看起來比較像針對基督教，作出憤怒的反應，而非相信基督為真，或者他正在被驅逐。

　　不論拉非的黑色彌撒[25]在形式上，是否與中古世紀巫術（如果有

---

[23] 引述自拉非的《撒旦禮儀》，pp. 49-51。

[24] 拉非，《撒旦聖經》（*Satanic Bible*）（New York: Avon, 1969），p. 62。

[25] 拉非，《撒旦禮儀》，pp. 37-53。

這麼一回事的話）的黑色彌撒雷同，它似乎與瓊斯所提出來的叛逆的憤怒，有異曲同工之妙：「……由於上帝以及教會根本無法使他們脫離悲苦，絕望之餘。」[26]，受苦的人們改信魔王，上帝已經失敗了，基督已經失敗了，讓彌撒成爲黑色，讓撒旦進來吧！

---

[26] 見 168 頁。

名詞解釋

- Aesthe-noetic **感覺與思想的** · 感覺與思想的經驗。
- Aesthetic **美感的** · 人類感官可以直接感受到的事實，或發生的事。（源於希臘文"phainomenon"——「顯現」或「顯示」之意）。
- Agapé **神聖之愛**。
- Agnosticism **不可知論** · 相信某些真理不可得，只有感覺得到的現象，才是確切的知識。在神學上，不可知論並不否定上帝的存在，只不過否定知道上帝是否存在的可能性而已。
- Ahura Mazda **智慧主** · 祆教創始人瑣羅亞斯德的神學理論中，兩個極端的力量之一。
- Anabaptist **再洗禮教派** · （希臘文"ana"，「又」的意思；"baptizen"，「施行洗禮」的意思）。十六世紀改革團體的激進運動之一，強調只有成人洗禮才算數，並認為真正的基督徒不應攜帶武器，或使用暴力，或在政府機構任職。
- Andromeda **仙女座** · 在天文學上，是位於雙魚座（Pisces）與仙后座（Cassiopeia）之間的北方星座。在古老的希臘神話中，這位被鎖囚的女士（the Chained Lady）是凱西娥比亞（Cassiopeia）之女，英雄波修斯（Perseus）之妻，波修斯把她從海怪手中救出來。
- Angra Mainyu **惡神** · 惡靈。祆教創始人瑣羅亞斯德的神學理論中，兩個極端力量之一。
- Animism **泛靈論** · 相信自然界萬物，甚至宇宙本身皆由靈魂賦予生命。
- Anthropomorphism **擬人論** · 把人類的感覺與特性加諸於非人類的

物體。

◆ Antioch **安提阿**‧古代敘利亞的首都,位於現今土耳其南部,奧蘭提斯河(the Orantes River)畔。

◆ Aphrodite **艾佛若黛緹**‧希臘神話中愛與美的女神,即羅馬神話中的維納斯(Venus),又稱西瑟莉亞(Cytherea)。

◆ Apocalyptic **啓示論的**‧有關於世界末日的概念。

◆ Apologist **護教論者**‧為別人或某個原由辯護的人。

◆ A posteriori **歸納的**‧由事實推論,或由特定事實推論為普遍原理,或從結果推論出原因。

◆ A priori **先驗的**‧演繹法。(1)從已知或假定的原由,推出必然相關的結果。(2)陳述非得自經驗的知識。先於經驗的知識。根據假設或理論,而非根據經驗的知識。

◆ Artifact **人工製品**‧由人製造出來的物品,例如:具考古價值或歷史意義的工具、武器,或飾物。

◆ Ashanti **阿善提**‧在西非,以前受英國保護的一個國家,現為加納(Ghana)領土的中間地帶,人口約一百萬。

◆ Aton **阿頓**‧改名為伊克那頓 [Ikhnaton(阿頓之光)]的埃及法老阿孟霍特普四世(Amenhotep IV)所信仰的宇宙唯一真神。太陽為阿頓的象徵。伊克那頓在公元前一三七五年繼位,卒於公元前一三五八年。

◆ Avatar **化身**‧神的化身,諸如印度教的黑天(Krishna)。據說黑天是毗濕拏(Vishnu)的第八個化身。

◆ Baalim **巴林姆**(Baals:Baal **的複數形式**)‧古代閃族的豐產神。

◆ Babylonian Captivity **巴比倫囚虜期**‧巴比倫王尼布甲尼撒(Nebuchadnezzar, 605-562 BC)於公元前五七九年佔領耶路撒冷,擄走重要猶太家庭,將其監禁。波斯國王居魯士(Cyrus)征服了巴比倫,於公元前五三八年准許猶太人回以色列。

◆ Baphomet **卑浮魅**‧聖殿騎士(Knights Templar)被控在神祕儀式中所使用的偶像或象徵人物。據說他象徵墮落的穆罕默德(Muhammed)。

◆ Beelzebub **別西卜**(**亦作** Beelzebul)‧古代希伯來文學中的惡魔(有

時等同於撒旦）。在基督教約始於四世紀的《尼可迪蒙斯福音》（*The Gospel of Nicodemus*）中，別西卜是權力僅次於撒旦的墮落天使。在希伯來文爲 "ba'al zebub"，意思是「蒼蠅王」。

◆ Benedictine **本篤會**・約公元五二九年由努爾西亞的本篤（Benedict of Nursia）所創建的羅馬天主教派。

◆ Bodhi **菩提**・北印度用語，爲「開悟」的意思。

◆ Bodhi-tree **菩提樹**・菩提樹在印度傳統中是一棵樹，喬答摩坐在該樹下，心靈獲得啓發，又稱菩樹（bo-tree）。

◆ Bodkin **短劍**・短劍或小劍。

◆ Brahman **梵**・萬事萬物難以言喻之主要來源。

◆ Canterbury **坎特伯利**・是一個教區總教堂的所在地，位於英格蘭東南部的肯特郡（Kent），自公元五九七年就成爲英國基督教教會的中心。

◆ Chandogya Upanishad **錢多貴耶奧義書**・《奧義書》大部分是稱爲《吠陀本集》（*Vedas*）的印度教基本經典的哲學性詮釋。《錢多貴耶奧義書》是奧義哲學早期的散文形式。

◆ Constantine **君士坦丁**（約 280-337）・使基督教成爲合法宗教，並成爲羅馬帝國國教的羅馬皇帝。

◆ Constantinople **君士坦丁堡**・土耳其的一個城市，以前稱爲拜占庭（Byzantium），現稱伊斯坦堡（Istanbul）。使基督教成爲合法宗教，並且是羅馬帝國國教的君士坦丁大帝，也把首都定在這裡。

◆ Cosmology **宇宙論**・探討宇宙的起源、過程和結構的哲學派別。

◆ Counter-Reformation **反改革運動**・十六世紀並十七世紀前葉期間，羅馬天主教內部的改革運動。爲了回應新教改革運動，羅馬天主教會本身也開始革新：使古老的修道院制純正化，並訂定新的制度；改善神職人員與俗人的品德；重新組織教會，以加強紀律，甚至於縮減教宗在政治與教會的權力。

◆ Cro-Magnon **克羅馬儂人**・早期形式的智人（現代人），約興盛於四萬至五萬年以前。克羅馬儂人的遺骸被發現於法國南部。

◆ Cult **崇拜**・一種宗教儀式、信仰與敬拜的系統或團體。

◆ Deja vu **似曾相識的幻覺**．初次遭遇的事物，有一種已經經驗過的幻覺。

◆ Dervish **托缽僧**．波斯文爲 "darvish"，「托缽僧」或「乞丐」之意，爲回教各種不同等級的苦行者之一。有些托缽僧以表演迴旋舞及誦讀宗教文句的方式，作爲練習，以求達到集體出神的境界。

◆ Deutero-Isaiah **第二以賽亞**．給＜以賽亞書＞40-54 章的作者所取的名字，存活於巴比倫囚虜期間，公元前 587-539 年。1-39 章是稍早居住在猶大（Judah），名爲以賽亞（公元前八世紀）的作者所寫的。"Deutero" 意思是「第二」，"Isaiah" 意思是「上主的救贖」。55-66 章爲第三位作者所寫。

◆ Dialectic **辯證法**．揭開反論的缺失，加以克服，而求得真理的方法。一種改變的過程，在其中，理念存在體〔命題(thesis)〕轉變成反面說法〔反題(antithesis)〕，因而被保存下來，並加以執行〔合題(synthesis)〕。

◆ Diocesan **教區的**．屬於教區的，亦即由一位主教所管轄的區域。

◆ Dionysian **戴奧尼修斯的**．戴奧尼修斯（Dionysius）爲司植物生長之神，尤爲葡萄神並酒神，同時也是一種縱慾狂歡崇拜式的由來，以及贊助戲劇的聖徒。

◆ DNA **去氧核醣核酸**．（Deoxyribonucleic acid 之縮寫）爲生命的基本分子結構。它是活細胞核複合形染色體的組構成分，能決定個人的遺傳特徵。DNA 要在細胞核（只有在染色體中）中，才找得到，它提供一個基因「板模」，其組合之複雜，足以包含所有形成一個有機生物所需的指令。DNA〔在沃森－克里克（Watson-Crick）的分子結構模型中〕被構想爲有相互聯繫的雙螺旋體，包含著許多密碼式的遺傳訊息。換言之，DNA 是生物形成時，所需的遺傳訊息。

◆ $E = mc^2$．〔能量等於質量乘以光速的平方〕愛因斯坦（Albert Einstein）發展出來的公式，用以描述質量與能量的關係。

◆ Eleusisu **依洛西斯**．位於阿提卡（Attica）的希臘古城，是古代最有名的祕密宗教儀式——依洛西斯祕密儀式——的中心。

- Empirical **經驗主義的**‧來自於經驗，或由經驗來引導，依據經驗的。

- Empiricism **經驗主義**‧認為所有知識皆來自於經驗的哲學理論，根本就沒有與生俱來的理念。由英國哲學家洛克（John Locke，1632-1704）引介入現代哲學。

- Epiphany **主顯節**‧一月六日舉行的基督教慶典，頌揚耶穌即為外邦人救世主的神聖天性，此由三賢人（可能是祆教祭司──賢哲）來到耶路撒冷（Jerusalem）和伯利恆（Bethlehem），尋找新生的救世主，而獲得證實。

- Epistemology **認識論**‧研究起源、本質、方法，以及人類知識界限的哲學支派，探討人類知識的來源、限度，以及任何可以確知的事。

- Epithalamium **新婚頌歌**‧為新娘新郎而作的婚禮頌歌或頌詩。

- Eros **厄洛斯**‧希臘神話中的愛神，艾佛若黛緹（Aphrodite）之子，與羅馬的愛摩（Amor）為同一人。

- Eschatology **末世論**‧希臘文 "eskatos" 是「最後」的意思，"logos" 是「學習」的意思。為有關終極事物的神學/哲學支派。在神學上，大都指任何著重於最終事務，諸如死亡、審判（如果有的話），以及來世存在情況（如果有的話）的思想體系。

- Ethnologist **文化人類學家**‧研究文化人類學的人。文化人類學是一種有關社會經濟系統和文化遺產的人類學研究，特別是關於文化的起源和文化的改變。

- Eucharist **聖餐（又稱 communion）**‧基督徒紀念耶穌最後晚餐的聖餐。

- Existentialism **存在主義**‧十九和二十世紀的哲學思想，有鑒於人類乃「存在先於本質」，存在主義努力要解決人類獨特性與孤立感的問題。不同於其他動物，人類要對自己成為哪一種「人的動物」負責。

- Experiental **經驗的**‧在宗教興奮與喜悅的層面體驗存在。

- Fertility Cult **豐產神崇拜**‧一種宗教崇拜或教派，為了要使物產豐饒，特別是農作物的產量和牛羊牲畜的繁殖，而舉行宗教儀

典。

◆ Fertility Rites **豐產祭典**・為了要刺激生產，尤其是食物、牲畜和作物，而舉行的宗教儀式。這些儀式通常有公開的性行為，包括人類的交媾。在這種情況下，豐產祭典是一種引導法術。男女儀式化的交媾，神奇地促成天地交配，帶來豐盛的物產。

◆ Gnosticism **諾斯替教**・源於希臘文 "gnosis"，「知識」的意思。諾斯替教是一種宗教或哲學的思想體系，主張心靈上的真理和救贖，只能透過神祕不為人知的方法獲得。救贖只有藉著特殊祕傳的知識和修習才可得。

◆ Hasidic **猶太教哈西德派的**・哈西德教派（Hassidism 或 Chassidim）是波蘭猶太教神祕主義者。此一教派約始於公元一七五〇年，反對當時拘泥形式的猶太教。該教派不僅仍存留於波蘭，在紐約市、以色列及其他地方也有。

◆ Heaven **天**・中國人用以代表上帝的字。在中國周朝（1122-255 BC）古文中，「天」是終極上帝的名稱。

◆ Hebrew **希伯來人**・閃族的一支，聲稱是亞伯拉罕（Abraham）、以撒（Isaac）和雅各（Jacob）的後裔，即以色列人。源於阿拉姆語（Aramaic）的 "ibhray"、"ebhray"，源於希伯來文的 "ibhrt"，為「渡（河）者」之意。

◆ Hermeneutics **詮釋學**・詮釋的專業學科，尤指決定經典詮釋規則的神學理論支派。

◆ Hieroglyphics **象形文字**・例如在古埃及和墨西哥所發現的圖形文字。

◆ Hindu **印度人**・印度居民，源於「印度」的波斯文——"Hind"。

◆ Immanentalism **內在論**・把上帝看成是自然、宇宙程序中的一面。

◆ Incarnation **化為肉身**・上帝化身為人形，例如基督徒主張拿撒勒（Nazareth）來的耶穌就是上帝的化身。另一個例子是古代埃及宗教，對一位名喚奧希里斯（Osiris）的人，所作的相同主張。

◆ Inquisition, Office of **宗教法庭**・正式名稱為「神聖審訊法庭」（The Holy Tribunal of the Inquisition），為羅馬天主會在十字軍東征後所建立的機構，目的在處理異端邪說的問題，亦即處理非

羅馬天主教體制所認可的信仰和行為。

- Inquisitors **宗教法庭審判官**・羅馬天主教宗教法庭的成員，用以壓制異端邪說。

- Intercession **代禱**・人神之間，用一位斡旋者（諸如聖徒），以求得神明的喜愛，或特殊的恩典。

- Isaiah **以賽亞**・公元前八世紀的希伯來先知，＜以賽亞書＞前十三章的作者。

- Israel **以色列**・雅各（Jacob）的後代。按＜創世紀＞32:28，和雅各摔角的天使[上帝]，將雅各取名為以色列（yisra'el）。以色列是過去、現在和未來，所有自認根據上帝與雅各簽訂的盟約，為上帝選民之希伯來人的集體共同名字。

- Kalpa **劫**・俗世存在期，從太初梵天開始到回歸梵天的平靜。

- Kerygmatic **福音佈道法的**・一種目的在宣揚福音的佈道方式（希臘文為"kerygma"，即「宣揚」之意）。

- Libido **里比多**・心理與情緒上的能量，和本能的生理衝動──性慾有關。

- Li Chi **禮記**・中國五經之一的禮記。

- Lombardy **倫巴第**・義大利北方一塊 9188 平方英哩的領土，被日耳曼民族的一支佔有，並定居下來。首都為米蘭（Milan）。

- Mana **馬那**・泛指存在於人與物中的超自然力量。

- Megalithic **巨石的**・以巨石（megalith）為特徵，或與巨石有關的。巨石是史前建築或石碑所用的大石頭，尤其在西歐公元前兩千年期間。

- Melanesian **美拉尼西亞人**・ 位於澳洲北方南太平洋，由群島所組成的大洋洲（Oceania），其三大群島之一的居民。

- Messianic **彌賽亞的**・有關於彌賽亞。

- Metaphysical **形而上的**・著重於存在事實之首要原則，該原則超越物質存在，並為其基礎與特性，乃存在之本質 [本體論（ontology）]，宇宙之結構與來源 [宇宙論（cosmology）]。

- Metatechnology **超自然技術**・超越（meta）技術。將自然以外/超自然的活動導入自然界程序的任何嘗試。例如要治療疾病、求

雨，或贏得彩券。

◆ Moloch（亦作 Molech）**摩洛神**・亞捫人（Ammonites）和腓尼基人（Phoenicians）的神，根據《舊約》，孩童被用來當作對祂的獻祭。

◆ Monstrance **聖體架**・羅馬天主教堂中，用來陳列聖體的容器。

◆ Neanderthal Man **尼安德塔人**・一種已絕跡的亞種人類，尼安德塔智人（Homo sapiens neanderthalensis），存活於古代第一更新世（Pleistocene Age），屬於舊石器時代中期人類，其遺骸於一八三六年，在德國近杜塞多夫市（Dusseldorf）的尼安德塔山谷被發現而辨識出來。

◆ Necromancy **召魂問卜**・召喚亡靈以談論未來之事。

◆ Neo-Platonism **新柏拉圖主義**・西元三世紀在埃及的亞歷山大城（Alexandria），以稍早雅典的柏拉圖（427?-347 BC）哲學為基礎，發展而成的哲學性神學理論。新柏拉圖主義還包含其他希臘哲學家和東方神祕主義者的學說，以及一些猶太教和基督教的質素。

◆ Nicaea **尼西亞**・小亞細亞西北方的一個古城。小亞細亞是介於黑海和地中海之間的半島，包括大部分的亞洲土耳其。

◆ Nirguna Brahman **難以言傳之梵**・無法用言語形容的梵上帝。

◆ Nisus **奮鬥**・為某一特定目標而奮發向上的努力與衝勁。

◆ Noetic **理智的**・屬於或有關於心智的。源於理智，或以理智來了解。有關於理智，或具有理智的特性；唯有心智才能看清楚的。

◆ Noosphere **心智圈**・出自希臘文 "nous"，「心智」的意思。人類意識與心智活動的範圍。

◆ Nonmanipulable **無法操縱的**・無法立即操縱控制。

◆ Numinous **神祕超凡的**・奧圖（Rudolf Otto, 1869-1937）依據拉丁文 "numen" 所造的字，其原意包括神聖力量、神性、神。它是一種對神靈存在的感悟，一種「超越」平常經驗，一種超卓的感覺。

◆ Occam's Razor/Law of Parsimony **奧卡姆剃刀/論題簡化原則**・在理念上講求精簡的原則：一個問題的解答，一個充分的解釋，應

　　儘量使用最少的理念（假設）。

◆　**Oedipus Complex 戀母情結**・孩童（尤其是男童）對異性雙親的
　　性慾，通常會伴隨著對同性雙親的敵意。

◆　**Oglala 奧加拉拉人**・居住於南達科塔州密蘇里河以西，屬於美國
　　土著蒂頓達科塔族（Teton Dakota）的一支，講蘇語（Sioux）。

◆　**Omega Point 終極點**・最後的終點。"omega"是希臘字母中最後的
　　一個。

◆　**Omnipotence 全能的**・無所不能的。

◆　**Omniscient 全知的**・無所不知的。

◆　**Ontological 本體論的**・屬於或有關於本體論，為探討存在本質的
　　哲學派別。

◆　**Orphic 奧菲士的**・有關於據說是人/神奧菲士（Orpheus）所創的
　　神祕教派。奧菲士是一位希臘詩人兼音樂家，為太陽神阿波羅
　　（Apollo）和仙女柯萊娥琵（Calliope）之子。

◆　**Orthodoxy 正統信仰**・希臘文 "ortho" 是「正確」的意思，"doxa"
　　是「看法」的意思。宗教當局認定為正確教義者。

◆　**Orthopraxis 機械矯形術**・希臘文 "ortho"是「正確」的意思，
　　"prassein"是「去做」的意思。正確的練習；經過認可的、適當
　　的宗教行為或表現。

◆　**Pantheism 泛神論**・一切即是上帝的信仰：上帝是看待萬事萬物
　　的一種方式。

◆　**Parsimony, Law of 論題簡化原則**・見奧卡姆剃刀（Occam's
　　razor）。

◆　**Passover 逾越節**・始於猶太教曆法尼散月（Nisan，猶太教曆一
　　月）第十四天的節日，傳統上慶祝八天，紀念猶太人逃離埃及的
　　事蹟。有關聖經對逃離埃及的敘述，見＜出埃及記＞第十二章。

◆　**Patristic（早期基督教）教父的**・有關早期基督教教父，或他們
　　的論述，或兩者，包括諸如德爾圖良（Tertullian）、奧利金
　　（Origen）、哲羅姆（Jerome），和奧古斯丁（Augustine）這些
　　人。

◆　**Patristic Period（早期基督教）教父時期**・從二世紀末一直到五世

紀。源於拉丁文 "pater"——「父親」。諸如德爾圖良
（Tertullian）、西普里安（Cyprian）、雷克坦提烏斯
（Lactantius）、哲羅姆（Jerome）、安布羅斯（Ambrose），和奧
古斯丁（Augustine）這些教會領袖的時期。

◆ Personalistic 人格主義的・相信上帝是一個人，正如人類也是人
一般。

◆ Peronalizing 擬人化・把人類的特性加諸於自然界物體。

◆ Phenomenon 現象・直接由人類感官察覺的事件或事實。（源於希
臘文"phainomenon"，「顯現」或「顯示」。）

◆ Phenomenology 現象學・哲學的一個派別，主要是根據胡塞爾
（Edmund Husserl, 1859-1938）發展出來的方法，努力要使哲
學擺脫所有心理學方面的錯誤。其目的在於把意識所直接產生的
資料，描述成經驗的產物，而非本質的產物。我們所體驗的，不
是事物的本質，而是我們對它的觀感。現象學不談直接現象經驗
本身以外的東西。

◆ Philology 語言學・對語言的研究，尤其是把它當作一門學科或科
學者。

◆ Pieta 聖母慟子圖・聖母瑪利亞抱著耶穌屍體的一幅畫或雕像，
尤指梵蒂岡（Vatican）西斯廷教堂（Sistine Chapel）內，米
開朗基羅（Michelangelo, 1475-1564）所作的雕像。

◆ Pragmatism 實用主義・一種強調可以運作的事物，企圖或預期
要產生效果的事物方為真的理論。

◆ Presanctified 事先祝聖過的・前一天經過神聖化的聖餐成份（聖
餐的麵包和酒），準備在受難星期五使用。在受難節當天，上帝
走了，死了，屆時聖餐的聖化就不可能了。

◆ Privatio Boni 善的缺乏・"Privatio"（免於，解放）；"boni"
[（bonum）——「善」]。

◆ Propitiate 安撫・安撫被冒犯的力量。

◆ Pseudepigrapha 偽經・公元前二〇〇至公元二〇〇間所寫，不屬
於《聖經》正經篇目的希伯來/猶太著述，其中有些特別著重於
世上的邪惡問題，這些作品曾被誤以為是幾位希伯來經典中的先

知和領袖所作。此一名稱是希臘字"pseudepigraphos" 中性複數形式，意思是作者歸屬錯誤——源於"pseudes"，「假」，和"epigraphein"，「寫」。）

◆ Qur'an **可蘭經**・回教聖經，也寫成 "Koran"。

◆ Ramadan **齋月**・在回曆的九月，虔誠的回教徒從日出到日落都禁食，許多回教徒在這個月前往聖城麥加朝覲。

◆ Reincarnation **轉世**・以另一個肉身重生。

◆ Relativism **相對論**・任何強調道德／倫理判斷是相對性的，依個人並其環境而有所不同的理論。

◆ Rogation **祈求式（源於拉丁文 "rogare"）**・祈求神或諸神靈為人類利益而干預自然規律。

◆ Rudra **樓陀羅**・後來很重要的印度教毀滅之神濕婆（Shiva）的雛形。

◆ Sacralizing **神聖化**・使之神聖。

◆ Sacred **神聖的**・值得崇敬的。

◆ Sacrosanct **神聖而不可侵犯的**・乃視為神聖之意，源於拉丁文"sacer"，「神聖」，和 "sancire"，「使神聖化」。

◆ Satori **開悟**・禪宗追求的一種心靈啟發的境界，是北印度語"bodhi"（他醒悟了）的日文代稱。

◆ Scholasticism **經院哲學**・中世紀全盛時期主要的神學與哲學學派，所根據的是早期基督教拉丁文著作家的學術權威，以及亞里斯多德並許多亞里斯多德評論家的哲學。

◆ Shakti **鑠乞底**・力量，濕婆之妻。鑠乞底是印度教中，大自然力量以及繁殖力的化身。

◆ Shaman **薩滿**・能直接和神或靈，或兩者溝通的祭司。這個名稱來自俄文的"shaman"，是西伯利亞的祕教祭司。

◆ Shi'ite **什葉教派**・回教的一個少數教派，不承認穆罕默德以後的首四位哈里發（領袖），並視穆罕默德的遠親兼女婿阿里（Ali）為穆罕默德真正的繼承人。

◆ Siddhartha **悉達多**・佛教創始人佛陀喬答摩的名字。

◆ Sociogenetic Phenomenon **社會起因的現象**・從社會結構中產生的

現象。

◆ Song of Songs（Song of Solomon）**詩篇**‧猶太聖經《舊約》的一部，包括一首戲劇化的情詩。

◆ Stoic **禁慾主義者**‧對喜樂、悲傷、歡愉、痛苦，或其它任何緊張困擾的情緒，不在乎或不受影響，或至少看起來如此。

◆ Stonehenge **巨石陣**‧一座巨石碑的廢墟，約建於公元前 1900-1400 年間。主要特徵為：排列成同心圓的石群，環繞著幾顆直立成馬蹄形的石頭，和一顆單獨豎立的石頭。顯然具有宗教及天文兩方面的重大意義。

◆ Subjectivism **主觀論**‧認識論（知識的哲學）的信條，把所有的知識限定在個人的經驗之內，並認為超經驗的知識是不可能的。

◆ Sufi（soofē）**蘇非派信徒**‧回教神祕教派的信徒。名為蘇非，可能是因蘇非派信徒所穿的羊毛長袍。阿拉伯文的 "suf" 是羊毛的意思。

◆ Sunni **遜尼教派**‧回教正統，承認穆罕默德之後的首四位哈里發（領袖）為合法繼承人與當權者。

◆ Synod **教會會議**‧教會行政人員的會議或集會。

◆ Synoptic **對觀福音書**（希臘文 "synopsis"，「綜觀」）‧指的是馬太、馬可和路加，這三部福音書綜合看起來，非常相似。但這不適用於＜約翰福音＞，它與對觀福音書大不相同。

◆ Taboo **禁忌**‧由於某物正面或反面的神聖性質，禁止使用、觸摸或提到它。

◆ Tao **道**‧致使萬物存在之氣，即上帝。

◆ Taoism **道家或道教**‧以「道」為中心的中國宗教，有許多派別，包括一種極度冥想的形式，和一種複雜儀式化的形式。

◆ Tautology **反覆使用同義字**‧用不同字眼，作不必要的贅述。在哲學（邏輯）上，是一個無論如何皆為「真」的陳述。例如：「明天會下雨，不然就是明天不會下雨。」

◆ Teleology **目的論**‧一種對大自然的安排與目的之研究，相信該目的與安排乃自然的一部份。

◆ Templar, Knights **聖殿騎士**‧公元一一一八年在耶路撒冷建立的軍

團，目的是要保護來聖地參觀的基督徒。

◆ Theistic **有神論的**・相信上帝是宇宙的創造者兼統治者，反對無神論。

◆ Theodicy **神正論**・不管邪惡存在的事實，企圖為上帝的公正性所作的辯護。

◆ Theogenetic Phenomenon **神起因的現象**・上帝所創造的現象。

◆ Totem **圖騰**・由於被認定和祖先有關係，而被用來作為原始宗族或家族象徵的動、植物，或自然界物體。

◆ Totem Exogamy **異族通婚圖騰**・圖騰：部落、宗族，或其他團體覺得和牠（它）有特殊關係的動、植物或物體。異族通婚：在特定部落或社區以外，尋求婚姻關係。

◆ Trobriand Islands **特洛布里安群島**・位於新幾內亞（New Guinea）東北端的群島。新幾內亞為澳洲北方的大島。

◆ Upanishads **奧義書**・超越較早的《吠陀本集》（Veda）的印度教經典，主要談論梵（上帝）與人的靈魂（Atman）的一體性。

◆ Vedanta **吠檀多**・一種印度教哲學系統，提升了《奧義書》中，認為萬事萬物都是一個簡單的原則——梵，這樣的觀念。人生的目標應該是超越自我身份，並領悟到與梵的一體性。

◆ Vishnu-Krishna **毗濕奴－黑天**・毗濕奴是印度教三位一體〔另兩位是梵（Brahma）與濕婆（Shiva）〕中的第二個神。黑天是毗濕奴的第八個化身。

◆ Voodoo **巫毒教**・源於非洲的異教崇拜，現今盛行於海地。巫毒教透過法術、物神和儀式，使信徒能與祖先、聖徒，或萬物神明溝通。

◆ Yahweh **耶和華**・上帝的名稱，現代學者認為是希伯來文四個字母（YHVH/יהוה）的翻譯，代表希伯來傳統之下，上帝的名號，有時被譯為 "Jehovah"。

◆ Yoga **瑜珈**・為梵文，意指「結合」、「連結」。瑜珈是一種印度教修行法，目的是要訓練人的意識到達完美靈性與寧靜的境界。"yogi"為瑜珈修行者。

◆ Yom Kippur **贖罪日**・猶太人最神聖的宗教節日，每年的提市黎

月（Tishri，猶太國曆一月）十日爲贖罪日，是一個齋戒、祈禱
並贖罪的日子。

◆　**Zarathustra（亦作 Zoroaster）瑣羅亞斯德**・爲波斯（古代伊朗）
先知，公元前七世紀創立祆教。"Zoroaster" 意思是「駱駝的主
人」。

◆　**Zazen 坐禪**・日本禪宗佛教的冥想技巧。

◆　**Zeitgeist 時代思潮**・特定時期的文化智識特質，就像二十世紀美
國的科技特質。

◆　**Zendo 禪堂**・禪宗佛教用來打坐冥想的廳堂，在此信徒藉著受過
訓練的冥想，尋求並等待他們稱之爲開悟（satori）的「神聖經
驗」。

人 物 簡 介

自己年輕時，常熱切地造訪
博士與聖徒，並聽到這方面的偉大理論
但我始終
仍由原先進來的那扇門出去！

——（*Omar Khayyam*）

◆ **Abū Bakr 阿布・伯克爾**・穆罕默德的密友。穆罕默德臨終時，
同志們（如此稱呼是因為他們是與先知穆罕默德最親密的一群）
就推舉阿布為哈里發。阿布在他短短的一年統治期間，建立了第
一支註定要攻擊外界的回教軍團。阿布顯然還命令穆罕默德的秘
書薩德・伊本・塔比特（Zaid ibn Thabit）將先知的啟示收集
成冊。

◆ **Achilles 阿契里斯**・荷馬（Homer）的《伊里亞德》（*Iliad*）史詩
中的英雄，珀琉斯（Peleus）與西蒂斯（Thetis）之子。阿契里
斯受到庇護，不怕死神侵襲，只有一個致命的弱點：刺進腳後跟，
他就會死，而他也死於腳後跟的一個傷口。

◆ **Allport, Gordon Willard 奧波特**・美國心理學家，一八九七年生於
印地安那州的蒙提祖馬（Montezuma, Indiana），在哈佛
（Harvard）與歐洲的柏林（Berlin）、漢堡（Hamburg），和劍橋
（Cambridge）大學受教育，任教於土耳其伊斯坦堡的羅伯特學
院（Robert College, Istanbul, Turkey），和達特默思學院
（Dartmouth College）以及哈佛大學。奧波特同時也是國際觀
點研究中心（National Opinion Research Center）的主任，聯

合國教科文組織（UNESCO）的成員，還有（南非）納塔爾大學
（University of Natal）社會研究所的客座外國顧問。其眾多
著作之一爲一九五〇年的《個人與宗教信仰》（*Individual and
His Religion*）。奧波特卒於一九六七年。

◆ Altizer, Thomas **奧蒂澤爾**・生於一九二七年，在芝加哥大學受教
育，是一九六〇年上帝之死（Death of God）運動的主要發言人
之一。奧蒂澤爾參照十九世紀的藝術家和哲學家，在他出版於一
九六六年的著作《基督教無神論福音書》（*The Gospel of
Christian Atheism*）中，爲現代世界探究上帝之死的理念。

◆ Anselm **安塞姆**・一〇三三 年生於倫巴底的亞奧斯塔（Aosta,
Lombardy），進入諾曼第（Normandy）的貝克（Bec）修道院。一
〇七八年成爲貝克修道院院長，一〇九三年成爲坎特伯利
（Canterbury）大主教，卒於一一〇九年。安塞姆終生致力於改
善神職人員的道德情操。其三本主要著作是：《獨白》
（*Monologium*），探討上帝的存在；《對話》（*Proslogium*），包含
了他有名的，證明上帝存在的本體論；以及《天主何以爲人》（*Cur
Deus Homo*），描述他的贖罪信條，並指出人類如何藉著基督得
救。

◆ Aquinas **阿奎納**・見托瑪士・阿奎納（Thomas Aquinas）。

◆ Aristophanes **亞里斯多芬尼**・雅典劇作家，生死日期不詳，可能
在公元前 448-380 年間，著有許多諷刺喜劇，現存十一部。

◆ Aristotle **亞里斯多德**・希臘哲學家，生於公元前三八四年，爲柏
拉圖的學生，亞歷山大大帝（Alexander the Great）的私人教
師。其著作主題有邏輯、哲學、自然科學、倫理學、政治學與詩
學。

◆ Arnold, Matthew **阿諾德**・一八二二年生於英格蘭米德爾塞克斯郡
（Middlesex）斯泰恩斯（Staines）附近的賽群（Satcham），在
溫徹斯特（Winchester）、拉格比（Rugby）和牛津受教育，是一
位倫理學家、倫理學教師。一八五七到一八六八年間，於牛津擔
任詩學教授兼主任，著有多本詩集，卒於一八八八年。

◆ Astruc, Jean **亞斯卓克**・法國物理學家兼聖經學者，一七五三年開

始思考《舊約》中用來稱呼神的許多名稱時，提出一種新的聖經學研究。

◆ Athanasius **亞大納西**(293?-373)・亞歷山大城的最高主教，原來是亞歷山大城亞歷山大主教的輔祭兼秘書，公元三二八年成爲主教，領導對抗認爲上帝（天父）高於基督（聖子）的阿里烏派信徒（Arians）。亞大納西在公元三二五年第一次尼西亞（Nicea）會議很有影響力。他對基督本質的觀點，成爲西方天主教的正統立場。

◆ Augustine **奧古斯丁**(Aurelius Augustinus)・公元三五四年生於北非，卒於四三〇年，在迦太基（Carthage）和羅馬教修辭學。非常認真地研習摩尼教神學（祆教與基督教的混合）和柏拉圖哲學，深受母親 [莫妮卡（Monica）──一位基督徒典範，後來被封聖] 和安布羅斯（Ambrose）的影響，三八七年成爲基督徒，然後致力於研究基督教經典，並著手把關於上帝與人類靈魂的問題，作有系統的整理。三九五年成爲北非希波（Hippo）的主教，最有名的著作是《懺悔錄》（*Confession*）和《上帝之城》（*The City of God*）。奧古斯丁在基督教歷史上是一位重要的神學家，在西方思想中，也是具有同樣重要地位的哲學家。

◆ Barth, Karl **巴特**・一八八六年生於瑞士的巴塞爾（Basel），就讀伯恩大學（University of Berne），受教於父親，父親是一位教授，教教會歷史與《新約聖經》。巴特就讀過許多所大學，受教於許多傑出的自由主義神學家[海納克（Harnack）、貢克爾（Gunkel）、魏斯（Weiss）、赫爾曼（Hermann）]。一九〇九年成爲瑞士改革教會的牧師，接下來十二年，他和自由主義神學派決裂，開始從事他一生的重要職志──有系統地闡述一種新的正統基督教神學理論，他的努力非常成功，爲二十世紀神學理論的主要代言人之一。

◆ Baruch **巴錄**・先知耶利米（Jeremiah）的非正式門徒兼書記，在猶太聖經（舊約）的＜耶利米書＞有記載。

◆ Basho, Matsuo **巴蕉**・生於一六四四年，爲日本俳句（一種十七音節的短詩）之父。一六八六年巴蕉寫下可能是最有名的日文俳

句：*Furu-ike ya kawazu tobi-komu mizu-no-oto*──字面意思
是：古池塘/青蛙躍入/水聲

> 一池古塘
> 　青蛙躍入
> 　　啪啦！

◆ **Bassuk, Daniel 巴素克**・生於一九三八年，曾就讀於芝加哥、哥
倫比亞、南加州，和德魯大學（University of Drew），以及聯
合神學院（Union Theological Seminary）。巴素克的專長是東
方宗教。

◆ **Backet 貝克特**・即我們所知的聖湯瑪斯・貝克特（St. Thomas à
Becket），可能出生於一一一八年，卒於一一七○年。一一六二
年亨利二世（Henry II）指定他擔任坎特伯利（Canterbury）大
主教，希望他站在國王這邊，對抗教宗，但貝克特卻認真地看待
自己的神職，他與國王之間的衝突，終於導致他遇害。

◆ **Bellah, Robert N. 貝樂**・一九二七年生於奧克拉荷馬州的阿爾圖
斯（Altus, Oklahoma），就讀於哈佛大學，任教於蒙特利爾
（Montreal）的麥基爾大學（McGill University），隨後任教於
哈佛大學。一九六七年應聘爲加州大學柏克萊分校（University
of California, Berkeley）社會學教授，同時擔任國際研究所
並日韓研究中心的主任。他寫了一篇很有影響力的論文，題目
是：「美國的公民宗教」，文中提出美國人的信仰與生活，形成一
種「公民宗教」。

◆ **Bernhardt, William Henry 賁哈特**・一八九三年生於芝加哥，就讀
於內布拉斯加州衛斯理學院（Nebraska Wesleyan）、西北大學
（Northwestern University），以及芝加哥大學。一九二九年
起，任教於科羅拉多州（Colorado）丹佛（Denver）的依立福神
學院（Iliff School of Theology），直到一九六六年退休。退
休後又任教於聖地牙哥的加州大學。賁哈特是一位認同新教自由
主義神學論的宗教哲學家，創辦了《依立福評論》（*Iliff*

Review），著有兩本書——《宗教之功能哲學》（*A Functional Philosophy of Religion*），探討宗教的本質；以及《知性追求上帝與實用有神論》（*Cognitive Quest for God and Operational Theism*），探討上帝言論的本質——；還有許多重要的論文。賁哈特卒於一九七九年。

◆ Bertocci, Peter Anthony 柏多奇・一九一〇年出生於義大利埃里那（Elena），在波士頓、哈佛和劍橋大學受教育，於貝茲學院（Bates College）與波士頓大學任教，是一位人格主義型的現代自由派神學家。

◆ Boas, Franz 鮑亞士(1858-1942)・出生於德國的美國人類學家，特別是北美印地安部落的研究者。

◆ Boehme, Jacob 柏麥・生於一五七五年，德國的神祕主義者，是一個有包容性的人，他看見了不侷限於某一信仰或教派的「上帝之光」，認爲只要和上帝一起過著平和的生活，心存仁慈，拒絕邪惡，其他的都不需要了。

◆ Böhler, Peter 柏樂・一位摩拉維亞傳教士，在衛斯理（Wesley）逢精神危機，乘船前往新大陸途中，給予關鍵性的諮詢。沒有柏樂的影響，衛斯理可能就無法在一七三八年五月十四日，歐德斯蓋街的聚會，體驗到他的思想轉變。

◆ Bowne, Borden Parker 包納(1847-1910)・出生於紐澤西州（New Jersey）雷納德城（Leonardville），曾在紐約市大學（The University of the City of New York）、巴黎、哈雷（Halle）和哥廷根（Göttingen）大學就讀，任教於紐約市大學，和波士頓大學。包納企圖把現代科學的事實與方法和唯心主義（自由派人格主義）哲學綜合起來，他的努力主要對衛理公會的思想有一種自由化的影響。布萊蒙（E. S. Brightman）和努森（Albert C. Knuson）的著述，承續這種思想。包納的理念爲美國許多自由主義神學論，奠定了哲學基礎。

◆ Braithwaite, Richard B. 布雷斯維特・一九〇〇年出生於英格蘭的班伯里（Banbury），在劍橋的國王學院（Kings College）學習物理、數學和哲學，後來成爲劍橋大學奈斯布里菊講座的道德哲

學教授（Knightsbridge Professor of Moral Philosophy），同
時也是心靈協會（The Mind Association）與亞理斯多德協會（The
Aristotelian Society）的會長。他的主要興趣在於科學的哲
學，並且要詮釋宗教信仰，使其在實際經驗上，站得住腳。

◆ Brightman, Edgar Sheffield 布萊蒙(1884-1953)‧出生於緬因州的
　　后布魯克（Holebrook, Maine），就讀於布朗大學（Brown
　　University）和波士頓大學，還有柏林（Berlin）和馬爾堡
　　（Marburg）大學，任教於內布拉斯加州衛斯理學院（Nebraska
　　Wesleyan）和波士頓大學，是一位自由主義有神論哲學家。布萊
　　蒙把上帝的人格當作他的思想中心，約寫了十四本書，還有二百
　　多篇論文，並成爲人格主義有神論的主要代表人物。

◆ Broun, (Matthew)Heywood 卜讓(1884-1953)‧美國記者並美國報
　　社同業公會（The American Newspaper Guild）首任理事長。

◆ Brown, Robert McAfee 布朗‧一九二〇年生於伊利諾州的迦太基
　　（Carthage, Illinois），就讀於艾默斯特學院（Amherst
　　College）、聯合神學院（Union Theological Seminary），以及
　　哥倫比亞大學，任教於邁克拉斯特學院（Macalaster College）、
　　聯合神學院，以及史丹佛大學（Stanford University），並擔任
　　美國宗教學會（American Academy of Religion）會長。

◆ Brown, William Adams 布朗‧一八六五年出生於紐約市，就讀耶
　　魯大學（Yale University）、紐約州聯合神學院（Union
　　Theological Seminary），和柏林大學，後來成爲聯合神學院系
　　統神學論與應用基督教教義的教授，是二十世紀自由主義神學家
　　的主要代言人。布朗不論證上帝存在的問題，因爲他認爲信仰上
　　帝是屬於經驗的事，不是邏輯的事。他把論點集中在視基督爲上
　　帝道德特質的揭示者，卒於一九三四年。

◆ Browning, Elizabeth Barrett 布朗寧（1806-1861）‧英國詩人，最
　　有名的著作是，與布朗寧（Robert Browning）之間的羅曼史產
　　生靈感而寫成的《葡萄牙十四行詩》（*Sonnets from the
　　Portuguese,* 1850 ）。

◆ Browning, Robert 布朗寧(1812-1889)‧英國詩人，其對心理的敏

銳觀察力與口語化的風格，深深地影響了二十世紀的詩。

◆ Buber, Martin 布貝爾・出生於奧地利的以色列哲學家兼神學家，
一八七八年生於維也納，在烏克蘭（Ukraine）的利沃夫（Lwow）
由富有且具希伯來學識的祖父布貝爾（Solomon Buber）養育成
人，漸漸熟悉哈西德派猶太教（Hasidic Judaism），後來成爲該
猶太教派重要的詮釋者，曾就讀於維也納（Vienna）、萊比錫
（Leipzig）、蘇黎世（Zurich）與柏林（Berlin）大學。布貝爾
以一種神祕的方式，把猶太歷史詮釋爲上帝的召喚［「噢！以色
列，聽哪！上主我們的上帝，是唯一的主。」（申命記6：4）］，
與以色列願意接受或頑固地拒絕回應，兩者之間始終存在的遭遇
戰。一九六五於耶路撒冷去世。

◆ Bultmann, Rudolf 巴特曼・一八八四年出生於德國的維佛斯代德
（Wiefelstede），父親是一位路德派新教會牧師，一九一二年
起，就讀於圖賓根（Töbingen）、柏林，和馬爾堡大學，一九一
六到一九二〇年間任教於布雷斯勞（Breslau），在此完成他具影
響力的《對觀福音傳統的故事/歷史》（Die Geschichte der
synoptischen Tradition）。巴特曼回到馬爾堡大學，一直教到
一九五一年榮譽退休，卒於一九七六年。

◆ Calvin, John 喀爾文 (1509-1564)・瑞士改革家、學者並宗教領袖，
在法國受教育時，便熱烈支持馬丁・路德的改革教義，在生命受
到威脅時，避居瑞典，在日內瓦（Geneva）領導創立由神職人員
統治的新式都市政府，同時也在那裡完成令人讚嘆的神學典籍
《基督教制度》（The Institutes of Christian Religion）。

◆ Campbell, Joseph 坎貝爾・美國神話學家，生於一九〇四年，在
達特默斯（Dartmouth）和哥倫比亞（Columbia），以及歐洲的大
學受教育，攻讀文學、神話、哲學、藝術史，其重要著作包括分
上下兩冊的《上帝的面具》（The Masks of God），以及《千面英
雄》（Hero with a Thousand Faces）。

◆ Camus, Albert 卡繆・一九一三年生於阿爾及利亞的蒙多維
（Mondovi, Algeria），取得哲學學位後，從事過許多工作，包
括記者。一九三〇年代，經營戲劇公司並寫小說，二次大戰期間

爲抗法的激進份子，編輯了一份重要的地下報紙──《戰鬥》
（Combat）。主要著作有兩部廣受好評的小說──《異鄉人》（the
Stranger, 1946），以及《瘟疫》（The Plague, 1948）；一本戲
劇《卡利古拉及其他三部戲劇》（Caligula and Three Other
Plays, 1958）；還有兩本哲學論文集──《叛逆》（The Rebel,
1954）與《薛西佛斯之謎》（The Myth of Sisyphus, 1955）。一
九五七年獲諾貝爾文學獎，一度爲沙特（Jean-Paul Sartre）的
密友，沙特與共產黨合作時，卡繆就和他決裂。卡繆卒於一九六
〇年。

◆ **Carman, Bliss 卡爾曼**・一八六一年出生於加拿大新布倫瑞克省的
弗雷德里克頓（Fredericton, New Brunswick），畢業於新布倫
瑞克大學，後又就讀愛丁堡（Edinburgh）及哈佛大學。一八九
〇年移居美國，在社論並文學界，是一位重要人物，著作超過三
十本散文集和詩集，卒於一九二九年。

◆ **Carroll, Lewis 卡羅爾**・道吉森（Charles Lutwidge Dodgson）的
筆名，英國數學家兼作家，生於一八三二年，就讀於牛津大學基
督教學院（Christ Church, Oxford），並成爲一位數學教師。一
八五六年開始用筆名爲一份滑稽小報撰文。言語上的缺陷，使得
他無法成爲一位牧師，不過他被派在牛津擔任執事，經常對小朋
友講道而樂此不疲。他漸漸被認定是數學家，但他的最愛卻是兒
童，以及說故事。他的《愛麗絲夢遊仙境》（Alice's Advanture
in Wonderland）出版於一八六五年，《幻影》（Phantasmagoria）
出版於一八六九年，《愛麗絲鏡中夢遊》（Through the
Looking-Glass）出版於一八七二年，還有《獵補蛇鯊》（The
Hunting of the Snark）出版於一八六七年。卡羅爾卒於一八九
八年。

◆ **Carruth, William Herbert 卡魯斯**・一八五九出生於堪薩斯州的奧
薩瓦特米（Osawatomie, Kansas），是一位詩人、教育工作者，
兼作家。一九〇七年著有《給美國男孩的信》（Letters to
American Boys），一九〇九年著有《各以自己的語言及其他詩》
（Each in His Own Tongue and Other Poems），一九一七年著

有《詩文寫作》(*Verse Writing*)。他是《文學中的堪薩斯》
(*Kansas in Literature*)的主編。

◆ Clarke, James Freeman 克拉克・一八一○年生於新罕布夏的漢諾
威(Hanover, Hampshire)，就讀於哈佛學院(Havard College)
與劍橋神學院(Cambridge Divinity School)，一八三六至一八
三九年擔任肯塔基州路易斯城(Louisville, Kentucky)唯一神
教派教堂(Unitarian Church)牧師，一八四一年搬到波士頓，
建立了門徒教堂(Church of the Disciples)，並在那裡擔任牧
師四十一年，他同時也是哈佛大學的教授，教導自然宗教和基督
教教義，並講授倫理學和宗教。寫作量頗豐，包括八冊名爲《宗
教史上的重要事件與重要時期》(*Events and Epochs in
Religious History*)。克拉克卒於一八八八年。

◆ Codrington, Robert Henry, D. D. 卡靈頓・神職人員、傳教士、人
類學家兼哲學家。卡靈頓就讀於劍橋的華德漢學院(Wardham
College)，畢業於一八五二年，一八五五年獲選爲研究員，一八
五六年被任命爲英國國教傳教士，前往美拉尼西亞(Melanesia)
佈道，回英國後，寫了一部八冊的著作——《美拉尼西亞的語言》
(*The Melanesian Languages*)，於一八八五年出版。

◆ Cohn, Norman 孔恩・一九一五年出生於倫敦，就讀於牛津大學
基督教學院(Christ Church, Oxford)，任教於英國達勒姆
(Durham)的達勒姆大學，和費爾摩(Falmer)的蘇塞克斯大學
(University of Sussex)。孔恩在美國任教於加州的史丹佛大
學，和康乃狄克州(Connecticut)米德爾鎮(Middletown)的
衛斯理大學(Wesleyan University)。孔恩寫了許多有趣的文
章，包括一篇有關西伯利亞傳奇，一篇有關千禧年信徒(中世紀
神祕的無政府主義運動)的文章，還有一篇叫做＜猶太人世界陰
謀之神話＞(The Myth of Jewish World-Conspiracy)。

◆ Compte, Auguste 孔德(1798-1857)・法國哲學家，爲十九世紀上
半葉，法國最重要的學術思想家。孔德出生於傳統基督教家庭，
卻在年輕時就背棄了基督教，並提出後來所謂的哲學實證主義
(positivism)。實證主義的關鍵在於否定玄學思辯的有效性，

以及拒絕終極因素和絕對理念。按照實證主義，知識限定在可以觀察到的事實，以及種種事實之間的關係。孔德一心想成爲綜合工科學院（École Polytechnique）的教授，卻不能如願以償，不得不當個私人家教，餬口度日。

◆ Confucius 孔子(公元前 551-479)・原名孔丘，即長久以來在中國所熟知的孔夫子。孔子是一位哲學家兼教師，爲儒家的創始人。

◆ Constantine 君士坦丁（Flavius Valerius Aurelius Constantinus）・約生於公元二八○年，人稱君士坦丁大帝（Constantine the Great），從三○六到三三七年去世時爲羅馬皇帝。三一二年戰勝一位難纏的敵人，即同樣稱帝的馬克森提爾斯（Maxentius）之後，採納了基督教。幾年後，君士坦丁告訴他的友人主教優西比烏斯（Eusebius）（第一位教會歷史家），在和馬克森提爾斯打仗之前，他看見天上有一個景象———一個發光的十字架，上面刻著「In hoc signo vinces」[（用此標誌，你將戰勝）]的字樣。在基督教的旗幟下，他進入戰場，並且打了勝仗，於是就接受了基督教。從此基督教在西方世界，一直都享有政治方面的權益。

◆ Coomaraswamy, Ananda Kentish 庫馬拉斯瓦米(1877-1947)・出生於錫蘭（Ceylon），在倫敦受教育，準備成爲一位科學家，因對東西方宗教哲學，尤其和宗教藝術有關者，產生興趣，漸漸成爲傑出的藝術歷史家兼比較宗教學者，同時也活躍於印度政治界。著有《印度教與佛教》（*Hinduism and Buddhism*）、《佛陀與佛教教義》（*Buddha and the Gospel of Buddhism*），以及《我是否爲弟弟的守護者？》（*Am I My Brother's Keeper?*）

◆ Copernicus, Nicolaus 哥白尼(1473-1543)・波蘭名爲哥白尼克（Mikolaj Kopernik），是一位天文學家，闡述以太陽爲中心的天體運行法則，此一法則，即大家所知的哥白尼革命，是把西方思想轉變爲現代思想的因素之一。

◆ Cox, Harvey Gallager, Jr. 考克斯・一九二九年生於賓州雀斯特鎮（Chester County），就讀哈佛大學，在俄亥俄州奧伯林市的奧伯林大學（University of Oberlin）擔任宗教活動指導。受委任爲美國浸信會牧師，服務於浸信會國內傳教會，並在麻薩諸塞

州牛頓中心（Newton Center, Massachusetts）的安道佛牛頓神學院（Andover Newton Theological School）教書。一九六五年任教於哈佛神學院（Harvard Divinity School），最有名的著作是《俗世之城》（*The Secular City*, 1965）和《愚人宴》（*Feast of Fools*, 1969）。

◆ Cullman, Oscar **庫爾曼**・生於一九○二年，是一位歐洲新教神學家，在巴塞爾大學（University of Basel）教《新約聖經》和早期基督教，也曾任教於巴黎的索邦學院（Sorbonne），以及美國的大學，有許多學術著作。

◆ Darwin, Charles **達爾文**(1809-1882)・英國的自然主義者，擁護自然淘汰進化論。一八三一至一八三六年間，以自由主義者的身份，乘皇家海軍艦艇「獵犬號」（HMS Beagle）環遊世界，從這次經歷發展出他的進化論，但一直到一八五九年才發表該理論——《物種源始》（*On the Origin of Species*）。

◆ Davies, Paul **戴維斯**・英國泰恩河（Tyne）畔新塞（Newcastle）港，新塞大學的物理教授。

◆ Descartes, René **笛卡兒**(1596-1650)・出生於法國都蘭省蘭愛葉村（La Haye, Touraine），就讀於拉弗萊什（La Flèche）的耶穌會學院（Jesuit college），終身與老師維持友好關係，其最大遺憾是老師們從未接受他的哲學理念。大學畢業後，前往巴黎，一六一七自願從軍，在拿騷的莫里斯王子（Prince Maurice of Nassau）麾下。莫里斯學的是科學和數學，他在布雷達（Breda）的營區結集了一群科學家，笛卡兒便與這群人為伍，在這段期間產生了他早期關於音樂、數學的論述，以及他的《沉思錄》，後來離開莫里斯軍隊，加入巴伐利亞選帝侯（the Elector of Bavaria）的軍隊。1619-1620 年間，在多瑙河（Danube）畔諾伊堡（Neuburg）的多季營房，經歷了他心理上的生命轉折點，同時也發現了，就像他所說的，「美好科學的基礎」——原理，即一切幾何問題都可以用代數符號（分析幾何學）來解決。同樣在這一次轉折中，他首度有普遍方法學疑問的觀念，還有「自然的奧祕以及數學上的法則，都能用同一把鑰匙打開」的想法。笛

卡兒厭倦了軍旅生涯，於是就定居在荷蘭，專心投入他最喜歡的
學問——天文、物理、化學、解剖學和醫學。在荷蘭期間，他的
大部分重要著作都出版了——《方法論》(*Discourse on Method*,
1637)、《沉思錄》(*Meditations on First Philosophy*, 1641)、
《哲學原理》(*The Principles of Philosophy*, 1644)。笛卡兒
對他自己的時代以及後代，有深遠的影響，其學說在神學、科學、
文學，還有十七世紀的哲學，都留下了痕跡。說他的思想決定了
現代哲學發展的方向，確實不算誇張。

◆ **Deutero-Isaiah 第二以賽亞**・給＜以賽亞書＞(the Book of
　Isaiah) 40-66 章的作者所取的名字，是個希伯來人，存活於巴
　比倫囚虜期，即公元前 586-539 年。＜以賽亞書＞1-39 章由一
　位稍早（公元前八世紀）在猶大（Judah）的作者以賽亞寫成。
　"Deutero" 意思是「第二」，"Isaiah" 則是「上主的救贖」。

◆ **De Wette, Wilhelm Martin Leberech 維特的雷伯里契(1780-1849)**・
　巴塞爾大學（University of Basel）的神學教授，研究過希伯
　來制度後，他推論記載於聖經＜列王記下＞，約西亞王（King
　Josiah）的改革，與＜申命記＞所引述者相同，他推論所謂的＜
　列王記下＞(11: 8-12: 13) 就是＜申命記＞。知道了約西亞的
　年代，他就能把「發現」＜申命記＞的年代，定在公元前六二一
　年。

◆ **Dewey, John 杜威(1859-1952)**・生於佛蒙特州伯林頓(Burlington,
　Vermont)，就讀於伯林頓大學，和馬里蘭州巴爾的摩(Baltimore,
　Maryland) 的霍普金斯大學（Johns Hopkins University），一
　八八四年獲博士學位，任教於密西根大學（Michigan
　University），一八九四年加入芝加哥大學（University of
　Chicago）師資陣容，對該校的教育學院特別有影響。一九〇四
　年轉往哥倫比亞大學，成為該校最有名的教授。杜威是人稱實用
　主義的美國哲學發展時期的領導人物。

◆ **Dibelius, Martin 狄貝利烏斯**・一八八三年生於德國德雷斯登
　（Dresden），一九一五年起為海德堡大學的新約聖經教授，其著
　作《福音書的形式史》(*Die Formgeschichte des Evangelius*) 於一

九一五年出版，大大提升了新約聖經形式批評之研究，卒於一九
四八年。

- ◆ Dickinson, Emily 狄更生(1830-1886)．美國詩人，作品在死後才
  出版。狄更生善於駕馭文字，這在以下詩句中可獲得證明：「一
  株三葉草和一隻蜜蜂，方成大草原/一株三葉草和一隻蜜蜂/無盡
  的沉思幻想/若少有蜜蜂/只沉思幻想也行。」

- ◆ Donne, John 竇恩(1573-1632)．詹姆士一世統治期間的英國神職
  人員兼詩人，出生於倫敦，父親是富商。竇恩在牛津受教育，曾
  旅居義大利和西班牙，也去過亞速群島（Azores）。寫詩、論文，
  還有特別在他的時代很流行的講道文，其作品至今在英國文學仍
  頗有影響力。

- ◆ Dostoevsky, Fyodor Mikhailovich 杜斯妥也夫斯基(1821-1881)．蘇
  俄小說家，寫過諸如《白痴》（*The Idiot*）、《罪與罰》（*Crime and
  Punishment*），以及《卡拉馬助夫兄弟》（*The Brothers Karamazov*）
  這些經典名著。

- ◆ Duns Scotus, John 司各脫（人稱「精密博士」）．生於一二六六或
  一二七四年，出生地不詳，可能是英國。進入聖芳濟修會（the
  Franciscan Order），並就讀於牛津大學。一三〇四年前往巴黎
  教書，一三〇八年搬到科倫（Cologn），同年死於該地。在牛津
  和巴黎當教師，司各脫都享有無與倫比的盛名。

- ◆ Durkheim, Émile 涂爾幹．一八五八年生於阿爾薩斯（Alsace），
  被認定為社會科學的創始者，一八八七年受聘為法國第一位社會
  學教授。曾任教於波爾多（Bordeaux）大學，在此奠定其社會體
  系綜合分析的基礎，最後成為索邦學院（Sorbonne）的社會學教
  授。涂爾幹對宗教的主要貢獻，是把宗教的起源與功能歸之於社
  會的理論。他在這個領域的主要著作是《宗教生活的基本形式》
  （*The Elementary Forms of Religious Life*, 1912）。涂爾幹
  卒於一九一七年。

- ◆ Eckhart, Meister 艾克哈特(1260-1320)．出生於德國，進入道明修
  會（Dominican Order），最後成為薩克森（Saxony）和波希米亞
  （Bohemia）區的修會會長。為基督教神祕主義者，獨立自主，

有創見，並富深奧的哲學思想。由於其某些著作，而惹上教會統治階層，不過在來不及接受異端審判之前就去世了。

◆ Eddy, Mary Baker 艾迪(1821-1910)·美國宗教領袖，科學家基督教會[the Church of Christ, Scientist，或稱基督教科學教會（the Church of Christian Science）]創辦人。

◆ Edwards, Rem Blandon 艾德華茲·一九三四年生於喬治亞州的華盛頓（Washington, Georgia），就讀於艾默里大學（Emory University）和耶魯大學（Yale University），專長為倫理學、認識論，與宗教哲學。曾任教於傑克森城大學（Jacksonville University)和[那克斯城(Knoxville)]田納西大學(University of Tennessee）。

◆ Eichhorn, Johann 艾曲霍恩(1752-1827)·德國學者，分析大洪水的故事（＜創世紀 7＞），並推論它至少是兩件敘事的綜合。他認為舊約中有許多書是僞造的，質疑新約＜彼得後書＞（2 Peter）及＜猶大書＞（Jude）的來源，並懷疑＜提摩太書＞（Timothy）和＜提多書＞（Titus）出自保羅筆下，他還指出福音書可能是根據許多亞拉姆語（Aramaic）福音書的翻譯或原文而來的。

◆ Einstein, Albert 愛因斯坦(1879-1955)·出生於德國的美國理論物理學家，他發現了布朗運動(Brownian motion)，解釋光電效應，並闡述特殊和普遍的相對論（special and general relativity）。

◆ Eliadé, Mircea 伊萊德·一九〇七年出生於羅馬尼亞的布加勒斯特（Bucharest），在布加勒斯特受教育，一九三二年寫下關於瑜珈的博士論文，曾居住在印度，主要是在加爾各答（Calcutta），與達思古帕塔（Surendranath Dasgupta）教授學習梵文和印度哲學，任教於布加勒斯特。一九四〇年被派到倫敦的羅馬尼亞公使館，擔任文化專員，然後是去里斯本（Lisban），一九四五年前往巴黎，在索邦學院（École de Hautes Études of the Sorbonne）擔任客座教授，接著又去芝加哥大學。伊萊德是名作家（小說類和非小說類）、宗教歷史家、並且是東方專家，其有

關宗教的現象學著作，被廣泛地閱讀，尤其是《神聖與褻瀆》(*The Sacred and the Profane*, 1959)、《宇宙與歷史》(*Cosmos and History*, 1959)，和《瑜珈：不朽與自由》(*Yoga, Immortality and Freedom*, 1958)。

◆ Eliot, George **艾略特**・筆名**伊凡思**(Mary Ann Evans, 1819-1880)，英國作家，她的小說《亞當・比德》(*Adam Bede*, 1859)、《弗洛斯河畔的磨坊》(*Mill on the Floss*, 1860)、《織工馬南》(*Silas Marner*, 1861)，和《米多馬奇》(*Middlemarch*, 1871-72)，帶給英國文學智識上與技巧上的複雜性。她是《威斯敏斯特評論》(*Westminster Review*, 1851-53)的編輯之一，反抗當時的習俗，和劉易士（George Henry Lewis）同居二十四年。

◆ Ellwood, Robert Scott, Jr. **艾五德**・南加州大學（University of Southern California）宗教教授，一九三三年出生於伊利諾州諾默市（Normal, Illinois），就讀於[博爾德（Boulder）]科羅拉多大學(University of Colorado)、[康乃狄克州新天堂市(New Heaven, Connecticut)]柏克萊神學院（Berkeley Divinity School），以及芝加哥大學。一九六七年任教於南加大之前，在內布拉斯加州（Nebraska）擔任聖公會牧師。曾主持南加大貝希佛主教之東方研究講座（Bishop James W. Bashford Chair of Oriental Studies），兼該校東亞研究中心主任。艾五德寫了很多有關當代宗教運動與宗教現象的書。

◆ Emerson, Ralph Waldo **艾默生**(1803-1882)・著名的美國哲學論文作家、詩人、演說家。年輕時是唯一神教派（Unitarian）的傳教士，一八三一年辭職，去歐洲遊歷，回美國定居在麻薩諸塞州的康科德（Concord）。一八三六年出版《論自然》(*Nature*)，為美國先驗主義強有力的宣言。他逐漸成為一位著名的公眾演說者，一八四二年後，為先驗論雜誌《日晷》(*Dial*) 的主編。

◆ Enoch **以諾**・在＜創世紀＞4:17-18 中，以諾是該隱（Cain）的長子，以拿（Irad）的父親。在＜創世紀＞5: 18-21，以諾是雅列（Jared）之子，馬土撒拉（Methuselah）之父，後面這個以諾「和上帝交往」，後來突然失蹤，「因為上帝把他帶走了」(＜

創世紀＞5：24）。

- Epicurus **伊比鳩魯**・約公元前三四一年出生於薩摩斯島
  （Samos），前往雅典完成他大部分自修的哲學教育，同時也參與
  政治與社區事務。他旅行的範圍廣泛。公元前三一〇年，伊比鳩
  魯在米提林市（Mitylene）設立一所哲學學校，後來回到雅典，
  在一座花園中，設立一所學校。對一群不但包括自由人，還有女
  人並奴隸所組成的聽眾，作非正式的講授。寫了一部三十七冊叫
  做《論自然》（*On Nature*）的重要著述，惜該書現今只有殘缺的
  片段。

- Eusebius **優西比烏斯 [姓潘菲立（Pamphili）]**・約存活於 260-340
  年間，四世紀初希薩利亞（Caesarea）主教優西比烏斯，著手寫
  第一本基督教會的歷史——《基督教會史》（*Historia
  Ecclesiastica*）。新約各書寫成之後，有關於早期教會的資料，
  後代都非常依賴這本書。

- Evans-Pritchard, E. E. **艾文斯-普里查德**・一九〇二年出生於英格
  蘭，在牛津大學任教，並於非洲從事人類學考察。一九三〇年和
  一九三五年為開羅（Cairo）埃及大學（University of Egypt）
  社會學教授，牛津大學研究講師，後來任教於劍橋，又再到牛津。
  艾文斯也嘗試作普遍知識性的、心理學的，以及社會學的概論和
  批評，企圖要達到宗教經驗的核心。

- Feuerbach, Ludwig **費爾巴哈(1804-1872)**・出生於巴伐利亞
  （Bavaria），就讀於海德堡（Heidelberg）與柏林（Berlin）大
  學，在柏林修施來馬赫（Friedrich Schleiermacher）的課，卻
  比較喜歡當時也在柏林授課的黑格爾（George Hegel），最後在
  黑格爾的門下取得博士學位。獲聘在愛蘭根（Erlangen）任哲學
  講師，但他的課頗受爭議，尤其是一門叫做「死亡與不朽的沉思」
  （Thought on Death amd Immortality），縮短了他的大學授課
  生涯，淪為一名私人家教。雖深受黑格爾影響，費爾巴哈卻認為，
  他偉大的老師，並不了解感官經驗在知識領域中的角色，更甚
  者，他覺得黑格爾只是在眾多失敗的基督教護教論者中，再添一
  員罷了。費爾巴哈說：「黑格爾是最後一位野心勃勃，企圖要以

哲學重建失落並失敗的基督教。」黑格爾把人看成上帝用來表現
祂自己的一種生物，費爾巴哈卻把它倒過來：「如果只有在人的
情感與欲求中，神聖的『虛無』才能成形，獲得質性［如黑格爾
所主張的］，那麼就只有人的存在，是真正上帝的存在——人才
是真正的上帝。」［引述自《哲學小品集》（Kleine
Philosophische Schriften），連恩（M. L. Lang）譯，1950, p.
56.］在其許多著作中，以下幾本特別重要：《基督教的本質》（The
Essence of Christianity, 1841）、《未來哲學》（The Philosopy
of the Future, 1843），和《宗教的本質》（The Essence of
Religion, 1848）。

◆ Fletcher, Joseph F. 弗雷徹・一九○五年生於紐澤西州的紐瓦克
（Newark, N. J.），就讀於西維吉尼亞大學（West Virginia
University）、柏克來神學院（Berkeley Divinity School）、倫
敦大學（University of London），以及肯尼恩學院（Kenyon
College）。任教於倫敦的勞工學院（Workingmen's College）和
北卡羅萊納州羅利市（Raleigh, N. C.）的聖瑪莉學院（St. Mary'
College）。曾在俄亥俄州辛辛那提擔任應用宗教研究所所長，並
在哈佛市（Havard）的聖公會神學院（Episcopal Theology
School）擔任裴恩講座的社會倫理學教授（Paine Professor of
Social Ethics）。

◆ Flew, Antony Gerrard 弗陸・生於一九二三年，為哲學教授、作家，
和許多學術著作的主編。一九四九年在牛津大學基督教學院
（Christ Church, Oxford）授課，一九五四年在英格蘭斯塔福
德郡（Staffordshire）基樂市的基樂大學（University of Keele）
擔任講師，教道德哲學。一九五四年成為《社會學評論》
（Sociological Review）的編輯委員。弗陸、黑爾（R. M. Hare）
和米契爾（Basil Mitchell）針對神學與虛假，投入「寓言論戰」
（parable debate）中，探討上帝的言論是否有意義。這一場論
戰通常被稱為「學院辯論」（University Discussion），始於韋
士登（John Wisdom）有關「隱形園丁」的寓言。

◆ Flewelling, Ralph Tyler 弗陸偉林・一八七一年出生於密西根德威

特（De Witt, Michigan），就讀於密西根大學（University of Michigan）、艾爾瑪學院（Alma College）、蓋瑞特聖經書院（Garrett Biblical Institute）和波士頓神學院（Boston School of Theology），於衛理聖公教堂（Methodist Episcopal Church）被授予聖職，並委任爲波士頓第一衛理教堂（First Methodist Church）牧師。一九一七年，從神職轉往教育，任洛杉磯南加大（USC）哲學系系主任。南加大靠他建立起哲學學院，一九二九擔任院長，一九四五年卸任。如包納（Borden Parker Bowne）在其著述中所言，弗陸偉林是人格主義哲學的典型。根據弗氏的說法，「人格主義確定我們可以直接察覺的唯一真正統一性，是自由而有意識的自我統一性。自我在屬於經驗的事件過去後，繼續存在……並使自己成爲所處改變世界中的中心點。如果有任何更高的統一性存在，那是因爲人並不孤單，而是被包圍在充滿具自我意識之智慧的世界中，這些智慧則由一個至高無上的智慧，加以囊括綜合起來。」（引述自《黑斯廷斯宗教與倫理學百科全書》[Hastings Encyclopedia of Religion and Ethics）中，弗陸偉林所寫＜關於人格主義＞（On Personlism)的條文。]弗氏卒於一九六〇年。

◆ Fosdick, Henry Emerson 福斯迪克(1878-1961)‧新教神職人員，一九三一年[與洛克斐勒（John D. Rockefeller, Jr.）]建立了紐約市無派性的河畔教堂（Riverside Church）。

◆ Franklyn, Julian 富蘭克林‧英國作家、演說者兼教育家。一八九九年出生於倫敦，活躍於詭異心理學（parapsychology）的領域。是一位倫敦土話與俚語的專家，也是紋章學專家，是紋章協會（Heraldry Society）與家譜學者協會（Society of Genealogists）會員。編有《神祕儀式概略》[Survey of the Occult（1935 年初版）]，其有關巫術的著作《魔法致死》（Death by Enchantment），在他死後的一九七一年出版。富蘭克林卒於一九七〇年。

◆ Frazer, Sir James George 弗雷澤‧生於一八五四年，在葛雷斯高（Glasgow）與劍橋大學，攻讀人類學和古典文學，在利物浦

（Liverpool）短暫教一學期之後，前往劍橋，並一直留在該校
任教。著有一部卷帙浩繁的書，名爲《金枝》（*The Golden
Bough*），其中蒐集了許多世界各地有關巫術和民俗的資料。基於
相信進化論，並認爲巫術是比宗教更簡單的形式，弗雷澤主張先
有巫術，再來是宗教，最後才有科學。弗氏在一九四一年卒於劍
橋。

◆ Freud, Sigmund 佛洛依德・一八五六年出生於摩拉維亞的佛萊
堡〔Freiburg, Moravia（原屬奧地利，現爲捷克所有）〕，雙親
爲猶太人。在維也納生長並受教育，攻讀醫學，在老師布呂克
（Ernst Brücke）的生理學實驗室工作很多年，一八八一年獲得
醫學博士學位，不久即在維也納綜合醫院（Vienna's Allgemeine
Krankenhaus）謀得一職。一八八五年前往巴黎深造，尤其專攻
以催眠術治療歇斯底里症及其它神經系統的疾病。回維也納後，
開私人診所，並任教於維也納大學（University of Vienna）。
在早期私人執業期間，佛洛依德採用催眠療法，最後卻摒棄了這
種方法，發展出一種採用自由意念流的技巧，他稱之爲「心理分
析」（psychoanalysis）。佛氏在一九三九年卒於倫敦。

◆ Fromm, Erich 弗洛姆(1900-1980)・於德國受教育，並有海德堡大
學的博士學位，任教於德國法蘭克福大學（Frankfurt
University）心理分析研究所。一九三七年前往美國，一九四〇
年歸化爲公民。在美國任教於哥倫比亞大學（Columbia
University）、班寧頓學院（Bennington College），及其它大專
院校。弗洛姆是一位社會人道主義者，努力藉著突破其所發現
的，存在於個人與各派思想之間的障礙，以求了解人類的生存。
他從馬克斯主義、社會主義、佛洛依德心理學挑選資料，並將心
理分析思想應用於二十世紀的社會和文化方面的問題。他主張心
理分析不應背離道德，目的是要告訴大家如何處理現代技術世紀
所帶來的孤立和沮喪的問題。

◆ Frost, Robert 福斯特(1874-1963)・美國最傑出的詩人之一，出版
詩作超過 300 首，其中最具深刻見解的莫過於「修牆」（Mending
Wall）這首詩，最尖銳的莫過於「僱工之死」（The Death of the

Hired Hand）這首詩。見《福斯特詩作全集》（*The Complete Poems of Robert Frost*, New York: Holt, Rinehart and Winston, 1962）。

◆ Geddes, Alexander **葛迪思**(1737-1802)・蘇格蘭一位自由開明的羅馬天主教神父。審慎研究舊約之後，他推論「五經」（Pentateuch，《聖經》的前五部書），如先前所假定的，並非摩西所作，不是寫於大衛時代（約公元前 1000 年），或希西家（Hezekiah，約公元前 700 年）以後。《舊約》中某些素材也許要追溯到摩西的時代，但摩西絕非現存這些書的作者。

◆ Gilles de Rais **雷元帥**・法國查理七世（Charles VII）的士兵，獲選爲聖女貞德（Joan of Arc）征戰中的侍衛，被控叛國和施巫術，遭到審判、定罪，並處以極刑。

◆ Greeley, Andrew **葛立禮**・一九二九年出生於伊利諾州橡園（Oak Park, Illinois），就讀於湖畔聖瑪莉神學院（St. Mary of the Lake Seminary），以及芝加哥大學（University of Chicago）。是一位頗受爭議的羅馬天主教神父，其著作毀譽參半：毀，來自於那些他時常抨擊的人士（包括他的一些教會上司）；譽，則來自某些社會學者，他們欣賞其想像力與政治型態如何影響美國教會結構的論述。任教於芝加哥大學，並主持位於芝加哥的國際研究中心（National Research Center），這是他在一九六一年建立的組織。葛立禮的出版量頗豐，有學術著作和學術論文，還寫了許多小說。

◆ Hamilton, William **漢米爾頓**・對一九六〇年代曇花一現般的上帝死亡（Death of God）文學運動頗有貢獻。一九二四年出生於伊利諾州的伊凡斯頓（Evanston, Illinois），就讀於奧柏林（Oberlin）、普林斯頓（Princeton）、聯合神學院（Union Theological Seminary），以及聖安德魯斯大學（University of St. Andrews），任教於科爾蓋特的漢米爾頓學院（Hamilton College, Colgate）、羅徹斯特神學院（Rochester Divinity School）、新學院 [New College，位於佛羅里達州的薩拉索塔（Sarasota, Florida）]・波特蘭州立大學（Portland State

University），以及羅徹斯特大學（University of Rochester）。

◆ Harnack, Adolf Von **海納克**(1851-1930)‧是一位新教自由主義神學家，出生於愛沙尼亞的多爾佩特（Dorpat, Estonia），就讀於萊比錫大學（University of Leipzig），在吉森（Giessen）、馬爾堡（Marburg）和柏林大學擔任教授，寫了許多具有影響力的書。在細心研究教會相對於環境的發展之後，他將研究結果寫成《最初三世紀基督教的佈道與擴展》（*The Mission and Expansion of Christianity in the First Three Centuries*, 1908）。其最具影響力，屬於自由派新教神學論的陳述，可以在他名為《基督教是什麼？》（*What Is Christianity?*, 1957）的書中找到。

◆ Hawking, Stephen W. **霍金**‧一九四二年生於伽利略（Galileo）逝世週年紀念日。霍金在倫敦劍橋大學擔任牛頓之盧卡斯講座的數學教授（the Newton Chair as Lucasian Professor of Mathematics）。身為理論物理學家兼宇宙論者，他在其黑洞理論中，運用了普遍相對論（general relativity）和量子力學（quantum mechanics），廣泛被認為是繼愛因斯坦（Einstein）之後，最傑出的理論物理學家。

◆ Hayden, Albert Eustace **海登**‧宗教史學家，一八八〇年出生於加拿大安大略省的布蘭普頓（Brampton, Ontario），就讀於麥克麥斯特大學（McMaster University），和芝加哥大學（Chicago University），曾在安大略省德雷斯登（Dresden）的第一浸信教堂（First Baptist Church），在威廉堡（Fort William）和薩斯克其萬省薩斯卡屯（Saskatoon, Saskatchewan）擔任牧師。一九一九年任教於芝加哥大學（Univesity of Chicago）一直到一九四五年。

◆ Hector **海克特**‧荷馬史詩《伊里亞德》（*Iliad*）中被阿契里斯（Achilles）殺死的特洛伊（Troy）王子。

◆ Hegel, George Wilhelm Friedrich **黑格爾**‧一七七〇年出生於德國的斯圖加特（Stuttgart），十八歲進入位於圖賓根（Tübingen）的神學院，研習康德（Kant）與盧梭（Rousseau）。一七九三至

一八〇〇年間，在伯恩（Berne）和緬因河畔的法蘭克福
（Frankfurt-am-Main），擔任私人家教。一八〇一年就讀耶拿大
學（University of Jena），一八〇五年獲聘爲該校教授，一八
〇七年出版《精神（心靈）現象學》[Phenomenology of the Spirit
（Mind）]，這是他對思辯哲學的第一項重要貢獻。在他出版《邏
輯》（Logic, 1816）一書的紐倫堡待了幾年[任紐倫堡
（Nuremberg）高中校長]之後，成爲海德堡大學的哲學教授。一
八一七年出版《哲學百科全書》（Encyclopedia of Philosophic
Science），次年轉往柏林大學，並在此終老。一八二三至一八二
七年間的授課內容，結集成《美學》（Aesthetics）、《歷史哲學》
（Philosophy of History）、《宗教哲學》（Philosophy of
Religion），和《哲學史》（History of Philosophy）這些書。
一八三一年，柏林遭霍亂傳染病的侵襲，十一月十四日黑格爾感
染此一可怕疾病，於次日去世。

◆ Heidegger, Martin 海德格・生於一八八九年，其學院生涯主要是
在佛萊堡大學（University of Freiburg）。人們把存在主義哲
學中心思想——在人類的範疇內，存在先於本質——技術面的構
思，歸功於他。其主要著作爲《存在與時間》（Sein und Zeit）。
海德格卒於一九七六年。

◆ Herodotus 希羅多德・公元前五世紀的希臘歷史家，人稱史學之
父。

◆ Heschel, Abraham Joshua 海契爾・一九〇七年出生於波蘭的華沙
（Warsaw, Poland），在德國受教育，一九三四年在柏林大學取
得博士學位，任教於波蘭、德國、英國和美國。一九四〇年在英
格蘭建立猶太知識學院（Institute of Jewish Learning）。一
九四〇年起，任教於紐約市的希伯來聯合學院（Hebrew Union
College）。一九四五年後，爲猶太神學院（Jewish Theological
Seminary）的教授，教授猶太倫理學與神祕主義。其著作包括《上
帝尋人》（God in Search of Man），以及《人不孤獨》（Man Is Not
Alone）。海契爾卒於一九七二年。

◆ Hesiod 赫希奧德・西元前八世紀的希臘詩人。

◆ Hick, John **席克**・生於一九二二，爲分析哲學家兼長老教會神職人員，曾任教於康乃爾大學（Cornell University）、普林斯頓神學院（Princeton Theological Seminary），和英國伯明罕大學（Birmingham University）。

◆ Hobbes, Thomas **霍布斯**(1588-1679)・英國的唯物哲學家，著有《利維坦》（*Leviathan*），該書勾勒出其國家至上的政治絕對論思想，是最容易理解而有系統的集權主義闡述。霍布斯認爲經常性的鬥爭，乃生命的自然情況，而人類的情況則是「孤獨、狡滑、野蠻，和卑鄙」。爲了任何一種形式的和平共存，人們同意遵守特定的法律，大家立下契約，然後該契約就有絕對的約束力。此一社會契約，賦予最高統治者（政府）所有的權力，一旦訂下契約，所有的民主力量便結束。霍布斯認爲這是好的，因爲民主是最糟糕的政府形式。

◆ Hocking, William E. **哈金**(1873-1966)・就讀於哈佛大學，赴德國深造，任教於哈佛。哈金是一位唯心哲學與自由主義宗教傑出而恆久的擁護者。

◆ Homer **荷馬**・希臘史詩家，被認定是《伊里亞德》（*Iliad*）和《奧狄賽》（*Odyssey*）的作者。

◆ Horton, Walter Marshall **霍爾頓**・一八九五年生於麻薩諸塞州的薩默城（Somerville, Massachusetts），就讀於哈佛大學和聯合神學院（Union Theological Seminary），一九二二年到一九二五年爲聯合神學院的講師，隨後任教於奧伯林學院（Oberlin College）神學研究所，教授系統神學論，偶爾也在（德國）史特拉斯堡大學（Stasbourg University）、（日本）同志社大學（Doshisha University）、（印度）聯合神學院（United Theological College），以及芝加哥神學院（Chicago Theological Seminary）授課。

◆ Hume, David **休謨**・一七一一年生於蘇格蘭的愛丁堡（Edinburgh），就讀於愛丁堡大學（Edinburgh University），研習古典文學、希臘和羅馬哲學。曾在布里斯托（Bristol）一個商人的賬房工作，隨後赴法國兩年，寫下《人性論》（*The*

Treatise on Human Nature），稍後在倫敦出版。這本書並沒有得到熱烈的迴響，愛丁堡大學甚至拒聘任何主張這類觀念的人。休謨開始步入外交生涯，去過都靈（Turin）、維也納、荷蘭、德國和義大利。一七四八年出版《人類理智研究》（*Enquiry into the Human Understanding*），一七五一年出版《道德研究》（*Enquiry into Morals*），一七五二年出版《政治論文集》（*Political Discourses*）。一七六三年爲大使哈福德公爵（Lord Hertford）工作，被任命爲巴黎大使館的秘書，一七六六年回愛丁堡，被任命爲蘇格蘭的副國務卿。儘管這些政治生涯，休謨註定要以一位傑出的哲學家並哲學批評家，留在人們的記憶中。在其屬於高度懷疑主義的著作中，他把心智連同物質都縮減到只剩下現象，並且否定因果之間本體論式的關係。休謨卒於一七七六年。

◆ Hupfield, Hermann **哈普菲爾德**・德國的舊約聖經學者，其研究成果於一八五三年出版後，造成在＜創世紀＞（Genesis）、＜出埃及記＞（Exodus）、＜利未記＞（Leviticus），和＜民數記＞（Numbers）中，可以明顯地發現三種文獻，或三種文學傳統的特性。（另參閱人物簡介中的 De Wette、Von Ewald 以及 Wellhausen。）

◆ Husserl, Edmund **胡塞爾**(1859-1938)・德國哲學家，爲人稱「現象學」（Phenomenology）之現代哲學方法的創始人。現象學是對經驗論（empiricism）和現代科學主張的反動，強調現象的本質，尤其被應用於社會科學、數學、藝術與宗教的研究。胡塞爾在哥廷根大學（Göttingen University）和佛萊堡大學（Freiburg University）教哲學。納粹統治期間，由於他的猶太教信仰而遭到迫害。重要著作包括《邏輯研究》（*Logic Investigations*, 1900）和《正規與先驗邏輯》（*Formal and Transcendental Logic*, 1929）。

◆ Hexley, Sir Julian Sorrell **赫胥黎**・生物學家，一八八七年出生於英國，就讀於牛津的伊頓公學（Eton College），和巴利歐學院（Balliol College）。在巴利歐講授動物學，曾任教於[德州休

斯頓（Huston, Texas）]萊思學院（Rice Institute）、牛津的新學院（New College）、（倫敦）金恩學院（King's College），以及加拿大蒙特利爾（Montreal）的麥克基爾大學（McGill University）。他製作教育影片，一九三八年成為皇家學會（Royal Society）的會員，一九五八年受封為爵士。他是英國著名的達爾文主義生物學家赫胥黎（Thomas Huxley, 1825-1895）的孫子，小說家兼評論家赫胥黎（Aldous Huxley, 1894-1963）的哥哥。卒於一九七五年。

- **Ikhnaton（亦作 Akhenaton）伊克那頓**·阿孟霍特普四世 [Amenhotep IV，公元前 1375-1538 年間的埃及法老，其妻為奈費爾提蒂（Nefertiti）] 接受以太陽為其象徵的阿頓神（God Aton）之宇宙一神論後，所改用的姓氏。伊克那頓可能是世界上第一位一神論的君主，然而他的努力，卻在他死後幾年就被推翻。阿蒙神（God Amen）的祭司，重新建立了舊的宗教信仰。

- **Jacks, Lawrence Pearsall 介可思**·一八六〇年出生於英格蘭的諾丁漢（Nottingham），就讀於諾丁漢、倫敦、牛津、哥廷根（Göttingen），和哈佛大學。一九〇三年在曼徹斯特教哲學，一九一五年成為牛津曼徹斯特學院（Manchester College, Oxford）的校長，一九〇二年至一九四七年為《希伯特雜誌》（*Hibbert Journal*）的主編。他是一位詭異心理學的研究者，對相關於哲學的心靈現象很有興趣。有關這個興趣，他在一九〇九年至一九五五年間，是倫敦「心靈研究協會」（Society of Psychical Research）的會員，一九一七年至一九一八年是為該組織的會長。約著有三十本有關宗教的書，包括《發瘋的牧羊人及其他研究》（*Mad Shepherds and Other Studies*）、《偶像製造者》（*Among the Idol Makers*），和《宗教困惑》（*Religious Perplexities*）。介可思曾獲牛津、利物浦、哈佛、葛雷斯高（Glasgow）、麥克基爾（McGill），以及羅徹斯特（Rochester）大學的榮譽學位，是唯一神教派（Unitarian）的神職人員，卒於一九五五年。

- **James, Edwin Oliver 詹姆士**·一八八六年出生，一九三三年在利

茲大學（Leeds University）教宗教史和宗教哲學，是一位公認的人類學家兼宗教歷史學者，寫了許多有關原始宗教的書，並爲《宗教與倫理學百科全書》（*Encyclopedia of Religion and Ethics*）撰文。

◆ **James, William 詹姆士**・一八四二年出生於紐約市，一九一〇年卒於新罕布夏（New Hampshire），父親老詹姆士（Henry James, Sr.）是一位寫宗教議題的作家，弟弟是一位傑出的小說家。詹姆士在美國、英國、法國、瑞士和德國接受正規教育，在哈佛攻讀醫學，一八六九年獲醫學碩士學位，一八八九年任教於哈佛，一直到一九〇七年。他最初的職位是生理學講師，卻對心理學非常有興趣，一九一〇年出版了一本經典之作《心理學法則》（*The Principles of Psychology*），之後，他轉而專注於哲學，一八九二年至一九〇三年，他對哲學的興趣大部分集中在宗教問題，接著開始以美國觀點，很嚴肅地專心致力於哲學，並成爲現代實用主義（Pragmatism）的幾位創始人之一。他是美國幾位真正令人振奮的思想家並作家之一，興趣廣泛，卻始終對經驗主義的方法特別有興趣，即使在研究哲學的時候。他領略出事實真相的多重性，即實用主義哲學的中心思想，並始終對人類經驗的宗教層面十分敏感。

◆ **Jastrow, Morris, Jr. 介思綽(1861-1921)**・語言學家兼考古學家，出生於波蘭華沙，一八六六年和父母一起來到美國，定居費城（Philadelphia）。一八八一年畢業於賓州大學（University of Pennsylvania），一八八一到一八八五年就讀於布雷斯勞（Breslau）、柏林、萊比錫（Leipzig）、史特拉斯堡（Strasbourg）和巴黎大學。公認是閃族宗教語系的權威，一八八六到一八九二年間擔任賓州大學阿拉伯與拉比語文學系系主任。

◆ **Jerome 哲羅姆(340?-420)**・拉丁學者兼羅馬天主教神學家，羅馬主教委託他把《聖經》譯成拉丁文，該譯本即爲拉丁文本聖經（Vulgate）。"Vulgate" 源於拉丁文 "vulgātus"，是「普通」或「流俗」的意思。該書經過修定後，被當作羅馬天主教欽定本《聖經》。

◆ Joan of Arc 聖女貞德(1412-1431)・出生時名爲 Jeanne d'Arc，是富裕農家的女兒，即人稱解除奧爾良城之圍的少女（Maid of Oleans）。十幾歲就開始聽見她相信是來自上帝、聖徒並天使對她說話的聲音，說話聲引領她在百年戰爭（the Hundred Years' War）中，支持法王查理七世（Charles VII）對抗英國人。她成爲軍事領袖，在一次重要戰役中，英國人如其所預言的，被打敗，但貞德卻爲英人擄獲，被指控爲女巫，遭到審判、定罪，並處以火刑，一九二〇年羅馬天主教會將她封聖。

◆ Johnson, James Weldon 詹森(1871-1938)・詩人兼小說家，出生於佛羅里達的傑克森城（Jacksonville, Florida），任十一年「全國有色人種促進協會」（National Association for the Advancement of Colored People）秘書，他對黑人文化的貢獻，廣受讚揚。

◆ Jones, Ernest 瓊斯・生於一八七九年，是一位威爾斯（Wales）的醫生，就讀於威爾斯的蘭諾佛里學院（Lanovery College），以及倫敦、巴黎和慕尼黑（Munich）大學。創辦並主編《國際心理分析雜誌》（*International Journal of Psycho-Analysis*），文章散見於各科學雜誌。寫了一本關於佛洛依德的重要著作，以及兩本有關宗教的書——《論夢魘》（*On the Nightmare*）和《基督教心理分析》（*Psycho-Analysis of the Christian Religion*）。

◆ Jung, Carl Gustav 榮格(1875-1961)・出生於瑞士東北部博登（Constance）湖畔的小村莊凱斯菲爾（Kesswil），就讀於巴塞爾大學（University of Basel），祖父爲該校著名的醫學教授。一九〇五成爲蘇黎世大學（University of Zurich）的精神病學講師，並且是該校精神病醫療中心的資深醫師。一九〇九年在美國麻州的克拉克大學（Clark University）授課，一九一二年再度訪美，並於福德漢大學（Fordham University）授課。榮格對於了解人類心靈的貢獻很大，其集體潛意識的理念、原型人格、外向性與內向性，其對思想、洞察力和感覺功能的探索，以及對夢的意義與根源的研究，都有極爲深遠的影響力。在現代心理學

巨擘中，榮格的地位或許可以說僅次於佛洛依德。

◆ **Kant, Immanuel 康德**・蘇格蘭裔德國人，一七二四年出生於哥尼
斯堡（Königsberg），並於一八○四年卒於該地。康德不曾離開
出生地逾四十英哩，一七七○任哥尼斯堡大學邏輯和數學教授。
有關康德在哲學上的地位，透納（William Turner）寫道：

> 他的哲學是……分水嶺，由此各家思想流派各取
> 其道，成為現代自由主義、不可知論，甚至於唯物論。
> 邁向非教條主義基督教的運動……也可以追溯到這一
> 個源頭。[1]

康德的著述激發了許多後來有關知識、形而上學、倫理學和宗教
理論的探討。其主要著作有：《純理性批評》（*The Critique of
Pure Reason*, 1781, 修訂版, 1787），最受稱頌的現代哲學傑作；
《未來形上學導論》（*Prolegamena to Any Future Metaphysics*,
1783），為康德哲學通俗的陳述；《道德的形上學基礎》
（*Foundations of the Metaphysics of Morals*, 1785）；《自然
科學的形上學基礎》（*Metaphysical Foundations cf Natural
Science*, 1786）；《實用理性批評》（*Critique of Practical
Reason*, 1788）；以及《判斷力批評》（*Critique of Judgment*,
1790）。

◆ **Kelly, Henry Ansgar 凱立**・一九二○年出生於愛荷華州的芳達
（Fonda, Iowa），就讀聖路易士大學（St. Louis University），
和哈佛大學，專攻中古文藝復興文學並知識歷史，一九六七年任
教於洛杉磯加州大學（University of California, Los
Angeles）。

◆ **Khayyám 凱亞姆**・見歐瑪・凱亞姆（Omár Khayyám）。

◆ **Kierkegaard, Søren 齊克果(1813-1855)**・齊克果雖存活於十九世紀
前半葉，卻是二十世紀的哲學家，現今被稱為二十世紀存在主義
（existentialism）之父。出生於丹麥的哥本哈根

---

[1] 透納(William Turner)，《哲學史》（*History of Philosophy*, Boston: Ginn and Company,
1929 再版），p. 547。

（Copenhagen），在哥本哈根大學攻讀神學。當時的丹麥，黑格
爾哲學理論當道，因此齊克果的著述，大部分必須被看成要根除
黑格爾神學理論所作的努力。齊克果的著述的確一直在抨擊所有
形式的理性神學論，不管是康德的道德理想主義，或黑格爾的絕
對理想主義。

◆ Kikaku 木角(1661-1707)‧俳句詩人，巴蕉（Matsuo Basho）的
第一位門生，其最佳詩作可能是一首關於一個赤身裸體的乞丐的
詩：「kojiki kana tenchi wo kitaru natsu-goromo」──「叫
化子穿天地作夏衣」，以詩的形式是：

　　　那兒走著個叫化子

　　　　穿著天地

　　　　　作夏衣

◆ Kipling, Rudyard 吉卜林(1865-1936)‧出生於印度孟買，在英國
受教育，青年時回印度主編一份報紙，很快就開始發表詩作，極
受歡迎，後來又擅長寫短篇故事。曾四處旅遊，足跡遍及東方、
南美洲，和北美洲。在其「東西方之歌」（The Ballad of East and
West）中，可以發現他對東西方交會的批評。

　　　噢！東是東，西是西

　　　　這對雙胞胎永不會面

　　　直到天地站在

　　　　上帝大審判的座位旁

　　　‧‧‧‧‧‧‧‧‧‧‧

◆ Knudson, Albert Cornelius 努森(1873-1953)‧就讀於明尼蘇達、波
士頓、耶拿（Jena），和柏林大學，任教於丹佛大學、[堪薩斯州
鮑德溫（Baldwin, Kansas）]貝克大學（Baker University）、[賓
州梅德城（Meadville）]艾勒福尼學院（Allegheny College），
和波士頓大學。受包納（Borden Parker Bowne）影響，根據人
格主義有神論（現代新教自由主義神學論的一種形式），發展出
他的神學理論。後來成為人格主義主要的系統整理者，把自由主
義的宗教理念精緻地表達出來，這些理念尤其一直到二次世界大
戰，仍被廣泛的接納。

◆ Koestenbaum, Peter **考斯騰堡**‧一九二八年出生於柏林，現爲加
州聖荷西州立學院（San Jose State College）哲學與人文教授。
童年在委內瑞拉的加拉加斯（Caracas, Venezuela）度過，一九
四五年起居住於美國，就讀史丹佛、哈佛，和波士頓大學。考斯
騰堡是一位現象學和存在主義的詮釋者。

◆ Lang, Andrew **連恩**‧一八四三年出生於蘇格蘭的塞爾科克
（Selkirk），就讀於聖安德魯斯（St. Andrews），和牛津的巴利
歐學院（Balliol College），一八六八年獲選爲默頓學院（Merton
College）研究生。爲倫敦《每日報》（*Daily News*）的主筆，經
常爲文學期刊撰文，並且是「英國名人」（*English Worthies*）
系列的主編。他寫了許多關於詩詞的書，同時也是一位人類學
家，尤其喜歡以文化人類學的觀點來看神話，寫了一部兩冊的
書——《神話、禮儀，與宗教》（*Myth, Ritual, and Religion*），
一八八七年出版。連恩卒於一九一二年。

◆ Lao-tzu[亦作 Laotse 或 Lao-Tan(老聃)] **老子**‧中國哲學家，被認
定是道家的創始人，生於公元前六〇四年？卒於公元前五三一
年。

◆ LaVey, Anton Szandor **拉非**‧舊金山「第一撒旦教會」（First
Church of Satan）大祭司。一九三〇年出生於芝加哥，具阿爾
薩斯（Alsatian）、法國、德國、羅馬尼亞、蘇俄血統，年輕時
加入「克萊德‧比提馬戲團」（Clyde Beatty Circus）當雜役，
後來成爲獅子馴獸師、汽笛風琴手、催眠師、手相算命師、顱相
算命師，還有魔術師。他逐漸成爲神祕儀式的狂熱信徒兼老師，
並且在地下電影「祈求我惡魔兄弟降臨」（Invocation of My
Demon Brother）中，扮演撒旦的角色。他在一九六六年的沃爾
伯吉斯之夜 [Walpurgis Night（四月三十日）]創立了撒旦教會
（The Church of Satan），是一個頌揚縱慾、滿足自我，並以撒
旦代替上帝作爲膜拜對象的新教派。電影導演波蘭斯基（Roman
Polanski）選擇拉非在「羅絲瑪莉的寶貝」（Rosemary's Baby）
中擔任惡魔的角色。

◆ Layard, Austen Henry, Sir **雷爾德**‧英國外交官兼考古學家，一八

一七年出生於巴黎，學法律，一八三九年前往歐洲、土耳其，並
近東各地旅行，精通波斯文和阿拉伯語。一八四五開始在尼尼微
（Nineveh）和巴比倫一帶作考古探測，一八四九年出版兩本名
為《尼尼微及其遺跡》（*Nineveh and Its Remains*）的書，一八
五三年出版《尼尼微與巴比倫廢墟中的發現》（*Discoveries
Among the Ruins of Nineveh and Babylon*）。一八五二年進入
英國政界，最後任職於樞密院（一八六八年），出使馬德里
（Madrid），擔任駐君士坦丁堡大使（一八七七）。一八八九年出
版《早期在波斯、巴比倫和蘇西安那的探險》（*Early Adventures
in Persia, Babylon and Susiana*）。雷爾德卒於一八九四年。

- Leek, Sybil 李克・現代神祕儀式領域中，最受歡迎的人物之一，
  自稱白人女巫。一九二三年出生於英格蘭中部地區（Midlands），
  十六歲輟學前往法國旅遊，後來定居美國，著有大量關於巫術與
  占星學的書。

- Leibniz, Gottfried Wilhelm 萊布尼茲(1646-1716)・德國哲學家兼
  數學家，發展出許多微積分的理論、方法，和符號。出生於德國
  萊比錫，十五歲進入家鄉的大學，攻讀法律和哲學，後來在艾特
  多夫大學（University of Altdorf）取得法學博士學位，接著
  進入緬因茲選帝侯（the elector of Mainz）宮廷，緬因茲侯派
  他出使法王路易十四（Louis XIV）的宮廷，逐漸認識法國、英
  國與荷蘭的飽學之士。一六七六起一直到死亡為止，都住在德國
  的漢諾瓦（Hanover），擔任宮庭顧問和圖書館員。其主要著作為
  《單子論》（*Monadology*）、《自然與恩典的原則》（*Principles
  of Nature and Grace*）、《論形而上學》（*The Discourses on
  Metaphysics*），以及《神正論》（*Theodicy*）。

- Leuba, James H. 柳巴(1868-1946)・心理學家，生於瑞士的紐沙特
  （Neuchatel），一八八九年到一九三三年間為布林莫爾學院
  （Bryn Mawr）的心理學教授，其著作有《宗教之心理起源與本
  質》（*The Psychological Origin and Nature of Religion*,
  1909）、《信神與不朽》（*The Beliefs in God and Immortality*,
  1916），以及《宗教神祕主義的心理》（*The Psychology of*

Religious Mysticism, 1925）。

- Lewis, Clarence Irving 劉易士(1883-1964)‧一九二○年至一九五三年間在哈佛擔任皮爾斯講座的哲學教授（Edgar Pierce Pofessor of Philosophy），專攻邏輯與認識論，他的研究大都在卡魯斯講座（Carus Lectures）時，達到巔峰狀態，講座內容出版成爲《知識與評價之分析》（*An Analysis of Knowledge and Valuation*, 1946）。

- Lewis, C. S. 劉易士‧一八八九年出生於愛爾蘭的伯發斯特（Belfast），就讀並任教於牛津大學，一九五四年在劍橋擔任中古和文藝復興的英文教授，其宗教著述包括《信仰問題》（*The Problem of Faith*, 1940）、《螺旋帶書簡》（*The Screwtape Letters*, 1942）、《純基督教》（*Mere Christianity*, 1943）、《神蹟》（*Miracles*, 1947）、《喜悅的驚喜：我的早年生活》（*Surprised by Joy: The Shape of My Early Life*, 1955），和《四種愛》（*The Four Loves*, 1960）。

- Lewis, I. M. 劉易士‧倫敦經濟學院（London School of Economics）的人類學教授，一九七一年出版《恍惚神迷的宗教》（*Ecstatic Religion*），對於了解非洲薩滿教、北極圈亞洲和南美洲的典型薩滿教、海地的巫毒教、（古希臘）戴奧尼修斯崇拜式，以及基督教神祕主義，頗有貢獻。

- Linder, Robert D. 林德‧生於一九三四年，就讀於恩波里亞州立大學（Emporia State University），中央浸信會神學院（Central Baptist Theological Seminary）、愛荷華大學（Iowa University）、日內瓦大學（University of Geneva），和牛津大學，一九六三年起爲堪薩斯州立大學的歷史教授。他是一位作家兼主編，曾任堪薩斯州曼哈頓（Manhattan）市議會議長，並當過兩任曼哈頓市長。一九七九至一九八二年爲堪薩斯州立大學宗教研究所所長，專長是宗教史與政治學。

- Locke, John 洛克(1632-1704)‧就讀於威斯敏斯特學院（Westminster School）、牛津大學基督教學院（Christ Church Oxford），研習笛卡兒（Descartes）哲學，卻不曾是笛卡兒主義者，離開牛津

後，擔任艾胥黎勛爵 [Lord Ashley，後爲沙夫茨伯利伯爵（earl of Shaftesbury）] 的秘書、家教兼醫生。一六八三年洛克搬到荷蘭，居住六年，然後回英國爲奧蘭治的威廉（William of Orange）工作，在艾塞克斯郡（Essex）的歐茨（Oates）過世。洛克的著述最早在倫敦出版（一七一四），共九冊，其中包括名爲《人類理解論》（*Essays Concerning Human Understanding*）、《教育思想》（Thoughts Concerning Education）、《政府論》（*Two Treatises on Government*）、和《聖經中基督教信仰的合理性》（*The Reasonableness of Christianity as Delivered in Scripture*）這些重要著作。洛克的哲學根據一切知識來自經驗的原則，他認爲世上沒有與生俱來的理念。

◆ Longacre, Lindsay B. **龍哥克立**(1870-1952)・任教於丹佛（Denver）的依立福神學院（Iliff School of Theology）三十二年，爲教授兼舊約聖經系系主任，直到一九五二年榮譽退休。其聖歌曲調佳作之一「更深層的生命」（Deeper Life），有好幾年都出現在《衛理公會聖歌》[The Methodist Hymnal，貝慈（Katherine Lee Bates）作詞] 第 361 首中。龍哥克立著有《聖靈的先知》（*A Prophet of the Spirit*, 1917）；《阿摩司：新秩序的先知》（*Amos, Prophet of a New Order*, 1921）；《申命記：先知的律書》（*Deuteronomy, A Prophetical Lawbook*, 1924）；以及《舊約聖經的形式與目的》（*The Old Testament — Its Form and Purpose*, 1945）

◆ Loomer, Bernard **魯模**・卒於一九八九年，結束教師生涯時爲聯合研究神學院（Graduate Theological Union）的教授，在芝加哥大學教了許多年，並且擔任該校神學院院長，對於現代程序神學論的形成有重要影響。

◆ Luther, Martin **路德**(1483-1546)・德國修士，新教創始者。在神學理論上，路德排斥羅馬天主教托馬士（托馬士・阿奎納）兼亞里斯多德式的哲學神學論，回歸到奧古斯丁的哲學神學論，以及保羅的神學理論。

◆ Macintosh, D. C. **麥金塔許**(1877-1948)・現代自由主義神學家，出生

於加拿大安大略省（Ontario），就讀於芝加哥大學，因爲修艾米
斯（Edward Scribner Ames）、馬修斯（Shailer Mathews）、福
斯特（C. B. Foster ），和史密斯（C. B. Smith）的課，而認
識了現代主義神學論的「芝加哥學派」（Chicago School）這些
人，一九〇九年前往耶魯任教直到一九三八年止。

◆ Maimonides, Moses 麥蒙尼德(亦稱 Moses ben Maimon)‧猶太哲學家兼
醫生，一一三五年出生於西班牙的科爾多瓦（Cordova），爲開羅
（Cairo）的拉比，編纂《塔木德經》（Talmud）。麥蒙尼德是亞
里斯多德學派猶太人當中，最偉大的一個，著有《迷途指津》
（Guide to the Doubting），闡述融合了猶太教義的亞里斯多德
哲學。十三、十四，和十五世紀猶太人的科學運動可以追溯到麥
蒙尼德，他同時還影響了荷蘭哲學家兼神學家史賓諾沙（Baruch
Spinoza, 1632-1677）的論述。

◆ Malinowski, Bronislaw Kasper 馬林諾夫斯基(1884-1942)‧出生於波蘭
的英國人類學家，寫了一篇著名的論文，題目是「巫術、科學，
與宗教」（Magic, Science and Religion, 1948））。馬氏對原始
社會的觀察，引領他寫下有關宗教儀式的源起，並其對原始人類
有何意義的有趣論文。馬林諾夫斯基還寫了《西太平洋的冒險家》
（*The Argonauts of the Western Pacific*, 1922），是有關特
洛布里安群島土著非常詳盡的研究。

◆ Marcion 馬西昂‧公元一三八或一三九年，從黑海南岸本都王國
（Pontus）的海港細諾普（Sinope）來到羅馬，是一位與眾不同
的人，他相信猶太人的上帝是個次等上帝，也相信耶穌的啓示被
十二門徒糟蹋，卻由保羅保存了下來。爲了支持他的論點，馬西
昂編纂了第一本基督教的《新約聖經》，它包含經過修訂的路加
（保羅的同志）福音和保羅書。

◆ Marett, Robert R. 馬瑞特‧生於一八六六年，就讀於澤西島（Jersey）
的維多利亞學院（Victoria College），和牛津的巴利歐學院
（Balliol College）（文科碩士和理科博士），爲牛津艾克塞特
學院（Exeter College）的校長。有助於泰勒（Taylor）的泛靈
論（animism）思辯。其有關宗教的著作有《宗教的門檻》

（*Threshhold of Religion,* 1909）、《原始宗教中的虔誠、希望
與仁愛》（Faith, Hope, and Charity in Primitive Religion,
1932），以及《平民大眾的聖餐》（Sacraments of Simple Folk,
1933），卒於一九四三年。

◆ Maritain, Jacques **馬里丹**・生於一八八二年，法國的托馬士（托馬
士・阿奎納）主義哲學家。

◆ Maslow, H. Abraham **馬斯洛**・美國心理學家，生於一九〇八年，就
讀威斯康辛大學（University of Wisconsin），一九二九至一九
三四年間，任教於威斯康辛，一九三五年轉往哥倫比亞大學，成
爲卡內基（Carnegie）研究員，後來前往布魯克林學院（Brooklyn
College），一九五二年又到布蘭代斯大學（Brandeis
University）心理系。一九六一年在加州拉荷雅（La Jolla）有
一場重要的公開演講，該演講「高峰經驗的訓示」（Lessons from
Peak Experiences）發表於《人本主義心理學期刊》（*Journal of
Humanistic Psychology*, 2, 1, 1962）。他的另一本有關宗教的
著作是《宗教價值與高峰經驗》（*Religous Values and Peak
Experiences*）（Columbus: Ohio State University, 1946）。

◆ Mead, George Herbert **米德**・一八六三年出生於麻薩諸塞州的南海德
里（South Hadley），卒於一九三一年。米德畢業於奧柏林學院
（Oberlin College），然後繼續在哈佛深造，主要興趣在哲學和
心理學，他在歐洲也是攻讀這些科目。任教於密西根大學
（University of Michigan），一八九三年加入新成立的芝家加
哥大學師資陣容，直到去世。米德是早期美國實用主義很有深度
的思想家之一，其重要著作包括：《行動哲學》（*The Philosophy
of the Act,* 1938）、《十九世紀的思想運動》（*Movements of
Thought in the Nineteenth Century*, 1936）、《心靈、自我與
社會》（*Mind, Self and Society*, 1934），以及《當今的哲學》
（*The Philosophy of the Present*, 1932）。

◆ Millay, Edna St. Vincent **米萊** [**博伊西凡夫人**（Mrs. Eugene Jan
Boissevain）]・一八九二年出生於緬因州的洛克蘭（Rockland,
Main），詩人兼劇作家，就讀巴納學院（Barnard College），和

法沙學院（Vassar College），一九二二年獲普立茲（Pulitzer Prize）的詩獎，著有五部劇作，和十五本詩集。米萊居住並遊歷於歐洲、東方、印度，和西印度群島，卒於一九五〇年。

◆ Milligan, Charles S. 米樂耕・丹佛依立福神學院（Iliff School of Theology）榮譽退修的宗教哲學教授。一九五七年起任教於依立福，之前任教於圖福茲大學（Tufts University）。一九一八年出生於科羅拉多州，就讀丹佛大學（University of Denver），獲得文學士學位，在依立福神學院獲得神學碩士和博士學位，在哈佛大學獲得天啓神學碩士（S. T. M.）和哲學博士學位。在希伯來大學（Hebrew University）以及伊利諾（Illinois）和巴塞爾（Basel）大學作博士後研究。米樂耕是一位聯合基督教會（United Church of Christ）的委任牧師，《依立福評論》（*Iliff Review*）的主編，寫了許多論文，著有《當代宗教哲學導讀》（*A Guide to Contemporary Philosophy of Religion*）。

◆ Montague, William Pepperell 蒙塔古・哲學家兼教育家，一八七三年出生於麻州的切爾西（Chelsea），就讀於哈佛和劍橋，任教於加州大學柏克萊分校（University of California at Berkley），一九〇三年起任教於巴納學院（Barnard College），四年後同時也任教於哥倫比亞大學，一九四七年從這兩個學校退休，還曾在日本、捷克和義大利授課，一九三〇年（在耶魯）主持泰瑞講座（Terry Lectures），一九三二年（在哈佛）主持英格索講座（Ingersoll Lectures），一九五三年卒於紐約市。

◆ Muhammad（Muhammed） 穆罕默德・回教先知並創始人，生於五七〇年？先後由祖父阿布杜勒孟它利布（'Abd-al-muttalib），和叔父阿布它利布（Abū Tālib）養育成人，屬於阿拉伯哈希姆王朝（Hāshimite）宗族。後來爲富有的可瑞什特（Qurayshite）寡婦駕馭篷車，她名叫赫蒂徹（Khadīja），比穆罕默德大十五歲，不僅僱用年輕的穆罕默德，同時還像母親一般愛他，最後終於和他結婚，爲他生下許多子女，大概有三男四女，只有一個女兒斐緹瑪（Fatima）比穆罕默德晚逝。根據回教傳統，穆罕默德第一次接收到「先知的召喚」，是在參觀麥加（Mecca）北方幾英哩處，

希拉山（Mount Hīra）附近的一個山洞時，之後由於赫徹蒂的鼓勵，穆罕默德開始傳道，首先在麥加，然後是麥地耶（Medina）。回教的發展，起初引發相當大的仇恨，包括默罕默德在麥地耶的軍力與麥加之間的聖戰。穆罕默德出乎意料地死於六三二年。

◆　Müller, Friedrich Max　繆勒・經常被稱爲「比較神話與宗教史之父」，一八二三年出生於德國的德紹（Dessau），在萊比錫大學（Leipzig University）習梵文，在柏林與巴黎大學學語言學、哲學和比較宗教，一八四六年前往英國編修印度教經典《梨俱吠陀》（Rig-Veda）譯本，然後留在英國，任教於牛津大學。一八七三年出版《宗教科學》（*The Science of Religion*），旋即著手翻譯並編輯《東方聖典》（*Sacred Books of the East*）這個大規模的企劃案，後來擔任牛津大學巴多里恩圖書館（Bodleian Library）館長，直到去世爲止。繆勒卒於一九〇〇年。

◆　Murray, Margaret Alice 莫芮・一八六三年出生於印度的加爾各答（Calcutta），就讀倫敦的大學學院（University College），在大學學院和牛津講授埃及學（Egyptology），後來對巫術產生興趣。二十世紀人們重新燃起對巫術的興趣，莫芮的著作，是重要的因素。她最是因爲那些頗具爭議性的書——《西歐的女巫崇拜》（*Witch Cult in Western Europe*, 1921）、《女巫的上帝》（*God of the Witches*, 1933），和《神聖的君王》（*The Divine King*, 1954）——廣爲人知。莫芮還寫了有關她在埃及、馬爾他（Malta）、哈福德郡（Hertfordshire）、英格蘭、米諾卡島（Minorca）、佩特拉（Petra）、台拉珠爾（Tel Ajjual），以及南巴勒斯坦考古探測的書。莫芮在百歲生日過後不久，於一九六三年十一月十三日辭世。

◆　Newman, John Henry 紐曼（1801-1890）・英國神學家，爲英國國教教會領袖，後來改信羅馬天主教。

◆　Newton, Sir Issac 牛頓(1642-1727)・牛頓是一位知識巨擘，集數學家、科學家、哲學家於一身。其主要論述爲萬有引力的理論，以及獨樹一格的微分學公式。一六六九年起，爲劍橋大學三一學院

（Trinity College）魯卡斯講座的數學教授 [Lucasian Chair of Mathematics，現由霍金（Stephen Hawking）擔任]。一七〇三年擔任皇家學會（Royal Society）會長，直到他去世為止。

◆ Niebuhr, (Karl Paul) Reinhold 尼布爾(1892-1971)．出生於密蘇里州萊特（Wright）市，就讀艾默斯特學院（Elmhurst College），（密蘇里州）伊甸神學院（Eden Seminary），和耶魯大學。一九一五年尼布爾在底特律（Detroit）貝瑟爾教堂（Bethel Church）擔任牧師，在那裡十三年的牧師生涯，使他相信新教自由主義神學論對受苦的人來說，有不足之處，於是在巴特（Karl Barth）的新正統運動（Neo-Orthodoxy）中，找到了他認為更好的答案。尼布爾後來成為主和派調解協會（Fellowship of Reconciliation）的全國性領導人物。一九二八年在紐約聯合神學院（Union Theological Seminary）擔任應用基督教教義的教授，直到一九六〇年退休。其重要著作《人的本質與命運》（*The Nature and Destiny of Man*），原來在一九三九年發表於享有盛名的愛丁堡大學（University of Edinburgh）吉福德講座（Gifford Lectures）。

◆ Nietzsche, Friedrich Wilhelm 尼采(1844-1900)．一八六四年，尼采進入波昂大學（University of Bonn），一年後轉往萊比錫，在李恕爾（Albrecht Ritschl）的教導下，繼續他的學業。早在十八歲，尼采就很嚴肅地對基督教產生懷疑。一八六九年獲聘為巴塞爾大學（University of Basel）哲學教授，開始寫了許多重要著作，包括很受歡迎的《查拉圖斯特拉如是說》[Thus Spake Zarathustra（1881-1883）]。尼采希望藉著哲學而達到一種具有新價值—超人價值—的新文明，這種新世界將以更優越的人（Übermensche）為其特徵，他們依據權力的原則、依據要獲得權力的意志而生活，尼采認為這和基督教頌揚卑劣完全相反。按照尼采的說法，溫順、戰爭、痛苦、折磨，全都是好的，因為能去蕪存精，唯獨有意志要存活下去的人，才會繼續存在，這些人能統馭並馴服世界。

◆ Noss, John Boyer 諾斯．一八九六年出生於日本的仙台，就讀富蘭

克林和馬歇爾學院（Marshall College）、美國改革教會神學院
（Theological Seminary of the Reformed Church），和蘇格蘭
的愛丁堡大學。在賓州擔任牧師，並為富蘭克林及馬歇爾學院的
教授兼宗教系系主任，其最廣為人閱讀的著作是《人的宗教》
（*Man's Religions*，1949）。

◆ Occam **奧卡姆**・見 William of Occam。

◆ Odysseus **奧狄賽** [拉丁名為尤里西斯（Ulysses）]・希臘神話中詭計
多端的伊薩卡（Ithaca）國王，在特洛伊戰爭（Trojan War）中
領導希臘人，戰後由於海神波賽頓 [Poseidon，羅馬人稱尼普頓
（Neptune）]對他的敵意，返家行程一再遭受阻撓而延誤了十
年。

◆ Omár Khayyám **歐瑪・凱亞姆**(1050?-1123?)・波斯詩人、數學家、天
文學家，《魯拜集》（Rubaiyát）的作者。

◆ Origen **奧利金**(185?-254?)・出生於埃及的亞歷山大城，七兄弟中排
行老大，是非常難得可貴的孩子，父親教他經典和希臘哲學。未
滿十七歲時，在塞維魯斯（Severus）皇帝施加迫害期間，父親
遭到囚禁，並殺害，家產被充公，迫害結束後，奧利金只有十八
歲，便奉命負責亞歷山大城教理學校（Cathedral School）的教
義講學。迫害重新開始，奧利金大膽探訪遭囚禁的人，甚至於陪
一些人走到刑場，僅以經常搬家來避免遭到逮捕。後來去過羅
馬、阿拉伯、希臘，和巴勒斯坦。奧利金與亞歷山大城的主教發
生爭執，於是前往巴勒斯坦的塞沙里亞（Caesarea），繼續教書
並寫作。狄西烏斯（Decius）在位統治的迫害期間，奧利金遭到
逮捕，還被嚴刑拷打，身體垮了下來，不久便在蒂爾（Tyre）去
世，享年七十歲。

◆ Otto, Rudolf **奧圖**・一八六九年出生於德國派納（Peine），一九三
七年卒於馬爾堡（Marburg），為新教徒（路德教派）。在厄蘭根
（Erlangen）、哥廷根（Göttingen）、布雷斯勞（Breslau），和
馬爾堡各大學接受神職訓練。很早就受到李恕爾（Albrecht
Ritschl）和施萊馬赫（Friedrich Schleiermacher）的影響，
這兩位一直都在為宗教找尋根據，以求其能在隱含於康德《純理

性批評》(*Critique of Pure Reason*) 的攻擊中，繼續存留。奧
圖想爲宗教找到一個得自宗教經驗的基礎，不要依賴經驗主義的
證明。爲達到這個目標，一九一七年他寫下經典之作《論神聖》
（Das Heilige）。奧圖對非西方和非基督教的宗教，很有興趣；
曾遊歷非洲、印度和日本，同時對不同文化的宗教經驗，也產生
了興趣。他相信他發現到自己對於神聖的概念，不僅使宗教擺脫
了理性與經驗主義的範疇，同時也證明是所有東西方，並原始宗
教的中心思想。

◆ Pascal, Blaise 巴斯卡(1623-1662)・法國哲學家兼數學家，出生於奧
佛涅的克萊蒙特（Clermont in Auvergne），在巴黎受教育，是
一位詹森主義（Jansenism）者——亦即強調命定，不相信有自
由意志，並主張人性無能爲善之宗教運動的一員。他在數學與物
理學上，有許多重要的發現，其著作《思想錄》(*Pensées*, 1969)
包含了企圖要形成一種基督教哲學體系的片段省思。

◆ Perrin, Norman 裴林・是一位優秀的《新約聖經》學者，並且是芝
加哥大學神學院的教授。出生於一九二〇年，一九七八年英年早
逝，結束了他的生涯。

◆ Philo 斐洛・爲猶太人，約生於公元二十五年，居住於埃及亞歷山
大城。企圖在一個希臘羅馬的世界中，運用希臘哲學思想，來解
釋猶太人的一神教，以支持猶太教並使之「現代化」。斐洛的努
力，爲後來二世紀基督教在哲學與神學理論上，要爲基督教義完
成同樣的解釋，鋪好了路。

◆ Plato 柏拉圖・原名亞里斯多克立斯（Aristocles, 公元前 427-
347）・希臘哲學家。

◆ Potthoff, Harvey H. 帕德霍夫・出生於明尼蘇達州的勒蘇爾(Le Sueur,
Minnesota)，畢業於 [愛荷華州蘇城（Sioux City, Iowa）]晨
邊學院（Morningside College），取得碩士學位，並於丹佛
（Denver）的依立福神學院（Iliff Scholl of Theology）研究
所攻讀（一九三五年獲神學碩士學位，一九四一年獲神學博士學
位）。一九三七年至一九五二年間，帕德霍夫在依立福當兼任講
師，同時擔任科羅拉多州丹佛市基督衛理公會教堂（Christ

Methodist Church）的牧師。一九五二年成為依立福的基督教神
學教授，一直到一九八一年退休。他一直是聯合衛理公會（United
Methodist Church）很活躍的教會領袖，一九六六年和一九七一
年代表參加世界衛理公會聯合會（World Methodist
Conference），一九六八年又代表參加在瑞典烏普薩拉（Uppsala）
舉行的世界基督教協進會（World Council of Churches）第四
屆會議。一九五二年到一九五八年間，為《依立福評論》（*Iliff
Review*）的主編。帕德霍夫對神學理論的主要貢獻在於他以現代
的觀點，對基督教信仰與經驗，作出見解深刻的詮釋。

- Pratt, James Bissett 普拉特・為哲學家。一八七五年出生於紐約州的
  艾爾麥拉（Elmira），就讀哈佛、哥倫比亞，和柏林大學，也在
  印度研習當地宗教，在中國研習佛教。在威廉斯學院（Williams
  College）教哲學，一九四四年卒於麻州的威廉斯鎮
  （Williamstown）。

- Ragland, Lord 雷格蘭・即費茲羅伊・雷格蘭・薩默塞特（Fitzroy
  Ragland Somerset），為雷格蘭的第四任男爵（1885-1964）。出
  生於倫敦，在艾頓（Eton）和桑赫斯特（Sandhurst）受教育，
  在遠東和近東任軍職，退伍後，在民俗與人類學領域中追求自己
  的興趣。

- Rahner, Karl 拉納・出生於德國的弗萊堡（Freiburg），一九二二年
  進入耶穌會，就學於德國、奧地利和荷蘭，在慕尼黑大學
  （University of Munich）取得博士學位。一九三二年被授以神
  父職，任教於因斯布魯克（Innsbruck）、慕尼黑，以及明斯特
  （Münster），是第二次梵諦岡會議（Vatican II，1962-1965）
  的神學顧問 [peritus（欽定神學家）]。

- Rais・見 Gilles de Rais。

- Rall, Harris Franklin 勞爾・一八七一年出生於愛荷華州的康瑟爾布
  拉（Council Bluffs），就讀於愛荷華州立大學（Iowa State
  University），和耶魯大學，然後是柏林大學和黑爾維登堡大學
  （Hale-Wittenberg University），一八九九年在該校取得博士
  學位，一九〇〇年被授以衛理聖公會牧師職，並任紐黑文（New

Haven）三一教堂（Trinity Church），和巴爾的摩（Baltimore）
第一教堂（First Church）牧師。一九一〇年到一九一五年爲丹
佛的依立福神學院（Iliff School of Theology）校長，也曾在
耶魯大學、丹佛大學（University of Denver）、俄亥俄州的衛
斯理學院，以及蓋瑞特聖經書院（Garrett Biblical Institute）
授課，並於一九四〇年獲該校法學博士學位。勞爾卒於一九六四
年。

◆ Rasmussen, Knud Johan Victor **雷斯穆森**（1879-1933）‧出生於格陵蘭
（Greenland），父親爲丹麥傳教士，母親是愛斯基摩人。一九〇
二年開始從事愛斯基摩文化人類學研究，並於一九一〇年在格陵
蘭約克角（Cape York）的圖勒（Thule）設立一個貿易站，率領
四個探險隊，從圖勒到加拿大南極區。雷斯穆森蒐集詩、歌、傳
奇、神話，以及愛斯基摩各部落的故事，共出版成約四十四冊書。

◆ Rauschenbusch, Walter **勞興布施**‧一八六一年出生於紐約州的羅徹
斯特（Rochester），就讀於羅徹斯特大學（University of
Rochester），和羅徹斯特神學院（Rochester Seminary），在紐
約市的「地獄廚房」 [Hell's Kitchen（即曼哈頓西區）]擔任
十一年的牧師，一八九七年任教於羅徹斯特神學大學（Rochester
Theological University）。其著作之一的《社會福音的神學論》
（A Theology for the Social Gospel, 1917）爲新教自由主義
神學論清晰的宣言，勞興布施卒於一九一八年。

◆ Rist, Martin **李思特**‧生於伊利諾州的安提阿（Antioch），父親是
衛理公會的牧師。就讀於西北大學（Northwestern
University）、蓋瑞特聖經書院（Garrett Biblical Institute）、
依立福神學院（Iliff Scholl of Theology），以及芝加哥大學，
一九三六年任教於依立福神學院，教《新約聖經》和教會歷史，
同時還擔任圖書館員。其最有名的文章是載於《聖經詮釋》（The
Interpreter's Bible）第十二冊（New York: Abingdon Press,
1957）的＜啓示錄之導讀並詮釋＞（Introduction and Exegesis
to the Book of Revelation）。

◆ Ritschl, Albrecht **李恕爾**（1822-1889）‧出生於柏林，就讀於波昂

（Bonn）、哈雷（Halle）、海德堡（Heidelberg），以及圖賓根（Tübingen）大學，並成為史學家鮑威爾（F. C. Bauer）的門生。一八四六年在波昂開始他的教學生涯，一八六四年轉往哥廷漢（Gottingham）教了二十一年。李恕爾基本上關心的不是以施萊馬赫（Friedrich Schleiermacher）的「絕對依賴」（absolute dependence）作為宗教的基礎，而是以「道德自由」的經驗為基礎。宗教所信賴的是從自然盲目需求的束縛中解脫出來的經驗。李恕爾為現代新教自由主義神學論之父其中的一個。

◆ Royce, Josiah **羅伊斯**（1855-1916）‧美國唯心論哲學家，任教於加州和哈佛大學。羅伊斯認為科學能用來描述，不能用來欣賞。欣賞能力屬於哲學的領域，真實的世界是一個心智的世界（絕對面），而真正的道德則是忠於絕對面。

◆ Ruysbroeck, Jan van **魯伊斯博克**‧一二九三年出生於布魯塞爾（Brussels），被授予神職後，成為布魯塞爾教區總教堂牧師。五十歲時去布魯塞爾附近一個森林修道院隱居靈修，在那裡待了四十八年，過著敬神冥思的生活，卒於一三八一年。

◆ Sandburg, Carl **桑德堡**（1878-1969）‧著名詩人兼傳記作家，一九四〇年以《林肯：戰爭年代》（*Abraham Lincoln: the War Years*）獲普立茲獎，一九五一年又以其《詩作全集》（*Complete Poems*）獲普立茲獎。

◆ Sartre, Jean-Paul **沙特**（1905-1980）‧法國文人，並為當代無神論存在主義的主要代表，一九六四年獲諾貝爾文學獎，卻拒絕接受，主要哲學著述為《存在與虛無》（*Being and Nothingness*, 1956）。

◆ Schleiermacher, Friedrich **施萊馬赫**（1768-1834）‧許多宗教學者都認為施萊馬赫是自喀爾文（John Calvin）以來最好的神學家，他對神學理論的改革，等同於康德對哲學理論的改革，其神學理論自然被公認是基督教浪漫主義與自由主義最有力，且最有系統的宣言。就讀於哈雷大學（University of Halle），一七九九年寫了《論宗教：致知識界蔑視宗教者》（*On Religion: Speeches Addressed to Its Cultural Despisers*），一八〇〇年寫了《獨

白》（*Soliloquies*），一八〇四年成為哈雷大學的神學教授，一八〇九年成為柏林聖三一教堂（Holy Trinity Church）的傳道士，一八一一年在柏林大學教神學，一八二一年和一八二二年，在該校寫下其重要著作《基督教信仰》（*Christian Faith*）的兩個部分（一八三〇年修訂再版）。在《論宗教》中，施萊馬赫發展出一種新的宗教概念；在《基督教信仰》中，他對基督教神學理論提出一種新的詮釋。

◆ Schmidt, Wilhelm **施密特**・羅馬天主教神父，一八六八年出生於威斯特伐利亞的賀德（Hörde, Westphalia）。在荷蘭、柏林，和維也納受教育，任教於德國、奧地利和瑞士。施密特採用在南太平洋和澳洲工作的天主教傳教士的報導，同時還成為這些地區的語言專家。施密特反對諸如泰勒（Taylor）和卡靈頓（Codrington）這些認為宗教起源於多神信仰的學者，他主張最早的人類，信仰一位至尊，是一神論者。施密特寫下十二冊名為《上帝理念的起源》（*Der Urspring der Gottesidee*）的著述，試圖把這個理念加以文獻佐證。一九三八年施密特從德國逃到瑞士，一九五四年卒於弗來堡（Freiburg）。

◆ Scott（或 Scot），Reginald **史考特**（1538?-1599）・就讀牛津的哈特學院（Hart Hall），一五八四年寫下《巫術探索》（*The Discovery of Witchcraft*），試圖要防止經常被認定為巫師的可憐、衰老，又單純的人，遭受不公平的迫害。史考特意在顛覆魔法與巫術的可靠性。

◆ Shapley, Harlow **薛坡黎**（1885-1972）・美國天文學家，從事於測光法、光譜學和宇宙學研究，提出造父變星 [Cepheid Variables（星星光度有規則性變化）]的理念，並解釋銀河結構及其概略大小。

◆ Smith, Huston C. **史密斯**・一九一九年出生於中國，十七年後去美國上大學，就讀於密蘇里州的中央學院（Central College），然後是加州和芝加哥大學，任教於丹佛大學、聖路易士（St. Louis）的華聖頓大學（Washington University）、麻州理工學院（Massachusetts of Technology），和西瑞克斯大學（Syracuse

University）。最有名的著作是《人的宗教》（*The Religions of Man*，1958）。

◆ Socrates **蘇格拉底**（公元前 470?-399 年）‧希臘哲學家兼老師，柏拉圖的老師，柏拉圖在言談中保存了很多老師的哲學風格與智慧。蘇格拉底把西方哲學的焦點，從宇宙學轉移到倫理學。他發展出人稱爲蘇格拉底式的教學法—— 一種持續發問的方法，目的是要引出假定存在於理性生物心智中的真理。蘇格拉底教導學生：好的生活是經過理智啓發的生活。他對自我的堅持，在面臨死亡時，表現得最明顯。被判定瀆神罪後，當局要他公開撤回其教導學說，就給他活命的機會，蘇格拉底選擇了喝下芹葉鉤吻所提煉的毒藥。

◆ Söderblom, Nathan **賽德布洛姆**（1866-1931）‧瑞典教會人士，在促進世界基督教大一統的運動中，爲重要領導人物。一九三〇年以其對國際間相互了解所付出的努力，而獲得諾貝爾和平獎。身爲虔敬派（pietist）牧師之時，就讀於烏普薩拉（Uppsala）及索邦（Sorbonne）大學，一九〇一年取得博士學位。他是一位歷史教授，後來成爲烏普薩拉大學的副校長。

◆ Stace, Walter T. **史代思**‧出生於倫敦，就讀三一學院（Trinity College）、都柏林大學（Dublin University）。史代思擁有雙重生涯——政治和教育。在錫蘭擔任英國文職官員時（1910-1932），寫下許多有關希臘哲學、黑格爾哲學和美學的名作。後來在普林斯頓大學擔任斯圖亞特講座的哲學教授（Stuart Professor of Philosophy）時，繼續從事寫作，一九六〇年出版了一本重要的著作《神祕主義學說》（*Teachings of Mystics*）。

◆ Streng, Fredrich John **史崔恩**‧一九三三年出生於德州賽奎因（Seguin），就讀德州路德教派學院（Lutheran College）、南方衛理公會大學（Southern Methodist University），和芝加哥大學，其專長爲研究宗教和東西方心理學的方法。一九六一至六二年間，獲富爾布萊特（Fulbright）獎學金，到巴納拉斯印度大學（Banaras Hindu University）進修，之後任教於芝加哥大學、南加州大學（University of Southern California），和南方衛

理公會大學。

- Suzuki, Daisetz Teitaro **鈴木大佐**‧一八七〇出生於日本金澤縣（Kanazawa），被西方世界認爲是禪宗佛教最傑出的闡述者。就讀於東京帝大，大部份時間卻待在東京附近鎌倉（Kamakura）的禪寺裡。一八九七年赴美，後來回日本任教於東京帝大和京都的小谷大學（Otani University）。二次大戰後，旅居歐洲、印度，和美國，並在那裡授課，卒於一九六六年。

- Tagore, Rabindranath **泰戈爾**（1861-1941）‧印度詩人。

- Taylor, John V. **泰勒**‧英格蘭溫徹斯特（Winchester）的英國聖公會主教，其著作《穿梭於人神之間的上帝》（*The Go-Between God*），是一九六七年泰勒在伯明罕大學（University of Birmingham）的卡德伯利神學講座（Edward Codbury Lectures in Theology）內容，重新編寫而成的。該書以一九七一至一九七三年間英國最佳宗教著作，獲得科林斯宗教著作獎（Collins Religious Book Award）。

- Teilhard de Chardin, Pierre **德日進**‧一八八一年出生於法國索斯奈（Socenat）的一個貴族家庭，一八九九加入耶穌會，一九一一年被授以神職，是一位優秀的神學家、古生物學家，兼地質學家。任教於巴黎的天主教學院（Catholic Institute），後來因爲倡導進化論，引起教會當局不悅，因而停止講學，名爲派遣，實際上則是被放逐到中國。在中國參與多項科學方案，譬如參與了在北京附近周口店，發現「北京人」（絕種的中國猿人屬人科靈長目動物）的方案。德日進無法獲得上級的允許出版論述，因此他的不朽巨作《人的現象》（*Phenomenon of Man*）到死後才出版。這本書將一些現代科學最先進的發現併入基督教中。德日進雖獲得舉世稱頌，一九五七年聖職部［Holy Office（天主教裁判所）］卻下令將天主教圖書館中所有德日進的著作拿掉。德日進卒於一九五五年。

- Tennyson, Lord Alfred North **丁尼生爵士**（1809-1892）‧英國詩人，因擅長掌握聲韻，從一八四二年起一直到死亡爲止，都贏得英國桂冠詩人的頭銜。

◆ Thales 泰利斯（約公元前 624-546 年）‧爲希臘哲學之父，出生於小亞細亞的米利都（Miletus）。他指出水就是萬物的原由，因此主張以自然而非超自然的方式，來構想世界的程序，並把它構想成大致屬於一元論的形式。他相信世界的多樣性應被看成是統一的體系──此即科學與哲學仍繼續努力要達到的目標。

◆ Thomas Aquinas 托馬士‧阿奎納‧其確切的出生日期不詳，大約在一二二五年，出身倫巴（Lombard）家族，生於那不勒斯（Naples）和羅馬之間的小鎮阿奎諾（Aquino）附近的羅格塞格（Roccasecca）城堡。小學就讀蒙特卡西諾修道院（Abbey of Monte Cassino），一二三九年進入那布勒斯大學（University of Naples），在該校參加道明修會（Dominican Order），是大亞伯特（Albert the Great）的門生，大亞伯特也是巴黎和科隆（Cologne）的道明修會修士。一二五二年開始在巴黎教經典，後來教《朗巴德名言錄》（The Sentences of Peter Lombard），一二五六年成爲巴黎道明修會兩席正規神學教授之一，一二五九年至一二六九年在義大利的阿納尼（Anagni）、奧維多（Orvieto）、羅馬，和維泰伯（Viterbo）教學，一二六九年回到巴黎，一二七二年前往那布勒斯組織道明修會神學研究館。阿奎納卒於一二七四年，一三二三年七月十八日封聖（被宣佈爲聖徒）。托瑪士寫了兩部不朽的神學概論：《神學大綱》（*Summa Theologica*）和《駁異大綱》（*Summa Contra Gentiles*）。是中古經院哲學最重要的神學家，迄今於當代羅馬天主教中，仍爲最傑出的神學家。

◆ Thompson, Francis 湯普森（1859-1907）‧英國詩人，父親爲蘭開夏郡（Lancashire）的醫生，就讀於英國達拉謨郡（Durham）附近的俄修學院（Ushaw College），然後在曼徹斯特的歐文斯學院（Owins College, Manchester）攻讀醫學。決定從事文學後，遷居倫敦，終於淪入窮困潦倒的生活。曼徹斯特雜誌《歡樂英倫》（Merry England）的主編梅內爾（Wilfrid Maynell），看出湯普森的才華，開始刊登他的詩作，並協助他出版詩集。其詩作「天堂獵犬」（The Hound of Heaven）發表於一八九三年。

◆ Thoreau, Henry 梭羅（1817-1862）‧美國詩人兼散文家，曾說大部分
人都活在沉默的絕望之中。

◆ Tillich, Paul 田立克（1886-1965）‧二十世紀重要神學家，出生於德
國，就讀於布雷斯勞（Breslau）和哈雷（Halle）大學。一次世
界大戰期間，擔任德國軍隊的牧師，戰後任教於布雷斯勞、哈雷，
和法蘭克福（Frankfurt）大學。納粹掌權後，離開德國，前往
美國（1933），任教於紐約的聯合神學院（Union Theological
Seminary）、耶魯、哈佛、加州大學聖塔巴巴拉分校（University
of California in Santa Barbara），和芝加哥大學。他的主要
研究成果都包括在三冊名為《系統神學論》（*Systematic
Theology*）的著述中。

◆ Toynbee, Arnold Joseph 湯恩比（1889-1975）‧英國歷史家，出生於倫
敦，就讀於溫徹斯特和巴利歐（Balliol）學院、牛津大學，還
有位在希臘雅典城的英國考古學校（British Archaeological
School）。任教於巴利歐學院和倫敦大學，並在美國四處講學。
湯恩比的二十三冊綜合論述──《歷史研究》（*A Study of
History*），強調操縱文明興衰的力量。

◆ Tremmel, William Calloley 崔默‧一九一八年出生於科羅拉多州的恩
格伍德（Englewood），就讀於丹佛大學，和（丹佛的）伊立福神
學院，後繼續在科羅拉多大學、南加州大學，和芝加哥大學深造。
一九四五年被授以衛理公會牧師的神職，並在科羅拉多州與堪薩
斯州擔任牧師，同時也是科羅拉多大學衛斯理基金會（Wesley
Foundation）的主任。一九五〇年任教於恩波里亞（Emporia）
的堪薩斯州立師院（Kansas State Teachers College），一九五
六年轉往曼哈頓（Manhattan）的堪薩斯州立大學，一九六九年
在南佛州大學（University of South Florida）擔任宗教研究
系系主任。崔默的著述包括：《二十七本改變世界的書》（*The
Twenty-Seven Books that Changed the World*），《黑暗面──
撒旦的故事》（*Darkside──the Satan's Story*），《耶穌的故事》
（*Jesus Story*），和《跑在偏見的路上》（*Running on the Bias*）。

◆ Troeltsch, Ernst 卓爾奇（1865-1923）‧宗教運動史（把基督教看成是

晚期猶太教、東方末世論、希臘祕密宗教儀式、諾斯替教，和斯多葛學派的自然性、歷史性發展）的早期重要理論家。卓爾奇批評那些嘗試要指明基督教本質的學者［如海納克（Adolf von Harnack）］，並認為基督教是一種無限制性的歷史發展。本質意味著抽象理念，而基督教則不可以被矮化成一個抽象理念。不論基督教為何，在不同的時代，它都不一樣，「因此要被當作是某種與其強烈影響力之整體性有關的東西，來加以理解。」卓爾奇在發表於一九一三年一月份《美國神學期刊》（The American Journal of Theology），第 12-13 頁的＜宗教史學校之教義學＞（The Dogmatics of the Religious-geschichtliche Schule）如是說。

◆ Trueblood, David Elton **楚布拉德**‧貴格教哲學家，一九〇〇年出生於愛荷華州的普雷森鎮（Pleasantville），就讀於賓州學院（Pennsylvania College）、布朗大學（Brown University）、哈特福德神學院（Hartford Theological University）、哈佛大學、霍普金斯大學（John Hopkins University）。任教於［北卡羅萊納州格林斯伯勒（Greeensboro, North Carolina）的］基爾福德學院（Guilford College）、賓州的哈弗福德學院（Haverford College）、史丹佛大學，和［印地安那州里奇蒙（Richmond, Indiana）的］厄勒姆學院（Earlham College）。

◆ Tylor, Edward B. **泰勒**（1832-1917）‧對早期的宗教史有重要貢獻，所採取的是文化人類學的觀點，其對原始文化的興趣，導致了人類學這門新科學的產生。一八七六年寫下《原始文化》（*Primitive Culture*）。

◆ Van Dusen, Henry Pitney **范達森**（1897-1975）‧為自由主義神學家，出生於賓州費城（Philadelphia, Pennsylvania），就讀普林斯頓（Princeton）大學、（紐約）聯合神學院（Union Theological Seminary），和愛丁堡大學。一九二六年起，一直到一九六三年退修止，任教於聯合神學院。是活躍於基督教青年會（YMCA）、基督教長老會，和世界基督教協進會（World Council of Churches）的一個領導人物。范達森並其夫人都是安樂死協會

（Euthanasia Society）的成員，兩人罹患嚴重的糖尿病時，都
選擇了結束自己的生命。

◆ Voltaire 伏爾泰 [本名為阿魯埃特（François Marie Arouet），1694-1778]．
極具性格魅力的法國詩人、諷刺作家、劇作家，兼歷史家，一生
大部份都過者放逐的生活（在瑞士待二十年）。他是啓蒙運動的
哲學家、暴君的敵人，鼓吹政治與宗教自由主義，以及牛頓和洛
克的理念。

◆ Von Ewald, George Henry August 艾華德（1803-1875）．德國哲學家並
東方專家，他推論希伯來聖經的前六部書（舊約），至少出自四
種不同的來源：祭司法典（P），南方猶大國的歷史（E），北方以
色列王國的歷史（J），和《申命記》（D）。

◆ Vonnegut, Kurt 馮內果．小說家，一九二二年出生於印地安那不勒
斯（Indianapolis），是愛荷華及哈佛大學的教授，也是紐約市
立學院（City College, New York）著名的文學教授。

◆ Wach, Joachim 華啓．一八九八年出於德國的薩克森（Saxony），在
萊比錫、慕尼黑，和柏林受教育，專攻宗教史、宗教哲學，以及
東方研究。任教於萊比錫大學，直到納粹黨終止他的教職，隨後
前往美國，任教於羅德島（Rhode Island）的布朗大學，後來擔
任芝加哥大學宗教歷史系系主任，卒於一九五五年。

◆ Watts, Alan Wilson 華茲．一九一五年出生於英國奇索賀特
（Chislehurst），就讀於席伯立大學（Sebury Western
University），和佛蒙特大學（University of Vermont）。是西
北大學的宗教顧問，任教於太平洋學院（College of the
Pacific）、哈佛大學，以及聖荷西州立學院（San Jose State
College），專長為禪宗佛教、中國哲學，和宗教哲學並心理學。
華茲卒於一九七三年。

◆ Weber, Max 韋伯（1864-1920）．出生於德國艾爾福特（Erfort），在
海德堡、柏林，和哥廷根大學攻讀經濟學、歷史、哲學和法律，
在柏林大學教法律，在弗來堡和海德堡大學教經濟學。一九○三
年韋伯成為一本社會學與政治學首要期刊的主編，開始為該期刊
大量寫作，並撰寫有關古代猶太教、中國宗教，以及宗教社會學

的書。其最重要著作是關於宗教和經濟學：《新教倫理與資本主義之精神》（ *The Protestant Ethic and the Spirit of Capitalism* ）。

◆ Wellhausen, Julius　**魏豪森**（1844-1918）‧德國聖經學者，一八七八年出版兩冊的《以色列歷史》（ *History of Israel* ）。這本書所依據的觀念是：舊約並沒有提出完整的以色列歷史，只有架構這樣一個歷史的原始資料。他同時還採用艾華德（George Von Ewald）的系統命名法，編排《聖經》的前五部書，並定下文獻來源的日期——J（約寫於公元前八五〇年），E（約寫於公元前七五〇年），D〔採維特（De Wette）定的日期——公元前六二一年〕，還有P〔寫於放逐巴比倫之後，約公元前四〇〇年〕。

◆ Wesley, John　**衛斯理**（1703-1791）‧衛理公會創始人，父親和祖父皆為神職人員，衛斯理本人則是在英國國教會被授予神職，同時也是牛津大學的老師。

◆ Whitehead, Alfred North　**懷海德**（1861-1947）‧英國哲學家，出生於英格蘭肯特郡奈特島上的雷姆斯蓋特（Ramsgate. Isle of Thanet, Kent）。十四歲進入英格蘭名校多塞特的薛爾本（Sherborn, Dorset）。懷海德在該校，數學和橄欖球表現優異。一八八〇年進入劍橋的三一學院（Trinity College），繼續攻讀數學，一九〇五年獲得理學博士學位。一八九八年出版了一本代數的書，這使他夠資格在一九〇三獲選進入皇家學會。其傑出的數學著述——《數學原理》（ *The Principia Mathematica* ）是和羅素（Bertrand Russell）共同完成的，一九一〇至一九一三年間分三冊出版，一般被認為是當代最偉大的知識成就之一。一九一〇年從劍橋退休，幾年後任教於倫敦的皇家科技學院（Imperial College of Science and Technology），一直到一九二四年為止，同年獲聘為哈佛大學教授，在此展開他重要的哲學研究工作。一九二五年先出版了《科學與現代世界》（ *Science and Modern World* ），一年後出出版《宗教的創生》（ *Religion in the Making* ），一九二九年出版《過程與真實》（ *Process and Reality* ）。懷海德在美國成為一位哲學黃金時代的中心人物，其

哲學思想可能是英文哲學著作中最具原創性的。在神學領域中，他則是程序神學論的先驅，更甚者，他的英文寫作風格使得他在英國文壇，也佔有一席之地。

◆ Wieman, Henry Nelson **韋門**（1884-1976）‧現代新教自由主義神學內在論的重要哲學家兼神學家，任教於神學學院（Divinity School）、芝加哥大學。韋門是基督教現代主義的激進份子，對他來說，基督教神學傳統不足以領導現代人。他通常不被當作基督教神學家，而是哲學神學家，不受任何特殊傳統的約束。出生於密蘇里州，大學就讀於派克學院（Parker College），神學研究則完成於舊金山神學院（San Francisco Theological Seminary），然後在德國的耶拿（Jena）與海德堡大學深造。前往哈佛繼續學業以前，在加州擔任長老會牧師。任教於西方學院（Occidental College），一九二七年，神學學院與芝加哥大學聘他為宗教哲學教授，一直到一九四九年退休為止。

◆ Wiesel, Elie **韋瑟爾**‧一九二八出生於匈牙利，幼年與家人遭到驅逐出境，前往奧斯威辛（Auschwitz），然後又去布痕瓦爾德（Buchenwald），雙親與妹妹死於該地，其名為《夜》（*Night*）的著作，是那些恐怖經驗的戲劇化呈現。戰後，韋瑟爾居住在巴黎，以記者的身份前往以色列和美國。最近成為美國公民，所寫的故事還有《黎明》（*Dawn*）、《意外事故》（*The Accident*）、《牆外小鎮》（*The Town Beyond the Wall*）、《森林之門》（*The Gates of the Forest*）、《耶路撒冷的乞丐》（*A Beggar in Jerusalem*），以及《誓言》（*Oath*）。

◆ William of Occam（Ockham）　**奧卡姆**‧論題簡化原則（Law of Parsimony），又稱「奧卡姆剃刀」之闡述者。約一二八〇年出生於英格蘭薩里郡（Surrey），曾是司各脫（Duns Scotus）的學生。一三二〇與一三二三年間，任教於巴黎，離職後加入一個反對教宗俗世權力的團體，因此被囚禁於阿維尼翁（Avignon），越獄並躲在巴伐利亞之路易士（Louis of Bavaria）的宮廷。其死亡的地點和日期不詳，可能是一三四九年在慕尼黑。

◆ Wisdom, John **韋士登**‧一九〇四年出生，為劍橋大學哲學教授，曾

經是英國分析哲學家的首要人物。

◆ Wittgenstein, Ludwig Josef Johann **韋根斯坦**‧一八八九年出生，為哲學家，二十世紀最有創意的思想家之一。就讀於柏林的技術學院（Technical Institute），和曼徹斯特大學，也曾在劍橋和英國哲學家羅素（Bertrand Russell）一起求學，應聘接任穆爾（G. E. Moore）在劍橋三一學院的教職。一九二一年出版了一本極有影響力的書，叫做《邏輯哲學論》（*Tractatus Logico Philosophicus*），現代實證主義哲學家認為這本書極為重要。他後來寫了《哲學研究》（*Philosophical Investigations*），和《邏輯哲學論》形成強烈的對比。韋根斯坦於一九三八年成為英國人，卒於一九五一年。

◆ Wundt, Wilhelm Max **馮特**‧德國心理學家，一八三二年出生於德國巴登（Baden）的內克勞（Neckarau），擁有哲學博士並醫學博士學位。一八五四年任教於海德堡大學，漸漸對心理學研究產生興趣，並首創大學實驗心理學的課程。一八七五年轉往萊比錫大學，並於一八七九年在該校設立了全球第一個心理學實驗室。一八八一年創辦第一本實驗心理學期刊。馮特在一九二〇年卒於薩克森州（Saxony）萊比錫附近的格羅斯貝森（Grossbathen）。

◆ Xenophanes **瑟諾芬尼**‧約公元前五六五年出生於小亞細亞的科芬（Colphon），遊歷於希臘，最後定居義大利南部的艾利亞（Elea），在當地創辦一所學校。瑟諾芬尼反對講神的合一、恆久不變、崇高與靈性的多神教教義，他挑戰一般對上帝所描述的樣子。在一首詩中他說；：「人人都把神描繪成自己的模樣：黑人描繪成黝黑、塌鼻；色雷斯人描繪成紅髮藍眼；而如果牛馬也能畫畫，毫無疑問地會把神畫成牛馬。」（瑟諾芬尼教誨詩殘存遺作片段六）

◆ Yinger, J. Milton **殷格**‧一九一六年出生於密西根州的昆西（Quincy），父親為牧師，母親為作家兼演說者。就讀於狄波大學（Depauw University）、路易士安那州立大學（Louisiana State University），和麥迪遜（Madison）的威斯康辛大學（University of Wisconsin）。任教於俄亥俄州衛斯理學院（Ohio Wesleyan），

並且是奧柏林學院（Oberlin College）的社會學兼人類學教授。

◆ Zarathustra（另作 Zoroaster） 瑣羅亞斯德‧公元前七世紀創立祆教的
波斯（古伊朗）先知，"Zoroaster" 的意思是「老駱駝的主人」。

精選參考書目

第一章：定義

賁哈特（Bernhardt, William H.），《宗教之功能性哲學》（*A Functional Philosophy of Religion*）（Denver, Colo.: Criterion Press, 1958）。宗教之功能性定義。特別參閱第十四章。（依立福神學院有收藏，地址為：Iliff School of Theology, 2201 S. University Boulevard, Denver, Colorado 80210。）

米勒（Miller, Randolph Crump）編，《經驗主義神學論》（*Empirical Theology*）（Birmingham, Ala.: Religious Education Press, 1992）。十三篇當代美國學者所寫的宗教論文，以經驗主義認識論闡述宗教與上帝。

崔默（Tremmel, William C.），＜賁哈特的宗教功能哲學＞（Bernhardt's Functional Philosophy of Religion），收錄於裴登（C. Peden）與艾克索（L. Axel）編，《上帝、價值與經驗主義》（*God, Values and Empiricism*）（Macon, Geo.: Mercer University Press, 1989），見 231-238 頁。

第二章：宗教性的動物

賽尼格（Doniger, Simon）編，《以神學與心理學的觀點看人性》（*The Nature of Man in Theological and Psychological Perspective*）（New York: Harper & Row, 1972）。神學家與心理學家針對人性所寫的論文。

杜諾伊（du Noüy, Pierre Lecomte），《人類的命運》（*Human Destiny*）（New York: Longmans, Green, 1947）。進化論已從物質領域轉入精神領域，本書以一個生物學家的觀點，來看現在的進化論。

費佛（Feifel, Herman）編，《死亡的意義》（*The Meaning of Death*）（New York:

McGraw-Hill, 1959)。科學家、哲學家和神學家所寫的論文集，探討死亡的問題。

弗雷季（Frazier, A. M.）編，《宗教議題》（*Issues in Religion*）再版（New York: Van Nostrand Reinhold, 1975）。特別參閱里爾克（R. M. Rilke）的＜布里基之死＞（Chamberlain Brigge's Death），和杜思妥也夫斯基（F. Dostoevsky）的＜地下人士＞（Underground Man）。

弗洛姆（Fromm, Erich），《為自己而活》（*Man for Himself*）（New York: Fawcett World Library, 1973），1947 年初版。人道主義倫理學研究，還包含對現代人類的心理分析。特別參閱第三章。

——《心理分析與宗教》（*Psychoanalysis and Religion*）（New Haven, Conn.: Yale University Press, 1950 ）。探討宗教的本質與功能。

考夫曼（Kaufmann, Walter），《從杜思妥也夫斯基到沙特的存在主義》（*Existentialism form Dostoevsky to Sartre*）（Cleveland: World, Meridian Books, 1965）。特別參閱卡繆（Albert Camus）的＜薛西弗斯的神話＞（The Myth of Sisyphus），針對人的空虛與得救時刻，作出優美短評。

齊克果（Kierkegaard, Søren），《論斷非科學之附言》（*Concluding Unscientific Postscript*）（Princeton, N.J.: Princeton University Press, 1971），史文生（David Swenson）與勞瑞（Walter Lowrie）譯。對黑格爾哲學體系長篇大論的批評，所提出的主題，在二十世紀的神學理論，扮演重要的角色。

——《恐懼與戰慄》（*Fear and Trembling*）（Princeton, N.J.: Princeton University Press, 1973），勞瑞譯。單冊齊克果思想介紹之佳作。

馬斯洛（Maslow, Abraham），《宗教價值與高峰經驗》（*Religious Values and Peak Experiences*）（Columbus, Oh.: Ohio State University Press, 1962）。探討宗教與人格，特別提到了高峰經驗。

米德（Mead, George H.），《心靈、自我與社會》（*Mind, Self and Society*）（Chicago: University of Chicago Press, 1947），1943 年初版。現代最具開創性的思想家之一，針對社交中所浮現的心靈與自我的本質，作出一流論述。(編按：本書中譯本已由桂冠圖書公司出版，並列入《當代思潮系列叢書》)。

史代思（Stace, Walter T.），《時間與永恆》（*Time and Eternity*）（Princeton, N. J. : Princeton University Press, 1952）。特別參閱＜何謂宗教＞（What

Religion Is ），3-8 頁。

田立克（Tillich, Paul），《生存的勇氣》（*The Courage to Be*）（New Haven, Conn.: Yale University Press, 1962），早先於 1952 年出版。敘述無法操縱的宗教層面，和宗教的勇氣──不顧一切的勇氣。特別參閱 32-63 頁。

──《文化神學論》（*Theology of Culture*）（New York: Oxford University Press, 1 964）。特別是第一章，把宗教等同於「深度」這個隱喻──宗教即深刻地關懷人類，這就是人類的終極關懷。

崔默（Tremmel, William C.），＜改變信仰的選擇＞（The Converting Choice），收錄於《宗教之科學研究期刊》（*Journal for the Scientific Study of Religion*），10（Spring 1971），17-25 頁。探討改變信仰的本質。

魏思（Weiss, Paul），《自然與人類》（*Nature and Man*）（New York: Holt, Rinehart and Winston, 1947）。人類和人類的問題與自然界是一體的。

懷海德（Whitehead, Alfred N.），《宗教的創生》（*Religion in the Making*）（Cleveland: World, Meridian Books, 1969），1926 年初版。二十世紀最優秀人才之一的佳作。

第三章：原始時代的宗教起源

歐布萊特（Albright, William F.），《從石器時代到基督教》（*From the Stone Age to Christianity*）（Balitmore: Johns Hopkins University Press, 1940）。為解讀《聖經》而作的歷史、社會學與人類學的評論。

坎貝爾（Campbell, Joseph），《千面英雄》（*The Hero with a Thousand Faces*）（Princeton, N. J.: Princeton University Press, 1968），1949 年初版。英雄崇拜儀式之比較研究。

──《上帝的面具：原始神話》（*The Masks of Gods: Primitive Mythology*）（New York: Viking, 1959）。探討神話的本質與功能，並其對宗教的重要性。

卡靈頓（Codrington, R. H.），《美拉尼西亞人：人類學與民俗研究》（*The Melanesians: Studies in Their Anthropology and Folk-Lore*）（New York: Dover, 1972），1891 年初版。報導泛靈論以前的原始宗教特性。

伊萊德（Eliadé, Mircea），《神聖與瀆褻：宗教的本質》（*The Sacred and the*

Profane: The Nature of Religion）（New York: Harcourt Brace Jovanovich, 1968）。崔思克（W. Trask）譯。著名宗教史學家探索宗教，把宗教當作神聖存在的證明。

詹姆士（James, Edwin O.），《史前的宗教：史前人類學研究》（*Prehistoric Religion: A Study in Prehistoric Archaeology*）（New York: Barnes & Noble, 1961）。著名宗教史學家描述史前的宗教。

簡森（Jensen, Adolf E.），《原始人類的神話與崇拜儀式》（*Myth and Cult of Primitive People*）（Chicago: University of Chicago Press, 1963），1951 年初版。以文化人類學來詮釋原始文化。

金恩（King, Noel Q.），《非洲世界》（*African Cosmos*）（Belmont, Calif.: Wadsworth Press, 1986）。描述非洲宗教，包括基督教與回教的形成。

雷沙（Lessa, W. A.）**與尤格特**（Yogt, E. Z.）**編**，《比較宗教選讀：人類學觀點》（*Reader in Comparative Religion: An Anthropological Approach*）三版（New York: Harper & Row, 1972）。十位社會科學家探討宗教起源的論文集。

諾貝克（Norbeck, Edward），《原始社會的宗教》（*Religion in Primitive Soceity*）（New York: Harper & Row, 1961）。以人類學的角度，敘述宗教在原始社會的地位，陶夫樂（Toffler, Alvin），《未來的衝擊》（*Future Shock*）（New York: Random House, 1970）。一本暢銷書，探討當代科技與現代世界的改變，因為它們影響了社會制度和人類。

泰勒（Tylor, Edward B.），《原始文化的宗教》（*Religion in Primitive Culture*）（New York: Harper & Row, 1958），1871 年初版。原始宗教領域中的先驅者，指明泛靈論為宗教的起源。

第四章：其他的思辯

柏格（Berger, Peter L.），《天使的謠言》（*Rumor of Angels*）（Garden City, N. Y.: Doubleday, 1970）。一個社會學家企圖超越文化相對論，並找出可以確認宗教真實性的根據。

—— 《神聖的天篷》（*The Sacred Canopy*）（Garden City, N.Y.: Doubleday, 1969）。把宗教分析成一個社會的「架構」，就像社會把自己架構起來，

並且提供自己有條有理的象徵一樣。

——《面對現代》(*Facing Up to Modernity*) (New York: Basic Books, 1977)。以社會學的觀點，檢驗現代美國生活各種不同層面——包括宗教在內，文筆清晰易懂。

貝提斯 (Bettis, Joseph Dabney) 編，《宗教現象學》(*Phenomenology of Religion*) (New York: Harper & Row, 1969)。現代思想家論文集，提出許多方法，把現象學應用於宗教。特別參閱編者寫的＜現象學入門＞ (An Introduction to Phenomenology)，以及梅洛龐蒂 (Maurice Merleau-Ponty) 寫的＜何謂現象學＞ (What Is Phenomenology)。

秦德思特 (Chindester, David)，《權力的型態：美國文化的宗教與政治》(*Patterns of Power: Religion and Politics in American Culture*) (Englewood Cliffs, N.J.: Prentice-Hall, 1988)。以社會學的角度，檢驗美國生活中，宗教與社會的相互作用。

涂爾幹 (Durkheim, Émile)，《宗教生活的基本形式》(*The Elementary Forms of Religious Life*)，施維恩 (J. W. Swain) 譯 (Atlantic Highlands, N. J. : Humanities, 1964)，1915 年初版。一位社會學先驅，把宗教看成社會化的自然產物。特別參閱第七章以及結論。

艾五德 (Elwood, Robert Jr.)，《多種民族，多種信仰》(Many People, Many Faith) (Englewood Cliffs, N.J.: Prentice-Hall, 1987)。縱觀宗教，並包括原始人類、印度教徒、佛教徒、東亞人、猶太人、基督徒與回教徒對宗教的敘述和修習。

費佛兒 (Feaver, J. C.) 和侯若茲 W. Horosz) 編，《以哲學與文化的觀點看宗教》(*Religion in Philosophical and Culture Perspective*) (New York: Van Nostrand Reinhold, 1967)。特別參閱考思騰堡 (Peter Koestenbaum) 的章節＜現象學傳統下的宗教＞ (Religion in the Tradition of Phenomenology)，內容有現象學的定義，以及許多用現象學的方法，研究宗教的例子。

佛洛依德 (Freud, Sigmund)，《幻象中的未來》(*The Future of an Illusion*) (Garden City, N. Y. : Doubleday, Anchor, 1961)，1927 年初版。佛洛依德非常有見解地提出：宗教是一種不健康的神經官能症，而上帝則是父親的替身。

——《圖騰與禁忌》（*Totem and Taboo*），史萃奇（James Strachey）譯
（London: Routledge & Kegan Paul, 1961），1950 年初版。佛洛依德指出
宗教源於戀母弑父情結（Oedipus complex）。

詹姆士（James, William），《宗教經驗種種》（Varieties of Religious Experience）
（New York: Random House, Modern Library）。1901-1902 年間，在愛丁堡
發表有關自然宗教的吉福德講座（Gifford Lectures）內容，爲宗教心理
學先驅研究並經典之作。

江思東（Johnstone, Ronald J.），《社會的宗教》（*Religion in Society*）
（Englewood Cliffs, N. J.: Prentice-Hall, 1988）。在社會的架構內觀察宗
教。

連恩（Lang, Andrew），《宗教的形成》（*The Making of Religion*）（New York:
AMS Press, 1968），1898 年初版。特別參閱第九章和第十章，探討原始
宗教中，上帝這個理念的起源。

奧圖（Otto, Rudolf），《論神聖》（*The Idea of the Holy*），海費（J. W. Harvey）
譯，（London: Oxford University Press, 1924）。把宗教看成對神祕超凡之存
在事實的感覺，看成上帝---源於外在的內在經驗。是一本經典之作。

施密特（Schmidt, Wilhelm），《北美的神祇》（*High Gods in North America*）
（Oxford, England: Clarendon Press, 1933）。在牛津曼徹斯特學院（Man-
chester College）發表有關宗教的厄普頓講座（Upton Lectures）內容。

——《宗教的起源與發展》（*The Origin and Growth of Religion*），羅思（H.
J. Rose）譯，（London: Methuen, 1931）。施密特主張：最早的人類相信有
一個至高無上的生物存在，就像一神論所講的一樣。

第五章：針對人類處境的宗教性反應

卡繆（Camus, Albert），歐布萊恩（O'Brien）譯，《墮落》（*The Fall*），（New
York: Random House, 1956）。表現二十世紀存在主義觀點的傑出著述。

——《瘟疫》（*The Plague*），基爾伯特（Stuart Gilbert）譯（London: Penguin
Books, 1968）。一部敘述邪惡與人類英雄主義搏鬥的小說(編按：本書中
譯本已由桂冠圖書公司出版，並列入《桂冠世界文學名著》)。

艾文斯-普里查德（Evans-Pritchard, E. E.），《阿贊德人之巫術、神諭與魔法》

（*Witchcraft, Oracles and Magic Among the Azende*）（Oxford: Oxford University Press, 1968）。根據 1926 到 1930 年間，對阿贊德人所作的三次考察研究。特別參閱第四部份探討魔法、法術與巫師，387-423 頁。

弗雷澤（Frazer, James G.），蓋斯特（T. H. Gaster）編，《新金枝》（*New Golden Bough*），（New York: Macmillan, 1959）。這是弗雷澤一部非常先驅的著作的節略本，也提到其宗教始於巫術的理論。

希爾（Hill, Douglas），《法術與迷信》（*Magic and Superstition*）（London: Hamlyn, 1968）。探討法術與迷信，闡述廣泛，值得閱讀。

劉易士（Lewis, C. S.），《神蹟：初步研究》（*Miracles: A Preliminary Study*）（New York: Macmillan, 1963），1947 年初版。一本具說服力的書，支持超自然技術（奇蹟）介入了人類生活的自然程序。

馬林諾夫斯基（Malinowski, Bronislaw），《巫術、科學與宗教》（*Magic, Science and Religion*）（Glencoe, Ill.: Free Press, 1948）。就原始文化來探討巫術、科技與宗教的特性，及相互間的關係。特別參閱標題論文。

毛思（Mauss, Marcel），《法術概論》（*A General Theory of Magic*），班恩（R. Bain）譯，（London: Routledge & Kegan Paul, 1972），1950 年在法國初版。

諾斯（Noss, John B.），《人的宗教》（*Man's Religions*）第六版，（New York: Macmillan, 1980），1949 年初版。特別參閱第一章＜原始與過去的宗教＞（Primitive and Bygone Religions）有關法術的敘述。

羅札克（Roszak, Theodore），《反正統文化的形成》（*The Making of a Counterculture*）（Garden City, N. Y.: Doubleday, 1969）。在最後一章的分析，以及詮釋現代反正統文化運動中，羅札克為薩滿教提出一個非常有見解的辯護；巫師所做的不只是施行超自然技術。

第六章　上帝

柏多奇（Bertocci, Peter A.），《宗教哲學入門》（*Introduction to the Philosophy of Religion*）（New York: Prentice-Hall, 1951）。對上帝與宗教作人格主義的敘述。特別參閱第十八章＜該怎麼想上帝呢？＞（How, Then, Shall We Think of God？）。

布萊蒙（Brightman, Edgar Sheffield），《上帝的問題》（*The Problem of God*）

（New York: Abingdon, 1930）。敘述上帝同時超脫俗世之外，而又存在
於其內；上帝並非極爲平和，而是必須和自己天性中「被賦予」的質素
搏鬥。

柯雷格（Craig, William L.），《有神論、無神論，和創世紀大爆炸的宇宙論》
（*Theism, Atheism, and Big Bang Cosmology*）（New York: Oxford
University Press, 1993）。論述宇宙大爆炸的起源和上帝的存在問題。

戴維思(Davis, Paul)，《上帝與新物理學》（*God and New Physics*）（New York:
Touchstone/Simon and Schuster, 1984）。探討現代科學對於宗教與神學的
事物，相當新的關注和支持。

——《宇宙藍圖》（*The Cosmic Blueprint*）（New York: Touchstone/Simon and
Schuster, 1988）。根據科學論述宇宙規劃，當宇宙程序開始時，宇宙規
劃提供訊息給所有的物質和能量，這個宇宙規劃現今存在，以後也將繼
續存在。

——《上帝的心智》（*The Mind of God*）（New York: Touchstone/Simon and
Schuster, 1992）。戴維思還有其他科學家都領略出：二十世紀的科學（尤
其是微觀物理學和天體物理學）非常具說服力的地在講述，這不只是一
個機械式的、因果關係的宇宙，似乎還有智慧與規劃在其中。

哈靈頓（Harrington, John B.），《基督教思想中的議題》（*Issues In Christian
Thought*）（New York: McGraw-Hill, 1968）。哈靈頓在歷史、神學和哲學
的領域，蒐集重要現代宗教學者的論述。

哈德雄（Hartshorne, Charles），《神的存在事實》（*The Divine Reality*）
（NewHaven, Conn.: Yale University Press, 1964）1948 年初版。把上帝描
述成存在於內的、短暫的、不斷在改變的，並且和這個世界有密切關係。
特別參閱 22-34 頁。

哈德雄（Hartshorne, Charles）與**李思**（William L. Reese），《哲學家談上帝》
（*Philosophers Speak of God*）（Chicago: University of Chicago Press,
1963），1953 年初版。關於上帝這個理念的歷史性論述。特別參閱 1-25
頁的序文，另參閱布萊蒙、布貝爾（M. Buber）、易庫博（M. Iqubal）、
詹姆士（W. James）、史懷澤（A. Schweitzer）、拉達克里須那（S.
Radhakrishna）、華茲（A. Watts）、懷海德（A. Whitehead）和韋門（H.
Wieman）的部份。

霍金（Hawking, Stephen），《時間史略》（*A Brief History of Time*）
　　（Toronto/New York: Bantam Books, 1988）。一部劃時代著作，追尋終極
　　知識，追尋「上帝的心智」。

詹姆士（James, William），《信仰與道德論文集》（*Essays on Faith and Morals*）
　　（New York: Longmans, Green, 1943）。以實用主義的觀點談上帝。特別
　　參閱 82-84, 103-141 頁。

——《多元宇宙》（*A Pluralistic Universe*）（New York: Longmans, Green,
　　1909）。參閱 181 頁，268-319 頁。

考夫曼（Kaufmann, Walter），《上帝、不明確性與宗教》（*God, Ambiguity, and
　　Religion*）（New York: Harper & Row, 1958）。上帝的存在無法獲得證明，
　　上帝這個概念根本就是模稜兩可，宗教是屬於忠誠與傳統的東西。

馬林格（Maringer, J.），易福德（M. Ilford）譯《史前人類的神祇》（*The Gods
　　of Prehistoric Man*）（New York: Knopf, 1960），先前在 1952 年初版。敘述
　　使用文字以前，有關人類諸神的事物。

梅瑟（Messer, Richard），《上帝的存在需要證明嗎？》（*Does God's Existence
　　Need Proof？*）（New York: Oxford University Press, 1993）。概述宗教語言
　　——「語言遊戲」，和相對論的重要性。

內維爾（Neville, Robert），《創造力與上帝》（*Creativity and God*）（New York:
　　Seabury Press, 1980）。挑戰懷海德把上帝與創造力分開的程序神學論。

裴登（Peden, Creighton）與艾克索（Larry Axel）編，《上帝、價值與經驗
　　主義》（*God, Values, and Empiricism*）（Macon, Geo.: Mercer University
　　Press, 1989）。二十六位作者論宗教的本質。本書目的在於解釋新型態神
　　學理論——趨向於形而上與倫理學——的含意。

普蘭廷嘉（Plantinga, Alvin）編，《本體論》（*The Ontological Argument*）
　　（Garden City, N. Y.: Doubleday, Anchor, 1965）。十一世紀到二十世紀哲
　　學家，對安塞姆（Anselm）的理論所作的研究。

沙特（Sartre, Jean-Paul），《存在主義與人道主義》（*Existentialism and Hu-
　　manism*），馬瑞特（P. Mairet）譯（London: Methuen, 1957），1948 年初版。
　　特別參閱對無神論人道主義的評論。

史東（Stone, Jerome A.），《極簡抽象派所看到的超凡性》（*The Minimalist
　　Vision of Transcendence*）（New York: State University of New York,

1992)。當代對於「上帝內在論的一個典型」所作的探究；上帝存在於自然程序之中。

泰勒（Taylor, John V.），《穿梭於人神之間的上帝》（*The Go-Between God*）（New York: Oxford University Press, 1979）。以聖靈的概念，看上帝的行動，是一本見解深刻的書。

德日進（Teilhard de Chardin, Pierre），《人的現象》（*The Phenomenon of Man*），華爾（B. Wall）譯，（New York: Harper & Row, Torchbooks, 1965），1955 以法文初版（Le phenomene humain）。是一本重要著作，指明進化過程中，人類的出現；而上帝，或上帝的行動，則是進化過程中的複雜化力量、方向並終極點（Omega Point）。

懷海德(Whitehead, Alfred N.)，《理念探險》（*Adventure of Ideas*）（New York: Macmillan, 1933）。特別參閱 356-357 頁。

——《過程與真實》（*Process and Reality*）（New York: Macmillan, 1929）。特別參閱 517-533。

——《科學與現代世界》（*Science and the Modern World*）（New York: Macmillan, 1929）特別參閱第十一章＜上帝＞（God），和第十二章＜宗教與科學＞（Religion and Science）。

韋門（Wieman, Henry Nelson），《人性善的來源》（*The Source of Human Good*）（Carbondale, Ill: Southern Illinois University Press, 1964），1946 年初版。韋門談論創造天地的過程，以及如何從活動中製造善的過程。韋門願意把這種過程稱爲上帝，上帝是一種創造的活動。

第七章　公平論魔王

葵柔修士（Brother Francesco Maria Guazzo），《巫術手冊》（*Compendium Maleficarum*），桑瑪斯牧師（The Rverend Montague Summers）編，艾須文（E. A. Ashwin）譯（New York: Barnes & Noble, 1970）。一六〇八年的一本文獻的複寫本，描述「巫師邪惡、喪盡天良而不利於人類的活動，以及使其遭到挫敗的神聖療法」。

道格拉斯（Douglas, Mary）編，《巫術的告白和起訴》（*Witchcraft Confessions and Accusations*）（London: Tavistock, 1970）。特別參閱孔恩（Norman

Cohn）所寫，題爲＜撒旦與其人類僕役之神話＞（*The Myth of Satan and His Human Servants*）的文章，是有關魔王這個概念的起源，以及「巫術幻想」的重要論述。

富蘭克林（Franklyn, Julian），《魔法致死》（*Death By Enchantment*）（London: Hamish Hamilton, 1971）。一本持平、值得閱讀，有關巫術現象的論述。

傅樂（Fuller, Robert C.），《點名僞基督》（*Naming the Antichrist*）（New York: Oxford University Press, 1995）。過去與現在的僞基督/撒旦神話。

哈德雄（Hartshorne, Charles），《全能及其他神學理論的錯誤》（*Omnipotence and Other Theological Mistakes*）（Albany, N.Y.: State University of New York, 1984）。哈德雄抨擊全能這個概念（上帝全能的概念），探討上帝與邪惡存在於同一個世界的問題。

凱立（Kelly, Henry Ansgar），《魔王、鬼魔學，與巫術》（*The Devil, Demonology and Witchcraft*）（Garden City, N.Y.: Doubleday, 1974）。特別參閱第一和第二章探討西方傳統中，魔王這個概念的發展，以及第四章探討惡魔附身和驅魔法。

柯魯格（Kluger, Rivkah Schäf），《舊約的撒旦》（*Satan in the Old Testment*），那果（Hildegaard Nagel）譯，（Evanston, Ill.: Northwestern University Press, 1967）。對於撒旦這個概念，具學術性而又敏銳的觀察。1948 年於德國初版。

米爾頓（Milton, John），＜失樂園＞（*Paradise Lost*），特別推薦於《哈佛文學名著》（*Harvard Classics*）第四部所呈現的該詩作，因該書對該詩作二卷的每一卷，都有情節大意介紹。《哈佛文學名著》在紐約出版（Collier Press, 1909）。

莫芮（Murray, Margaret Alice），《大英百科全書》（*Encyclopaedia Britannica*）第十四版中的「巫術」（Witchcraft）。敘述巫術的本質，包含莫芮論巫術的起源。

羅素（Russell, Jeffrey B.），《魔王》（*The Devil*）（Ithaca, N. Y.: Cornell University Press, 1977）。檢驗許多文化對邪惡所持的觀念，然後把焦點集中在猶太教末期與基督教早期所闡述的魔王這個概念。

——《撒旦》（*Satan*）（Ithaca, N. Y. : Cornell University Press, 1981）羅素檢驗早期基督教教父，從克雷芒到奧古斯丁，所表達出來的撒旦的概念。

——《中古時代的女巫》（*Witches in the Middle Ages*）（Ithaca, N. Y.: Cornell University Press, 1972）。

馬克西米蘭（Rudwin, Maximilian），《傳說中與文學中的魔王》（*The Devil in Legend and Literature*）（New York: AMS Press, 1970）。特別參閱第一章有關露曦浮（Lucifer）的傳說。

崔默（Tremmel, William），《黑暗面——撒旦的故事》（*Dark Side——The Satan Story*）（St. Louis, Mo.: Christian Book Publishing/Chalice Press, 1986）。本書從瑣羅亞斯德到《新約》，到湯瑪斯・曼（Thomas Mann）的《浮士德》（*Doctor Faustus*），追溯撒旦這一個概念。

華茲（Watts, Alan W.），《上帝的雙手》（*The Two Hands of God*）（New York: Macmillan, 1963）。檢驗兩極性的神話，例如道家的陰陽，印度教的梵-濕婆（Brahma-Shiva），基督教的上帝-魔王。

第八章　神正論

杜斯妥也夫斯基（Dostoevsky, Fyodor），《卡拉馬助夫兄弟》（*The Brothers Karamazov*）（New York: Dell Publishing, 1955）。一部引人入勝，有關罪、有關善惡的經典之作。

弗陸（Flew, Anthony），《哲學神學論之新論文》（*New Essay in Philosophical Theology*），弗陸與麥克因泰爾（MacIntyre）編（London: S.C.M. Press, 1955）。弗陸抨擊神學理論：(1)沒有真正的意義。(2)因此不可能有真理。

席克（Hick, John），《邪惡與仁愛的上帝》（*Evil and the God of Love*）（London: Macmillan, 1926）。探究神正論，從奧古斯丁至今。

劉易士（Lewis, C. S.），《痛苦這個問題》（*The Problem of Pain*）（New York: Macmillan, 1948）。劉易士根據「全能」一詞的基本意義，以敏銳的觀察力，明確地探討人類痛苦與邪惡的問題。

韋瑟爾（Wiesel, Elie），《夜》（*Night*）（New York: Avon Books, 1972）；《著火的靈魂》（*Souls on Fire*）（New York: Random House, 1973）；《阿尼瑪明》（*Ani Mammin*）（New York: Random House, 1974）。這三個故事（還有其他十幾個故事，全都是稍作掩飾的自傳）中，有一個從奧斯威辛（Auschwitz）和布痕瓦爾德（Buchenwald）取得學士學位的猶太人，講

述一些絕佳的故事，及其它很多的事情。這些故事都是神正論，上帝在
痛苦之中，從冷漠，轉變成一位不論如何躲藏，都得在其創作中，與其
創作一起受苦的上帝。

第九章　神與宗教逐漸成熟

柏爾特（Burrt, Edwin A.），《人追尋神》（*Man Seeks the Divine*）（New York:
　　Harper & Row, 1957）。關於世界各宗教見解深刻的研究。

坎貝爾（Campbell, Joseph），《上帝的面具：西方神話》（*The Masks of God:
　　Occidental Mythology*）（New York: Viking, 1964）。特別參閱本書有關神話
　　的四種功能的結論。

——《上帝的面具：東方神話》（*The Masks of God: Oriental Mythology*）（New
　　York: Viking, 1962）。印度、中國和日本的神話發展。「永恆回歸」（Eternal
　　Return）的神話對「宇宙復原」（Cosmic Restoration）的神話。

卡姆斯塔克（Comstock, W. Richard）編，《宗教與人》（*Religion and Man: An
　　Introduction*）（New York: Harper& Row, 1971）。貝爾德（Robert Baird）、
　　布洛姆（Alfred Bloom）、珍妮特‧K（Janet K.）、歐迪爾（Thomas F. O'Dea）、
　　亞當斯（Charles C. Adams），和卡姆斯塔克，六位學者對世界各宗教作
　　很實際的概述。

席克（Hick, John），《宗教哲學之經典並當代選讀》（*Classical and
　　Contemporary Readings in the Philosophy of Religion*）（Englewood Cliffs,
　　N.J.: Prentice-Hall, 1990）。從柏拉圖到席克的宗教哲學文選，例如：柏拉
　　圖的＜論不朽＞（*Arguments for Immortality*）、休謨的＜神蹟＞
　　（*Miracles*），席克的＜伊朗神正論＞（*An Iranian Theodicy*）。

金恩（King, Winston L.），《禪與劍道》（*Zen and the Way of the Sword*）（New
　　York: Oxford University Press, 1994）。敘述禪在日本精兵的思想文化與武
　　術中，所扮演的角色。

洛伊（Loew, Cornelius），《神話、宗教史與哲學》（*Myth, Sacred History and
　　Philosophy*）（New York: Harcourt Brace Jovanovich, 1967）。概述西方在基
　　督教之前的宗教。

馬丁（Martin, Malaehi），《邂逅》（*The Encounter*）（New York: Dell, A Delta

Book, 1971）。特別參閱卷一，3-166 頁＜無價時刻＞（The Priceless Mo-
ments）。針對猶太教、基督教和回教的特殊關鍵時期，作簡潔的敘述。

倪高訓（Nigosian, S. A.）《世界宗教信仰》（*World Faiths*）（New York: St.
Martins press, 1994）。對世界各宗教作概括性介紹。

諾斯（Noss, John B.），《人的宗教》（*Man's Religions*）第六版（New York:
Macmillan, 1980）。詳述東西方世界宗教。

湯普森（Thompson, Laurence G.），《中國宗教》（*Chinese Religion*）（Belmont,
Calif.: Wadsworth Press, 1989）。對中國的宗教，從敬拜祖先到道教與佛
教，作簡潔概述。

《世界偉大宗教》（***The World's Great Religions***）（New York: Time,
1957）。　一九五五年發表於《生活雜誌》（*Life Magazine*）的論文集：
二月七日，　　＜印度教＞（Hinduism）；三月七日，＜佛教＞
（Buddhism）；四月四日＜中國宗教信仰＞（Chinese Faiths）；五月九日，
＜回教＞（Islam）；六月三日，＜猶太教＞（Judaism）；十二月二十六
日，＜基督教＞　（Christianity）。

第十章　神學理論

布朗（Brown, Robert McAfee），＜故事與神學＞（Story and Theology），收
錄於小麥克蘭登（J. W. McClendon, Jr.）編《宗教哲學與神學》（*Philosophy
of Religion and Theology*）（Tallahassee, Fla.: Florida State University Press,
1974）。以自傳式的親眼見證，探討神學理論。

卡斯塔尼達（Castaneda, Carlos），《唐璜的學說：美式的知識》（*The Teachings
of Don Juan: A Yanqui Way of Knowledge*）（Berkeley, Calif.: University of
California Press, 1968）。敘述一個美國印地安教師，一位精神大師，如何
教導學生傳達宗教知識。特別參閱 14-34 頁。

笛卡兒（Descartes, René），雷夫祿（Laurence J. Lafleur）譯，《沉思錄》
（*Meditations on First Philosophy*）（Indianapolis: Bobbs-Merrill, 1960）。特
別參閱第三沉思，探討上帝的存在，可由人類心智中，與生俱來就有完
美存在體這一個概念，獲得證明；以及第五沉思，探討上帝的存在，可
由再次系統闡述安塞姆的本體論，獲得證明。

戴爾蒙（Diamond, Malcolm L.），《當代哲學與宗教思想》（*Contemporary Philosophy and Religious Thought*）（New York: McGraw-Hill, 1974）。檢驗現代哲學對宗教議題——神學理論與驗證、宗教經驗、存在主義，以及論證上帝、宗教和終極性——的探討。

弗雷季（Frazier, A. M.），《宗教議題》（*Issues in Religion*）再版（New York: Van Nostrand Reinhold, 1975）。參閱第十二章，＜安塞姆：本體論＞（Anselm: The Ontological Argument）、＜阿奎納：五法＞（Aquinas: The Five Ways）、＜康德：道德論證＞（Kant: The Moral Argument）。

席克（Hick, John），《信仰與知識》（*Faith and Knowledge*）再版（Ithaca, N.Y.: Cornell University Press, 1966），1957 年初版。探討宗教知識的一些問題，是一本明晰易懂，有關認識論與宗教的研究。

哈思坡（Hospers, John），《哲學分析入門》（*An Introduction to Philosophical Analysis*, 1967），1953 年初版。分析當代重要的哲學問題，諸如意義與定義、知識、真理、決定論式的自由、宗教、和倫理規範。

休謨（Hume, David），《宗教自然史與自然宗教的對話》（*The Natural History of Religion and Dialogues Concerning Natural Religion*），柯樓佛（A. W. Clover）與普萊思（J. V. Price）編，（Oxford: Clarendon Press, 1976）。《自然宗教的對話》是一部絕佳的評論，探討上帝存在的證明。

詹森（Johnson, Roger A.）及其他人，《現代宗教之重大議題》（*Critical Issues in Modern Religion*）（Englewood Cliffs: N.J.: Prentice-Hall, 1990）。檢驗從休謨到田立克（Tillich）的神學思想家。

米勒（Miller, David I.），《神與遊戲》（*Gods and Games*）（New York: Harper & Row, 1972）。特別是 183 頁，有關坎貝爾（Campbell）所說的神話功能；第三、四章，有關遊戲神學論；99-108 頁，有關宗教的起源；以及80-91 頁，有關神學理論的部分。

米勒（Miller, Randolph Crump），《經驗神學論》（*Empirical Theology*），（Birminham, Ala.: Religious Education Press, 1992）。有關經驗哲學的概述，含一系列論文。

奧圖（Otto, Max），《人類的企業》（*The Human Enterprise*）（New York: Appleton-Century-Crofts, 1940）。在第十一章，奧圖論證不信上帝（即西方人格主義的神）會產生好的效應。

第十一章　救贖神學論

布萊蒙（Brightman, Edgar S.），《宗教哲學》（*Philosophy of Religion*）（Englewood Cliffs, N.J.: Prentice-Hall, 1940）。特別參閱 395-404 頁，有關贊同與駁斥不朽的論證。

伊比鳩魯（Epicurus），＜伊比鳩魯致米諾西奧斯＞（Epicurus to Menoeceus），收錄於詹森（Oliver A. Johnson）編，《倫理學》（*Ethics*）（New York: Holt, Rinehart and Winston, 1974）。探討臨死不懼的問題。

黑德（Head, Joseph）**與柯蘭斯頓**（S. L. Cranston）編，《世界各地對轉世的想法》（*Reincarnation in World Thought*）（New York: Julian Press, 1967）。概述人類對轉世的想法與活動。

雷蒙特（Lamont, Corliss），《關於不朽的幻想》（*The Illusion of Immortality*）第四版（New York: G. P. Unger, 1965），1935 年初出版。

藍格立（Langley, Noel），**凱思**（Hugh L. Cayce）編，《凱思談投胎轉世》（*Edgar Cayce on Reincarnation*）（New York: Paperback Library, 1967）。從美國一位著名的天眼通的檔案資料中，找出一些活過兩世以上的人的敘述。

拉森（Larson, Martin A.），《西方宗教》（*The Religion of the Occident*）（Paterson, N. J.: Littlefield, Adams, 1961）。特別參閱第一章，探討最早的上帝——奧西里斯（Osiris）。

波普（Pope, Marvin H.），《約伯》（*Job*）（Garden City, N.Y.: Doubleday, 1973），1965 年初版。就約伯為「虔誠不可知論」式的神正論這個主題，作學術性的研究。特別參閱導論，pp. XV-lXXXV。

史丹達爾（Stendahl, Krister）編，《不朽與復活》（*Immortality and Ressurrection*）（New York: Macmillan, 1965）。特別參閱庫爾曼（Oscar Cullmann）的＜靈魂不朽或亡者復活＞（Immortality of the Soul or Resurrection of the Dead），1955 年的英格索講座（Ingersoll Lectures）內容。比較閃族的投胎轉世論與希臘人對不朽的概念。

伍德（Wood, Ernest E.）《瑜珈修行者：古今實用瑜珈術》（*Patanjali, Practical Yoga Ancient and Modern*）（Hollywood, Calif.: Welshire Books, 1973），1948 年初版。瑜珈醒世格言新譯本。

第十二章　啓示與經典

貝里（Baillie, John），《新近思想中的啓示概念》（*The Idea of Revelation in Recent Thought*）（New York: Columbia University Press, 1956）。以當代新教徒對啓示的看法爲題的講座內容。

巴特曼（Bultmann, Rudolph），《耶穌基督與神話》（*Jesus Christ and Mythology*）（New York: Scribner's, 1958）。這位重要的聖經學者，在這本小書中，解釋他所謂的「神話」與「去除神話色彩」的意思。

卡內爾（Carnell, Edward J.），《正統神學論的觀點》（*The Case for Orthodox Theology*）（Philadelphia: Westminster Press, 1959）。特別參閱 97-102 頁，和 110-111 頁，以保守基督教的觀點，探討聖經的啓示。

陳丕恩（Champion, Selwyn）和修特（Dorothy Short）編，《世界宗教選讀》（*Readings from World Religions*）（Greenwich, Conn.: Fawcett, 1963），1951 年初版。十二圓滿宗教的經典選集。

艾珏騰（Edgerton, Franklin）譯，《薄伽梵歌》（*The Bhagavad Gita*）（Cambridge: Harvard University Press, 1944）。爲此一經典宗教詩篇具學術性的翻譯和詮釋。

弗斯迪克（Fosdick, Harry E.）《聖經的現代用途》（*The Modern Use of the Bible*）（New York: Macmillan, 1925）。以自由主義派/現代主義派新教的觀點，敘述聖經的本質與用途，爲一部經典之作。

小福斯特（Frost, S. E., Jr.），《世界偉大宗教聖典》（*The Sacred Writings of the World's Great Religions*）（New York: McGraw-Hill, 1972）。十三個現存宗教聖典之選集。

漢米爾頓（Hamilton, Edith），《神話》（*Mythology*）（New York: American Library, Mentor Book, 1971）。敘述古典神話，文體簡潔，值得閱讀。

雷沙（Lessa, William A.）和尤格特（E. Z. Yogt）編，《比較宗教讀本：人類學觀點》（*Reader in Comparative Religion: An Anthropological Approach*）第三版（New York: Harper & Row, 1972）。特別參閱第三部份，＜神話與禮儀＞（Myth and Ritual）。

紐思納（Neusner, Jacob），《從聖約書到托拉經》（*From Testament to Torah*）

（Englewood Cliffs, N.J.: Prentice-Hall, 1988）。介紹處於形成期的猶太教。

裴林（Perrin, Norman），《新約》（*The New Testament*）（New York: Harcourt Brace Jovanovich, 1974）。對《新約》各篇作學術性的介紹。

席博克（Sebeok, Thomas）編，《神話：專題論叢》（*Myth: A Symposium*）（Bloomington: University of Indiana Press, 1965），1955 年初版。九位現代學者的論文。

薛爾比（Shelby, Donald J.）與**魏思特**（James King West），《聖經入門》（*Introduction to the Bible*）（New York: Macmillan, 1971）。對新舊約作整體而實在的介紹。

史翠居（Strange, James F.），《聖經時期聖經字典之人類學相關部分》（*Anthropological Sections in Dictionay of the Bible in the Biblical Period*），紐思納（Jacob Neusner）與格林（William S. Green）編，（New York: Macmillan Library Reference USA, 1996），共三冊。

崔默（Tremmel, William C.），「耶穌的故事」（The Jesus Story），收錄於《二十七本改變世界的書》（*The Twenty-Seven Books That Changed the World*）（New York: Peter Lang, 1989）。本書著重於最早對耶穌的故事的說法，約在耶穌去世到二世紀中葉。

華茲（Watts, Alan），《基督教的神話與禮儀》（*Myth and Ritual in Christianity*）（Boston: Beacon Press, 1968），1953 年初版。以象徵/禮儀的形式中所見者，描述基督的年代。

第十三章　神話與禮儀

坎貝爾（Campbell Joseph），《上帝的面具：西方神話》（*The Masks of God: Occidental Mythology*）（New York: Viking, 1964）。特別參閱 518-523 頁，關於神話的四重功能。

卡特勒（Cutler, Donald R.）編，《一九六八年的宗教情況》（*The Religious Situation in 1968*）（Boston: Beacon Press, 1968）。參閱第八章，貝樂（R. Bellah）寫的＜美國的公民宗教＞（Civil Religion in America）；第十六章史密斯（Huston Smith）寫的＜世俗化與神聖＞（Secularization and the

Sacred）；第十七章坎貝爾寫的＜神聖之世俗化＞（The Secularization of the Sacred）；第十九章勞倫茲（K. Z. Lorenz）、赫胥黎（Julian Huxley）、艾里森（Erik H. Erikson）、席爾思（Edward Shils），以及林區（William F. Lynch）所寫，有關禮儀的論文。

伊萊德（Eliadé, Mirca），《神話與真實》（*Myth and Reality*），崔思克（W. R. Trask）譯，（New York: Harper & Row, Torchbooks, 1963）。特別參閱第一章，＜神話的結構＞（Structure of Myths）。

——《儀式與入會之象徵》（*Rites and Symbols of Initiation*），崔思克譯，（New York: Harper & Row, Torchbooks, 1965），1958 年初版。概述原始宗教和圓滿宗教的入會儀式。

麥可比（Maccoby, Hyan），《神話編造者——保羅與基督教之創立》（*The Myth Maker——Paul and the Invention of Christianity*）（San Francisco: Harper & Row Publishers, 1987）。本書指保羅爲基督教神話的真正作者。

第十四章　道德

布貝爾（Buber, Martin），《我和你》（*I and Thou*），史密斯（R. G. Smith）譯，（New York: Scribner's, 1965），1936 年初版。按照這位偏哈西德教派的猶太存在主義哲學家的說法，上帝和人的關係，以及人與人的關係，必須是一種人對人的關係，而不是人對物的關係。特別參閱 8、75- 83 頁。

費群（Fasching, Darrell J.），《奧斯威辛與廣島的道德挑戰》（*The Ethical Challenge of Auschwitz and Hiroshima*）（New York: State University of New York, 1993）。本書探討全球科技文明下的宗教、道德體系，與公共政策。

弗雷徹（Fletcher, Joseph），《新道德觀：道德應變論》（*Situation Ethics: The New Morality*）（Philadelphia: Westminster Press, 1966）。宗教倫理學的新思想與履行之道。

海契爾（Heschel, Abraham J.），《上帝尋人》（*God in Search of Man*）（New York: Meridian Books, 1961）。猶太人的哲學，探討三種到達上帝之道：世界、聖經、和聖潔的行爲（善行）。

哈士坡（Hospers, Joseph），《人類的行爲：倫理規範問題》（*Human Conduct: Problems of Ethics*）（New York: Harcourt Brace Jovanovich, 1972），1961

年初版。特別參閱第六章，＜康德的責任倫理學＞（Kant's Ethics of Duty），264- 296頁。

詹姆士（James, William），《實用主義論文集》（*Essays in Pragmatism*）（New York: Hafner Publishing Co., 1951）。特別參閱＜道德哲學家與道德生活＞（The Moral Philosopher and Moral Life），和＜相信的意願＞（The Will to Believe）。

李泰爾（Littell, Franklin H.）《猶太人被釘上十字架》（*The Crucifixion of the Jews*）（New York : Harper, 1975）。面對教會領袖在殘酷的大屠殺時，裝聾作啞的事實，基督徒如何使人相信道德？

馬堤（Marty, Martin E.）**與皮爾曼**（Dean G. Peerman）編，《第三號新神學論》（*New Theology No. 3*）（New York: Macmillan, 1966）。特別參閱葛斯塔福森（James M.Gustafson）的＜來龍去脈對原則：基督教倫理學中不當的辯論＞（Context Versus Principles: A Misplaced Debate in Christian Ethics）。檢驗現代基督教倫理學的辯論，辯論的一方將道德抉擇取決於存在主義的道德情況，另一方則取決於傳統上客觀的道德原則。

雷姆西（Ramsey, Paul），《九位現代道德家》（*Nine Modern Moralists*）（Englewood Cliffs, N.J.: Prentice-Hall, 1962）。特別參閱第五章，＜尼布爾：基督之愛與自然法＞（Reinhold Neibuhr: Christian Love and Natural Law）。

第十五章　宗教：外在的經驗

賈德樂（Gardella, Peter），《天真的出神》（*Innocent Ecstasy*）（New York: Oxford Univesity Press, 1985）。針對基督教道德傳統與性生活健康所作的辯證。

劉易士（Lewis, C. S.），《四種愛》（*The Four Loves*）（New York: Harcourt Brace Jovanovich, 1960）。把愛分成親情、友情、愛情，和仁愛／神聖之愛來加以探討，是一本文字優美，見解深刻的書。

劉易士（Lewis, I. M.），《恍惚神迷的宗教》（*Ecstatic Religion*）（Harmondsworth, England: Penguin, 1971）。對信仰者處於亢奮狀態的研究。

馬堤（Marty, Martin E.）**與皮爾曼**（Dean G. Peerman）編，《第三號新神學

論》(*New Theology No. 3*)(New York: Macmillan, 1966)。特別參閱德萊福(Tom F. Driver)的＜耶穌的性慾＞(Sexuality of Jesus)。研究基督教把耶穌和性分開的傳統。

史崔恩(Sreng, Frederick),《了解信仰者》(*Understanding Religious Man*)(Belmont, Calif.: Dickenson, 1969)。特別參閱 84-91 頁,宗教與藝術形式。

鈴木大佐(Suzuki, D. T.),＜禪宗佛教＞(Zen Buddihism),收錄於《鈴木文選》(*Selected Writings of D. T. Suzuki*),貝瑞特(W. Barrett)編,(Garden City, N.Y.: Doubleday, 1956)。特別參閱第十章有關繪畫、劍道,以及茶道的部分。

雷烏(van der Leeuw, G.),《神聖之美與世俗之美:藝術中的神聖》(*Sacred and Profane Beauty: The Holy in Art*),格林(D. E. Green)譯,(New York: Holt, Rinehart and Winston, 1963),1932 年初版。舞蹈、戲劇、建築、繪畫藝術,和音樂的宗教意義;藝術是一種神聖的行爲。

華啓(Wach, Joachim),《宗教之比較研究》(*The Comparative Study of Religion*)(New York: Columbia University Press, 1958)。特別參閱第二、三、四章有關宗教經驗的本質。

第十六章　宗教:神祕難懂的經驗

巴素克(Bassuk, Daniel),＜神祕主義之世俗化:分析瓊斯與布貝爾的神祕主義＞(The Secularization of Mysticism: An Analysis of the Mystical in Rufus Jones and Martin Buber)。一九七四年德魯大學(Drew University)博士論文,可以在密西根大學收藏的縮影膠捲編號 74-27, 897 中找到。

巴翠克(Buttrick, George A.),《我們如此相信,如此祈禱》(*So We Believe, So We Pray*)(Nashville, Tenn.: Abingdon, 1951)。對祈禱所作的研究。

卡普拉(Capra, Frijof),《物理學之道》(*The Tao of Physics*)(Boston: Shambhula, 3d ed., 1991)。探究現代物理學和東方神祕主義的相似處,認爲事實真相牽涉到現代物理學之數學世界的完整性,以及佛與黑天(Krishna)的神祕景象。

艾五德(Ellwood, Robert S. Jr.),《神祕主義與宗教》(*Mysticism and Religion*)

（Englewood Cliffs, N.J.: Prentice-Hall, 1980）。對神祕主義作明瞭易懂的綜合性陳述，強調神祕主義與宗教之間的關係。

艾五德與帕丁（Harry B. Patin），《美國的宗教與精神團體》（*Religion and Spiritual Groups in America*）（Englewood Cliffs, N.J.: Prentice-Hall, 1988）。引介北美新興的/或不按習俗的宗教運動，並說明導致其產生的傳統。

赫胥黎（Huxley, Aldous），《永久的哲學》（*The Perennial Philosophy*）（New York: Harper & Row, 1945）。陳述「能領略出對世界有實質意義的神聖存在的形而上學」。

詹森（Johnson, William, S. J.），《靜止點：禪與基督教神祕主義的冥思》（*The Still Point: Reflections on Zen and Christian Mysticism*）（New York: Fordham University Press, 1970）特別參閱第八章，＜闡述神祕主義＞（Defining Mysticism）。

瓊斯（Jones, Rufus），《通往上帝真相的途徑》（*Pathways to the Reality of God*）（New York: Macmillan, 1931 ）。一位貴格教派神祕主義者，探討人們到達上帝的許多方法。

寇斯特勒（Koestler, Arthur），《無字天書》（*The Invisible Writing*）（New York: Macmillan, 1970），1954 年初版。一位當代神祕主義者的自傳。

奧圖（Otto, Rudolf），《東西方神祕主義》（*Mysticism East and West*），布雷希（B. Bracey）譯，（New York: Collier Books, 1962），早先於 1932 年出版。比較分析東西方神祕主義的本質。

史代思（Stace, Walter T.），《神祕主義與哲學》（*Mysticism and Philosophy*）（Philadelphia: Lippincott, 1960）。特別參閱有關神祕主義的部分。

——《神祕主義學說》（*The Teachings of the Mystics*）（New York: New America Library, Mentor, 1960）。特別是第一章，＜何謂神祕主義？＞（What is Mysticism?）。

華茲（Watts, Allan W.），《凝視靈魂：研究神祕宗教之必要性》（*Behold the Spirit: A Study in the Necessity of Mystical Religion*）（New York: Random House, 1972）。華茲主張東方神學中，佔絕大優勢的感覺層面，應該被納入過度強調智識與二元論的西方神學。132-173 頁。

——《東西方的精神療法》（*Psychotherapy East and West*）（New York: Pantheon Books, 1961）。華茲的研究顯示：東方哲學家在很久以前，就

面對了人類生存在一個充滿敵意的世界，這樣的問題，這在西方仍有待
去了解。

神祕主義者的著述

布雷克尼（Blakney, Raymond Bernard）**譯**，《大師艾克哈特之現代譯本》
（*Meister Eckhart, A Modern Translation*）（New York: Harper & Row,
1957）。 德國神祕主義者，1260-1382。

吉可斐特（Gicovate, Bernard）**譯**，《聖十字若望》（*San Juan la Cruz*）（New
York: Twayne, 1971）。聖十字若望（St. John of the Cross），1542-1591。

歐布萊恩（O'Brien, Elmer, S.J.）**譯**，《重要非常的柏羅丁》（*The Esential
Plotinus*）（New York: Mentor, 1964）。古代一位偉大的神祕主義者之著
述。

皮爾斯（Peers, E. Allison）**編譯**，《聖泰瑞莎全集》（*The Complete Works of St.
Teresa*）（New York: Sheed & Ward, 1946）。西班牙神祕主義者，1515-
1582。

施嘉蘭（Scholem, Gershom G.）**編**，《光明之書》（*Zohar, The Book of Splendor*）
（New York: Schocken, 1949）。一部猶太神祕主義典籍《卡巴拉》
（*Kabbalah*）的基本選讀。

索 引

國家圖書館出版品預行編目資料

宗教學導論／崔默（William Calloley Tremmel）；
　　賴妙淨譯. -- 初版. -- 臺北市；桂冠, 2000
　　[民 89]

　　　面；　公分. --

　　參考書目：面

　　譯自：Religion：What is it? 3rd ed.

　　ISBN 957-730-258-0　（平裝）.

　　I. 宗教

200　　　　　　　　　　　　　　　　　89007199

U4904

宗教學導論

Religion：What is it?

　　著者 —— 崔默 William Calloley Tremmel
　　譯者 —— 賴妙淨
責任編輯 —— 桂冠編輯部

　出版者 —— 桂冠圖書股份有限公司
　　地址 —— 台北市 106 新生南路三段 96-4 號
　　電話 —— 02-22193338　02-23631407
購書專線 —— 02-22186492
　　傳真 —— 02-22182859-60
郵政劃撥 —— 0104579-2　桂冠圖書股份有限公司

　印刷廠 —— 成陽印刷廠
　裝訂廠 —— 欣亞裝訂公司

初版一刷 —— 2000 年 8 月
　　網址 —— www.laureate.com.tw
　e-mail —— laureate@laureate.com.tw

Copyright © 1997 by Holt, Rinehart and Winston, Inc.
Chinese Copyright © 2000 by Laureate Book Ltd. All Rights Reserved.

本書若有缺頁、破損、裝訂錯誤，請寄回調換
ISBN 957-730-258-0　　　　定價 —— 新台幣 600 元